内蒙古民族大学民族学人类学研究丛书　　阿拉腾嘎日嘎　主编

特木尔巴根 / 著

嫩科尔沁部与清初五朝四帝关系史研究

社会科学文献出版社
SOCIAL SCIENCES ACADEMIC PRESS (CHINA)

"内蒙古民族大学民族学人类学研究丛书"
组织委员会

主　任　　刘志彧　陈永胜
副主任　　巴根那　修长百
成　员　　许　良　莫日根巴图　裴志利

编委会

特邀学术顾问　郝时远　朝戈金　纳日碧力戈　齐木德道尔吉
主　　　编　阿拉腾嘎日嘎
委　　　员　阿拉坦格日乐　张　辉　孔繁利　王　泰
　　　　　　　温　泽　包格日乐吐　秋　喜　白红梅
　　　　　　　杨金戈　包宝柱

总　序

中国是各民族"多元一体"的国家。内蒙古自治区是我国最早成立的少数民族自治区，也是我国以"内蒙古"冠名的多民族聚集的模范自治区。内蒙古民族大学位于内蒙古自治区东部，坐落在通辽市科尔沁区，是自治区唯一以"民族"冠名的综合性大学。建校60多年来，我校各级领导和全体教职员工筚路蓝缕，为民族地区经济社会发展培养和输送了大批有用之才。学校初建便埋下马克思主义民族学教学的伏笔，贯穿于"政治理论""民族理论"课程教学中。改革开放以后，尤其是自从费孝通先生在北京大学设立"社会学人类学研究所"以来，我校的民族学学科在教学、研究的内容、形式、范围等方面与国内其他高校同步转入宏观意义上的民族学领域。

六十载栉风沐雨，弦歌不辍，老骥伏枥，少壮努力，马不停蹄。2018年，学校喜迎60年建校华诞，抚今追昔，面向未来，制定长期发展规划，描绘壮美蓝图。在学科建设方面，蒙药学、民族学、作物学成为重点建设学科，我们民族学团队扬鞭催马，不负众望，隆重推出"内蒙古民族大学民族学人类学研究丛书"。我校有关领导、有关职能部门和民族学团队成员，在习近平新时代中国特色社会主义思想关于民族工作相关论述指引下，全力投入中国特色民族学人类学学科建设和学术创新发展的大潮。这套丛书的出版发行是本校、本团队的盛事，是本校学科建设和学术发展的重要标志。

"内蒙古民族大学民族学人类学研究丛书"择优编入民族学一级学科所涵盖的民族历史、马克思主义民族理论与政策、民族经济、民族艺术、世界民族与民族问题等相关学科的优秀成果，同时也注意编入民族宗教、民族饮食、民族遗产、民族文学、民族教育等方面的代表性作品，重点涉及我国东北地区各民族游牧社会、蒙古族人口聚集的东部农牧社会以及东北亚跨界地区的各民族。

"内蒙古民族大学民族学人类学研究丛书"是学校民族学学科团队展示最新科研成果的学术窗口。需要说明的是,在国内,尤其在民族地区,学者接触民族学、人类学这类"舶来学"的时间相对滞后,仍然停留在传播和介绍国际民族学人类学的经典理论的阶段。民族学人类学最基本的方法和原则是深入田野,长期局内观察,同吃、同住、同乐、同劳动,发现民间智慧,浓描生存经验,研究本土知识,为社会开辟新视野,为民众打开新窗口,为人类直面各种挑战提供个案经验,为建设万象共生的可持续命运共同体提供学术支持。我们的学术事业任重道远。

诚挚期待与国内外同仁在交流互鉴中彼此提携,共同谱写民族学人类学崭新篇章。

"内蒙古民族大学民族学人类学研究丛书"编委会

2019 年 7 月

摘　要

嫩科尔沁部历史是蒙古族历史的重要组成部分，也是在清代历史研究中绕不开的重点话题。尤其从1593年"九部之战"到1692年"献出"锡伯人的100年，嫩科尔沁部同女真人或满洲人、爱新国或清初的五朝四帝发生诸多联系。从敌对势力逐渐发展成为文化相近血缘相近的军事盟友，进而以共同之力将以林丹汗为首的蒙古势力及以明朝为代表的汉人统治推翻，建立了"满皇蒙王"体制下的大清王朝。二者间的关系也步入相辅相成、相限相克的复杂时代。本书在充分吸收前人研究成果的基础上，进一步发掘清内秘书院、内国史院、内阁蒙古堂档等满蒙文档案，将档案资料与史书记载结合互补、相互印证，对嫩科尔沁部与清初五朝四帝关系史进行专门的研究。期望通过此项研究，厘清嫩科尔沁部与清初五朝四帝100年之间的历史演变轨迹。

本书由八部分构成："前言"，介绍论文的选题意义、前人研究、本书内容及创新点、史料来源等。第一章"嫩科尔沁部与天命汗努尔哈赤"，论述努尔哈赤时代嫩科尔沁部与爱新国之间发生的一系列事件的背景和结果。包括嫩科尔沁部由来，内部的不和不睦及努尔哈赤启动"女真人的蒙古化"进程改造女真人，抹平双方间的族群差异，并优待嫩科尔沁部，采取与左翼联姻，与右翼联盟等手段，成功地将嫩科尔沁部从林丹汗阵营中脱离出来等内容；第二章"嫩科尔沁部与天聪汗皇太极（一）"，分析了嫩科尔沁部与天聪汗早期的具体交往交锋。包括嫩科尔沁内部的不睦势头的扩大，奥巴与天聪汗之间的盟主之争，联盟间通用律法的定制及嫩科尔沁部疆域的重新固定等内容；第三章"嫩科尔沁部与天聪汗皇太极（二）"，梳理了天聪汗后期嫩科尔沁部与爱新国之间诸多关系，包括满蒙联姻的实质性变化、天聪汗采取的经济上的羁縻笼络措施的种类和效果，嫩科尔沁部传统法律体系的崩溃，少数嫩科尔沁人融入八旗之内成为八旗新贵等内容；第四章"嫩科尔沁部与崇德皇帝皇太极"，主要论述大清朝建立之后嫩科尔沁部与崇德皇帝的交往过程，包括崇德皇帝继续"独厚科尔沁"，以"崇德五宫"为首建立后宫集团，又以嫩科尔沁五王、二妃为主建立外藩外戚集团，以清朝制度改造嫩科尔沁部原有的政治、社会制度和嫩科尔沁兵丁参加清朝扩张军事行动等内容；第五章"嫩科尔沁部与顺治皇帝福临"，论述的是嫩科尔沁部与顺治时代清朝之间关系的具体演变轨迹。"为外甥打天下"的嫩科尔沁部，"以母为贵"的顺治皇帝，"蒙王满皇"理念的形成与发展，亲政后的顺治皇帝清除国朝中以嫩科尔沁部为代表的蒙古元素，包括废后以及打压嫩科尔沁部政治宗教领袖等内容；第六章"嫩科尔沁部与康熙皇帝玄烨"，论述了嫩科尔沁部与康熙皇帝的早期交往。包括嫩科尔沁部的军功、陵寝守界理念、献出锡伯人等和清朝修建柳条边、重罚嫩科尔沁部进一步剥夺嫩科尔沁部主权措施的来龙去脉等具体事宜。"结语"，对清初嫩科尔沁部历史作一简要总结，提出自己的基本看法和认识。

关键词： 嫩科尔沁部　清朝前期　关系研究

目录
CONTENTS

前　言／1

第一章　嫩科尔沁部与天命汗努尔哈赤／14
　第一节　科尔沁部的南下与周边关系／14
　第二节　女真人的蒙古化现象／19
　第三节　嫩科尔沁部左翼与努尔哈赤的联姻／27
　第四节　嫩科尔沁部右翼与努尔哈赤的联盟／38

第二章　嫩科尔沁部与天聪汗皇太极（一）／60
　第一节　土谢图汗奥巴地位的下降／60
　第二节　嫩科尔沁部与爱新国联盟法规的定制及执行／66
　第三节　皇太极对嫩科尔沁部实施的其他羁縻笼络政策／71
　第四节　嫩科尔沁部疆界的初步固定／79

第三章　嫩科尔沁部与天聪汗皇太极（二）／100
　第一节　以嫩科尔沁部为核心的蒙古外戚集团的形成／100
　第二节　嫩科尔沁部传统法律体系的崩溃——以"噶尔珠赛特尔事件"为例／107
　第三节　嫩科尔沁部与八旗蒙古／117
　第四节　天聪年间嫩科尔沁部主要军事活动／124

第四章　嫩科尔沁部与崇德皇帝皇太极／130
　第一节　以嫩科尔沁女子为核心的后宫集团之形成／130

第二节　嫩科尔沁部外戚集团核心成员 / 137
第三节　嫩科尔沁十旗及其族长制度的建立 / 158
第四节　嫩科尔沁部与崇德皇帝的联姻 / 185
第五节　嫩科尔沁部在崇德年间的从征活动 / 200

第五章　嫩科尔沁部与顺治皇帝福临 / 210
第一节　嫩科尔沁部十旗的建立及其概况 / 210
第二节　嫩科尔沁部尽全力"助外甥打天下" / 220
第三节　嫩科尔沁部所获赏赐等的"被规范化" / 229
第四节　嫩科尔沁部传统势力的"被清除" / 233

第六章　嫩科尔沁部与康熙皇帝玄烨 / 253
第一节　嫩科尔沁部再立军功 / 253
第二节　嫩科尔沁部势力的进一步"被清理" / 262
第三节　嫩科尔沁人的陵寝守界理念 / 269
第四节　嫩科尔沁部被"献出"锡伯人 / 276

结　语 / 285

参考文献 / 288

前　言

一　选题及其意义

蒙古科尔沁部有广义和狭义之分。广义科尔沁部泛指成吉思汗胞弟哈布图哈萨尔（另作合撒儿）后裔所领部落，狭义科尔沁部专指清代移居嫩江两岸的嫩科尔沁部。本书只涉及狭义科尔沁部，即清代嫩科尔沁部。

16世纪30年代，科尔沁万户[①]一部随领主奎蒙克塔斯哈喇从额尔古纳河流域南越兴安岭向嫩江两岸扩展游牧地，别号嫩科尔沁部。旋即成为东北地区重要的军事势力，前期与蒙古察哈尔部、明朝发生诸多关系，后期主要与新兴的建州女真人对抗争霸。嫩科尔沁部在诸蒙古部落内率先与爱新国联姻，继而结成政治联盟，随后双方又结成军事联盟，与林丹汗及明朝对峙对抗。1636年，嫩科尔沁部诸台吉承认皇太极为"满蒙汉共主"，并接受其册封，嫩科尔沁部全族投附清朝，成为"荷国恩独厚"的外藩首部。从1593年参加"九部之战"至1636年接受册封，正式投附清朝，再到1692年献出属下锡伯人，整个过程持续了一个世纪。在林丹汗衰败，蒙古灭亡，女真人（1635年后作满洲人）崛起，建立爱新国，改国号大清，问鼎中原的历史过程中，嫩科尔沁蒙古人所起作用不可忽视。

投附清朝以后，嫩科尔沁部和满洲人关系发生变化，从前的盟友关系变成宗藩关系。嫩科尔沁部的主权遭到削弱，政治、社会制度等皆受到清朝影响，满洲化进程也最彻底最迅速。因此，厘清清代早期嫩科尔沁部与清朝关

---

① 16世纪初，科尔沁部以"科尔沁万户"名称帮助达延汗参加"dalan terigün-ü dayin 达兰特列衮之战"，可见哈萨尔后裔所属"科尔沁部"大约在15世纪中叶演变为"科尔沁万户"这一军事集团。详情见济哈齐岱（宝音德力根）《往流和往流四万户》，《蒙古史研究》（第5辑），内蒙古大学出版社，1997。

系及其演变，对研究清代蒙古族历史和清朝政治、经济、军事有着极其重要的意义。

本书书名为《嫩科尔沁部与清初五朝四帝关系史研究》。之所以选择这个书名，是因为之前相同内容的专门研究少，相关研究多从清朝角度分析问题，很少对蒙古内部或嫩科尔沁部自身的历史文化、社会结构、生活习俗、口述传说等因素加以研究，这使得相关研究缺乏公正性或全面性。鉴于此，本书在前人研究基础上，进一步搜集和挖掘清代早期不同文字的文献，特别是大量利用近年来整理出版的蒙古文、满文档案，结合历史发生地点的实地踏查等手段，深入研究清初嫩科尔沁部历史，以期揭示嫩科尔沁部早期部落演变之历史轨迹，拓展充实嫩科尔沁部历史研究的内容，为清代蒙古族历史文化研究做出些许贡献。

二 前人研究的回顾

嫩科尔沁部历史文化变迁研究是清代早期蒙古族历史文化研究中的重点，但系统研究起步较晚，迄今为止专门研究嫩科尔沁历史文化变迁的学者和专著甚少。

胡日查教授是最早将研究视角全面投向嫩科尔沁部历史的学者。其《科尔沁所属鄂托克及部族考》《科尔沁牧地考》《哈萨尔及其家族》《试谈科尔沁和硕特部起源》《论嘎拉珠色特尔反抗爱新国兵役的斗争》《关于科尔沁封建主统治锡伯的某些历史问题》《关于科尔沁部来源和它在北元历史上的地位》《16世纪末17世纪初嫩科尔沁部牧地变迁考》《蒙文文献所载成吉思汗诸弟所属鄂托克乌鲁斯名称来历》等论文开启了嫩科尔沁部历史研究的大门。体现其重要成果的专著《科尔沁史略》（与长命合著）是第一部系统研究广义科尔沁历史的著作，利用大量的蒙汉文史料及蒙古文档案文书对科尔沁各个时期的历史进行研究，解决了不少前人未曾涉及的问题，为以后的研究奠定了基础。嫩科尔沁部历史研究是全书的亮点和重点。

达力扎布《明代漠南蒙古历史研究》，涉及嫩科尔沁部南迁及其分布、政治制度、社会制度、投附清朝、内扎萨克旗的建立时间等问题。

班珏硕士学位论文《清初四朝与科尔沁蒙古的关系》[①]，对清初四朝与嫩科尔沁部的关系做了梳理。该文认为清朝统治者通过联姻和封爵等手段，

---

① 班珏：《清初四朝与科尔沁蒙古的关系》，硕士学位论文，内蒙古大学，2009年。

逐渐模糊了嫩科尔沁部血缘关系基础上的民族意识，将嫩科尔沁部上层拉拢为清朝统治集团的成员，并将这种怀柔政策推而广之到蒙古各部落，得到了良好的政治效果和武力支持。得出清廷"恩威并举"，化"患"为"用"的方针是中国历史上处理民族关系最为成功的典范之论断。

玉芝的博士学位论文《蒙元东道诸王及其后裔所属部众历史研究》①，使用《旧满洲档》等满文档案和蒙古文文书档案，与其他官私文献史料相结合，运用多种文字史料对比研究和史料学批判的研究方法，对13~17世纪蒙元东道诸王及其后裔所属部众的历史进行了较为详尽的研究。其中，第二章主要涉及嫩科尔沁部与察哈尔的关系和嫩科尔沁部投附爱新国的过程；嫩科尔沁十旗扎萨克的初设及其演变；17世纪30年代嫩科尔沁部牧地变迁；"噶尔珠赛特尔事件"等内容。该文利用近期整理出版的满蒙文档案考证了爱新国在嫩科尔沁部设立扎萨克的时间，探究了嫩科尔沁部从嫩江流域迁徙至西拉木伦、辽河以北的原因及其牧地变迁等问题。

白初一的博士学位论文《清太祖时期满蒙关系若干问题研究》②，利用《旧满洲档》《满文老档》《十七世纪蒙古文档案文书》等满文、蒙古文档案和明代汉文史料、《朝鲜李朝实录》汉文记录等，比较系统地论述了爱新国早期的满蒙关系，从社会政治、经济、文化、习俗等方面分析了满蒙间的彼此影响、相互吸收、相互借鉴的历史事实，进一步探讨了爱新国早期满蒙经济、文化、习俗、宗教、联姻等关系，提出了新观点、新发现。

巴根那的硕士学位论文《科尔沁部与爱新国联盟的原始记载及其在〈清实录〉中的流传》③，利用17世纪蒙古文原文文书和清太祖、清太宗时期的满文原文旧档，探讨了1624~1629年的嫩科尔沁部与女真爱新国之间的联姻联盟进程。通过精读满蒙文原文档案，力图再现嫩科尔沁部和爱新国关系的本来面目、联盟的性质等。该文认为，"嫩科尔沁部与爱新国建立联盟关系的真实目的仅在于威吓林丹汗，阻止其东侵，以达到自保的目的而已"。因此，联盟初期双方关系是完全平等的，直到努尔哈赤去世，林丹汗势力西迁之后爱新国新主皇太极才"下决心解决科尔沁奥巴的离心倾向，派出使者，列数其十大罪状，迫使奥巴俯首称臣"，嫩科

---

① 玉芝：《蒙元东道诸王及其后裔所属部众历史研究》，博士学位论文，内蒙古大学，2006。
② 白初一：《清太祖时期满蒙关系若干问题研究》，博士学位论文，内蒙古大学，2005。
③ 巴根那：《科尔沁部与爱新国联盟的原始记载及其在〈清实录〉中的流传》，硕士学位论文，内蒙古大学，2001。

尔沁部与满洲关系步入臣属关系时代。与此同时，该文又将满蒙文档案文书和《清实录》做细致比较，分析了这些史料在清朝官书中的流传及其原因。

孟根娜布其的硕士学位论文《有关奥巴洪台吉的十份蒙古文文书》，以17世纪与嫩科尔沁部首领奥巴有关的十份"遗留性"蒙古文档案文书分析嫩科尔沁部与爱新国的关系实质，同时对相关"遗留性"蒙古文史料进行了系统分析和评价。

宝日吉根《清初科尔沁部与满洲的关系》一文发表于1983年，是最早将嫩科尔沁部与满洲的早期关系分为联盟和臣服两个阶段来分析的力作，是嫩科尔沁部历史研究领域的开山之作。

徐晶晶《浅析清入关前与科尔沁等部的关系》一文对嫩科尔沁部等部投附爱新国的时间做了分析，认为努尔哈赤通过武力征服、联姻结盟等恩威并举的方式，使嫩科尔沁部等诸蒙古部落先后投附称臣。

满蒙联姻是清代政治制度中的重点，但专门研究是从20世纪80年代才开始的。

〔日〕松村润《清太宗的后妃》（见《满学研究》第3辑，1972），主要论述了太宗后妃的出身、子女及册立她们的情况与意义等，涉及了满蒙联姻这一话题，是目前可追溯的最早注意到满蒙联姻的文章。

〔日〕楠木贤道《清初，入关前的汗、皇帝和科尔沁部上层之间的婚姻关系》（译文载《明清档案与蒙古史研究》第1辑，2000），探讨了嫩科尔沁部与清皇室间联姻的实质等问题。

宝日吉根《清初科尔沁部与满洲的关系》（《民族研究》1981年第4期），首次提出了满蒙联姻这一历史现象对清初历史的影响。

华立《清代的满蒙联姻》（《民族研究》1983年第2期）从宏观的角度，对有清一代的满蒙联姻政策做了开创性研究。该文提出在清代历史上，满蒙联姻是一个非常引人注目的现象，而且作为有清一代奉行不替的基本国策，这种联姻活动已经远远超出单纯的家族间通婚的含义，而成为清代民族统治政策中不可缺少的组成部分。

该文提出的满蒙联姻不同阶段理论，即起步阶段（天命时代）、发展阶段（天聪至顺治）、完善阶段（康雍乾时代）、因循保持阶段（嘉庆以后至清末），是该文最独到的见解，这一提法对后来研究影响很大。

杜家骥《清代满蒙联姻研究》（人民出版社，2003）是迄今为止关于清代满蒙联姻研究最全面的论著。无论是深度、广度还是时间跨度等在同类研究中无能出其右者。该书的又一亮点在于广泛利用了清代"玉牒"等原始资料，多角度论述了满蒙联姻制度。

全书近65万字，分为上、中、下三编。上编"蒙古各部与清廷联姻史事"，在介绍蒙古各部之由来、领主世系等的基础上将蒙古各部与清廷的联姻史事以时间为顺序逐一考订。中编"满蒙联姻诸制度及相关史事"，包括指婚制、婚礼、陪嫁、额驸及其后代封号、生活配给、省亲、丧葬等相关制度和满蒙联姻的阶段性变化、特点、原因等内容。下编"满蒙联姻的作用与影响"，包括满蒙联姻与满蒙关系，清王朝统治对蒙古文明（化）之影响，满蒙汉民族血分融合以及满蒙联姻中的婚姻习俗，近亲结婚分析等专题内容。在以上、中两编揭示史事的基础上，系统论述了联姻对满蒙关系，对清王朝统治的建立、巩固及边疆治理，对蒙古外戚参与朝政积极性所起的作用等问题。同时又对满蒙联姻制度下的满蒙民族文化、民族融合以及民族人口的影响等诸问题进行了专题论述。

张晋藩《清律研究》（希望出版社，1999），是部以清代法律为研究对象的学术专著。书中"清代民族立法的卓越成就"一章涉及清朝开国时期民族立法问题，评价清代民族立法时作者特意引用"卓越成就"一词，广征博引，言之有据地强调了清代民族立法的历史借鉴意义。

刘广安《清代民族立法研究》（中国政法大学出版社，1992），阐述了清代民族立法的主要内容和特点，分析了清代民族立法的发展进程和特殊作用，总结了清代民族立法的法学意义和历史意义等。

〔日〕楠木贤道《清太宗皇太极的册封蒙古王公》（《满学研究》第7辑）、《天聪年间爱新国对蒙古诸部的法律支配进程》（《蒙古史研究》第7辑，2003）等系列论文从法律角度对满蒙关系加以分析。尤其从清朝民族立法角度分析天聪八年（1634）发生的"噶尔珠赛特尔事件"，涉及了清初民族立法的起步等问题。

张晋藩、郭成康《清入关前国家法律制度史》（辽宁人民出版社，1988），认为天聪九年编立的八旗蒙古从社会组织方面解决了旗下蒙古的生计问题，从军事组织方面为清朝扩张源源不断地提供了兵员、装备和给养，是满洲统治者稳定东北地区的统治、增强国家实力的一项重要决策。

乌云毕力格、巴拉吉尼玛著《土谢图汗——奥巴评传》（内蒙古教育出版社，2009），全书共20万字，以嫩科尔沁部首领奥巴为切入点，以历史为主线，集思想性、历史性和可读性于一体，展示了奥巴在清初历史进程中所起的作用。

三 论文涉及基本史料介绍

(一) 遗留性史料

1. 《旧满洲档》（《满文原档》）和《满文老档》

《旧满洲档》，原名《无圈点字档》，是以旧满文书写完成的编年体式档案汇编，其中掺有若干蒙古文记载，涉及 1607~1632 年、1635~1636 年爱新国政治、军事、外交等内容。1969 年，由台北故宫博物院影印出版，共 10 卷。其中，与嫩科尔沁部有关的内容很多，是研究嫩科尔沁部与爱新国关系的重要依据。2005 年，台北故宫博物院利用照相 A3 版面技术印制《无圈点字档》，合订成十巨册，以《满文原档》名义出版，《满文原档》成为了解 17 世纪满族与其相邻地区互动交流情形的最原始文件和研究与探讨清代开国史、满族史、东北地方史的第一手史料。

《满文老档》，乾隆年间对《无圈点字档》进行大量修改后用旧满文抄写三部（称《无圈点字档》），用新满文音写四部，称为《有圈点字档》，分别收藏于北京内阁大库和盛京崇谟阁。1912 年，日本学者内藤虎次郎到沈阳，翻拍崇谟阁《有圈点字档》带回日本。20 世纪五六十年代，日本学者们将其转写成拉丁文，加行间译和总译，起名为《满文老档》出版发行。其中有很多涉及清初嫩科尔沁部与满洲交流方面的记述、记载，对清初嫩科尔沁部与清朝关系研究等具有十分重要的意义。

2. 《清初内国史院满文档案译编》

中国第一历史档案馆编，分上、中、下三册，是清内国史院为纂修国史而辑录的满文档案原始材料的汉译，由光明日报出版社出版。原档案按年月日顺序排成册，记事从天聪元年（1627）正月至顺治十八年（1661）。上册现存 47 册（天聪朝 18 册，崇德朝 29 册），内容从天聪元年正月至崇德八年（1643）六月（原档缺天聪六年和崇德六年档案，又天聪元年至五年及崇德元年档案与《满文老档》重复，所以没有翻译），1986 年出版；中、下册共整理出顺治朝满文档中较好的 52 册译成汉文，1989 年出版。中册内容从顺治元年四月至顺治五年六月，下册内容从顺治六年正月至顺治十八年六月。《清初内国史院满文档案译编》上册中收藏多部与嫩科尔沁部有关的珍贵档案，为本书所引用。

3. 《17世纪蒙古文文书档案》

李保文编辑整理，分上下两编，1997年由内蒙古少年儿童出版社影印出版。上编《有关满蒙关系的文书》，收录17世纪二三十年代61份蒙古文文书原件和底稿。内容涉及包括嫩科尔沁台吉在内的蒙古贵族与爱新国之间的书信往来。下编收入理藩院50份与蒙古有关的朝贡档册，是研究清初嫩科尔沁部与爱新国关系的最根本、最可靠的遗留性史料。

4. 《清内秘书院蒙古文档案汇编》

中国第一历史档案馆、内蒙古自治区档案馆、内蒙古大学蒙古学研究中心合作整理出版（内蒙古人民出版社，2004），为崇德元年至康熙九年清内秘书院所收藏清朝与漠南蒙古、漠北蒙古、新疆、青海和西藏地区间政治、军事、经济、民族、文化、宗教等方面的往来文书及清王朝对以上地区的统治政策相关的档案等。分7辑，辑入的档案共32册，2000余件，是清代蒙古史、边疆史、民族关系史和清史研究的系统可靠、丰富翔实的资料。其中有关嫩科尔沁部的册封文、恤典祭文等，为了解嫩科尔沁部与清朝关系提供了重要的原始依据。

5. 《清内阁蒙古堂档》

宝音德力根、乌云毕力格、吴元丰主编，2005年由内蒙古人民出版社出版，共22册。影印收藏于清朝内阁大库的从康熙十年（1671）至乾隆八年（1743）的113册蒙古文档案。内容涉及清朝与蒙古各部高层往来文书的抄件和满文翻译件，史料价值极高。其中嫁到嫩科尔沁部的清太宗三位公主的相关资料为本书所引用。

6. 《清代前期理藩院满蒙文题本》

中国第一历史档案馆、中国人民大学国学院整理，2010年由内蒙古人民出版社出版。档案涉及顺治、康熙两朝（顺治朝149份——全部满文，康熙朝130份，其中11份为蒙古文，内有皇帝的"朱批"外，还加盖理藩院官印，具有很高的史料价值。嫩科尔沁十旗王公册封文等为本书所引用。

（二）记述性史料

1. 《清实录》

《清实录》是清代官修编年体史料长编，是研究有清一代历史的重要史料。通过《实录》我们可以了解嫩科尔沁部与清朝早期历史发展的大致轨迹。其中，《清太祖武皇帝实录》《清太宗文皇帝实录》《清世祖章皇帝实录》《清圣祖仁皇帝实录》与本书有关。

2.《蒙古游牧记》

（清）张穆撰，张正明、宋举成点校，1991年由陕西人民出版社出版。全书以史志体例分述自古至清道光年间蒙古各部游牧所在、舆地形势和历代沿革，是研究嫩科尔沁部牧地疆域的重要参考书。

3.《钦定外藩蒙古回部王公表传》

清国史馆编，包文汉、奇·朝克图点校，1997年由内蒙古大学出版社出版，共120卷。该书利用蒙古回部王公的家谱档册及清廷档案记录，对蒙古回部王公源流、升迁调补、恩赏夺予、功过事迹以及承袭次数、事故年月等做了记述。其中，嫩科尔沁十旗统治者世袭等方面的记载对本书有参考价值。

4.《皇清开国方略》

清方略馆编撰，2006年由北京图书馆出版社影印出版。记叙清朝建国史事的官修编年体史书，32卷，乾隆三十九年（1774），由阿桂、梁国治等人撰修，乾隆五十一年成书。涉及内容始于癸未年（1583）五月努尔哈赤起兵至清顺治元年（1644）十月福临在北京即位的61年间，满族由部落而建成国家，入主中原奠定基业的开国历史过程。撰修人虽在卷首进表称全书史料来源是"依三朝实录"，但实际上和太祖、太宗朝原档以及各种版本太祖实录、太宗实录相比，多属于二手材料，史料价值不高。对清初嫩科尔沁部随征、从征等军事活动有参考价值。

5.《皇朝藩部要略》

（清）祁韵士纂，张穆改定。主要内容为清朝征服、统一内蒙古6盟49旗、外蒙古喀尔喀部、厄鲁特、回部、西藏等边疆地区，将这些边疆领土纳入清朝版图，以及清朝对这些地区实施有效主权管辖的历史进程。全书包括内蒙古要略2卷、外蒙古喀尔喀部要略6卷、厄鲁特要略6卷、回部要略2卷、西藏部要略2卷，分别编年记载了内外蒙古和新疆、青海地区蒙古各部，以及哈密、吐鲁番、南疆诸回部与西藏各部源流、分布状况、地理环境、归清始末及封爵、建置等事。内蒙古要略2卷内容与本书有关。

6.《康熙起居注》

《康熙起居注》是由康熙朝起居注官逐日记录皇帝各项起居政务活动的一种日记体裁档册，是康熙朝起居注制度在文体上的体现。它先载起居，后载谕旨，又次官员题奏本章，再次引见官员情况顺序，逐月编纂成册，因而是比较忠实地反映康熙朝历史的文献资料。其中既包括了皇帝的日常生活内容，也记载了政务活动的内容及大臣重要奏章内容，具有丰富的史料价值。

（三）官修典志部分

《清会典》（中华书局，1991），亦称《五朝会典》，是康熙、雍正、乾隆、嘉庆、光绪五个朝代所修会典的总称。按行政机构分目，内容包括宗人府，内阁，兵、刑、工、吏、户、礼六部，理藩院等职能部门的行政法典及有关制度。因详细记述了清代从开国到清末的行政法规和各种司法事例，成为研究清代典章制度的重要资料。

《蒙古律例》，由崇德八年（1643）《蒙古律书》演变而来的清朝第一部成文法，适用于清朝所辖八旗外蒙古、众苏鲁克沁牧场以及外藩蒙古地区。乾隆六年（1741）开始有了满文、蒙古文文本，乾隆三十一年（1766）出现汉文刻本并定名为《蒙古律例》。1988年，中国社会科学院中国边疆史地研究中心以中央民族大学图书馆藏嘉庆年间刻本为蓝本影印出版了《蒙古律例·回疆则例》，极大地方便了学术界对《蒙古律例》的研究。新版《蒙古律例》各卷名称及所含条目为：卷一，"官衔"（共24条）；卷二，"户口差徭"（共23条）；卷三，"朝贡"（共9条）；卷四，"会盟行军"（共13条）；卷五，"边境卡哨"（共17条）；卷六，"贼盗"（共35条）；卷七，"人命"（共10条）；卷八，"首告"（共5条）；卷九，"捕亡"（共20条）；卷十，"杂犯"（共18条）；卷十一，"喇嘛例"（共6条）；卷十二，"断狱"（共29条），合计209条。还有《增订蒙古则例》16条和《蒙古律例》7条，总计232条，是清代早期蒙古法律制度研究的重要史料。

《理藩院则例》，清代专为蒙古人适用而编订的法典，为清代众多民族法规中最具代表性的一部。嘉庆十六年（1811）开始由理藩院编纂，历经四载，于嘉庆二十年（1815）刊刻告成，以满、蒙、汉三种文字同时颁发。后经道光、光绪两朝续修，形成一部凡64卷、965条，体系完备、内容丰富、适用范围广泛的大型综合性法规汇总。主要内容为理藩院的机构、职掌和编制，蒙古地区的行政区划、职官制度、司法诉讼制度以及各种管理制度，西藏地区的职官制度和驻藏大臣的设立及其权限，西宁办事大臣的部分管辖权，对全国喇嘛教的管理制度以及有关与俄罗斯交涉事宜等，是研究清代蒙古法律的重要文献。

《八旗通志初集》，雍正五年（1727）鄂尔泰等人奉旨撰修，历时十余年，于乾隆四年（1739）正式刊印。全书共254卷，分为卷首、八志、八表、八传四大部分。卷首载有乾隆御制八旗通志序、雍正撰修八旗通志谕旨。八志分为旗分志、土田志、营建志、兵制志、职官志、学校志、典礼志、艺文志；八表有封爵表、世职表、八旗大臣表、宗人府表、内阁大臣表、部院大臣表、直省大臣表、选举表；八传包括宗室王公、名臣、勋臣、忠烈、循吏、儒林、孝义、列女等。"志以事系史、表以年系人、传以人系事"（阎崇年语，引自《评钦定八旗通志校点本》，载于《满语研究》2003年第1期）是该书一大特点。《八旗通志初集》记述起于八旗初建之时，迄于雍正十三年（1735），是研究有关八旗制度和八旗人物的专门志书。该书中融入八旗内、获得世职的嫩科尔沁部分贵族、军功者的传记与本书有关。

《东华录》，以清朝的国史馆设在东华门内而得名，分为蒋录和王录两种。蒋录由蒋良骐（1723~1789）所编，通行本为32卷，系对从清太祖天命至清世宗雍正的实录（也有一些其他文献摘抄）。蒋氏所见雍正以前的各朝实录，系乾隆初年重修前的本子，所以史料价值很高。王录为王先谦（1842~1917）所编，又称王氏《东华录》，实为《东华续录》。以蒋录过简，重新辑录雍正以前史实而成195卷；另据潘颐福仿照蒋录体例所著的咸丰朝《东华录》69卷增订为100卷；加上王氏所纂100卷本同治朝《东华录》，统称为《十一朝东华录》。本书引用了蒋录《东华录（前三朝）》（中华书局点校，1980）。

《清史稿》（中华书局，1976），赵尔巽等撰。全书536卷，其中本纪25卷，志142卷，表53卷，列传316卷，以纪传为中心。所记之事，上起1616年清太祖努尔哈赤在赫图阿拉建国称汗，下至1911年清朝灭亡，共296年历史。编修工作历时十余年，汇集了比较丰富的清史资料，为清初满蒙关系提供了充实的原始资料。

《清代蒙古社会制度》，成书于1954年，由精于清代蒙古社会制度史和蒙古法典研究，在日本蒙古学界颇有影响的田山茂博士所著。经潘世宪汉译，1987年由商务印书馆出版。该书以清代蒙古"旗"的设置、组织和机能为中心展开论述，通过对旗与人、旗与土地等问题的剖析，阐明了蒙古的社会关系、社会制度及社会状态，从而开拓了清代蒙古社会制度研究的新领域。扎萨克旗组织及族长制度、鄂托克等内容与本书有关。

《金轮千辐》（蒙古文），（清）达里麻著、乔吉校注，2012年由内蒙古人民出版社再版。该书成书于乾隆四年（1739），目前有呼和浩特本、列宁格勒本和哥本哈根本三种版本。其中尤以哥本哈根本为最珍贵。内容主要包括蒙古诸部由来、变迁，融入蒙古族的外来族群的同化缘由，历史人物的主要功绩、北元时期蒙古诸部贵族家族子嗣、世袭等。这在同时代蒙古史书中最为全面和权威。清初嫩科尔沁部台吉家族的分支、承袭等为本书大量引用。

《啸亭杂录》，（清）昭梿（1776~1829）著、何英芳点校，1980年由中华书局出版。内容涉及清代民俗、人物、宗教、传说、重大历史事件、个人生活琐事、读后感等，又对清朝典章制度做了专门的记载，涉及"理藩院"、"南书房"、"军机处"、八旗和绿营制度等的建立和沿革情况、实际作用以及在执行过程中的利弊得失等内容。有些文章则有独家报道性质，能补正史之不足。庄妃侍女苏麻喇姑的记述能为清初内附清朝融入八旗的嫩科尔沁人研究提供依据。

《圣武记》，（清）魏源（1794~1857）著，成书于道光二十二年（1842）。该书共14卷，分为两部分。前10卷以纪事本末体记述清王朝建立至道光年间的军事历史；后4卷《武功余记》是作者对包括兵制、兵饷以及城守、水守、坊苗、军政、军储等问题在内的有关军事问题的论述。《圣武记》作者掌握正史、实录、方略、方志与私人著述等比较丰富的史料，并利用当时边疆地理学的成果，订正了前人某些不当之处，从而使全书成为比较可靠的史料荟萃合集。1984年2月，中华书局在北京出版了韩锡铎、孙文良点校的《圣武记》（全两册）。

（四）地方志书

《科尔沁右翼前旗旗志》（内蒙古人民出版社，1991），是科尔沁右翼前旗建置360年间自然、政治、经济、文化、人口、地理、疆域、社会等各方面发展情况的比较客观的汇总。

巴根那主编《科尔沁左翼后旗志》（内蒙古人民出版社，1993），上自清朝建元的1636年，下迄1990年，包括科尔沁左翼后旗政治制度、行政区划、自然状况、经济文化、人口教育等。

《杜尔伯特蒙古族自治县志》（黑龙江人民出版社，1996），系统记述了黑龙江省杜尔伯特蒙古族自治县（包括清代杜尔伯特旗）自然环境、政治、经济、文化、科技、卫生等各方面发展的历史与现状。

《科尔沁左翼中旗旗志》（主编赵海山，内蒙古文化出版社，2003），起止时间：上限清崇德元年（1636），下限1998年，部分章节延伸到2000年。由概述、大事记、专志、人物志、图、表及附录组成，共设30篇，137章，483节，130万字。

刘加绪著《前郭尔罗斯简史》（辽宁民族出版社，2005），内容涵盖广，时间跨度长。上起神话般的额儿古涅昆，郭尔罗斯人率先出山，移居辽阔草原游牧，演变为嫩科尔沁部属部，共同投附大清王朝，下迄松、嫩江畔郭尔罗斯草原出现黎明曙光的1949年。

珠占、舍力布著《科尔沁宾图旗故事》（内蒙古文化出版社，2008）共收录40多个与清代科尔沁左翼前旗历史文化、风土人情、人物事件有关的口述传说，是目前为数不多的清代科尔沁左翼前旗人文史志方面的资料汇总。

以上地方志与清代行政区划、旗下官制、族长制、努图克相关的记录为本书所引用。

《内蒙古自治区地名志哲里木盟分册》《内蒙古自治区地名志兴安盟分册》（内蒙古自治区地名委员会，1990）内分"主要地名诠释"和"地名录"两部分。该书对辖区内名胜古迹、政区居民点、交通与水利设施、纪念地、自然地理实体、具有地名意义的企事业部门等的名称由来、古今变迁等做了记录和诠释，是对比清初科尔沁地区历史事件发生地等的参考工具书。

四 研究方法及创新点

（一）研究方法

第一，本书主要采用对比研究法，即采用对比文字和对比史料、对比文化的方法进行研究。本书涉及大量蒙满汉等文字档案和史料，因而对不同文字记载的档案、史料进行对比，有助于充分发挥二者的互补性。利用《旧满洲档》《满文老档》等档案史料来对比《清实录》及《钦定外藩蒙古回部王公表传》等史料中关于嫩科尔沁的内容，对正确把握清代早期满蒙关系的实质有着不可替代的作用。

第二，注重实证研究，做到论出有据。以尽量充分解读满文、蒙古文、汉文史料来增强论点、论据的可信度。运用地方文史资料填补《实录》或《档案》中缺乏的内容，又利用田野调查和实地踏查、GPS定位等方法，对清代早期发生的历史事件具体地点进行详细考察，将档案史料和实地踏查资料有机结合、相互印证、相互补充。

第三，运用史料学批判的研究方法。史书因受作者的生活时代、写作目的、态度、立场等诸多因素的影响而有曲笔、误记甚至篡改史实的情况。因此运用史料时必须加以鉴别印证，才能确定其价值。

(二) 创新点

第一，从嫩科尔沁部角度分析和阐述了嫩科尔沁部投附清朝的整个过程。包括嫩科尔沁人的心理因素、外部环境、内部原因、重点环节、具体过程等，认为嫩科尔沁部内部不睦不和是其投附他部最根本原因。

第二，本书将1593年嫩科尔沁部参加"九部之战"至1636年投附清朝，又到1692年"献出锡伯人"的100年跌宕起伏的社会变迁时期分成五朝四帝不同历史阶段来系统研究。从嫩科尔沁部与清朝努尔哈赤、皇太极、福临、玄烨四代皇帝进行的交往交锋以及双方不同时期各种策略的具体出台和回应等加以分析，认为努尔哈赤主动采取"女真人的蒙古化"措施抹平模糊了女真人和蒙古人的族群认同，是嫩科尔沁部投附清朝的最直接原因，也是全体蒙古人投附清朝的主要原因。大清朝建立之后，嫩科尔沁部被动接受清廷"蒙古人的满洲化"政策的蚕食，部落传统主权被剥夺殆尽，统一力量惨遭肢解。

第三，对清初各种对蒙政策的源头进行了系统梳理。认为"尊崇喇嘛教"是清朝"因俗而治"政策的起点，"不得越界"是"分而治之"措施的源头；满蒙联姻中的"互为嫁娶"模式最终演变成"被指额驸"制度，元旦朝觐则引出"年班""围班"国策的出台，等等。通过这些措施的制度化、规范化，女真人由部落联盟发展成为国家，嫩科尔沁人则从蒙古大汗属部变成清朝顺民，进而演变为积极维护新制度的外藩蒙旗。

第四，利用民间口述材料和实地遗迹踏查等研究手段，填补了清代早期嫩科尔沁部历史文化中的一些疑点和盲点，从而使整个清代早期的蒙古族历史文化研究有了更加清晰的轮廓。

第五，本书认为，清初的嫩科尔沁部虽然投附他部，被新制度新体系夺去部落传统主权，但成功摆脱"九部之战"中的其他部落被歼灭、吞并的危险，以一盟四部十旗的形式将土地和文化完整地保留至清末，为今日科尔沁文化圈的形成打下了基础。

第一章

嫩科尔沁部与天命汗努尔哈赤

嫩科尔沁部是北元时期科尔沁万户的一个分支。明嘉靖年间，由科尔沁部左翼首领图美只雅哈齐长子奎蒙克率领所属部众南越大兴安岭，驻牧于嫩江流域而形成。南下的嫩科尔沁部迅速成为该地区新兴势力，打破了兴安岭以南传统势力格局，在以达来孙汗为首的蒙古本部统治下形成漠南蒙古东部最强的游牧集团，对明朝辽东、辽西地区构成了新的威胁。努尔哈赤时代，嫩科尔沁部又成为蒙古察哈尔、明朝和新兴的爱新国争夺的对象，与周边各部形成了更加错综复杂的关系。

第一节 科尔沁部的南下与周边关系

一 科尔沁部的南下与"嫩科尔沁部"的出现

科尔沁（Qorčin），明代汉籍史料记作"尔填""好儿趁""火耳趁""火耳慎"，清代汉籍史料记为"科尔沁""廓儿沁"等。科尔沁是成吉思汗胞弟合撒儿领地及其后裔所统蒙古部落的总称。"科尔沁"意为"箭筒士"，而"科尔沁"一词成为部名，起因据称与合撒儿及其子移相哥出众的神射技能有关。从《史集》所载"移相哥和拙赤合撒儿氏族的禹儿惕和游牧营地，在蒙古斯坦的东北部额儿古涅河、阔连海子和海剌儿河一带，离斡惕赤斤那颜的儿子只不和他的孙子塔察儿的禹儿惕所在地不远"①。可以看出，大蒙古国建立之后，合撒儿分得今呼伦湖、海拉尔河下游，额尔古纳河

---

① 拉施特：《史集》（第一卷第一分册），商务印书馆，1986，第67页。

右岸地区为中心的广袤土地。由于地理等原因，在元代多次皇位之争和元末明初政治剧变中，合撒儿后裔所受到的冲击较小，故其所领部众逐渐成为"东道诸王"中最强盛的一支。达延汗时期，科尔沁的牧地仍在蒙古大汗直辖的左翼三万户之东，势力远达黑龙江上游一带，形成单独的"科尔沁万户"，接受蒙古汗庭管辖。

16世纪初，合撒儿十三世孙齐王孛罗乃所部科尔沁万户内分左右翼，形成两大游牧集团。孛罗乃长子阿儿脱歹伯颜图（Urtudai Buyantu）及其后裔为首的右翼首领统治着茂明安①等鄂托克，是整个科尔沁万户的宗长，集族长、汗（蒙古传统汗号）、王（即齐王号）于一身，统领科尔沁诸部。此时，科尔沁万户在黑龙江上游的额尔古纳河、鄂嫩河流域②游牧。

孛罗乃次子图美只雅哈齐（Tümi jiyaqači）所领部众形成左翼游牧集团，科尔沁万户大多数人口被左翼所领。明嘉靖年间，科尔沁左翼为扩展生存空间，大举南下游牧。其中，图美只雅哈齐长子奎蒙克（明代汉籍史料又作"魁猛磕""魁猛可"等）率领左翼部众的一部分南越大兴安岭，驻牧于嫩江流域③，号所部为"嫩科尔沁"。奎蒙克弟巴衮和布尔海带领部分属民游牧至海拉尔河流域，并未进一步南下。其所属部落亦分成"阿鲁科尔沁""乌拉特""四子部"等，分处而牧。从此，科尔沁万户有了"aru"（阿鲁，即山阴）和"ölge"（乌拉特，即山阳）之分。"ölge"（山阳）科尔沁是指游牧于兴安岭南侧的嫩科尔沁部；"aru"（山阴）科尔沁则是泛指兴安岭北侧以北的科尔沁诸部。

明清汉籍史料中，对科尔沁部南进至嫩江流域的具体时间有不同记载。因此，学术界也有"明洪熙年间""明正统年间""明嘉靖年间"等不同的见解。"明嘉靖年间"之说最先由胡日查提出④，达力扎布、曹永年等亦持此说，现已成为主流提法。本书亦支持这一观点。

---

① "茂明安"又作"毛明安"，科尔沁属部之一，《金轮千辐》（答理麻著、内蒙古人民出版社，1987，第311页）记"茂明安"为科尔沁左翼属部之一。但据玉芝博士考证，《金轮千辐》所记科尔沁左右翼鄂托克正好相反，即所谓的左翼七鄂托克实为右翼七鄂托克，右翼六鄂托克实为左翼六鄂托克（玉芝：《蒙元东道诸王及其后裔所属部众历史研究》，博士学位论文，内蒙古大学，2006）。
② 达力扎布：《明代漠南蒙古历史研究》，内蒙古文化出版社，1997，第143页。
③ 胡日查、长命：《科尔沁史略》，民族出版社，2000，第184页。
④ 胡日查：《哈萨尔及其后裔所属部落变迁》，原载《内蒙古师范大学学报》（汉文版）1989年第1期。

科尔沁万户的牧地虽然向南拓展，又有新的部落名称等出现，但 17 世纪 30 年代之前，他们继续推崇鄂尔多固海子嗣为汗，在茂明安部周围维持着科尔沁万户的内部联盟。可见，科尔沁部南越兴安岭之因与科尔沁万户人口繁殖、牧地拥挤有关。也就是说，科尔沁等部从额尔古纳河、鄂嫩河流域南进嫩江流域行为属科尔沁万户的统一拓展活动，并非万户内部分裂行为。

二　嫩科尔沁部与周边关系

嫩科尔沁部的南下打破了兴安岭以南传统势力格局，与内喀尔喀部一起迅速成为以达来孙汗为首的蒙古本部统治下的漠南蒙古东部最强的游牧集团，对明朝辽东、辽西地区构成了新的威胁。对此，明代汉籍有诸多记载。如《明实录》中说"先是，北虏虎喇哈赤及魁猛磕、打来孙等欲假道东夷内侵，不遂"①。《武备志》亦追述说"又辽东境外，有虏二枝，一名魁猛可，一名虎喇哈赤，专为难于辽西"②。蒙古大汗与嫩科尔沁、内喀尔喀五部的联盟威胁明朝之状况持续到土蛮汗统治时期。《万历武功录》载：

> 是时速把亥、委正、抄花、好儿趁、者儿得③聚羊场河与土蛮未合相攻杀。顷之，好儿趁与土蛮讲和，并皆索者儿忒及逞加奴、仰加奴④，以为有如者儿忒，亦讲和，则请以大举入汉塞。而会挐木大⑤、小把都儿亦聚兵，声欲略前屯。于是土蛮中分，虏以其半大索者儿忒，以其半纠合挐木大，皆入塞。⑥

从上引记载可以看出，隆庆四年（1570），蒙古大汗、嫩科尔沁、内喀尔喀三大部联盟临时终结，而嫩科尔沁部已分成两部等史实。胡日查认为此处出现的"好儿趁""者儿得"实指嫩科尔沁的两大组成部分，"好儿趁"

---

① 《明世宗实录》，嘉靖三十四年四月丙子条。
② 茅元仪：《武备志》卷二〇四《蓟镇》，清活字本。
③ 者儿得，又作者儿忒、哲格尔德等，系奎蒙克次子诺扪达喇之子。
④ 逞加奴、仰加奴为亲兄弟二人，系叶赫部首领。1584 年兄弟二人被明将李成梁诱杀。
⑤ 挐木大又作那木大，为察哈尔阿喇克绰特部首领。
⑥ 《万历武功录》卷十《土蛮列传上》。

指奎蒙克塔斯哈喇长子博迪达喇子嗣所领嫩科尔沁部主体部分，即右翼；"者儿得"指奎蒙克塔斯哈喇次子诺扪达喇子嗣所领部众，即左翼。① 这也是嫩科尔沁部内部分成左、右两翼的最早论断。者儿得这一支几代单传，人丁不旺，因此，到者儿得子图美卫征时期，纳穆赛子莽古斯、明安崛起，嫩科尔沁部左翼的统领地位转移到他们麾下。

蒙古土蛮汗统治时期，蒙古大汗、嫩科尔沁部、内喀尔喀等三大部军事联盟时续时断。隆庆五年（1571）十月，"土蛮复收仇夷好儿趁，以为好儿趁傥不可得，即往略辽西"。② 隆庆九年（1575）"土蛮益结连好儿趁、速把亥，合二十余万"③。隆庆十七年（1583）"是时北虏土蛮罕、火耳趁及速把亥儿子等大率十余万骑，皆骑马声欲略广宁、辽沈、开原、铁岭"④。三强之间的联合一度控制了该地区女真、锡伯、卦尔察、索伦、萨哈尔察、喀木尼堪等部落，成为这一地区实际上的统治者。

当然，游牧地、贸易关口的争夺等实际利益也引发蒙古大汗、嫩科尔沁部、内喀尔喀部军事联盟中的矛盾和争执。其中，对明朝贸易关口的争夺尤为突出。《开原图说》记载：

> 一营恍惚太⑤……兵五千余骑。一营土门儿……兵五千骑……瑷按福余卫夷在者独此二酋，万历初年为开、铁西北患者亦独此二酋。自二酋勾东虏以儿邓⑥、暖兔⑦、伯要儿⑧等为开、铁患，二酋亦遂为东虏所弱，今且避居江上，不敢入庆云市讨赏。独坐穷山，放虎自卫，其取反噬，固其宜也。自恍惚太立寨混同江口，凡江东夷过江入市者，皆计货税之，间以兵渡江东掠，于是江东夷皆畏而服之。自混同江以东，黑龙江以西数千里内数十种夷，每家纳貂皮一张，鱼皮二张，以此称富强，安心江上，西交北关，南交奴酋以通贸易。女直一种所不尽为奴酋并

---

① 胡日查、长命：《科尔沁史略》，民族出版社，2000，第194页。
② 《万历武功录》卷十《土蛮列传上》。
③ 《万历武功录》卷十《土蛮列传上》。
④ 《万历武功录》卷十一《逞加奴、仰加奴列传》。
⑤ 即翁古代。
⑥ 即内喀尔喀五部之扎鲁特部始祖乌巴什卫征之长子巴颜达尔伊勒登。
⑦ 内喀尔喀五部之翁吉剌特部始祖乌班贝穆多克沁（üban buyima doyšin）之长子。
⑧ 即内喀尔喀五部之巴岳特部始祖索宁歹青。

者，皆恍惚太之力也。①

显然，嫩科尔沁部同明朝贸易的庆云堡等关口被内喀尔喀夺走之后，嫩科尔沁部失去"讨赏"之路，只好"立寨混同江口"，以"西交北关，南交奴酋以通贸易"之间接形式，与建州女真部强敌努尔哈赤发生诸多联系。

努尔哈赤是嫩科尔沁部南下嫩江流域百余年之内遇到的最强劲对手。1616年，努尔哈赤于赫图阿拉建立"爱新国"，从明朝附属转变为东北地区强有力的政治、军事集团，其势力影响很快波及东部蒙古各部。内喀尔喀之后，努尔哈赤也切断了嫩科尔沁部"讨赏"或"贸易"之路，使嫩科尔沁部再也无法与明朝发生直接联系。

甲辰年（1604），13岁的林丹汗登上蒙古大汗之位②，便声称"南朝只一大明皇帝，北边只我一人，何得处处称王"。在"阿巴嘎哈日乌拉"南建立都城，直接控制内喀尔喀五部，力图重振蒙古汗庭权威。经过几年的努力，林丹汗的蒙古大汗权威有所加强。但是，林丹汗只靠武力征讨的措施及经济上的强行征敛等行为③引起蒙古诸部的畏惧和反感，使其统一蒙古之路变为穷途末路。

明末清初的嫩科尔沁部仍过着传统的游牧生活，尚未从事农业生产。再加上北元后期的长期战争，经济上陷入了近乎孤立状态，游牧经济单一性弊病也日益暴露出来。"逐水草迁徙"的嫩科尔沁部虽拥有众多的畜群，但这种经济形式受自然条件的影响生产极不稳定。种植业基础的薄弱，加重了从外界输入粮食的负担。我们从与嫩科尔沁部邻近的哈达部遭遇可见一斑。癸卯年（1603），"哈达国饿，人皆无食，向大明开原城祈粮，不与。各以妻子、奴仆、牲畜易而食之"④。嫩科尔沁部面对迅速扩张的努尔哈赤势力，仅靠一己之力无法抵挡，遂试图采取通过海西女真诸部领地，与明朝进行贸易。正因如此，当海西女真受到建州女真威胁时，唯恐自身利益受到损失的

---

① 参见冯瑗《开原图说》，"福余卫恍惚太等二营枝派图考"，玄览堂丛书本。
② 拉喜彭斯克著、胡和温都尔校译《水晶珠》，内蒙古人民出版社，1985，第851页。
③ 据《满文老档》（中华书局，1990，第1537页）记载，科尔沁部奥巴有一匹名叫"杭爱"的良马，努尔哈赤想以十副甲换取而不得，林丹汗却只给"一胄"便索取了这匹良马。奥巴之从侄吴克善有一只"能横捕飞翔羊鹞"的猎鹰，林丹汗派人索取，吴克善虽爱不释手，奥巴劝其进献，吴克善也只好将猎鹰献给了林丹汗。这是出自崇德皇帝之口林丹汗横征暴敛的证据，从中可看到当时嫩科尔沁奥巴等对宗主国察哈尔的态度。
④ 《清太祖武皇帝弩儿哈奇实录》卷二。

嫩科尔沁部毅然参加"九部联军",在古埒山大战努尔哈赤。此后,翁古代、奥巴父子先后联合叶赫部,增兵乌喇部,继续与努尔哈赤抗衡。在与叶赫部联合征讨努尔哈赤时,还诱杀了"Buyanggo kiy-a"(布扬古恰)①。嫩科尔沁部的这些军事行动的目的都是试图通过保护邻近部落的利益,从而确保自身利益。

综上所述,嘉靖年间,科尔沁部大领主奎蒙克塔斯哈喇率领属下从额尔古纳河、鄂嫩河近地南下嫩江流域,与蒙古达来孙汗和内喀尔喀部首领虎喇哈赤强强联手,威震明朝辽东边境地区,并成为努尔哈赤崛起阶段遇到的最大阻力之一。

隆庆初年,嫩科尔沁部内部分成左右两翼游牧,力量遭到削弱。从历史上看,蒙古社会的"分封制"和贵族们惯用的将土地、人口、畜群等分给子嗣即分子,并分别游牧之做法,往往会引起军队和经济实力的分裂。"九部之战"中嫩科尔沁部内部出现翁古代、莽古斯、明安三位首领,其后,纳穆赛子嗣崛起,进而统领嫩科尔沁部左翼,对嫩科尔沁力量造成重大损害。这与内喀尔喀部首领虎喇哈赤五子所属部落分成扎鲁特、巴林、巴岳特、翁吉剌、乌济业特五部如出一辙②,对其后被爱新国一一攻破提供了绝好的机会。事实证明,此等内耗对部落力量的削弱比外部强敌的渗透和攻伐更具破坏力,最终也成为嫩科尔沁部投附大清朝的最终原因。

第二节　女真人的蒙古化现象

蒙古人从中原退居故地后,经过几百年的发展和演变,分割成漠南、漠北、漠西三大部分。此时,明朝正走向衰落,而东北地区的建州女真在努尔哈赤带领之下迅速崛起,建立了爱新国政权。明朝和爱新国试图在对抗中占据优势,不约而同地努力争取漠南蒙古。明朝采取"西虏攻东夷"之策略,以"市赏"的形式,从经济上扶持林丹汗,联合对抗女真人。但是,语言沟通及心理认同等因素影响着明朝与漠南蒙古之间的往来。努尔哈赤则利用地域和文化的相近、相似之优势,采取各种措施淡化双方间的文化差异,增

---

① 天聪汗致书嫩科尔沁领主奥巴之言(李保文整理《十七世纪蒙古文文书档案》,内蒙古少年儿童出版社,1997,第37页)。
② (清)答里麻著、乔吉校注《金轮千辐》,内蒙古人民出版社,2013,第205页。

加相互族群认同，以"譬伐大木，岂能遽摧？必以斧斤斫而小之，然后可折"①之态度，仅以两代人的势力就使得"恒不肯服属于人"的漠南蒙古成为自己的属部。努尔哈赤采取的措施可归结为"女真人的蒙古化"。具体内容就是将被征服的海西女真人及投附的蒙古人统一划归到八旗内，以八旗理念构建新的共同体；又在新建的共同体内尽量增加蒙古文化元素，使得女真人与蒙古人之间的文化差异缩小，以此来博得蒙古人从文化、心理上认同和接受女真人。这便成为清初蒙古人投附爱新国的首要原因。

一 女真人的"蒙古遗种"之认知

据《朝鲜李朝实录》记载，宣宗三十九年，即明朝万历三十四年（1607），努尔哈赤曾向朝鲜派使臣说"我是蒙古遗种"②。学者们对努尔哈赤的"蒙古遗种"之认知或忽略，或不屑一顾，或认为只是为了安抚蒙古而采取的策略或自我粉饰的表象。但从社会学角度来说，"族群"身份是在社会活动中通过"自认"和"他认"获得的。事实证明，努尔哈赤的"自我认同"转化为蒙古人的"他者认同"之时，产生的影响和效果则是实实在在地成为征服蒙古诸部的思想基础。那么，我们再探析努尔哈赤"蒙古遗种"之"自我认同"的根源依据何在。

《元史·地理志》记载"合兰府水达达等路，其居民皆水达达、女真之人，各仍其旧，无市井城廓，逐水草而居，以射猎为业"③。可见蒙古人和女真人有很古老的渊源关系。有元一代，留居故地的女真人接受蒙古人的统治。北元时期，辽王后裔长期统治女真部落，蒙古化的女真人被称作"üjiyed"即"乌济叶特"。明英宗时期起，女真人不会使用女真文，来往信件启用蒙古文。从此以后，女真人的服饰、语言以及文化上有了大量蒙古元素，为其以后的对蒙政策提供了有效帮助。漠南蒙古东部诸部地处蒙古高原最东部，所处的地理位置与建州女真人相邻，中间无天堑隔绝，相互走动较为频繁。部分蒙古人进入建州女真劳作，附属而居。④ 女真人也常常因生活

---

① （清）阿桂等撰《皇清开国方略》卷四，古书社复印本，2000。
② 吴晗辑《朝鲜李朝中的中国史料》，中华书局，1980，第282页。
③ 《元史》卷五九《地理二》，中华书局，1976，第1400页。
④ 《朝鲜李朝实录中的中国史料》，中华书局，1980，第466页。

所困，到临近蒙古部落当佣工。据说，努尔哈赤本人就曾在蒙古部中进行过劳作。① 这种密切交往，使两个民族的文化容易产生互相交流、互相渗透。蒙古人以游牧为主，"逐水草而居"，辅助渔猎；女真人以渔猎为主，畜牧业的比重也相当大，双方生计类型很接近。畜产品、山货、猎物皮张等的长期交易，为语言文化的融入、渗透搭建起了平台。女真和蒙古同属马背民族，擅长骑射，在饮食、衣着以及风俗习惯上双方也有诸多相同之处，食肉、喝奶、披皮及养牲畜之习俗自古就相同。所以，努尔哈赤说"尼堪与朝鲜两国，虽然语言不同，但是所穿的衣服、生活的方式是一样的呀！蒙古与珠申，我们二国也是语言不同，但是穿的衣服、生活的方式都是一样的呀！"②

海西女真各部首领的族属多来自蒙古。③ 叶赫部始祖系蒙古"土默特氏"，"虽属东夷种类，而世与北虏结婚"④，林丹汗就娶了叶赫贝勒金台什孙女为妻。乌拉部首领布占泰"来自蒙古，系蒙古苗裔"⑤，哈达部王忠、王台的族属源于乌拉布占泰族系，也是蒙古后裔。《清太宗文皇帝实录》卷三载"初，哈达国万汗（王台），姓纳喇……及乌喇贝勒祖纳齐卜禄七代孙"。努尔哈赤也是"北结插汉"，"西连哈喇慎、朵颜、顺义王等，结为婚媾"⑥，使女真文化特征逐步被淡化。

努尔哈赤先祖建州女真首领李满住有妻三，蒙古女居其二。文化上的外部因素和血缘上的内部因素等则是努尔哈赤自称"蒙古之遗种"的直接原因。这种认知一旦形成，便具有相对的稳定性，它可以渗透到社会生活的各个层面，影响每一个社会成员的思想意识。族源上的亲近感和文化上的认同感，使得相互间的联姻、联盟更容易形成。"为了族群和民族的认同感，国家和政权往往会有意无意地构建出有关民族的预想，而族群内部或边缘人们也会欣然地接受这个想象，因为这是世俗社会中需要的信仰和归属。人们不在乎一个标志是否的确代表了人们希望的意义，人们只在乎人们希望的意义

---

① 卢谦：《谨效愚悃疏》，参见何风秋《漠南蒙古归附后金之文化原因》，《内蒙古社会科学》1992 年第 6 期。
② 中研院历史语言研究所：《清太祖朝老满文原档》（第 2 册），台北，中华书局，1971，第 138~139 页。
③ 此说有待进一步考证，有学者认为叶赫等扈伦四部为女真人。详情见丛佩远《叶赫部族属试探》，《黑龙江文物丛刊》1983 年第 2 期。
④ （清）冯瑗：《开原图说》卷下，"海西女真北关枝源图"，辽宁人民出版社，2014。
⑤ 《清太宗文皇帝实录》，天聪七年九月癸卯条。
⑥ 王象乾：《条议款虏疏》，见《明经世文编》卷五〇一。

有一个标志可以作为代表"①。努尔哈赤的"蒙古遗种"认知充当的正是蒙古人族群认同信仰的需求和欲望。

自元以来，满洲及其先民与漠南蒙古各部的关系日益密切。双方地域接壤，血缘融汇，语言文化相互渗透，民族心理日渐趋同。这种认知一旦形成，便具有相对的稳定性，它可以渗透到社会生活的各个层面，影响每一个社会成员的思想意识。嫩科尔沁部的语言文化在100多年间与女真人有了沟通与接近，产生出种族源上的亲近感和文化上的认同感，所以他们才能够接纳彼此走到一起。

二 女真人的蒙古化进程

自元大一统以来，女真及其先民与漠南蒙古各部地域接壤，血缘融汇，习俗相仿，语言文化相互渗透，直到明末，这一关系日益密切。在与蒙古人长期交往中，努尔哈赤看到蒙古文化之优点和蒙古人的"合则成兵"之本色，遂积极采取以蒙古文化优化满洲文化之策略，即"女真人的蒙古化"措施，收到了良好的效果。正如有学者认为"在满族肇兴时期应该说吸收最多的是蒙古族文化"②。

有关清代"满人汉化""汉人满化"③及清后期"满洲人的蒙古化"④等问题研究颇多。但是"女真人的蒙古化"尚未引起学界足够重视。内蒙古大学王宝平硕士论文中提到努尔哈赤时代"女真人的蒙古化"现象，认为漠南蒙古各部吸收众多女真人，使其成为蒙古人。并认为"蒙古人与满洲人通过彼此的吸收融入磨平了双方差异，相互的认同变得亲近"⑤。蒙古人无意识地将女真人改变为蒙古人，而努尔哈赤则有意识地将女真人包装成蒙古人。

努尔哈赤采取的"女真人的蒙古化"的措施主要包括以下几点。

---

① 〔美〕本尼迪克特·安德森：《想象的共同体》，吴叡人译，上海人民出版社，2005，第173页。
② 张佳生：《八旗十论》，辽宁民族出版社，2008，第63页。
③ 张佳生《八旗十论》之第六论为《八旗中"汉人满化"现象论析》，对清代八旗内"汉人满化"的历史状况、文化心理表现、主要原因等进行了深度研究。
④ 李儿只斤·布仁赛音的《近现代蒙古人农耕村落社会的形成》第四章"移民社会的形成和地域统合"之第六节"满洲人的蒙古化"专门论述清代随公主格格移居到蒙旗的满洲人蒙古化问题。蒙古化内容包括"自认为蒙古人"，与蒙古人通婚、取蒙古名，使用蒙古语，生活习惯、心理上具备蒙古人的情怀等。李儿只斤·布仁赛音：《近现代蒙古人农耕村落社会的形成》，娜仁格日勒译，内蒙古大学出版社，2007。
⑤ 王宝平：《明初至后金兴起前蒙古与女真关系研究》，硕士学位论文，内蒙古大学，2008。

（一）借用蒙古文字

蒙古语和女真语（即满语）同属阿尔泰语系，语言有诸多共性，双方间"借词"和公用词很多①，直接交流并不困难。符合语言在共同体想象形成过程中所起的作用，即源自不同血缘的人群，一样可以通过共同的语言想象着一个共同的祖先的原理。

蒙古族有自己辉煌的历史和灿烂的文化，其中，蒙古文字起了很大作用。女真人在长期发展中逐渐丢失原有之文字，玄城卫指挥撒升哈写给明朝皇帝奏折中提请"臣等四十卫无识女真字者，乞自后敕文之类，第用达达字。从之"②等，和"……时满洲未有文字，文移往来，必须习蒙古书译蒙古语通之"③，便是当时的真实写照。女真人与蒙古人地理相邻、习俗相同、语言相近，因此选择蒙古文当作对外交流工具，"皆习蒙古书"。努尔哈赤本人也是通习蒙汉诸文。④

1599年，努尔哈赤命噶盖、额尔德尼两位通晓蒙古文的巴克什，"将蒙古字编为国语，创立满文，颁行国中"⑤。对此，努尔哈赤认为"得朝鲜人十，不若得蒙古人一；得蒙古人十，不若得满洲（实为女真）部落人一，族类同，则语言同，水土同，衣冠居处同，城郭土著射猎习俗同"⑥。并坚持"汉人读汉字，凡习汉字与未习汉字者皆知之。蒙古人读蒙古文，虽未习蒙古字者亦皆知之。今我国之语必译为蒙古语读之，则未习蒙古语者不能知也。如何以我国之语制字为难，反以习他国之语为易耶"⑦。努尔哈赤的认知和坚持，对满文字的创立和颁行起到了决定性作用。

噶盖、额尔德尼创制的满文，即无圈点满文推行33年后，又一名杰出的语言学家达海归纳、规范出新满文，从天聪六年（1632）三月正式颁布。⑧但事实上，即使在新满文出现后，蒙古文在满洲人的生活中仍发挥着重要作用。二者并行不悖，成为满洲建立前后一段时期内的普遍现象。

---

① 额尔登泰：《满语中的〈蒙古秘史〉词汇》，《蒙古语文研究文集》，青海民族出版社，1982。
② 《明实录》，正统九年二月甲午条。
③ 《清太祖武皇帝弩儿哈奇实录》卷二。
④ 萧一山：《清代通史》（卷上），台湾商务印书馆，1963，第55页。
⑤ 《清太祖武皇帝弩儿哈奇实录》卷二。
⑥ （清）魏源：《圣武记》卷一《开创·开国龙兴记一》，中华书局，1984，第9页。
⑦ 《清太祖武皇帝实录》，太祖己亥年二月辛亥条。
⑧ 阎崇年主编《清朝通史》（太祖朝分卷），紫禁城出版社，2003，第193页。

满文的创制和颁行，有诸多因素，但是"满文的创制和推行标志着曾为女真人后裔的满族共同体，已经发展到一个历史的新阶段"①则是不争的事实。其中，努尔哈赤借用蒙古文的创意起了决定性作用。换句话说，满文在读写等方面与蒙古文有诸多相同或相似之处的特点引发了蒙古人心理上的亲切感和认同感，这也是满文顺利颁行的一大原因。

（二）借鉴蒙古制度

在元代，女真人作为元朝的臣民，具有充分接受蒙古人社会组织和政治制度影响的历史。因此，女真人建立的爱新国政权，不可避免地借鉴了蒙古制度。

丙午年（1606）十二月，蒙古喀尔喀台吉恩格德尔尊封努尔哈赤为"昆都仑汗"②，蒙古与满洲往来不绝。10年后，即明万历四十四年（1616），努尔哈赤建立爱新国，年号天命。从此之后，在爱新国国朝制度中就出现了遵循蒙古制度模式的诸多现象。对此，著名学者蔡美彪在《大清建国前的国号、族名与纪年》一文中，很有启发性地提出努尔哈赤所建爱新国政权是多方效仿大蒙古制度而建立③的论点。白初一的观点更进一步，认为"与其说'模仿'，不如说继承了北方民族政治体制的传统"④。

爱新国制度中出现的"扎尔固齐"是对蒙元时期的断事官制度的效仿。在爱新国建立之前，努尔哈赤就"置理政听讼大臣五人、扎尔固齐十人佐理国事"。规定"凡有断听之事，先经扎尔固齐十人审问，然后言于五臣，五臣再加审问，然后言于诸贝勒"⑤。

立战功者授 darqan（达尔汉）号，是努尔哈赤所创国朝官制效仿蒙古旧制的又一例子。清代"达尔汉"号，系蒙元时代"答剌罕"名号的继承。按《蒙古秘史》说法，darqan（达尔汉）"九次犯罪，可免"。据《北虏风俗》载：

> 及虏既归，仍以纛竖之如前，将所获一人生束之，斩于纛下，然后会众论功。群夷上所掳获于群酋，而莫之敢匿。群酋上所掳获于虏王，

---

① 李金涛：《试论满族共同体形成的主要条件》，原载《满族研究》2009 年第 1 期。
② 《清太祖武皇帝弩儿哈奇实录》卷二。
③ 蔡美彪：《大清建国前的国号、族名与纪年》，《历史研究》1987 年第 2 期。
④ 白初一：《清太祖时期满蒙关系若干问题研究》，博士学位论文，内蒙古大学，2005。
⑤ 《清太祖武皇帝弩儿哈奇实录》卷四，中华书局影印本，1986，第 21 页。

而莫之敢匿。虏王若得干，余以颁群酋；群酋若得干，余以颁群夷。轻功者升为拔都打儿汉，功重者升为威静打儿汉，再重者升为骨印打儿汉，最为重者，则升至威打儿汉而止。①

北元时期，达延汗再度统一蒙古黄金家族统治后也给予有功之臣"达尔汉"号。如达延汗对参加右翼三万户之战的人皆授予"达尔汉"号。②

1607年努尔哈赤征讨乌拉部，并对立功者授"达尔汉巴图鲁"等号。关于此次战役，《满文老档》记载："于淑勒昆都仑汗四十九岁的丁未年三月二十日，布占泰截路的一万兵，被两个儿子率领的一千兵击破。阵斩领兵主将博克达父子，生擒常住贝勒父子，及其弟扈里布贝勒三人。杀其三千人，获马五千匹，甲三千副。（中略）待击败敌人回来后，淑勒昆都仑汗赐给弟贝勒'达尔汉巴图鲁'名号，汗亲生的长子首冲大敌，特赐名号'阿尔哈图图们'，次子代善贝勒，于阵中把主将博克达贝勒于马上生擒斩之，同伴进入敌阵时追击都追不上，而与其兄长一同进击，因而赐号'古英巴图鲁'。"③

努尔哈赤诸子称为"台吉"也是女真人借鉴蒙古制度的一个例子。台吉是蒙古"黄金家族"贵族才能拥有的专用名称。早期，努尔哈赤有军功的诸子皆被称作"台吉"。爱新国开国前这一称呼有所改动，出现"贝勒"与"台吉"并用的局面。天聪时期，"台吉"专指蒙古贵族，"贝勒"则成为满洲贵族的称呼。崇德时期，"贝勒"又成为蒙古贵族所获的爵位名称之一。

努尔哈赤号"昆都仑汗"，蒙古语意为"恭敬之可汗"，舒尔哈齐号"达尔汉巴图鲁"，褚英号"阿尔哈图图们"，多尔衮号"墨尔根岱青"，多铎号"额尔克楚库尔"，皆为蒙古语。天命十一年（1626），嫩科尔沁首领奥巴与努尔哈赤会面。以"当察哈尔兵至时，其兄弟属下人皆遁去，独奥巴烘台吉奋力抗战"之故，号奥巴为"土谢图汗"，号兄土梅为"代达尔

---

① 萧大亨：《北虏风俗》"战阵"北平文殿阁书庄，1935年复印本。
② 朱凤、贾静颜译《汉译名号黄金史纲》，内蒙古人民出版社，1985，第98页。
③ 《清太祖朝老满文原档》，转引自N.哈斯巴根《清初达尔汉名号考》，《清史研究》2012年第2期。

汉",号弟布达齐为"扎萨克图杜棱",号贺尔禾代为"青卓礼克图"①。从上述名号中看不出蒙满差异。

(三) 尊崇喇嘛教

满洲先人信奉萨满教,"清初起自辽沈,有设杆祭天礼,又于静室总祀社稷诸神祇,名曰堂子"②。努尔哈赤在赫图阿拉"立一堂宇,绕以垣墙,为礼天之所"。清世祖定鼎燕京后,"沿国俗,度地长安左门外,仍建堂子"。直至清末,拜堂子诣堂子为新年初一日或出征前凯旋后满洲皇帝、贝勒大臣必做的重要礼仪。可见,清朝皇室或上层对萨满教的虔诚崇拜和笃信。

但是,努尔哈赤本人对新接触到的喇嘛教和游历四方的游方喇嘛产生浓厚兴趣。时人常见"奴酋常坐,手持念珠而数之。将胡则颈系一条巾,巾末悬念珠而数之"③的情景。1615年,努尔哈赤又在赫图阿拉城始建佛庙,对蒙古喇嘛"二礼交聘,腆仪优待"④。西藏囊素喇嘛至辽阳,努尔哈赤"敬礼尊师,倍常供给"⑤。努尔哈赤尊重喇嘛并大兴寺庙,原因有两个:一是尊重蒙古人的信仰习俗;二是想利用喇嘛教优抚蒙古。这些是努尔哈赤从信仰、习俗方面将满洲人与蒙古人的差异缩小的努力。此种努力被其继任者们继续发扬,衍生出入清后治理蒙古的"因俗而治"之措施。

此外,与蒙古各部联姻是努尔哈赤所持"女真人的蒙古化"措施的重要环节。随着联姻的广泛深入和持久延续,满蒙联姻成为非常普通的"通婚"现象,为"建立满蒙亲缘关系,促进满蒙亲谊情感"⑥等方面产生了无法估量的影响。

努尔哈赤以十三副遗甲崛起于白山黑水间,逐步统一女真各部,"环满洲而居者,皆为削平"⑦,迅速升级为新兴的、最具活力的政治、军事力量。当时的女真、蒙古各部较为分散,生产力又低下,政治、经济、文化资源较贫乏。因征战等原因,双方之间的属民流动频繁,女真人中融入很多蒙古人,蒙古人中亦有很多女真人。努尔哈赤在掌握足以使其强大的政治、经

---

① 《清太祖武皇帝实录》,天命十一年六月戊寅条。
② 《清史稿》卷八十五(吉礼四)。
③ 〔朝〕李民寏:《建州闻见录》,玉版书屋本,第33页。
④ 《大喇嘛坟塔碑记》,辽阳市文物管理所编《辽阳碑志选》(铅印本),1976年第二集,第37页。
⑤ 《大金喇嘛法师宝记》,辽阳市文物管理所编《辽阳碑志选》(铅印本),1976年第一集,第30页。
⑥ 杜家骥语,援引《清朝满蒙联姻研究》,人民出版社,2003,第587~588页。
⑦ 《清太祖武皇帝弩儿哈奇实录》卷一。

济、文化资源的基础上采取"女真人的蒙古化"措施,对女真人、蒙古人的族群意识、民族意识进行有意整合构建,致使女真(满洲)人和蒙古人在语言文字、生活习俗、国朝制度、宗教信仰、血缘血统等方面差异缩小,将满洲人包装成更像蒙古人。其结果是彼此的认同、认知发生了彻底的改变,进而联姻、联盟,直至投附,顺理成章。

天聪时期,皇太极继续推行努尔哈赤所创"女真人的蒙古化"政策,以"我满洲与尔蒙古,原系一国"① 之态度,"不易其俗"之原则经略蒙古。这一切,从精神上增加了漠南蒙古对爱新国的依附,"满洲、蒙古大率相类,想起初必系同源"② 成为当时多数蒙古人的认知。天聪后期,林丹汗衰败,传国玉玺、玛哈噶喇金佛东移至盛京,蒙古人面临重大历史抉择。当时遗忘了"九部之战"惨败教训的嫩科尔沁蒙古人及漠南蒙古诸部,对说着蒙古语写着蒙古文字、信奉喇嘛并广建寺庙的"蒙古遗种",即满洲皇帝丝毫没有陌生感或排斥感,跟随金佛玉玺全部投附到其麾下,接受其分封,成为其藩属。顺治初年,有蒙古血统的福临继承皇位,兵锋直指大明王朝时,外藩蒙古又全力辅佐新皇帝顺利入关,问鼎中原,共同建立起国体为"满皇蒙王"的满蒙联合政权。

第三节 嫩科尔沁部左翼与努尔哈赤的联姻

翁古代后期,嫩科尔沁部的向南发展之路遇到邻近的建州女真人强有力的阻击,嫩科尔沁部与明朝的贸易通道被努尔哈赤阻断。加上察哈尔部蒙古大汗林丹汗的一些政治策略又损害科尔沁人的利益,嫩科尔沁部的生存空间面临很大压力。此时,嫩科尔沁部内部左翼诸台吉强势崛起,统一局面再次面临分化危机,地区统领地位逐渐被努尔哈赤所代替。努尔哈赤面对昔日的劲敌,及时改变武力对抗的策略,采取一系列灵活措施,将嫩科尔沁部成功转化成盟友,进而从林丹汗阵营中脱离出来,最终建立起双方之间的政治、军事联盟。本节将努尔哈赤采取的措施归纳为"与左翼联姻,与右翼联盟"。

一 联姻的开启

合撒儿后裔嫩科尔沁部贵族中率先与努尔哈赤联姻的人是纳穆赛③次子

---

① 《清太宗文皇帝实录》,天聪五年八月壬子条。
② (清)祁韵士:《皇朝藩部要略》卷一三。
③ 嫩科尔沁始祖奎蒙克长子博迪达喇次子。生有莽古斯、明安、孔果尔三子。

明安，他是16世纪末17世纪初嫩科尔沁部左翼的重要首领，势力和影响力不亚于其长兄莽古斯扎尔固齐诺颜。由于史料的匮乏，明安一生只有两件事被世人所熟知。其一是与胞兄莽古斯一起参加"九部之战"，战败，"裸身乘骒马逃"。另一件事就是将女儿嫁与努尔哈赤，开启延绵300年的满蒙联姻先河。

嫩科尔沁部与爱新国早期关系以武力对抗为主，这种关系尤以1593年"九部之战"为标志。时，嫩科尔沁部翁古代、莽古斯、明安三人领科尔沁、锡伯、卦尔察兵，联合叶赫、哈达、乌拉等部攻打建州女真之主努尔哈赤，史称"九部之战"。九部惨败，叶赫部贝勒布寨被杀，乌拉部布占泰被擒，"蒙古科尔沁贝勒明安马被陷，遂弃鞍，裸身乘骒马逃，仅身免"。① 从战争结果来看，科尔沁的损失最小，战争结束后又获得锡伯和卦尔察等部领属权。建州女真人厚待科尔沁俘虏，"奴酋选所获蒙古人二十，被棉衣，骑战马，使还其巢穴"②，其明年，"科尔沁部蒙古明安贝勒遣使通好"。③ 双方虽矛盾冲突不断，但出现"蒙古国诸贝勒通使不绝"的新景象。

壬子年（1612）春，"太祖闻其女颇有丰姿，遣使欲娶之。明安贝勒遂绝先许之婿，送其女来。太祖以礼亲迎，大宴成婚"。④ 可见，努尔哈赤率先向嫩科尔沁部提出联姻要求，而嫩科尔沁部也很快做出了回应。此"先许之婿"是否为明安台吉"受其聘，不予女"的乌拉贝勒布占泰？⑤ 从所聘时间相差13年来推断，应不是一人。其后，甲寅年（1614），明安兄莽古斯⑥"以女进四贝勒皇太极为婚"⑦；乙卯年（1615），明安弟孔果尔"送女与聪睿恭敬汗为妻"⑧。选择嫩科尔沁左翼正在崛起的三大领主作为联姻对

---

① 《清太祖武皇帝实录》，太祖癸巳年秋九月壬子条。
② 申忠一：《申忠一书启与图录》，图版二十，日文本，建国大学刊印，1939。
③ 《清太祖武皇帝实录》，太祖甲午年春正月庚辰条。
④ 《清太祖武皇帝弩儿哈奇实录》卷二。
⑤ 《清太祖武皇帝实录》，天命汗癸卯年正月戊午条记载，"初乌喇国贝勒布占泰先聘叶赫贝勒布寨女，又聘蒙古科尔沁贝勒明安女，以铠胄、貂裘、猞猁狲裘、金银、橐驼、鞍马为聘。明安受其聘，不予女"。
⑥ 玉芝认为莽古斯是明安侄（玉芝：《蒙元东道诸王及其后裔所属部众历史研究》，博士学位论文，内蒙古大学，2006，第34页），误。据《金轮千辐》等蒙古文文献载，明安之父为纳穆赛，"生有莽古斯、明安、孔果尔三子"。
⑦ 《满文老档》（上），中华书局，1990，第27页。
⑧ 《满文老档》（上），中华书局，1990，第28页。

象，表明努尔哈赤的联姻政策明显具有针对性和选择性。明安三兄弟则宁可"绝先许之婿"而选择努尔哈赤，说明嫩科尔沁部左翼台吉们也想通过联姻来提升自身在部落中的话语权。

努尔哈赤本身就有蒙古血统，并清楚"蒙古集聚则成兵"① 和"蒙女所生子亦贤"② 的道理。也深知只有从血缘和心理上实现女真人与蒙古人的族群一体化，即"建立满蒙亲缘关系，促进满蒙亲谊情感"，才能更好地实现他所奉行的"女真人的蒙古化"策略。因而选择与满洲接壤风俗文化接近，祖上有过长期交往的嫩科尔沁部为突破口，多次表示"满洲蒙古，语言虽异，而衣食起居，无不相同，兄弟之国也"，施展和亲手段，亲近拉拢嫩科尔沁部。

努尔哈赤与明安开启的联姻先河为嫩科尔沁部和女真人的关系趋于缓和起到积极作用，也为以后嫩科尔沁部与女真人的联盟铺平了道路，更为终清一代的满蒙联姻制度奠定了基础。

到天聪汗后期，崇德朝开始，嫩科尔沁部与大清朝皇室、宗室间联姻才步入互为嫁娶阶段，即真正意义上的满蒙联姻。率先开启满蒙联姻先河的嫩科尔沁部从众多蒙古部落中脱颖而出，成为"荷国恩独厚"的外藩蒙古首部和外戚核心。乾隆二年（1737），清朝定制"备指额驸"制度③，将蒙古额驸的选择范围限定在漠南蒙古七部十三旗。④ 时，嫩科尔沁部有五旗入选。据《玉牒》记载，努尔哈赤至清末的 300 年，满蒙联姻共 595 次，其中出嫁蒙古的公主、格格达 432 人次，娶蒙古王公之女 163 人。⑤

二 联姻的特点

嫩科尔沁部左翼三大台吉与努尔哈赤父子的联姻，顺利地将嫩科尔沁部与爱新国关系从敌对转向盟友。此时的嫩科尔沁部与努尔哈赤联姻有以下几

---

① 《清太祖武皇帝实录》，太祖癸卯年春正月壬子条。
② 吴晗辑《朝鲜李氏王朝实录中的中国史料》（九），中华书局，1980，第 3917 页。
③ 乔吉认为，乾隆二年清朝定制"备指额驸"制度。详情见乔吉《从一份蒙文档案看清代"备指额驸"产生年代》一文。
④ 《理藩院则例》载，七部为：科尔沁部、巴林部、喀喇沁部、奈曼部、翁牛特部、土默特部、敖汉部；十三旗为：科尔沁左翼中旗、右翼中旗、左翼前旗、左翼后旗、右翼前旗、巴林右翼旗、喀喇沁右翼旗、奈曼旗、翁牛特右翼旗、敖汉旗、土默特左翼旗、喀喇沁中旗、喀喇沁左翼旗等十三旗。
⑤ 杜家骥：《清朝满蒙联姻研究》，人民出版社，2003，前言。

个特点。

首先,明安等的联姻只是将嫩科尔沁部女嫁与爱新国,而爱新国女嫁到嫩科尔沁部之例子很少有之。其间,嫩科尔沁部与努尔哈赤联姻 7 次,嫁 6 次,娶 1 次,仅有的一次嫩科尔沁方娶爱新国女事件发生在天命末年。另外,壬子年(1612),被努尔哈赤称作"三为婿,七与盟"的乌拉贝勒布占泰"以骲箭射聪睿恭敬汗所赐之女娥恩哲格格"①,引发战争。努尔哈赤撤兵后布占泰又"欲囚太祖二女"②,天命六年八月,喀尔喀部落以畜产一万赎介赛贝勒,又送其二子一女为质。努尔哈赤"以所质女与大贝勒代善为妃"③,又在天命五年(1620)六月,写给嫩科尔沁台吉孔果尔请求联姻的信中提道:

> ūbade tehe sanggarjai jalinde ama emede haji ilan sargan jui-de jafan gaijarakū benjiu. ūbade isinjiha manggi ajige sanggarjai-de tucibufi unggire. ilan sargan jui-de burakūci. ineku ama emede haji juwe haha jui-de benjiu ūbade isinjiha manggi sanggarjai-be tucibufi unggire.④

> (汉译)为在此处的桑噶日寨之事(写信),不收聘礼而送来父母亲近之三个女儿。送到这里后,可送回小桑噶日寨。不送来三个女儿,照旧例送来父母疼爱之两个男孩来,亦可放还桑噶日寨。⑤

这说明,联姻刚开始时,嫩科尔沁部存在"被动联姻"或嫁到爱新国之嫩科尔沁部女子具有"质子"性质的可能性。

表 1 嫩科尔沁部与努尔哈赤时代的联姻统计

嫩科尔沁部一方	嫁娶	女真一方	联姻时间
明安女	嫁	努尔哈赤	明万历四十年
莽古斯女	嫁	努尔哈赤第八子皇太极	明万历四十二年

---

① 《满文老档》(上),中华书局,1990,第 12 页。
② 《清太祖武皇帝实录》,太祖朝癸丑年十二月。
③ 《清太祖武皇帝实录》,天命六年八月戊寅条。
④ 《旧满洲档》,第 549~550 页。
⑤ 汉译参考玉芝《蒙元东道诸王及其后裔所属部众历史研究》,博士学位论文,内蒙古大学,2006。

续表

嫩科尔沁部一方	嫁娶	女真一方	联姻时间
孔果尔女	嫁	努尔哈赤	明万历四十三年
孔果尔女	嫁	努尔哈赤十二子阿济格	天命八年
明安四子桑噶尔寨女	嫁	努尔哈赤十四子多尔衮	天命九年
莽古斯子寨桑女	嫁	努尔哈赤第八子皇太极	天命十年
奥巴	娶	舒尔哈齐子图仑女	天命十一年

注：此表依据杜家骥《清代满蒙联姻研究》制作。

其次，此时的嫩科尔沁部与爱新国联姻只限于左翼明安家族的几位大首领，右翼诸台吉仍与努尔哈赤为敌。如，天命六年二月，嫩科尔沁台吉阿都齐抢劫爱新国商人托博辉，"马三匹，牛十八头，羊六只。银八十一两，毛青布五十匹，衣三十四袭，毡十张而去"①。因此，明安等的联姻行为是否得到右翼首领奥巴的首肯和允许，显得很关键。

天命八年正月二十一日，嫩科尔沁部台吉奥巴致书努尔哈赤，曰：

> 今奏书于天命汗，以冰图之女嫁之矣。汗之聘女我能许嫁何人？先未嫁者，因值本命之年且身体欠安，故未嫁矣。黄台吉遣使前来我未能准嫁并谓之如遣特使前来方能嫁给之等语。大汗之训诫是。我等游牧分散，未能集聚。待我等与前来娶冰图女之使者聚议后，奏闻于汗。②

这清楚地表明，嫩科尔沁部左翼诸台吉嫁女努尔哈赤父子之举，右翼奥巴也没有表示反对。"被动联姻"的明安家族积极利用联姻手段，依靠努尔哈赤军事、经济方面的扶持，增强了自身实力，为对抗以奥巴为首的右翼台吉的挤压，积累了充足的资本。而努尔哈赤则以联姻为手段，刻意输入成吉思汗之弟孛儿只斤血统，"抬高了自己在女真人各部中的威望和地位，或者说强化了其政权的权威"③。

嫩科尔沁部与努尔哈赤的联姻中，也存在左翼诸台吉为得到所需物品而

---

① 《满文老档》（上），中华书局，1990，第161页。
② 《满文老档》（上），中华书局，1990，第397~398页。
③ 参见〔日〕楠木贤道《清初，入关前的汗、皇帝和科尔沁部上层之间的婚姻关系》，译文载《明清档案与蒙古史研究》（第1辑），内蒙古人民出版社，2000。

积极进行联姻的可能性，即达力扎布先生所说"嫁女只是为了通好贸易"①。天命七年正月，努尔哈赤给冰图老人的信中写道："若欲结亲，则直言为好。尔已年迈，岂可使女亦逾年纪耶？尔若出言许嫁，即遣人以礼接娶。女若不嫁，则祸患及身。若取聘礼则给甲五十。让女乘马一匹，友人相随，送至约定之地。我等亦将五十甲送至约定之地，与尔女交换之。"努尔哈赤子弟也写信劝说孔果尔："若嫁尔女，以合汗意，则尔欲得何物，必可得矣！"②努尔哈赤及其继承者们迎合嫩科尔沁方面的物质需求，对有联系的台吉们赍予充盈的物质馈赠，使得联姻充满物质诱惑。如：

> 天命十年二月，嫩科尔沁寨桑贝勒遣子吴克善台吉送女与四贝勒为妃。因吴克善台吉亲送其妹，优待之。赐以"人口、金银、蟒缎、布帛、铠甲、银器等物甚厚"③。
>
> 天聪二年九月，嫩科尔沁部噶汉送其女与额尔克楚虎尔贝勒多铎为婚。诸贝勒郊迎，设筵宴，入城，八旗以次宴之。至是噶汉还，"赐甲胄、鞍辔、撒袋、弓矢、腰刀、金银器皿、彩缎、文绮、布匹等物甚厚"④。

就像恩格斯所指出的"对于骑士或男爵，以及对于王公本身，结婚是一种政治行为，是一种借新的联姻来扩大自己势力的机会；起决定作用的是家世的利益，而决不是个人的意愿"⑤。通过联姻，嫩科尔沁部与满洲人建立起牢固的盟友关系，暂时摆脱参加"九部之战"的其他部落一样被吞并或灭掉的可能。

明安台吉与努尔哈赤联姻后，双方联系明显增多。如，1615年9月，嫩科尔沁部明安台吉第四子桑噶尔寨觐见努尔哈赤，送马30匹。作为回礼，努尔哈赤"赐甲十副、绸缎、布匹"⑥等。10月，明安贝勒长子伊尔都齐

---

① 达力扎布：《明代漠南蒙古历史研究》，内蒙古文化出版社，1997，第277页。
② 《满文老档》（上），中华书局，1990，第298页。
③ 《清太祖武皇帝实录》，天命十年二月庚辰条。
④ 《清实录》，天聪二年九月庚申条。
⑤ 恩格斯：《家庭、私有制和国家的起源》，《马克思恩格斯选集》（第4卷），人民出版社，1975，第74页。
⑥ 《满文老档》（上），中华书局，1990，第32页。

来见，送马40匹。① 作为回礼，"赐给甲十五副，绸缎、布匹"② 等。天命元年（1616）十二月，明安贝勒次子哈坦巴图鲁③来到爱新国，送马40匹。这是努尔哈赤愿意看到的结果，因此"按其兄之例赐物遣之返"④。天命二年（1617）正月，明安贝勒亲自到爱新国国都看望女儿，拜会努尔哈赤。初八日，努尔哈赤"率众福晋及诸弟子出城至百里外相迎"。初十日，双方在富尔简岗相见，行抱见礼，以接见之礼大宴。入城后，努尔哈赤以礼相待，每日小宴，间日大宴，留之30日。临走时，作为回礼，送给明安"人四十户，甲四十副，及缎绸布匹等物至足"⑤。翌年十月，明安第五子巴特玛⑥率领50人来到爱新国，献马50匹。⑦

有学者依据上述记载认为："在联姻活动加强的同时，科尔沁部台吉不断前来建州进行朝贡活动，以深化双方的友好关系。"⑧ 那么，明安父子的上述觐见行为果真是"进献"或"朝贡"⑨ 之举吗？

首先，明安父子最早来见努尔哈赤的时间是在1615年，即明安台吉嫁女努尔哈赤三年之后。科尔沁蒙古人嫁女三年后有"ükin ergikü"，即"看望出嫁女"之习俗，所谓"三年后兄长来，六年内父母来"。明安父子来见努尔哈赤时间符合科尔沁这种传统习俗。

史书对明安台吉向努尔哈赤"进献"礼品做详细记载，包括"献驼十只、马一百匹、牛一百头、驼绒毡子三驮和干肉十三车及乳饼子油二车"⑩。其中，"干肉""乳饼子" 等不见其他"朝觐"之礼单。天命十一年（1625）五月，嫩科尔沁首领奥巴前往爱新国，首次与努尔哈赤会面，史书中未见所献之礼单。天聪七年（1633）十二月，奥巴长子巴达礼来见天聪汗，获"土谢图济农"号，所献见面礼单为"雕鞍马一匹，空马十五匹，

---

① 《满文老档》（上），中华书局，1990，第32~33页。
② 《满文老档》（上），中华书局，1990，第50页。
③ 《金轮千辐》等载，明安次子名为达古尔，号为哈坦巴图鲁。
④ 《满文老档》（上），中华书局，1990，第49页。
⑤ 《满文老档》（上），中华书局，1990，第50页。
⑥ 《金轮千辐》等载，明安五子名为巴特玛，号楚古尔。
⑦ 《满文老档》（上），中华书局，1990，第51页。
⑧ 汤代佳：《努尔哈赤时期科尔沁部与满洲的关系》，原载兰州大学《西北史地》1996年第4期。
⑨ 阎崇年主编《清朝通史》（太祖朝分卷），紫禁城出版社，2003，第162页。
⑩ 《满文老档》（上），中华书局，1990，第49页。

驼二头,貂皮端罩一件,貂皮八十张"①。对比可知,明安所献物品过于丰厚、过于琐碎,不符合"朝贡"之惯例,而符合嫩科尔沁蒙古人"看望姑娘"时,"父母为姑娘准备足够的生活必需品"的传统习俗。

在这一阶段,经明安与努尔哈赤的努力,嫩科尔沁部与满洲的友好关系得到进一步发展,但是这种关系的发展过程中仍有摩擦与矛盾。例如,明安子桑噶尔寨②曾联合内喀尔喀攻伐努尔哈赤,于铁岭之战中被擒③;明安三子④抢夺叶赫投奔嫩科尔沁部的300牧群,经努尔哈赤遣使再三要求,只归还160牧群⑤;天命五年二月发生嫩科尔沁部台吉阿都齐劫夺叶赫阿拜舅牛录下托博辉"马三匹,牛十八头,羊六只,银八十一两,毛青布五十匹,衣三十四匹,毡十张"⑥,明安"废止台吉等亲行爱新国"之礼⑦等事件也清楚地表明双方关系的侧面。对于嫩科尔沁部的敌对行动,努尔哈赤只是中止向嫩科尔沁部出售弓箭,而未采取进一步的军事行动。这说明满洲与嫩科尔沁部之间虽然存在不信任感,但友好往来是这一阶段的主流,摩擦与矛盾只是小插曲,双方的关系已朝着结盟的方向发展。

入清后,嫩科尔沁部虽被分割成10旗,却单独组成一个盟,将自己的传统文化和土地所有权成功地保持至清末。尤其是该部贵族作为外戚又影响了清初五朝四帝100年的政治走向,成为大清朝最为倚重的盟友和"不侵不叛之臣"。努尔哈赤和继任者们则以"朕世世为天子,尔等亦世世为王"⑧的理念经营"满皇蒙王""世缔国姻",并辅以厚赏优待、赐予特权、培植亲信等手段,将敌对的嫩科尔沁部转化成"列朝外戚,荷国恩独厚"的坚定盟友,成功地瓦解林丹汗势力,最终入主中原建立大清王朝。

附一 明安台吉身份考

前文所述,嫩科尔沁部左翼大台吉明安与努尔哈赤联手开启满蒙联姻之先河,成为满蒙联姻研究绕不开的重要人物。但是,清代有些史书将其事迹

---

① 《清初内国史院档满文档案译编》(天聪朝、崇德朝),光明日报出版社,1989,第47页。
② 《金轮千辐》载,桑噶尔寨为明安四子,号青巴图鲁。
③ 《满文老档》(上),中华书局,1990,第104页。
④ 《金轮千辐》载,明安三子名多尔济,号伊勒登。
⑤ 《满文老档》(上),中华书局,1990,第117页。
⑥ 《满文老档》(上),中华书局,1990,第161页。
⑦ 《满文老档》(上),中华书局,1990,第393~394页。
⑧ 《清世祖章皇帝实录》,顺治十三年八月丙子条。

错误地记在乌鲁特部明安传记中,从而误导后人的研究。

先看看,《八旗通志》中的明安列传:

> 明安,满洲正黄旗人,原系蒙古乌喇忒贝勒。太祖高皇帝乙未年,遣使通好。天命二年,来献驼马。太祖率诸贝勒迎于百里外,大宴入城。七年,率所属来归。授三等总兵官世职。天聪三年,太宗文皇帝大举伐明,明安率兵来会。太宗命率满洲兵八十名及蒙古全军,征察哈尔国,降其边境二千户以归。五年,从大兵掘壕围大凌河,明兵突出,围我所得一堡。明安同各固山额真等率兵击之,敌兵大败,我兵追杀至城壕而还。既而太宗以计诱大凌河兵,明总兵祖大寿率兵出城,明安同宗室篇古阿哥等领兵进击,大败之。崇德三年,太宗亲征喀尔喀,明安复率兵来会,并献驼马,俱却之。六年,赐顶戴、朝衣、鞍马、弓矢、甲胄并人口,加世职为三等安邦章京。顺治七年九年三遇恩诏,加至二等伯。十一年卒。子六人。以幼子郎素袭伯爵,长子昂洪达尔汉和硕齐,次子多尔济最知名。①

将其记为八旗满洲正黄旗人。

《清史稿·明安列传》中明安亦有具体事迹:

> 明安,博尔济吉特氏。其先世元裔,为蒙古科尔沁兀鲁特部贝勒。岁癸巳……九国之师来侵,明安与焉。战败,明安乘骒马独身跳去,寻修好于太祖。上闻明安女贤,遣使往聘,岁壬子正月,明安送女至……天命二年正月,明安来朝……(天命)七年二月壬午,明安及同部贝勒兀尔宰图、锁诺木、绰乙喇扎尔、达赖、密赛、拜音代、嘎尔马、昂坤、多尔济、顾禄、绰尔齐、奇笔他尔、布颜代、伊林齐、特零,喀尔喀部贝勒石里胡那克,并诸台吉等三千余户,驱其牲畜来归,授三等总兵官,别立兀鲁特蒙古一旗。……顺治初年……卒,谥忠顺……子昂洪、多尔济、绰尔济、纳穆生格、朗素。②

---

① (清)鄂尔泰等修《八旗通志》(第6册),东北师范大学出版社,1985,第3787页。
② 赵尔巽等撰《清史稿》(第31册),中华书局,1977,第9272页。达力扎布先生很早就注意到《清史稿·明安传》中两个明安身份混淆的现象,指出"是《清史稿》的作者将不同部落的二个明安搞混了,并将二人的有关材料撮在一起写成了明安传"。但是从源头上看,是《八旗通志》将两位明安搞混了,《清史稿》只是将这一错误延续而已。

将明安所属乌鲁特部视为科尔沁的分支。此等混乱记载影响了今人对明安的认知，遂产生错误的理解。

如《清入关前国家法律制度史》《清代八旗王公贵族兴衰史》等就认为"乌鲁特部贝勒明安参与九部联军进攻建州，第二年遣使与建州修好；努尔哈赤娶明安之女为妻，天命二年，明安来爱新国探亲；天命七年初，乌鲁特整部内附"①。

嫩科尔沁台吉明安与努尔哈赤开启了满蒙联姻之先河，这一点毋庸置疑。那么兀鲁特是不是科尔沁的另一种写法或分支呢？

"兀鲁特"为蒙古古部落之一，蒙古语作"orud"或"oruγud"，汉译又作乌喇忒、乌鲁特等。《水晶珠》载"sain dayun qaγan-u arbaduγar kübegün gerbolud ber orγud-un aimaγ-i eǰeleluge"〔（汉译）"达延汗第十子亲王格埒博罗特领属兀鲁特部"〕，表明兀鲁特为达延汗第十子格埒博罗特所属部落，与哈布图哈萨尔后裔所属科尔沁无关。

再看《金轮千辐》记载：

sain dayun qaγan-u arbaduγar kübegün gerbolud-eče lung taiǰi, egünü ür-e oruγud-un noyad boi kemeǰüküi, ede begeǰing-dür boi kememü.②

（汉译）达延汗第十子格埒博罗特生隆台吉，据说，其裔为兀鲁特部诸部长，现在北京。

更清楚地记录兀鲁特部众的由来及最终融入八旗的史实。与《八旗通志》所记明安部众融入八旗满洲正黄旗的记载相吻合。

再看看，明安与努尔哈赤首次见面的时间。

《八旗通志》载"太祖高皇帝乙未年，遣使通好。天命二年，来献驼马。太祖率诸贝勒迎于百里外，大宴入城"。《清史稿》认为"岁癸巳……九国之师来侵，明安与焉。战败，明安乘骒马独身跳去。寻修好与太祖。上闻明安女贤，遣使往聘，岁壬子正月，明安送女至……天命二年正月，明安来朝"。对比《满文老档》《清实录》或相关档案史料可知，参加"九部联

---

① 参见张晋藩、郭成康《清入关前国家法律制度史》，辽宁人民出版社，1988，第264页；杨学琛、周远廉《清代八旗王公贵族兴衰史》，辽宁人民出版社，1986，第68页。
② （清）答里麻著、乔吉校注《金轮千辐》，内蒙古人民出版社，1987，第227页。

军伐满洲"之战,并与努尔哈赤联姻,天命二年面见努尔哈赤之人的明安为嫩科尔沁部人。

那么,天命"七年,率所属来归。授三等总兵官世职"的人又是谁呢?《满文老档》记载"(天命七年二月十六日)兀鲁特部落明安、索诺木、揣尔扎勒、噶尔玛、昂昆、多尔济、顾禄、绰尔吉、奇布塔尔、青巴图鲁等十贝勒率妇孺及一千男丁,逃来广宁城。汗御衙门,以迎来之礼宴之"①。受《八旗通志》等影响,有学者认为此处明安为"科尔沁贝勒"②。但从嫩科尔沁部明安相关资料中见不到这些台吉之名,所属男丁之数也达不到3000名。③ 因而也可以断定,天命七年投附努尔哈赤的明安为兀鲁特部明安。

从死亡时间上分析。

《八旗通志》载,明安卒于"顺治十一年",即公元1654年。我们知道癸巳年(1593)发生了"九部联军伐满洲"之战,明安与翁古代等一起参加古勒山战役。两个历史时间点相差61年,明安活了近百岁,这种可能性不太大。《王公表传》载"天命二年春,明安来朝,不久既卒"④。由此可以断定,顺治十一年去世者不是科尔沁明安,而是兀鲁特明安。

从子嗣名单分析。

《八旗通志》《清史稿》记载,明安有"昂昆、多尔济、绰尔济、纳穆生格、朗素"等六子。其中,"以幼子郎素袭伯爵,长子昂洪达尔汉和硕齐,次子多尔济最知名"。

蒙古文史书载,科尔沁明安贝勒生有:

> dungqur ildüči, daγur qadan baγatur, dorǰi ildeng, sangγarǰai čing baγatur, sonom daičing, onoqu büke, činuqu erike, sonom nomči, badm-a

---

① 《满文老档》,中华书局,1990,第331~332页。《清实录》中没有"青巴图鲁"之名,而有"明安、索诺木、揣尔扎勒、噶尔玛、昂昆、多尔济、顾禄、绰尔吉、奇布塔尔、兀尔宰吐、达赖、密赛、拜音代、布彦代、伊林齐、特灵、石里胡那克"等十七台吉名。所属男丁之数为"三千男丁"。
② 如塔娜《蒙古科尔沁部的迁徙、分化》(原载《黑龙江民族丛刊》1994年第4期)就认为"天命七年正月,努尔哈赤率领大军西渡辽河,攻下明朝的军事重镇广宁(北镇)之际,科尔沁明安贝勒带领其部属兀鲁特十六贝勒及喀尔喀部一些台吉'三千余户',并驱其畜产,来广宁城归附"。
③ 据《满文老档》记载,崇德元年十月十六日,查科尔沁户口,编牛录造丁册时,明安诸子所属部众数为"甲兵七百六人,二千九百三十人"。
④ 《钦定外藩蒙古回部王公表传》卷二〇"追封多罗贝勒栋科尔传"。

čükür, qan mergen, bayula nomči, sergüleng, ebügen.①

（汉译）栋果尔伊尔都齐、达古尔哈坦巴图鲁、多尔济伊勒登、桑噶尔寨青巴图鲁、琐诺木代青、沃诺胡布和、绰诺胡额日克、琐诺木诺木齐、巴特玛楚古尔、汗莫尔根、巴古拉诺木齐、塞尔古楞、额布根等十三子。

明安与努尔哈赤联姻后，其长子伊尔都齐、次子哈坦巴图鲁、四子桑噶尔寨、五子巴特玛等先后到爱新国面见努尔哈赤。这些名单与《金轮千辐》等蒙古文史书所记明安诸子名单一致，与《八旗通志》所记明安子嗣不一致。

据上所述，《八旗通志》等史籍内科尔沁明安与兀鲁特明安事迹发生混淆，将二人混为一人，由是铸成史文之疏误。

由明安台吉开启的科尔沁部与满洲皇室之间联姻通婚，使嫩科尔沁部王公不仅在政治、经济利益上，还在血统上、心理上，与满洲上层结成牢固的依存关系，客观上影响并带动了蒙古诸部与满洲人之间广泛持续的政治联姻。既巩固努尔哈赤、皇太极的统治地位，也使爱新国免于后顾之忧，专心对付林丹汗和明朝。从天聪朝后期开始，经天聪朝精心培植，朝中形成以嫩科尔沁女为首的"后宫集团"和嫩科尔沁外戚为代表的外藩势力的政治联盟，为大清朝的建立和巩固提供诸多保障。在崇德皇帝暴病而亡的关键时刻，"后宫集团"与嫩科尔沁外戚联手有效地遏制多尔衮、多铎势力膨胀，为福临登上皇位铺平了道路。有清一代蒙古不再联成一体、举族叛清，满蒙联姻所起作用不可小觑。康熙帝所说"本朝不设边防，恃蒙古部落为屏藩耳"就是对满蒙联姻的赞叹和肯定。

第四节 嫩科尔沁部右翼与努尔哈赤的联盟

嫩科尔沁部左翼三大台吉嫁女爱新国，与努尔哈赤家族广泛联姻，取得政治、军事、经济上的诸多优待、扶持后，其势力得到发展，家族安全也有了基本保障。此时，以奥巴为首的右翼诸台吉处境变得非常微妙，他们在内部受到

---

① （清）答里麻著、乔吉校注《金轮千辐》，内蒙古人民出版社，1987，第285页。拉喜彭斯克的《水晶珠》记载与《金轮千辐》一致。

左翼台吉势力膨胀的威胁，在外受到察哈尔林丹汗和爱新国努尔哈赤的双面夹击，生存变得异常艰难。在林丹汗的军事威胁、经济剥削异常苛刻的双重压力下，奥巴洪台吉只能表现出与努尔哈赤合作之姿态，走上与之联盟之路。

一 联盟形成的内外因素

嫩科尔沁部与爱新国结成联盟是 17 世纪上半叶满蒙历史发展的重大事件。联盟形成经历了起步、巩固等曲折过程，又有政治、军事乃至经济等多方因素的影响。这里对其内外因素进行分析。

（一）政治及军事原因

17 世纪初，即 1603 年，林丹汗即蒙古大汗位，1606 年，努尔哈赤亦有了"昆都伦汗"号。二人皆采取武力扩张之策略，嫩科尔沁部成为双方首要争夺的重点。夹在传统宗主部察哈尔与新兴力量建州女真人之间的嫩科尔沁部处境变得异常艰难。此时，嫩科尔沁内部又发生不睦等情况，奥巴台吉的统治力进一步削弱。

天命八年五月，努尔哈赤致书嫩科尔沁部领主奥巴台吉，曰：

> cahar halha suwende gelerakū bime. geli olhome ceni dolo ehe-be waliyafi. gaiha jakabe bederebume hebe acahangge. tere inu facuhūn ai sain seme gūnifi acahabikai. be inu abkai keside gūwa-degelerakū bime geli beyebe sula sindarakū olhome hecen qoton jase furdan-be akdulame dasambi. suweni korcin neneme ahūn deu-i dolo ulin ulha temšeme facuhūrafi joboho-be tohantai jergi ambase-de fonjime tuwajina. ahūn deu-i dolo facuhūrame ishunde ulin ulha gaiha baha seme ai gebu. tubabe gūnifi suweni dolo emke be tukiyefi han obufi geren gemu emu hebei banjici Cahar Halha suwembe necici o jirakū okini.①

（汉译）察哈尔、喀尔喀不畏尔等，然其费心清除内部之不睦，互还所掠之物而议和者，亦乃知内乱为恶而相睦者也。我等承蒙天佑，不惧他人，且不辞辛劳，谨慎行事，固修城池关塞。昔尔科尔沁，兄弟之间，争夺财畜，因乱受苦，此可问脱哈泰等大臣〔可知〕。兄弟之间相侵，虽得财畜，有何声誉？念及此，尔等之间可举一人为汗，齐心拥

---

① 《旧满洲档》，第 1588~1590 页。

戴，则察哈尔、喀尔喀不能侵掠尔等。①

此处，努尔哈赤指出了嫩科尔沁部内部不睦及奥巴台吉的统治力的下降等实际情况。虽为他国之人的一面之词，却反映了当时嫩科尔沁部内部的基本情形。

早在建立爱新国之前，建州女真也发生过内部不睦现象，面对舒尔哈齐、褚英等亲族分裂势力，努尔哈赤采取果断措施，囚禁舒尔哈齐，处死褚英，保住了家族和部落权力的高度集中。嫩科尔沁部领主奥巴显然没有像努尔哈赤一样的胆略和能力。天命十年四月，努尔哈赤致书嫩科尔沁部，称"尔等嫩江诸贝勒之父辈皆殁，而今此辈中谨以孔果尔、奥巴、阿都齐三人为首。尔等兄弟三人若和衷共济，崇尚治理，乃尔等三人之荣；尔等兄弟若离心离德，乱而毁政，亦乃尔等三人耻也"②。信件中努尔哈赤将孔果尔列在奥巴之前，可以看出，嫩科尔沁部内部不睦的原因除奥巴缺乏统治力外，与爱新国充当左翼诸台吉后盾，以左翼控制右翼的经略措施也有很大关系。

内部不睦使嫩科尔沁部右翼领主奥巴等台吉生存处境变得更加艰难。在外部察哈尔宗主权压制及繁杂的贡品、赋税③和内部左翼诸台吉对其传统统治地位构成潜在威胁的局势下，奥巴不得不认真面对强劲的近邻爱新国。

天命九年（1624）二月，努尔哈赤遂遣巴克什库尔缠、希福二人前往嫩科尔沁部，与奥巴台吉、阿都齐达尔汉台吉、戴青蒙果④台吉等右翼诸台吉在嫩江岸边上举行盟誓仪式。

双方宰杀乌牛白马，焚香跪天盟誓。誓言中说道：

> 满洲廓儿沁二国因有查哈儿欺凌之愤，故以盟言昭告天地，愿同心合意。既盟之后，满洲若为查哈儿奇货所诱，中其巧计，不令廓儿沁知而先与之和者，穹苍不佑，降以灾殃，如此骨暴血出土埋而死。若廓儿沁为查哈儿奇货所诱，中其巧计，不令满洲知而先与之和者，穹苍不

---

① 参考玉芝《蒙元东道诸王及其后裔所属部众历史研究》，博士学位论文，内蒙古大学，2006。
② 《满文老档》（上），中华书局，1990，第633页。
③ 《满文老档》崇德元年七月十四日载，科尔沁部领主奥巴台吉有匹名马曰杭爱。努尔哈赤曾以十副盔甲交换，奥巴不从。察哈尔汗只给一副甲胄就将杭爱取走。此事虽是他国之人的记载，但从侧面反映出林丹汗政治、经济、军事、外交上的一些失策之举。
④ 系科尔沁右翼扎赉特部首领阿敏诺颜第八子。又作蒙夸。

佑，降以灾殃，亦如骨暴血出土埋而死。果能践盟，则天地佑之，寿得延长，子孙万祀，永享荣昌。①

誓言显示，察哈尔、喀尔喀的欺凌是嫩科尔沁部与爱新国建立盟友关系的重要因素。

与嫩科尔沁部诸台吉盟誓结束后，库尔缠、希福二人与嫩科尔沁部使者前往爱新国。努尔哈赤命大贝勒代善、二贝勒莽古尔泰、三贝勒阿敏、四贝勒皇太极及贝勒阿巴泰、德格类、寨桑古、济尔哈朗、阿济格、杜度、岳托、硕托、萨哈廉等亦刑乌牛白马，祭天地，面对使者重复前誓，书而焚之。巴根那硕士学位论文认为"此时双方关系平等"②，但从爱新国最高统治者努尔哈赤没参加盟誓仪式来看，联盟一开始双方地位就存在微弱差距。即嫩科尔沁部为联盟附属，而爱新国为联盟主导。

不可否认的是，两次会盟对以后的蒙古人和女真人（满洲人或满族），甚至对整个中国历史进程产生了深远的影响。嫩科尔沁部与爱新国的此次联盟属于双方关系进程中的第三阶段。它促使明朝、林丹汗、努尔哈赤三方力量角逐中的质的变化，为以后清朝统一蒙古、问鼎中原铺平了道路。

天命十年（1625）十一月，蒙古察哈尔林丹汗率部东进至嫩科尔沁部腹地。嫩科尔沁、察哈尔、爱新国三方围绕林丹汗东进各采取不同措施，尽量维护自身利益。林丹汗撤兵后，嫩科尔沁部领主奥巴第一次亲赴爱新国，与努尔哈赤会盟，嫩科尔沁部与爱新国"军事联盟"正式形成。因此，林丹汗东进促成了嫩科尔沁部与爱新国之间的被动联盟。

对于林丹汗东征，嫩科尔沁部、林丹汗本身以及爱新国三方显现出各自不同的心态。

嫩科尔沁部方面，天命十年八月初九日，奥巴台吉派人向努尔哈赤通报察哈尔部于九月十五日结冰草枯前东征嫩科尔沁部的紧急消息，并要求"务来炮手千人"增援。这是奥巴台吉对林丹汗东进之举把握不准，心生惧怕的表现。初十日，努尔哈赤致书奥巴台吉"今欲与察哈尔和好息事，然自昔图门汗之时至于今，察哈尔、喀尔喀一直侵扰抢掠尔等，难道尔等有罪

---

① 《清太祖武皇帝弩儿哈奇实录》卷四。
② 巴根那：《科尔沁部与爱新国联盟的原始记载及其在〈清实录〉中的流传》，硕士学位论文，内蒙古大学，2000。

乎？即使已和好息事，若欲寻衅而杀之，尔等无罪，能否免之？"① 从努尔哈赤书信内容来看，奥巴台吉虽然要求爱新国方面出兵援助，另外也流露出欲与察哈尔和好息事的态度。究其原因，奥巴台吉又似乎掌握了林丹汗东进的真正意图。

察哈尔林丹汗方面，天命十年十月，林丹汗派遣绰尔济喇嘛将"察哈尔合政而来住。我两国若合则议合，若决裂则败议"②之东进目的传达给了奥巴洪台吉。直到天命十一年八月，林丹汗争取嫩科尔沁部的努力仍在继续。《旧满洲档》记载了奥巴台吉写给努尔哈赤的一封信，内容为：

> fulgiyan tasha aniya jakūn biyai juwan nadan-de yahican buku-de tusiye-tu efui unggihe bithei gisun oom suwasdi Šidam qung bahatur-un elci dörben em-e jang abcu ireji. basa tabun noyad irekü genem. ta em-e köbegün-iyen abusai. törüy-e johiyala geji. Mani ese juhihula man-du urid mordaju mani abuhhsan qoyin-a tan du morday-a gekü bayinam. tabun nuyad-i ireküle jöbleküi-yin tulata qahan-du elci yaharaju jaruy-a.③

（汉译）丙寅年八月十七日，土谢图额驸寄书雅希禅布库，曰，愿吉祥，洪巴图鲁使臣带来四只雌獐。听说还有五位诺颜要来。（洪巴图鲁对土谢图额驸）说，把你的妻儿带回，（察哈尔）扬言要和政，我们若不和政则先征我们，尔后征你们。因五位诺颜前来时要商议，到时向汗急派使者。④

从这份档案可以看出，林丹汗还没彻底放弃与内喀尔喀五部、嫩科尔沁部等"合政"，以共同之力对付爱新国的战略。

爱新国努尔哈赤方面，对林丹汗东进的态度最为复杂。天命十年八月，奥巴洪台吉向努尔哈赤通报察哈尔部东征嫩科尔沁部的紧急消息。努尔哈赤回书奥巴洪台吉："今欲与察哈尔和好息事，然自昔图门汗之时至于今，察哈尔、喀尔喀一直侵扰抢掠尔等，难道尔等有罪乎？即使已和好息事，若欲

---

① 《满文老档》（上），中华书局，1990，第638页。
② 《满文老档》（上），中华书局，1990，第647页。
③ 《旧满洲档》，第2161~2162页。
④ 参考玉芝《蒙元东道诸王及其后裔所属部众历史研究》，博士学位论文，内蒙古大学，2006。

寻衅而杀之，尔等无罪，能否免之?"① 尽显其挑拨之心态。

天命八年正月，努尔哈赤致书嫩科尔沁部奥巴台吉"据逃人来告，察哈尔畏惧科尔沁，每处以一二百兵，设于科尔沁边界戍守。马匹羸瘠等语。不知其言虚实。又闻喀尔喀之马匹亦已瘦。此即我所听闻之言也"②。指出林丹汗在嫩科尔沁部与爱新国结成联盟之前就畏惧嫩科尔沁部之事实。此次，努尔哈赤不可能相信林丹汗在嫩科尔沁部与爱新国两强已联盟、联手的不利前提下贸然采取长途奔袭的军事行动。因此，天命十年十月，从嫩科尔沁部归来之使者阿拉齐口中得到林丹汗东进之确切消息的努尔哈赤说出"尔等兄弟间有隙，尚未筑城既出此言，乃用计耳"③ 等挑拨之语。结果使察哈尔和嫩科尔沁部矛盾未能得到消弭，反而加剧。林丹汗东进没能完成与嫩科尔沁部"合政"之意愿，也没能实现与内喀尔喀五部、嫩科尔沁部等联合，共同打击爱新国之目的。

林丹汗东进之时，爱新国方面按着奥巴洪台吉的要求，两次出兵援助嫩科尔沁部。

第一次为八月初九日，努尔哈赤以"兵不在多寡，而在天意"为由，"遣阿尔津、新达西、巴本、尼奇等四人为使赴嫩科尔沁，并遣八名汉人炮手同往"。④ 作为"哨探之兵"而派遣的八名炮手，与奥巴台吉"务来炮手千人"之要求相距甚远。努尔哈赤致奥巴台吉信中强调"昔扎萨克图汗未能胜辉发之五百兵、五十甲而回，遂不复侵犯辉发。欲野战之人，乃怯懦之人，其言勿信。欲据城而战者，乃勇敢之人"⑤。极力鼓励奥巴守城，与林丹汗决一死战，尽显"渔翁得利"之心态。

第二次为十一月初十日，爱新国出兵五千援助嫩科尔沁部。对林丹汗远征军实际意图等并无全面了解的努尔哈赤特意告诫出征贝勒"前命往阿拉盖⑥、喀勒朱放炮，今不必往。若由农安塔得彼处传来之信息，可往彼处，则进驻农安塔。遣由彼处前来之蒙古使者回彼处，并嘱该使者，往返各等一昼夜，只能如此，逾期不候等语。若未得彼处之传来之信息，则等候我前往

---

① 《满文老档》（上），中华书局，1990，第638页。
② 《满文老档》（上），中华书局，1990，第393页。
③ 《满文老档》（上），中华书局，1990，第647页。
④ 《满文老档》（上），中华书局，1990，第637页。
⑤ 《满文老档》（上），中华书局，1990，第638页。
⑥ 早期科尔沁地名，距农安北52公里处，康熙年间在此处修建郭尔罗斯前旗旗庙"阿拉街庙"（崇化禧宁寺），管理全旗佛事。

哨探之兵，一同返回"①。从这里看不出爱新国出兵之诚意，倒是不难看出努尔哈赤对嫩科尔沁部与林丹汗"合政"的担心。林丹汗撤兵，爱新国亦撤兵，没有追击"败军"扩大战果。这种"只是作出个出援姿态"②的兴师动众不像是提防林丹汗，而更像是防备察哈尔与嫩科尔沁部"合政"之后，向南进攻爱新国。

（二）促进联盟之经济原因

科尔沁自元朝末期就固守呼伦贝尔草原和外兴安岭等蒙古族兴起之地，远离蒙古族政治经济中心区域，经济结构长期处于原始的自然游牧经济阶段。经济的单一性决定其需要与以农业经济为主的明朝进行贸易。当明朝当局不能或不愿意满足其贸易上的需求时，它只能另寻出路。这种前提下，爱新国成为嫩科尔沁部新的贸易对象。努尔哈赤带领建州人苦心经营几十年，逐渐成为东北地区最强势的新兴力量，其经济势力一定程度上能满足嫩科尔沁部对农产品（包括铁、茶和盐）的需要，同时努尔哈赤又有意识地采取以大量赏赐各种实物为手段，把嫩科尔沁部诸台吉吸引过来。这种经济上的被动依附在嫩科尔沁部归附爱新国过程中起了很重要的作用。

天命三年（1618）到四年，抚顺、开原、铁岭等明朝关外重镇相继被爱新国占领后，哈达、叶赫等海西女真部落皆被努尔哈赤吞并。与明朝间新安关贸易被切断后嫩科尔沁部只能选择爱新国作为唯一贸易对象。

《清实录》载，爱新国主努尔哈赤"重农桑，赈穷乏，缔造忧勤，规模宏远"。这种政治面貌在当时蒙古各部中很少见。天命三年努尔哈赤以"七大恨"告天起兵反抗明朝时，将"不准数世驻守帝边之柴河、法纳哈、三岔三处诸申收获耕种之粮谷，并派明兵驱逐"③列为"七恨"之一，也可看出其对农业的重视程度。早在乙卯年（1615），努尔哈赤就提出"我国素无积储，虽得人畜，何以为生。无论不足以养所得人畜，即本国之民，且待毙矣。及是时，先治其国，固疆圉，修边关，务农事，裕积贮。遂不动兵"④的治国方针。规定"一牛录出男丁十人，牛四头，以充公役，垦荒屯田"⑤。又委任16名大臣，8名巴克什，以掌记录库粮，收发赈灾事宜。

---

① 《满文老档》（上），中华书局，1990，第649页。
② 参见达力扎布《明代漠南蒙古历史研究》，内蒙古文化出版社，1997，第271页。
③ 《满文老档》，中华书局，1990，第37页。
④ 《清太祖武皇帝弩儿哈奇实录》卷二。
⑤ 《满文老档》（上），中华书局，1990，第37页。

入主辽沈地区后，爱新国经济基础得到空前发展，为以后的更大规模战争奠定了物质基础。明朝在山海关外长期施行军屯制度，有军屯户 96400 余户，共计 38 万多人，军屯耕地 368 万亩①，还有大量的民户、民地。由于战争，该地区农业生产受到严重破坏，人口锐减，原有的繁荣景象消失殆尽。努尔哈赤为长期占领辽沈地区，安定社会秩序，积极接受原有的生产关系，推行"计丁授田"政策和颁布"按丁编庄"谕，规定"每丁给种粮田五垧，种棉田一垧，每三丁合种官田一垧，每二十丁，以一人充兵，一人应役"②，实行新的土地、赋役制度。这样，辽阳等地 30 万垧土地成为爱新国良田耕地，很快就出现了"所获粮米，食之不尽"③ 的新景象。"计丁授田"为爱新国征收国赋、勒派差役、金民当兵奠定了基础，也保障了爱新国兵源、军粮等，更使爱新国奴隶制成功转化成为封建农奴制，生产力得到了大的解放。

努尔哈赤时代，爱新国统治地区已扩展到 4000 余里，人口增加到四五十万，疆域内有浑河、苏子河、佟佳江、鸭绿江等诸多易于耕种的河谷平原，土地肥沃，水源充足，很适合农业生产。因此，爱新国在田耕人所住地方普遍筹建"拖克素（农庄）"，还特别鼓励饲养家蚕，以缫丝织缎；种植棉花，以纺纱织布，构建了男耕女织的、一家一户的、农业与家庭手工业相结合的自然经济模式。经过几十年的苦心经营，爱新国经济结构发生大的改观，农业比重日趋增加，粮食产量稳步提高，从而积累了能与明朝进行长期对抗的经济基础。嫩科尔沁部则采取武力抢夺粮食或依靠贸易、他人施舍，以至于努尔哈赤致书劝说："勿得进入我东至叶赫地方。尔若进入夺我征服地方之粮米，则为尔等蓄意置我于无粮之苦。若无粮米，我何以供养该农田之主耶？……今我一人之粮十人食之，一马之料十马饲之。值我粮草窘乏之际，尔等兵马至此，何以相济？"④ 由于缺乏强有力的农业基础支撑，嫩科尔沁部在与爱新国的竞争中逐渐处于下风，直至顺从投附。

通贡、贸易中明朝列铁器为禁品，严禁铁器的输出，造成女真人、嫩科尔沁人等只能以"削鹿角做箭镞"，因而弓弩的杀伤力和军队的战斗力受到

---

① 参见《全辽志》卷二《赋役志》，辽海书社，2011。
② 《满文老档》（上），中华书局，1990，第 220 页。
③ 引自李春光《清代名人轶事辑览》（太祖努尔哈赤之三"太祖谕计口授田"），中国社会科学出版社，2004。
④ 《满文老档》（上），中华书局，1990，第 117 页。

限制。对此,努尔哈赤积极采取"炒铁,开金银矿"①的自救措施,从佛阿拉附近寻找到易于开采的铁矿石,大力兴办炼铁业。从此,"铁物兴盛"②。当时,在佛阿拉城内有"甲匠十六名,箭匠五十余名,冶匠三十名"③。在赫图阿拉出现"北门外则铁匠居之,专治铠甲,南门外则弓人、箭人居之,专造弧矢"④之状况。有组织的军工制造基本改变了以前铁器仰仗明朝和朝鲜输入的窘境,为以后大规模战争提供了后勤保障。同一历史阶段,嫩科尔沁部则未能迈开这一关键步伐。

建州地区不产盐,一向依靠明朝"抚赏"或"恩赐"。明朝对咸盐严格封锁,建州人要求在马市开放盐的交易,增加盐的数量。例如,万历四年(1576),明朝建立的宽甸马市,"许宽甸等处驻牧东夷换米、布、猪、盐"⑤。女真头人入京城进行贸易、朝贡,明朝方面提供的一级接待膳食为:"每五日二斤八两猪肉,一斤四两干鱼,一瓶酒,二斤麦,二两盐、酱油。"⑥ 一些女真人长期没有盐吃,出现疲乏无力、头晕眼花、恶心呕吐,甚至四肢肌肉、腹壁肌肉疼痛等症状,包衣阿哈等也常因吃不到盐而当逃人。

天命五年六月开始,努尔哈赤"遣人往东海蒸盐"⑦。六年二月二十八日,至东海蒸盐之参将阿尔布尼返回,带回海盐 20 万斤之多,以"计国中男丁数散给"。至八堡汉人所煮之盐也"按丁分给彼等"⑧。天命六年九月十三日,盖州佟游击"进官盐万斤"⑨。这些在很大程度上缓和了爱新国食盐供应极为紧张的局面,也有效地回击了明朝利用食盐扼住努尔哈赤的企图。

嫩科尔沁部领地内湖泊皆是淡水湖,有些湖泊只产烧碱,不产食盐。如地处今吉林省松原市乾安县城西 40 公里处的"dabusun naγur"(达布苏湖)虽产盐,但只产粗盐,不产青盐。今锡林郭勒盟东乌珠穆沁旗所属"eji naγur"(额吉淖尔)盛产食用青盐,却被林丹汗势力掌控。与明朝贸易、朝贡之路被切断后,努尔哈赤的海盐成为嫩科尔沁人获得食用盐的唯一途径,

---

① 《清太祖武皇帝弩儿哈奇实录》卷二。
② 《朝鲜王朝实录》(第 29 册),宣宗卷一三四,第 773 页。
③ 《朝鲜李氏王朝宣宗实录》卷六九,第 17 页。
④ (明)程开祜:《筹辽硕画》卷一《努尔哈赤考》,国立北平图书馆。
⑤ 《大明会典》卷一二九。
⑥ 《大明会典》卷一〇七。
⑦ 《满文老档》(上),中华书局,1990,第 148 页。
⑧ 《满文老档》(上),中华书局,1990,第 161 页。
⑨ 《满文老档》(上),中华书局,1990,第 137 页。

这也是嫩科尔沁部投附爱新国的原因之一。

早在猛哥帖木儿时代，女真人就与明朝通商贸易。猛哥帖木儿曾十次进京朝贡贸易，努尔哈赤也五次前去北京朝贡贸易。女真人向明朝皇帝朝晋问安，除可得到规定的丰厚奖赏外，还可在会同馆开市三天，进行交易。女真人带去良马、貂皮、人参等，换取布匹、绸缎，铧、铁锅等日常用品。从而朝贡逐渐演化成一种变相贸易，人数逐年增加。到16世纪后期时，每次朝贡的建州人数达500名。

女真人与明朝间真正的贸易大多是在马市进行。应建州女真人的要求，万历四年（1576），双方设立宽甸马市，又在清河、叆阳设立马市，规定每月初一至初五进行互市。永乐年间规定"上上马绢八匹，布十二匹，上马绢四匹，布六匹，中马绢三匹，布六匹，下马绢二匹，布四匹，驹绢一匹，布三匹"①。据《东夷考略》记载，明朝方面验马时只走形式，实际上不论马的等级，一律按好马给价，以达到安抚目的。努尔哈赤很好地利用这些有利条件，五次亲往明朝都城进行朝贡贸易，探查明朝国力虚实的同时，自身经济基础得到了很大提升。建州女真人相对东部蒙古来说，较为富庶。因而，出现了"东边诸部落群起飚去，尽则归建州"②之现象。

反观嫩科尔沁部，南进与明朝为邻的努力相继被内喀尔喀五部、努尔哈赤阻断后，嫩科尔沁部与明朝间贸易之路亦被切断，粮食等生活必需品得不到及时补充，内部失去统合之力，又各自为战，因而依靠征战拓展生存空间的能力日渐缩小。为了生存，嫩科尔沁部在经济上逐渐转向依靠爱新国，直至完全投附。

随着经济实力的增强，努尔哈赤对前来联姻、联盟或朝觐（实为以亲戚之礼的走动）的嫩科尔沁台吉采取广行赏赐策略，以变相的经济手段渗透笼络科尔沁，从而逐渐代替明朝成为嫩科尔沁部首要经济依靠。

壬子年（1612）正月，努尔哈赤聘嫩科尔沁部明安之女。史书只记"以礼亲迎，大宴成婚"③，不见聘礼之细单。此后，嫩科尔沁部左翼大台吉莽古斯嫁女皇太极，史书也未记聘礼之细单。但是此前，即癸卯年（1603）正月，乌拉国布占泰"以盔甲十副，貂裘、猞猁狲裘共十领，羊裘十领，

---

① 《明会典》卷一五三，《马政四》。
② （清）谷应泰：《明史纪事本末补编》，中华书局，1977。
③ 《清太祖武皇帝弩儿哈奇实录》卷二。

金银各十两，骆驼六只，马十匹，鞍鞴俱备为聘礼"①，聘明安之女被拒，可知努尔哈赤聘明安女所献聘礼肯定比这丰厚。

天命二年（1617），嫩科尔沁部左翼大台吉明安以"嫁女已达六年"为由来到爱新国都城，与努尔哈赤见面。努尔哈赤亲自率妃子及众贝勒大臣迎至百里以外的富尔简岗，在马上行抱见礼，设宴接风。进城后，努尔哈赤又每日设筵宴隔日设大宴款待，达一月之久。明安的见面礼为"驼十，马牛各百"。明安离去时，努尔哈赤送出的礼品为"人四十户，甲四十副，及缎䌷布匹等物至足"②。从所记礼品单上，就可看出双方经济实力和经济种类的差别。

此前，明安台吉的长子、次子等也陆续到爱新国看望妹妹，各得甲胄、绸缎、布等丰厚回礼。明安父子的礼品多是驼、牛、马、毡子等畜产品，而爱新国方面的礼品大多是实物，这些实物在嫩科尔沁部很缺乏，正是台吉们急需的物品。

天命十一年五月，嫩科尔沁部领主奥巴台吉与土梅③、布达齐④等亲往沈阳面见努尔哈赤。爱新国方面以"异国之都领"之礼迎接奥巴台吉等，并作为见面礼"各赐雕鞍、马匹、金顶帽、锦衣、金带"⑤。入城后"yoson ügei kündüleju"（尊重程度超过礼仪），"复赐铠甲及四时衣，各种银器、雕鞍、蟒币、布帛等物有加"⑥。归去时又赠"Alta, bulayan, silügüsün, ed torγa, quyaγ duγulaγa, tabun mingyan lang mönggü, kümün-ü keregleku aliba juyil bügüde-yi ügču ilegebe"（金子、貂皮、猞猁、丝缎、盔甲、五千两白银，人所用之物尽数赐赏）⑦。大喜过望的奥巴说出"今蒙赐太重，吾等意，后必有掣回之日，是以且喜且讶而未敢深信也"等语。努尔哈赤为奥巴等上号，广行赏赐，还炫耀"些须之物，何足为意。但以后赐予之物，不过随其心而已，谁肯以好物给之。尔等若见诸王所服之衣暨奇异之物，即任意逼取之可也"⑧。这些话语体现了双方对会见所持态度的同时，也反映出各

---

① 《清太祖武皇帝弩儿哈奇实录》卷二。
② 《满文老档》（上），中华书局，1990，第 50 页。
③ 奥巴堂兄，原有卫征号，为嫩科尔沁始祖奎蒙克塔斯哈喇次子纳穆达喇子哲格尔达之长子。
④ 奥巴之弟，《满文老档》译作"布塔齐"。
⑤ 《清太祖武皇帝实录》，天命十一年五月丁巳条。
⑥ 《清太祖武皇帝实录》，天命十一年六月戊寅条。
⑦ 中国第一历史档案馆：《十七世纪前半叶蒙古文档案》，内蒙古少年儿童出版社，1997，第 37 页。
⑧ 《清太祖武皇帝弩儿哈奇实录》卷四。

自的经济实力。

当然，努尔哈赤对嫩科尔沁部及蒙古其他各部的赏赐扶持等不是没有原则或不分轻重。天命十一年十二月，努尔哈赤下令"弓矢矛刃，行军之要器，三大贝勒以下，入八分诸贝勒以上，凡遇蒙古诸贝勒所遣来之人，不许私与弓箭枪刀，若与则必奏闻。至于外藩诸贝勒大臣以下、小民以上虽遇归顺蒙古诸国，虽经归顺者，亦不得私鬻与彼，违者罪之"①。表明，铁器等"行军之要器"被列入违禁物品之列，采取严格控制。努尔哈赤此令被后世继承者们严格遵守，贯彻到清末。

二 所谓"格勒珠尔根城之战"的质疑

天命十年十一月，林丹汗东进。由此产生了"林丹汗东征""格勒珠尔根城为奥巴所居之城""林丹汗围困格勒珠尔根城"等概念，为学界普遍认知，也引申出了"格勒珠尔根城之战"②等专门研究。

《旧满洲档》载，天聪五年四月十一日，天聪汗与土谢图汗奥巴等大小台吉会盟，划定嫩科尔沁部新牧地。时，出现了"kelčerkü"之地名，这是"格勒珠尔根"作为地名第一次在史籍中出现。《旧满洲档》不见此地为"城镇"或"奥巴所居之城"等记载。《满文老档》则译作"克尔哲尔库"，亦不见"奥巴所居之城"等记载。清初其他史籍中也不见"格勒珠尔根"为奥巴所居之城的记载。

《皇朝藩部要略》是最早将"格勒珠尔根"记为奥巴所住之城的史籍。该书记载"林丹汗已围困奥巴所居格勒珠尔根城数日，[城守坚不克]闻（兵）[我师]至，仓皇遁，围遂解"③。而同期成书的《蒙古游牧记》则对其具体位置做了说明，记为"杜尔伯特部……西至嫩江……西南至柯勒吉勒格……"亦未明确记述该地为奥巴所居之城。

日本学者和田清博士依据《皇朝藩部要略》中提到的这一记载，在其《东亚史研究·蒙古篇》中率先提出"这个图什业图汗奥巴所住的城叫格勒珠尔根城，靠近嫩江水滨。近期又有了翁古代与奥巴父子游牧在嫩江流域，

---

① 《清太祖武皇帝实录》，天命十一年十二月己亥条。
② 聂晓玲：《林丹汗东征科尔沁部与后金的政治关系》[原载《内蒙古社会科学》（汉文版）2012年第2期]一文，第二节"格勒珠尔根之战"，专门论述所谓格勒珠尔根之战的经过。
③ 包文汉校注《清朝藩部要略稿本》，黑龙江教育出版社，1997，第4页。此处（）内字为删去之字，[]内字为张穆所填之字。

同时在嫩江东岸筑格勒珠，绝非现在的图什业图王府所在的地方。这从后来天命十年十一月遭到察哈尔林丹汗围攻时，清朝的援军从开原出农安去救它可以了解"。"格勒珠尔根城据说是古城的意思，但不知在哪里。从清军由奉天出农安来说，大体可以想象它的方位"。① 不知和田清的"古城"论断从何而来，但从此"格勒珠尔根城"意为"古城"，为"奥巴所居之城"等认知成为学界公认，不见有学者提出异议。作为他们的政治、贸易中心，该城始建于何时，已无处考证。也许，翁古代的先人就已经在这里居住过"② 等新论断。

翻开清初诸史籍不难发现，当时的嫩科尔沁部根本没有修建城堡或定居城镇的概念。从北元中期，蒙古社会陷入战乱，各部间攻伐不断，还是以传统的运动战为习惯，防守一方主要依靠天然屏障，而非城池。包括嫩科尔沁部在内的蒙古各部的这一特点被努尔哈赤看得很透彻。我们从努尔哈赤与奥巴互致信件内容中，不难发现当时嫩科尔沁部还没有城池之现实。

天命八年（1623）五月三十日，努尔哈赤致书奥巴台吉，明确指出嫩科尔沁部因没有坚固城池之事。天命十一年（1626）七月，努尔哈赤致书奥巴台吉，再次提到修筑城池事宜，建议"若兄弟商议不决，修于中心之地为宜"。天聪元年（1627），爱新国新主皇太极写给嫩科尔沁部诸台吉的信件内也提起嫩科尔沁部筑城问题，曰：

> tüsiy-e-tü qan. tai darqan. jasaγ-tu dügüreng γurban qusiγu nigen qota. bingtü. ildüči. badm-a-dai nigen qota. joriγtu qung tayiji-yin dürben qusiγu nigen qota. γaǰar-un sayin-i üǰeǰü γurban quta-yi nige door-a bariǰu。ödtör bekiletügei geǰü sananam bide. činggiǰü γaǰar-eyen bekilegsen qoyin-a ger ba čaqar tan-tu mordaqul-a. bide kelelčegsen ügeber. ta tayiji ilegekül-e bide tan-tu čerig nemey-e. qota γaǰar-i ölö bekileǰü. čaqar mordaqul-a ta-ču bolba qamiγ-a baiǰu alalduqu. bideči bolba qamiγ-a baigsan-i medeǰü ečikü boi.③

（汉译）土谢图、岱达尔汉、扎萨克图杜棱三旗一城，冰图、伊尔

---

① 〔日〕和田清：《东亚史研究·蒙古篇》，东亚文库，1959，第656页。
② 乌云毕力格、巴拉吉尼玛主编《土谢图汗——奥巴评传》，内蒙古教育出版社，2009。
③ 李保文整理《十七世纪蒙古文文书档案》第6份文书，内蒙古少年儿童出版社，1997。

都齐、巴特玛三旗一城，卓里克图洪台吉四旗一城。我们提请，选好地址将三城建在近处，迅速加固。城堡加固后察哈尔来伐尔等，按先前之约定派台吉送信与我，我们增兵尔处。倘不加固城堡，察哈尔来侵，尔等在何处抵挡，我们又将何处增兵。

从以上史料记载来看，当时的嫩科尔沁部没有抵御林丹汗攻伐的坚固城池，格勒珠尔根城也不可能是奥巴台吉所筑"居驻之城"，而是林丹汗东进与奥巴台吉"合政"所约之临时场所。

当然，相关档案中也确有"林丹汗围困格勒珠尔根城"之记载。如，嫩科尔沁部土谢图亲王巴达礼、卓里克图亲王吴克善、达尔汉巴图鲁郡王满珠习礼册封文内皆有"čaqar-un čerig tan-u qorčin-dur mordaju. geljürgen-i qota-yi qaqaɣsan-dur olan aqa- degüü- nar čüm jüg jüg tutaɣaba."（察哈尔兵围困科尔沁格勒珠尔根城，诸兄弟四散逃遁）①之记载。可见，林丹汗东征确实到过嫩科尔沁地区腹地格勒珠尔根城之地，但格勒珠尔根城只是辽金时期一座废旧城址②，已失去防御或居住的功能。是林丹汗与奥巴约定"合政"谈判之临时场所。因此，在格勒珠尔根之地"双方根本没有发生直接冲突，（合政无望的）林丹汗只是抢掠了一些散居的人畜后就撤兵了"③ 才是符合历史真相的提法。

另外，所谓的"格勒珠尔根之战"发生在天命十年十一月。此时嫩江水面将全面冻冰，已失去天堑之功效，这对进攻的林丹汗有利，而对奥巴洪台吉等固守一方则不利。早已得到消息的奥巴洪台吉死守无险可凭的古代之弃城，等着被动挨打亦无可能。不过，嫩科尔沁地区地域辽阔，奥巴洪台吉若弃城躲避，则更容易将远距离奔袭的林丹汗拖垮。

天命十年八月初，洪巴图鲁④派使臣告知奥巴台吉"察哈尔将于下月十

---

① 乌云毕力格等编《清朝前期理藩院满蒙文题本》（第8册），内蒙古人民出版社，2010，第496页。
② 宝海：《再谈"很吉日格"、"格勒珠尔根"之词义》。原载《中国·乌兰浩特第二届蒙元文化论坛暨科尔沁历史文化研讨会》（论文集），内蒙古文化出版社，2013。
③ 宝音初古拉：《奥巴台吉时期科尔沁部与察哈尔爱新国三方关系研究》，原载《中国·乌兰浩特第二届蒙元文化论坛暨科尔沁历史文化研讨会》（论文集），内蒙古文化出版社，2013，第27页。
④ 玉芝认为，此人系乌济叶特部炒花（suuqan），是当时内喀尔喀五部最强之台吉。参见玉芝《蒙元东道诸王及其所属部众历史研究》，博士学位论文，内蒙古大学，2006。

五日起兵往征尔处"之信息；十一月初，"察哈尔之兵来围科尔沁"①；中间相隔三个月。林丹汗之举不符合"军国机密""兵贵神速"等常理。

天命四年六月，林丹汗曾攻克明朝塞外重镇广宁，有攻克坚固城池之经验。奥巴洪台吉则没有防守城池之作战经验，而格勒珠尔根城又是座基本丧失防御功能的"废旧辽金古城"，因此，格勒珠尔根城不可能成为战场。

天聪二年（1628）末，天聪汗致奥巴台吉指责其罪，曰：

tegün-i qoyin-a čaqar-un qaɣan čimayi alay-a geǰü čerig iregsen-dü, bide sonusuɣad beye ǰoboqu, aɣta ükükü tala qaral ügei čerig mordaǰu nungyan-tu kürügsen qoin-a čaqar sonosču abqu boluɣsan qota-yi orkiǰu qariba. mani ese mordaqula či edüge boltala yabuqu biliü. či baɣatur küčutei bolosa ǰalbu kiy-e taiǰi qoyar-i yaɣun-du bariǰu ügbe.②

（汉译）（后）察哈尔汗兴兵伐尔，我闻之，不辞劳苦，不惜马匹，兵至农安（塔），察哈尔闻之，遂弃将克之城而遁。彼时若非我兵相援，尔尚得有今日乎！尔果英勇，何故将札尔布、虾台吉二人执而送之耶。

此段话也引出，林丹汗东征时将叛逃到嫩科尔沁部之札尔布台吉等掳走的事实。这也表明林丹汗东征并非一事无成。

札尔布③，系察哈尔图门扎萨克图汗（另作土蛮汗）之孙，林丹汗叔祖石纳明安部首领代青之长子。④有关代青，在《金轮千辐》中记载：

tümen ǰasaɣtu qaɣan-u ɣurban qatun-eče boyan sečen. ǰaisang qongɣur, ⋯sonin daičing⋯arban kübegün boi.⑤

（汉译）土蛮汗三位夫人生有卜言车臣、塞桑孔果尔⋯⋯索宁代青⋯⋯十子。

---

① 《满文老档》（上），中华书局，1990，第648页。
② 选自《天聪汗致奥巴台吉书》，中国第一历史档案馆：《十七世纪前半叶蒙古文档案》，内蒙古少年儿童出版社，1997，第37页。
③ 札勒布，《清实录》作"扎尔布"；《清太祖武皇帝弩儿哈奇实录》作"扎儿布"。
④ 《清太祖武皇帝实录》载，代青有"扎尔布、色冷、公格、石达答、噶尔马、兀尔占等"六子。援引《清太祖武皇帝实录》天命十年七月乙酉条。
⑤ （清）答里麻著、乔吉校注《金轮千辐》，内蒙古人民出版社，2012，第139页。

札尔布之父代青与林丹汗不睦在《明实录》中有所体现，曰"自西戌两陨大帅，辽尚可言哉。所幸天厌夷种，土蛮物故，稍稍息肩，独凌丹憨新立，众虏煽惑，都会、歹青等阳顺阴逆，安能相率响应。此辽东之情也"①。

　　《清实录》也记载，代青因其国内争汗位而乱，属民被林丹汗"尽夺"②。父子一行于天命后期，投奔有姻亲关系的嫩科尔沁部避难。③

　　天命十年八月，林丹汗东征即将开始之际，札尔布台吉、色楞台吉等由嫩科尔沁前来谒见努尔哈赤。④ 天命汗"赐蟒披领四、玲珑金带二、刀二、猞猁狲裘二、貂皮百、青鼠皮千、海豹皮二、甲十二副及银器缎帛诸物甚厚，令之回"⑤。此前由嫩科尔沁部来朝觐之蒙古贝勒皆被努尔哈赤收留，成为其豢养之人。唯独没有收留札尔布台吉，令其再回嫩科尔沁部，最终成为林丹汗俘虏。此举表明，不愿"合政"的奥巴台吉有意避让林丹汗锋芒，献出札尔布等，换取退兵；或林丹汗东征目的就是索要札尔布等叛逃之台吉，亦有可能。嫩科尔沁部和爱新国没有追击"溃败"的察哈尔退兵，可看出林丹汗并非"真溃败"，而是有计划地退了兵。

　　"格勒珠尔根之战"后的第二年，即天命十一年八月，爱新国主努尔哈赤驾崩。嫩科尔沁部诸台吉派遣近臣或子弟前往吊唁。两个月后，奥巴洪台吉才"遣一下等班第以老马一匹来"，又与明朝互市、视察哈尔福晋为"大人之女"，寝室居前。这些行为引起爱新国皇太极的极大不满，遂致书指责奥巴台吉背盟之举。书中写道：

　　　　…üggügsen ür-e-yien türü ner-e-yi sanaǰu körgeǰö ügbe. körgegsen quin-a či qabar ebedčitei maγu nayman muri körgeǰö irebe. …činü yalatu em-e-yin ger-i emüne baγulγaǰu, mani kegüken-i ger-i quyin-a baγulγaǰu, yalatu em-e-yi yeke kömön-i ür-e geǰü örkölǰi kelegči čini. man-i doromǰilaqu čini ene. …mani ösiyetö kitat-tu qoyar üy-e elči qudalda ilegebe. itegel ügei arγ-a

---

① 《明实录》，万历三十四年十月戊申条。
② 《清太祖武皇帝实录》，天命十年八月乙酉条。
③ 宝音朝古拉认为，"代青父子避难科尔沁时间在林丹汗即位之初，即执政大臣脑毛大专横得众之时"。宝音朝古拉：《察哈尔蒙古历史研究》，博士学位论文，内蒙古大学，2006。
④ 《满文老档》（上），中华书局，1990，第638页。
⑤ 《清太祖武皇帝实录》，天命十年八月乙酉条。

činu ene. … čaqar-tu čerig morday-a geǰü kedün kedün üy-e bičig ilegebe. bolǰiyan-tu ölö irem. kelelčegsen ögen-egen ölö kürkü mayu arγ-a činü ene.①

（汉译）……以女归于汝，既归之后，汝止以病马八匹相遗……令汝有罪之妻寝室居前，令吾女寝室居后，且动言汝有罪之妻系大人之女，……与吾仇敌之明国两次遣人交易，汝之诈不可信……以兵征察哈尔，屡遣使遗书相约，汝竟不赴期会之地，汝行不践言……

此信件内容表明，林丹汗东征和所谓的"格勒珠尔根之战"等并未改变奥巴对察哈尔之根本态度。

综上所述，格勒珠尔根城是嫩科尔沁部领地内的一座辽金古城，是林丹汗东进与奥巴台吉约定"合政"谈判的临时场所。林丹汗东进目的不是"征讨"，而是"合政"，因此不可能发生所谓的格勒珠尔根之战。努尔哈赤的出兵打乱了林丹汗的意图，"合政"无望的林丹汗很有可能在撤兵之时抢掠了嫩科尔沁部的一些人和畜。

三 联盟的最终确立

天命十一年（1626）五月十六日，嫩科尔沁部首领奥巴台吉到爱新国会见努尔哈赤。努尔哈赤以"异国之贝勒长"之等级派诸皇子行三日远迎。奥巴台吉到盛京时，努尔哈赤谒堂子，出城十里，行抱见礼相见。这是"抱见礼"在《清太祖实录》中的第一次出现，可见其重视程度和接待规格之高。"抱见之礼"《蒙古秘史》记作"帖别舌里古"（teberik），是元代平等之人不分男女相见时互相拥抱的一种礼仪。努尔哈赤借用这一古老礼仪迎接嫩科尔沁部首领，以示双方平等和亲近。此后，此抱见礼仪也以动词"tebeliyambi"形式引进到满语中，成为满语词汇。"抱见礼"等细节往往被学者忽略，但其作用意义重大，即消除了奥巴台吉对满族的心理隔阂或排斥感。

六月初六日，努尔哈赤与奥巴洪台吉又按萨满教传统刑白马乌牛，举行结为盟好祭告天地之礼。二人焚香祷告献畜祭天，当众宣读结盟的誓言，将

---

① 中国第一历史档案馆：《十七世纪前半叶蒙古文档案》，内蒙古少年儿童出版社，1997，第38~39页。

盟誓文书放入火中焚之。

再看奥巴台吉的誓言："deger-e müngke tegri-yin ǰayaɣan-bar tegri ɣaǰar-a ür-e sačuɣsan-eče boluɣsan tangkil ügei qad-un türül oluɣsan tegsi setkil-tü gegen qaɣan. türbel ügei učiralduɣsan ooba qung tayiǰi qoyar. tegri tür üčig üčimüi. čing ünen setkil eyer čaqar qalq-a-tu ǰasaɣ-tu qaɣan-eče inaɣsi qorčin-i noyad bide gem-ügei daɣaǰu sayin yabuy-a getel-e, ölö bolǰu alaqu abquiban ölö bayiǰu boru qorčin-i biden-u daɣusyaba. tegün-u qoyin-a yal-a ügei bügetel-e dalai tayiǰi-yi alaba. tegüni qoyin-a ǰayisai ireǰü ǰirɣuɣan noyad-i alaba. gem ügei sayin yabuy-a geküle ölö bolǰu yala ügei alaqu abqu-tu eserülebe bide. esergülekü-tü čaqar qalqa či yaɣun-tur esergülebe geǰü alay-a abuy-a geǰü čerig mordaǰu iregsen-tu tegri ečige ibegeǰü ɣarɣaba. manǰui-yin qaɣan basa baɣaqan qayiralaba. tegri-yin ibegeǰü ɣarɣaɣsan. manǰu-yin qaɣan-i qayiralaɣsan-i martal ügei sanaǰu yabuy-a geǰü manǰu-yin qaɣan-tu ǰolyar-a ireged tegri ɣaǰar-tu türü-yin tusdu itegeltü ögeben üčiǰü amaldanam. tegri-tü amaldaɣsan-i ebdeged manǰu-yin qaɣan-i qayiralaɣsan-i martaǰu čaqar qalq-a luɣ-a elseküle. ooba qung tayiǰi-yi buruɣusiyaɣsan deger-e buruɣusiyatuɣai. ǰobaɣsan deger-e ǰobatuɣai. tegri-tu amaldaɣsan ügen-degen kürčü. manǰu-yin qaɣan-i qayiralaɣsan-i martal ügei sayin yabuqula tegri qayiralaɣsan deger-e qayiralatuɣai. teǰiyegsen deger-e teǰiyetügei ene amaldaɣsan-i qoyitu ači ür-e biden-u ger-ba ebdekül-e. ebdegsen kümün-i tegri buruɣusiyaɣsan deger-e buruɣusiyatuɣai. ǰobaɣaɣsan deger-e ǰobaɣatuɣai. ene amaldaɣsan-i ölö ebdeǰü ürkülǰi-te sayin yabuqul-a tegri teǰiyegsen deger-e teǰiyetügei. qayiralaɣsan deger-e qayiralatuɣai."①

《满文老档》中奥巴台吉的誓言也被保留下来，大致内容就是《满文原档》的汉译，曰："上福天命，乃崇贵根苗生于天下大地，无与伦比为汗之至亲，与英明汗同心同德无可隐晦之奥巴黄台吉，我二人自扎萨克图汗以来，我科尔沁诸贝勒对察哈尔、喀尔喀皆以诚心相待，并无构恶之处。然欲求好而不可得，杀掠不已。尽杀我博罗科尔沁。②其后，又杀我无辜之达赖台吉。不久，宰赛来兵，又杀我贝勒六人。欲求相安无事不成，反被略杀无

---

① 冯明珠主编《满文原档》，台北故宫博物院，2008，第45~46页。
② 博罗科尔沁，又作卜罗科尔沁、卜罗蒿儿趁、卜罗好儿慎等，相当于清代文献中的"嫩科尔沁"。详情参见乌云毕力格《明朝兵部档案中有关林丹汗与察哈尔及其史料》，原载《十七世纪蒙古史论考》，内蒙古人民出版社，2009。

辜，故我等拒之。察哈尔、喀尔喀竟又以尔等为何拒之为由，兴兵而来，欲行杀掠，仰蒙天父垂佑，又赖满洲汗怜悯相助，使我幸免。我因不忘上天之拯救、满洲汗之眷顾而怀感激之恩、善行之望，特来会满洲汗，为结同盟，誓告天地。若渝誓天之言，忘满洲汗之恩，与察哈尔、喀尔喀合，则使奥巴黄台吉恶之愈恶，苦之愈苦。若践对天之盟誓，不忘满洲汗之恩，以善行之，则蒙上天怜之愈怜，养之愈养。后世子孙若有渝盟者，则受天谴，恶之愈恶，苦之愈苦。若不违盟誓，仍以善行，则蒙天佑，养之愈养，怜之愈怜。"①

可见，奥巴洪台吉此行意图很明确，只是感谢努尔哈赤出兵解围，并加强和规范两年前双方建立的军事联盟等具体内容，并无"倾心归附"之事。②

不过，努尔哈赤的誓言内将双方"不与为伍"对象扩大至明朝③，曰："金国汗对天地盟誓，明与察哈尔、喀尔喀欺凌我之正当生活之人，我不堪忍受，昭告于天，上天以我为是。又察哈尔、喀尔喀合兵欲杀掠科尔沁之奥巴黄台吉，上天以奥巴黄台吉为是。奥巴黄台吉积怨愤于察哈尔、喀尔喀，为谋国事，前来与我相会，此乃上天使我受难之二人相合也。若思天使之合，互不欺瞒，善良而行，则蒙上天眷顾之恩。若不思天使之合，相诱为恶，诓骗而行，则受上天责罚。若恪守盟好，则永享上天之恩养。"④ 这样，努尔哈赤以盟誓的形式巧妙地将奥巴台吉投向明朝的可能性也予以杜绝。

六月初七日，努尔哈赤"特赐奥巴黄台吉以土谢图汗之名号"。同行之图美获"岱达尔汉"号，布达齐获"扎萨克图杜棱"号，贺尔和堆获"青卓里克图"号。布达齐子拜思噶尔未获封号。

---

① 《满文老档》（上），中华书局，1990，第698~699页。
② 将奥巴第一次爱新国之行认定为"归附"之举的学者大有人在。如徐晶晶《浅析清入关前与科尔沁等部的关系》[《辽宁师专学报》（社会科学版）2009年第5期]就认为"天命九年（1624）二月，科尔沁部因不满林丹汗凌压，台吉翁果岱子奥巴率族来归。努尔哈赤以德相报，与奥巴会盟修好，并将公主下嫁，纳奥巴为额驸"。此君连奥巴第一次爱新国之行的时间都没弄清楚，就妄下"科尔沁归附爱新国"之结论，着实令人惊讶。
③ 胡日查教授认为爱新国与嫩科尔沁的联盟只是"不与察哈尔为伍"的军事联盟（胡日查、长命：《科尔沁史略》，民族出版社，2000，第233页）。但从努尔哈赤的誓言来看"不以为伍"对象包括明朝。这也是努尔哈赤利用盟誓形式将嫩科尔沁引向与明朝为敌的巧妙手段。
④ 《满文老档》（上），中华书局，1990，第697~698页。

图美,嫩科尔沁部台吉,系嫩科尔沁部始祖奎蒙克塔斯哈喇次子诺姆达喇子哲格尔达(明译者儿得)之子,为奥巴族叔,原号卫征;布达齐,《满文老档》译作布塔齐,奥巴亲弟,原号哈坦巴图鲁;贺尔和堆,《满文老档》译作和尔和堆,此人的身份尚不清楚,胡日查教授认为是"科尔沁扎赉特部阿敏达尔汉三子洪呼泰"①,稍显牵强,有待细考。

在嫩科尔沁部推举出一个"汗",与察哈尔、喀尔喀对抗,是努尔哈赤很早就有的想法。天命八年五月三十日,努尔哈赤致书奥巴明确提出"兄弟之间相侵,虽得财富,有何名誉?""尔等之间可举一人为汗,齐心拥戴,则可使察哈尔、喀尔喀不能侵掠尔等"②。可见,会盟等只是外表形式,赐号、称汗才是努尔哈赤此次会面的真实目的,是对"蒙古之国,犹此云然。云合则致雨,蒙古部合则成兵,其散犹如云收而雨止也,俟其散时,吾当亟取之"③之既定策略的具体实现,意在嫩科尔沁部树立一权力核心,与察哈尔林丹汗抗衡,逐步将科尔沁部从察哈尔阵营中瓦解过来。

此次会见,也是双方对以前为维护、调解双方利益冲突,约束双方军事行动而定制的一些约定的巩固过程。这些规约主要体现在以下两个方面。

其一,"不得越界"及"归还逃人"之约定。

天命四年,有蒙古部落进入爱新国领地抢夺粮食之事发生,引发爱新国与蒙古间不得越界规约的订立。努尔哈赤致书蒙古诸贝勒,曰"尔蒙古人等勿得进入我东至叶赫地方。尔若进入夺我征服地方之粮米,则为尔等蓄意置我于无粮之苦。若无粮米,我何以供养该农田之主耶?直至春天,皆以运我征服地方之粮米为食也!再者,凡有心善之贝勒,欲认我为亲而共同征明,则乘尔马匹肥壮之际,携尔军士食用之牲畜前来。今我一人之粮十人食之,一马之料十马饲之。值我粮草窘乏之际,尔等兵马至此,何以相济?待耕种一年收获粮谷,在请尔等前来"④。此书信内容显示,努尔哈赤以粮谷为诱惑促使蒙古各部与其组成征明军事同盟,也唯恐蒙古盟友擅自越界进入爱新国领地滋扰生事。"不得越界"是爱新国与蒙古诸部订立的第一个盟约,也是清朝治理外藩蒙古的"分而治之"政策源头。

---

① 胡日查、长命:《科尔沁史略》,民族出版社,2000,第239页。
② 《满文老档》(上),中华书局,1990,第633页。
③ 《清太祖武皇帝弩儿哈奇实录》卷四。
④ 《满文老档》(上),中华书局,1990,第117~118页。

"萨尔浒之战"结束后,努尔哈赤回兵灭叶赫部。叶赫部有人赶着 300 牧群逃往嫩科尔沁部避难。努尔哈赤视这些人为"逃人",依据"归还逃人"之约定,反复提出"我等本非仇敌,何以纳我所灭国之牧群哉?宜退还之"①。第三次遣使后,嫩科尔沁部明安次子哈坦巴图鲁仅归还 160 牧群,其余 140 牧群则始终未还。努尔哈赤以同样理由四次遣使内喀尔喀五部。五部诸贝勒商议十日后,将叶赫逃来之人"尽数归还之"②。可知,包括嫩科尔沁部在内的蒙古诸部与努尔哈赤之间的确有"归还逃人"之约定。

其二,"不与察哈尔合"之盟约。

为了躲避察哈尔侵扰攻伐,嫩科尔沁部领主奥巴选择爱新国作为盟友,并向其靠拢。努尔哈赤也为与察哈尔交锋争霸,寻找实力强劲的军事盟友。双方第一次盟誓就提出"满洲廓儿沁二国因有查哈儿欺凌之愤,故以盟言昭告天地,愿同心合意。既盟之后,满洲若为查哈儿奇货所诱,中其巧计,不令廓儿沁知而先与之和者,穹苍不佑,降以灾殃,如此骨暴血出土埋而死。若廓儿沁为查哈儿奇货所诱,中其巧计,不令满洲知而先与之和者,穹苍不佑,降以灾殃,亦如骨暴血出土埋而死。果能践盟,则天地佑之,寿得延长,子孙万祀,永享荣昌"③。明确了双方"不与察哈尔合"的军事联盟基础。

天命十一年六月,奥巴亲往爱新国,双方再次盟誓。努尔哈赤誓曰"我本安分守己之人,被大明国并查哈拉、胯儿胯部欺凌,隐忍无奈,乃昭告于天,天遂佑之。又查哈拉、胯儿胯连兵侵廓儿沁部,奥巴亦蒙天佑。今奥巴怀恨二部,为国事来与我共议。彼此受厄之人,盖天所凑合也。如能体天心,相好不替而无欺诳者,天必眷之,不然,天必咎之,降以灾危"。奥巴台吉的誓言为"若渝盟忘恩,仍与查哈拉、胯儿胯相和者,天罪以灾危。如践盟言,不忘汗恩,天必眷之。后之子孙倘有败盟者,皇天亦以灾危罪其人。如守盟言,世好不替,天自永为之眷顾"④。二者誓言将双方"不与为合"对象从察哈尔扩大至明朝和喀尔喀。

天命十一年十二月,爱新国新君皇太极遣巴克什希福赍书土谢图额驸奥

---

① 《满文老档》(上),中华书局,1990,第 117 页。
② 《满文老档》(上),中华书局,1990,第 117 页。
③ 《清太祖武皇帝弩儿哈奇实录》卷四。
④ 《清太祖武皇帝弩儿哈奇实录》卷四。

巴，谴责其私遣巴牙尔图往察哈尔、喀尔喀。这是双方为履行"不与察哈尔合"盟约而引发的第一次正面交锋。还没掌握联盟绝对支配权的天聪汗只对奥巴台吉"未先闻于爱新国"的违约之举，"叙从前盟誓之词而责之"，① 未采取其他惩罚措施。

---

① 《清太祖武皇帝实录》，天命十一年十二月庚戌条。

第二章

嫩科尔沁部与天聪汗皇太极（一）

天命十一年八月，爱新国创始人努尔哈赤驾崩，其子皇太极继位，嫩科尔沁部与爱新国关系步入新的发展阶段。先前的政治联盟转向军事联盟，双方的平等关系也逐渐转向臣属关系。奥巴台吉的身份地位发生明显降低就是此等变化的源头起因。

第一节　土谢图汗奥巴地位的下降

天聪初期，由于部落统属权的进一步散失及内部不和之态势的进一步加大，嫩科尔沁部左翼积极转向爱新国，频频参与爱新国军事行动，外部又有爱新国强大的军事压力等，奥巴台吉的领主地位明显发生了变化。

一　奥巴台吉的消极观望态度

天命十一年八月，爱新国国主努尔哈赤去世，嫩科尔沁部领主奥巴只派遣一个小班第牵一匹老马前去应付爱新国国葬。其后，爱新国送舒尔哈齐之女到嫩科尔沁部与奥巴完婚，奥巴仅送8匹有鼻疽病马作为聘礼。[1]

天聪元年六月，蒙古敖汉、奈曼离开林丹汗整部加入爱新国军事联盟，扎鲁特、巴林二部则投附嫩科尔沁部。扎鲁特部台吉桑图，父母投附爱新国，而桑图本人则投附了嫩科尔沁部。皇太极向奥巴提出索要桑图[2]，嫩科

---

[1] 李保文整理《十七世纪蒙古文文书档案》第13份文书，内蒙古少年儿童出版社，1997，第35~42页。
[2] 李保文整理《十七世纪蒙古文文书档案》第6份文书，内蒙古少年儿童出版社，1997，第17~19页。

尔沁部首领奥巴反而致书皇太极，提出：

> sečen qaɣan-i ooqan nayman sitüǰü bile. man du baɣarin ǰaruɣud sidüǰü bile. ⋯ tan-tur oruɣsan ooqan nayman. man tur oruɣsan baɣarin ǰaruɣud-i durabar quyar-un qoɣur dumda qamtu yabutuɣai gekü bolusa qaɣan mede.①
>
> （汉译）敖汉、奈曼已投附聪睿汗，巴林、扎鲁特归附了我们⋯⋯今投附你处的敖汉、奈曼和归附我们的巴林、扎鲁特各随其愿，于我们中间一同往来如何？

这表明，乘努尔哈赤去世之际，奥巴洪台吉对"临时的，松散的，尚未形成盟主之概念的军事合作"持消极观望态度②，并与爱新国新君皇太极分庭抗礼，争夺包括扎鲁特、巴林、奈曼、敖汉等蒙古诸部的支配权，进而争夺联盟中更多的话语权。

面对奥巴台吉的压力，天聪汗采取与嫩科尔沁部左翼诸台吉单独举行盟誓的措施，将"不与察哈尔合""不与明朝为伍"的盟约渗透至整个嫩科尔沁部。资料显示，天聪元年正月二十七日，与吴克善、巴特玛③盟誓；四月二十日，与左翼另一首领孔果尔老人盟誓。④ 左翼诸台吉私自与爱新国联盟，使得奥巴的权威大为削弱，嫩科尔沁内部统一力量受到进一步挑战。

嫩科尔沁部内部不睦，左右翼间发生不和谐现象由来已久。嫩科尔沁部左翼大领主莽古斯致皇太极信中所提"küčü ügei aq-a degü minü ey-e ügei"（不强大的兄弟却不和睦）⑤，就是对这种内部间不睦现象的一种表露。从天聪汗致书嫩科尔沁部左翼台吉伊勒登⑥、索诺木⑦，谴责二人乘土谢图汗迎回格格之际，抢夺其所属30户扎鲁特人，又乘满珠习礼去往爱新国之际，

---

① 李保文整理《十七世纪蒙古文文书档案》第46份文书，内蒙古少年儿童出版社，1997，第134~136页。
② 巴根那：《科尔沁与爱新国联盟的原始记载及其在〈清实录〉中的流传》，硕士学位论文，内蒙古大学，2006。
③ 明安第九子，号为楚库尔。
④ 李保文整理《十七世纪蒙古文文书档案》第6份文书，内蒙古少年儿童出版社，1997，第17~19页。
⑤ 李保文整理《十七世纪蒙古文文书档案》第4份文书，内蒙古少年儿童出版社，1997，第9~10页。
⑥ 系科尔沁明安三子。名多尔吉，伊勒登为其号。
⑦ 系科尔沁明安八子。《金轮千辐》记作"索诺木诺木齐"。

抢掠其麾下女真、卦尔察人①等不轨行为，亦可看出嫩科尔沁内部的诸多不和之状。

天聪二年（1628）九月，皇太极征蒙古察哈尔国，遣使嫩科尔沁、喀喇沁、敖汉、奈曼等部，约会兵之地。写给嫩科尔沁部的信中说：

> tüsiy-e-tü qaɤan. tai darqan. ǰasaɤ dügüreng. ǰoriɤtu qung taiǰi. budasiri. manǰusiri. tan-i ǰirɤuɤan qusiɤu. čaqar-un qaɤan-u qota-du mordasai.②
>
> （汉译）土谢图汗、岱达尔罕、扎萨克图杜棱、卓里克图洪太吉、布达什礼③、满珠习礼六旗出征察哈尔。

结果，只有土谢图汗奥巴、扎萨克图杜棱（即哈坦巴图鲁布达齐）、满珠习礼、巴敦④四名台吉各率其属兵起行，又不与爱新国大军会合，自行劫掠察哈尔。

问题在于，此次出征察哈尔是奥巴洪台吉"抱怨于察哈尔，屡遣使来约"⑤之结果。少数嫩科尔沁部台吉出兵同行，其间满珠习礼询问会师之所，奥巴不实指其处。掠毕察哈尔，满珠习礼、巴敦又领兵自行与爱新国会师等显示嫩科尔沁内部不和谐因素在扩大。更有甚者，发生不与爱新国为伍的嫩科尔沁部台吉带领属民投奔察哈尔之事。⑥内耗使奥巴地位迅速降低，从而被动接受爱新国处罚。

天聪二年十二月初一日，天聪汗遣索尼、阿珠瑚赍书奥巴台吉，大兴问罪，曰："天聪皇帝致书于土谢图汗，汝父子昔助叶赫兴兵，谋分我兴兵来侵，尔若获胜我岂有今日呼？一也。其后我兵征乌喇宜罕山，尔父子复以兵助乌喇，二也。其乃后又助叶赫杀我侍卫布扬古，三也。罪此三端，并非以物所能赎也，应即兴师报之。然汗父宽仁，笃念大义，遣使议和，盟誓天地，和好相处。事后尔欲亲来议和，约定会所，汗父亲赴约，尔竟不至，尔

---

① 李保文整理《十七世纪蒙古文文书档案》第23、24份文书，内蒙古少年儿童出版社，1997，第72~79页。
② 李保文整理《十七世纪蒙古文文书档案》第21份文书，内蒙古少年儿童出版社，1997，第67~68页。
③ 系图美（即岱达尔汉）次子。
④ 系孔果尔冰图三子。
⑤ 天聪汗之言，详情参见《清太宗文皇帝实录》，天聪二年十二月丁亥条。
⑥ 乌云毕力格：《十七世纪蒙古史论考》，内蒙古人民出版社，2009，第61页。

欺诳君子，一也。后察哈尔汗欲杀尔，兴兵来侵，时我闻之，不惜身手劳苦，马匹倒毙，即发兵至农安塔，察哈尔闻讯，遂弃将克之城而退。我若不出兵，尔尚得有今日耶！尔诚勇强，何为执送扎尔布侍卫、台吉二人哉？察哈尔还兵之后，尔来修好，复加优遇，以女妻汝，厚赐东珠、金、财币、貂皮、猞猁狲皮、甲冑、银五千两及器用等物遣还。尔曾有何畜产相报乎？优待尔之汗父升遐，尔既闻之，为何不遣亲信大臣子弟来吊？孔果尔贝勒闻讯，即遣大臣来吊，尔却于两月后方遣一下等班弟牵亦劣等老马来，此尔之负恩，二也。不念尔之罪恶，但思名义仍以女归尔。既归之后，汝只以劣等病马八匹送来。尔惟知取于人，而不知与人，尔之贪鄙，三也。送女前去之人克里被杀，尔不查出其人。夺克希克图妻一事，至今尚未议结，尔之轻慢我，四也。尔等言愿以牲畜一千赎回额古等语。我以尔故，遂减免五百，止取五百，尔亲约定，若无牲畜，则仍以额古归我。今所许牲畜不至，又不送还额古，尔之欺诈我，五也。尔令尔有罪之妻寝室居前，令吾女寝室居后，言尔有罪之妻，为大人之女等语。其女为何君遣嫁者，其姻属现有何著名之贝勒，今非俱为编氓乎？此非因尔亲叔被杀，又恐杀及尔身，故称为大人之女耶！且彼族察哈尔欲杀尔，何为以其女为嫡；我仍眷佑尔，尔为何以我女居次，尔之侮辱我，六也。将我小人之女还我，与大人之女同居可也。于彼此议和时，曾约凡遇敌国，和则同和，伐则同伐。尔竟负约，与我为敌之明国两次遣使通商，尔之诈不可信，七也。尔欲征察哈尔，屡次遣使致书来约，我如期发兵，尔竟不赴，留我于敌境，而尔先回，得享百年乎？行不践言，尔之奸诈，八也。据闻达尔汉洪巴图鲁①起兵时，遣使询尔会师之地，尔以不论何处，当赴汗所定之地相会为辞，不实指其处等语。揆尔之意，不愿与我会师，恐与众兄弟同行，不便私回。不如独行，以便不会师而私行退回，且可托词曾掠察哈尔边界，此非尔之奸谋乎？九也。我起初以孔果尔老人为悖乱，以尔为贤也，故加亲近，以女妻尔，结为姻戚。及汗父崩，时孔果尔老人，先遣使来吊，又如期会师，遣其子来会。以尔为贤，殊加眷爱，今又有何益哉？尔等背天地之盟，不与我合谋，反与我仇敌之明国两次通使，我等知尔等所言何言耶？今更何以相信尔等乎？"②

从信中所列所谓的"罪过"可以看出，天聪汗对蒙古首席盟友嫩科尔

---

① 即科尔沁左翼大台吉满珠习礼。
② 《满文老档》（上），中华书局，1990，第 912~914 页。

沁部的态度明显有"打击右翼，扶持左翼"之特点。孔果尔、满珠习礼等左翼台吉在明安、莽古斯开启的满蒙联姻基础上，依靠地域地理等优势率先与爱新国建立起牢固的盟友关系，赢得与右翼相抗衡的政治资本。天聪汗则在嫩科尔沁部内部扶持、培植亲信，以左翼的力量控制右翼，将奥巴台吉传统权力进一步削弱。

二 奥巴台吉第二次爱新国之行

天聪三年（1629）正月，嫩科尔沁部首领奥巴台吉至盛京，面见爱新国新主天聪汗皇太极。此行是对天聪汗遣索尼、阿珠瑚赍书列其"罪过"的回应。在外有察哈尔林丹汗的压力，内有左翼诸台吉的强势崛起的内忧外患重压下，奥巴洪台吉只能前往盛京面见爱新国主，接受违反联盟誓言的处罚。皇太极没有以"异国之贝勒长"之礼迎接，只是率领三大贝勒及诸贝勒出城迎十里。入城后，天聪汗御殿，奥巴朝见，遥拜一次，"复近前跪行抱见礼"。① 此见面礼也与努尔哈赤时代有所区别，象征地位平等的抱见礼被遥拜、跪行所替代，嫩科尔沁部领主已被爱新国视为臣民之列。

天聪汗令巴克什库尔缠、希福、国舅阿什达尔汉等"复申前书中语，责让土谢图额驸奥巴"。奥巴洪台吉已无任何借口可言，只能"俱服罪"②。

奥巴台吉所犯"罪状"包括，"额古事""克里被杀""夺克希克图妻""与明国两次通商""征察哈尔不赴，私回"，等等。

"额古事""与明国两次通商"被爱新国视作联盟刚开始之时努尔哈赤所立"不与察哈尔合""不与明朝为伍"盟约的违约行径。此前，即天命十一年十二月，嫩科尔沁部于察哈尔国、喀尔喀部失去牲畜，自遣巴牙尔图往索之事被天聪汗斥为"私与察哈尔为伍"之行为。当时正是双方在争夺联盟主动权、支配权的关键时刻，尚未掌握联盟绝对支配权的天聪汗只能对违约者说出"因我与尔曾盟誓天地，结为姻亲，故直言无隐耳"③ 等语，没采取进一步惩罚措施。随着爱新国在联盟中地位的提升，嫩科尔沁部左翼崛起后奥巴台吉在联盟中之地位迅速下降，天聪汗将嫩科尔沁部诸台吉私与察哈尔、明朝交往、贸易之事翻出，定为罪行处罚牲畜。

---

① 《清太宗文皇帝实录》，天聪三年正月庚申条。
② 《清太宗文皇帝实录》，天聪三年正月壬戌条。
③ 《清太祖武皇帝实录》，天命十一年十二月庚戌条。

"克里被杀""夺克希克图妻"发生在肫哲格格出嫁之时。克里系爱新国使者，克希克图为格格随嫁人员。两件事的前因后果不明，但从爱新国口实中可以看出，奥巴台吉有故意包庇相关人员之嫌。

"征察哈尔不赴，私回"属联盟出征律令范畴。天聪三年三月，联盟才定制出征察哈尔、明朝之时，各部出多少兵丁等具体规定。在此之前，出征是以各部台吉自愿为原则，嫩科尔沁部多数台吉遵循自愿原则未出兵，因而本不存在"征察哈尔不赴，私回"之说法。但是，奥巴愿以"征察哈尔违约遽归之罪，亦以十驼百马谢"① 表明，爱新国在联盟中的主导权已今非昔比。

但是，奥巴接受爱新国苛刻处罚，并非意味着嫩科尔沁部已归附爱新国。

首先，事前奥巴敢于违反联盟约法，事后"异国之贝勒长"的"土谢图汗"号仍能保留下来等情况体现了嫩科尔沁部的独立自主性。

其次，"谢罪"所罚牲畜数量比"侵掠察哈尔国边境"所获战利品少得多，因此在这里存在奥巴为更大的物质利益让步的可能。天聪汗致蒙古诸部信中多次提到的"伤损骟马之力，前来请安"，却"背弃议定之言，凡往征之时弗来"② 之事，就是对部分蒙古台吉只注重物质而忽视联盟职责的一种不满。对这些人来说，与爱新国联盟只有一个目的，就是试图得到爱新国的物质赏赐，至于履行联盟规约等则是次要的。

在与爱新国进行长期的政治军事合作中，嫩科尔沁部进一步巩固了郭尔罗斯、杜尔伯特、扎赉特、锡伯、卦尔察、索伦、萨哈尔察等部的领属主权，逐渐变成幅员辽阔、人口众多并且有能力牵制察哈尔部的一个新兴强大的部落联盟，已成为爱新国与察哈尔部之间的最佳军事缓冲地带。所以，爱新国在没有彻底摧毁察哈尔国林丹汗之前，也绝不敢贸然"收复"嫩科尔沁部。

奥巴台吉爱新国之行虽然降低了奥巴本人的身份和地位，但是在嫩科尔沁部与爱新国即将成为敌对势力的关键时刻他委曲求全，努力保持努尔哈赤时代所创满蒙军事联盟的延续。因此，奥巴第二次盛京之行的本质可定性为"交少量的处罚保障军事联盟的延续性"的大胆尝试。

---

① 《清太祖文皇帝实录》，天聪三年正月壬戌条。
② 《历史档案》2001年第1期《天命天聪年间蒙古文档案译稿（中）》中的《天聪汗致蒙古科尔沁部土谢图汗敕谕》一文记有："天聪汗敕谕。致土谢图汗书。劝阻嫩之有罪无罪诸诺颜前来请安，恐伤骟马之力。凡有罪之诺颜，宜不伤骟马之力遵行议定之法律。背弃议定之言，伤损骟马之力，凡往征之时弗来，即前来请安，又有何益？"

第二节　嫩科尔沁部与爱新国联盟法规的定制及执行

天聪汗继位后，在遵守努尔哈赤时代所定"不与察哈尔合""不与明朝为伍"盟约的前提下，与以嫩科尔沁部为首的蒙古诸部频繁会盟，制定相关法令，将双方遵守的行为规范进一步细化。在往征察哈尔、明朝等战争中又以联盟法规要求蒙古兵丁与爱新国军统一行动，统一遵守军规，严厉处罚违犯出征律令的蒙古人，从而有效地遏制了嫩科尔沁部诸台吉的传统领主权，逐渐将首席盟友改编成属藩部。

一　联盟新法律的定制

蒙古各部之间"不得越界驻牧"之规定是爱新国与嫩科尔沁部等蒙古各部之间军事联盟中很早就通用的一种规约，其目的在于将蒙古诸部固定在很小的牧场之上，分散蒙古统一力量，禁止相互走动，防止相互串联，形成大的政治势力。其订立时间尚无明确记载，但其执行情况在天聪初期就已初见端倪。

天聪三年五月，奈曼、扎鲁特部落贝勒巴图鲁衮出斯、郭畀尔图、内齐、巴雅尔图戴青、达尔汉巴图鲁色本、青巴图鲁马尼，因私越钦定地界驻牧，受到爱新国处罚。诸贝勒议定"请各罚马百、驼十"。皇太极出面，"从宽，止各罚马一"。①

天聪六年十月初五日，天聪汗命济尔哈朗贝勒、萨哈连贝勒与蒙古诸部贝勒会盟，指定各部牧地，申明不得越界、优待逃人等约法。

> jišiyan-u nutuγ-eče bisi kümün-i nutuγ-tu noyad oruqula arban aduqu. qaraču kümün oroqula daruγ-a-eče nige mori abqu. sira müren-i γarqula dayisun-yosu-bar kikü.②
>
> （汉译）台吉越进他部牧场，罚马十，属民踏进则其主罚马一。越过西拉木伦视为敌国之人。

天聪八年十月，天聪汗遣国舅阿什达尔汉、塔布囊达雅齐往外藩蒙古，于硕翁科尔③（春科尔）地方与诸贝勒议事分画牧地旗界。将联盟中蒙古各

---

① 《清太宗文皇帝实录》，天聪三年五月丁未条。
② 李保文、那木卡：《17 世纪前期 43 份蒙文档文书》，《内蒙古社会科学》1996 年第 2 期。
③ 又作"春科尔"，即今科左后旗大清沟之地。

部的牧场、疆界重新划定。包括两黄旗下多诺楚虎尔、达赖，两红旗下寨桑巴克什、吴巴里山津，两白旗下塔布囊色棱（另作塞冷）、阿都海，两蓝旗下卫征侍卫、班扎尔及蒙古敖汉、奈曼、巴林、扎鲁特、翁牛特、四子、塔赖、吴喇忒、喀喇沁、土默特各部落管事大小诸贝勒参加会盟。既分之后又特别规定，"倘有越此定界者，坐以侵犯之罪。至于往来驻牧，务彼此会齐，同时移动，不许参差"①。这是从法律层面上对蒙古诸部不得私自越过定界游牧之约定俗成做出的保障，也是对蒙古诸部生存空间的一种压缩和掠夺。入清后，此项规定逐渐演变成为"分而治之"的对蒙政策。

天聪二年十月，爱新国满蒙联军第一次征讨察哈尔。大军进发前，将病马疲马留于敖汉部济农琐诺木额驸处，令各旗派一名章京守之。时，有达敏②者，以病留于此处。恰有察哈尔国嘛哈噶喇者率部众来降，达敏遇见，掠夺其财物，尽杀其男妇。达敏行为触犯了努尔哈赤时期满（女真）蒙间所定优待逃人，归还原主等规定。天聪汗闻听，命"诛达敏，其从者鞭八十，贯耳鼻以徇"③。以延续爱新国优待逃人之规约。

天聪二年十月初九日，天聪汗谕敖汉、奈曼、巴林、扎鲁特诸贝勒曰，"闻各处来归之逃人，尔等要而杀之等语。嗣后，遇有来归之逃人，若诸贝勒明知而杀者，罚民十户；贝勒不知，而下人杀者，杀身抵命，并以其子妻为奴。旁人前来首告，即将首告之人，留养内地"④。

天聪六年一月十八日，皇太极与蒙古诸部制定逃人新法，被称为"申年之法"。规定：

> noyad irekü bosqul-i alaqula arban ayil abqu. qaraču kümün alaqula kedün alayči kümün-i bügüde-yi alaqu. ⑤

（汉译）贝勒诛杀来归之逃人，罚民十户；下人杀逃人，参与者皆诛杀抵命。

天聪初年，随着爱新国征伐察哈尔、明朝的军事行动频繁出现，嫩科尔沁部与爱新国联盟通用的"不与察哈尔合"的盟约法规有了实质性实施。

---

① 《清太宗文皇帝实录》，天聪八年十一月壬戌条。
② 其所属部落不明。
③ 《清太宗文皇帝实录》，天聪二年十月乙未条。
④ 《满文老档》，中华书局，1990，第911页。
⑤ 李保文、南快：《17世纪前期43份蒙文档文书》，《内蒙古社会科学》1996年第2期。

天聪三年三月，天聪汗遣国舅阿什达尔汉、尼堪等与嫩科尔沁部诸贝勒议定出征律令。据"以天聪汗为首，嫩科尔沁部土谢图汗、冰图、达尔汉台吉等大小台吉议定的律令"等档案显示，此次议定的出征律令内容为：

  Sečen qaɣan ekilen. naɣun-i tüšiy-e-tü qaɣan. bingtü. darqan tayiji. yeke baɣ-a noyad-un kelelčegsen čaɣaǰa. čaqar-tu mordaqu-la. qušiɣu-ban medekü noyad. dalan ɣurbatu-eča doɣuɣši. arban ɣurbatu-eča degegši bügüde mordaqu. ese mordaɣsan noyad-eča ǰaɣun aduɣu arban temege abqu. bolǰiyan-i ɣaǰar-a ɣurban qonotal-a ese kürküle arban aduɣu abqu. oruǰi ɣartala ese kürküle ǰaɣun aduɣu arban temege abqu. kitad-tu mordaqula qušiɣu-ban medekü niǰiged yeke noyad qošiɣaɣad tayiji-nar ǰaɣun sayin čerig abču mordaqu. ese mordaqula yeke qušiɣun-eča mingɣan aduɣu ǰaɣun temege abqu. bolǰiyan-i ɣaǰar-a ɣurba qonotal-a ese kürküle arban aduɣu abqu. oruǰi ɣartala ese kürküle mingɣan aduɣu ǰaɣun temege abqu. bolǰiyan-i urid dobtolqula ǰaɣun aduɣu arban temege abqu. arban qonoɣ-un ɣaǰar-a arban tabun. arban tabun qonoɣ-un ɣaǰar-a qorin qonoǰu kürkü. yambar-ba yala-yi ǰasaɣ-un noyad-eča elči abčukögekü bolba. ǰasaɣ-un noyad qoyar qonotala elči ese ögküle bari. čaɣatu yala-tu kümün-eče ese bariǰu ögküle mal-un toɣ-a bar ǰasaɣ-un noyad-eča bari. ǰasaɣ-un noyad arban ulaɣ-a unuqu qariǰu irekü-i-degen. yala-tu kümün-eče arban ulaɣ-a-yi toɣulǰu ir-e. edür-ün šigüsü tasuraba. noyad qonoɣ-du qoni idekü bolba. üker idebesü noyad-i nökör-ün mori abqu. qamuɣ-un elči-yi noyad ǰančiqula ɣurba yisü. qaraču kümün ǰančiqula nige yisü. qamuɣ-un elči-yi baɣulɣaqula qaǰaɣar toɣulan mori abqu. qamuɣ-un elči-yi üǰeǰü aduɣu-ban boruɣulaɣulǰu abačiqula šidüleng mori abqu. elči tamaɣ-a-tu mori-yi endegüreǰü unuqula. biši mori ögčü ab. tamaɣ-a-tu mori-yi-eče getele ese ögküle ildü nomu qoyar-i nigen-i ab. ali-ba yala-yi ülü ügčü tušiyaqula üretügei. ǰasaɣ-un arban noyad-tu tüšiy-e-tü qaɣan. darqan tayiji. lamaski ǰoriɣ-tu qung tayiji. ildüči. muǰai. sebükün. bümba. gümü. qayirai. širaɣčin moɣai ǰil-un qabur-un segül sar-a-yin šine-yin ǰirɣuɣan-a.①

---

① 李保文：《十七世纪蒙古文档案文书》第 16 份文书，内蒙古少年儿童出版社，1997，第 47~49 页。

（汉译）以天聪汗为首，嫩科尔沁之土谢图汗①、冰图②、达尔汉台吉③等大小台吉商定的律令。若出征察哈尔，管旗的台吉与七十三岁以下十三岁以上者皆出征。未出征之台吉罚马百、驼十。若三日不至所约之地，罚马十匹。入出敌境终不至者，罚马百、驼十。若出征明国，每旗管旗台吉一人、台吉两人、精兵百人出征。若不出征，大旗罚马千、驼百。若三日不至所约之地，罚马十。入出敌境终不至者，罚马千、驼百。先于所约攻掠，罚马百、驼十。十日之程限十五日至，十五日之程限二十日至。所有罪，汗之使臣与扎萨克台吉所遣使臣一同追缴。两日内扎萨克台吉不遣使臣则取扎萨克之畜，若扎萨克台吉不从彼有罪之人处取畜，按牲畜数从扎萨克台吉处取。扎萨克台吉骑十匹驿马，返回时由有罪之人取十匹驿马。若中途断肉，扎萨克台吉于住处食羊，若食牛，取扎萨克台吉之属下所乘马。台吉若殴汗之使臣，罚三九，若哈喇出殴，罚一九。若无故让汗之使臣下马者，以辔数取马。见汗之使，将马群隐匿者，罚三岁马。使臣误乘烙印马，则以他马换取。若使臣不与烙印马，取其腰刀、弓之一。交出罪人及所罚牲畜则赦免扎萨克罪。④

此出征军令中将诸台吉从征行为改成必尽之义务，旨在约束不出兵、不从征的嫩科尔沁部诸台吉。

天聪三年九月，爱新国伐明，遣使蒙古诸贝勒，严令率所部兵来会。巴林部贝勒塞特尔色棱以兵来会，因其马匹羸瘦，皇太极不满，责之曰，"我曾谕尔等善养马匹，俾之壮，勿得驰骋，以备征讨之用。然尔等违谕，用以畋猎，致马匹羸瘠，来兵遂少，成何体统"。⑤将其所献糗粮诸物尽却不见。大军驻辽河之时，皇太极命蒙古诸贝勒议塞特尔色棱以"有误会师"之罪。诸贝勒拟提"罚塞特尔色棱驮甲胄鞍马二，空马八，共罚马十"之议案。皇太极决定"罪俟班师后再议"，遂"允塞特尔色棱朝见"⑥。

---

① 即奥巴台吉。
② 即孔果尔老人。
③ 即杜尔伯特部的阿都齐达尔汉台吉。
④ 参考玉芝《蒙元东道诸王及其后裔所属部众历史研究》，博士学位论文，内蒙古大学，2006。
⑤ 《清太宗文皇帝实录》，天聪三年九月丁巳条。
⑥ 《满文老档》，中华书局，1990，第941页。

十月，嫩科尔沁部土谢图额驸奥巴、图美、孔果尔、达尔汉台吉、石讷明安戴青①、伊尔都齐、吴克善卓礼克图台吉、哈谈巴图鲁②、多尔济、大桑噶尔寨、小桑噶尔寨、琐诺木、喇巴什希、木豸、巴达礼、绰诺和、布达席理、达尔汉巴图鲁、色棱、拜思噶尔③、额参、达尔汉卓礼克图、达尔汉台吉之子等二十三贝勒以兵来会。表明奥巴的谢罪令嫩科尔沁部诸贝勒不得不承认爱新国在联盟中的主导地位和对出征军令的遵从。皇太极率领两大贝勒及诸贝勒迎至三里许，下马迎接，设大宴筵请嫩科尔沁部诸贝勒，以示对嫩科尔沁部诸台吉认真履行出征律令的奖赏。

二　联盟法律的约束力

天聪汗对行军作战也制定严格的律令，以赏罚分明的执行力约束随征的蒙古诸台吉。

天聪三年十月二十九日，天聪汗谕喀喇沁、土默特等部台吉、塔布囊等，曰"尔等随我出征，遇明人拒我者，当诛之；有杀明降民掠其衣服者，乃我之敌也，必斩无赦"④。不几日，即同年十一月十一日，往燕京进军途中发生嫩科尔沁兵杀汉人，劫掠其衣物之事。皇太极命将肇事之人"缚至，射以鸣镝"⑤。

天聪五年，爱新国始设六部，任命喀尔喀巴岳特部满珠习礼为吏部蒙古承政⑥，布颜代为礼部蒙古承政，多尔济为刑部蒙古承政。七月，爱新国满

---

① 原为察哈尔部之人，系林丹汗叔祖，掌石察尔所属石讷明安部落。与林丹汗不睦，率其六子扎尔布、色冷、公格、石达答、噶尔马、兀尔占及眷属奔附科尔沁台吉奥巴，成为科尔沁人。宝音初古拉认为："在察哈尔大军压境，万分危急之时，科尔沁部被迫把他们——即石讷明安戴青父子——交给林丹汗处置。"误，科尔沁只是将扎尔布台吉交给林丹汗，而其父等留在科尔沁。此次出兵，石讷明安戴青排在科尔沁诸台吉前列，着实令人费解。有一种可能是石讷明安戴青与奥巴有很亲密的姻亲关系。
② 为明安贝勒次子达古尔哈坦（谈）巴图鲁。
③ 奥巴弟布塔（达）齐之长子。
④ 《满文老档》，中华书局，1990，第947页。
⑤ 《清太宗文皇帝实录》，天聪三年十一月庚辰条。
⑥ 班珏硕士认为此满珠习礼为"科尔沁台吉"（班珏：《清初四朝与科尔沁蒙古的关系》，硕士学位论文，内蒙古大学，2009），误。据《八旗通志》载，天聪五年升任吏部蒙古承政的人为喀尔喀巴岳特部恩格德尔额驸弟莽古尔岱子满珠习礼。详情见《八旗通志》（第6册），东北师范大学出版社，1985，第3792页。天命九年，莽古尔岱父子随恩格德尔投附爱新国，入满洲正黄旗籍，成为满洲人。清初规定，只有入八旗系列的蒙古人才能担当部院官吏，外藩扎萨克蒙古人不能胜任朝中职务。

蒙联军分两路出兵征明。八月初二日，皇太极谕蒙古诸贝勒曰："我等既蒙天眷，遵约会师，即一国一法矣。此行既蒙天佑，我兵得入明地，惟戮其拒抗之兵，勿杀闲散之民，俘获之人，勿离散其父子、夫妻，不得取其衣服。有杀闲散之民，夺取其衣服者，则夺其所获，给予首告者，并鞭责二十七。各队主将，各于所属，详明晓谕，士卒不得擅离部伍，恣行搜掠。若擅离被屠，则败坏我名誉也。我等今春会盟时曾云，无论何往，悉遵军令而行等语，切勿违令。"① 此时参加联盟各部"遵约会师"表明这些蒙古部众悉数遵守爱新国"一国一法"的事实。

天聪六年四月，爱新国征察哈尔。嫩科尔沁部土谢图额驸奥巴、布达齐哈坦巴图鲁、孔果尔冰图、国舅吴克善、满珠习礼额驸、桑噶尔寨各率所部兵，与阿禄部落孙杜棱、东戴青、塔赖楚虎尔之子穆章等诸贝勒来会。奥巴的积极之举受到爱新国主嘉许，见面之时双方行抱见礼②，以示亲近。十六日，皇太极召集奥巴等嫩科尔沁部贝勒及扎鲁特、敖汉、奈曼、阿鲁各部贝勒一百人，再次嘉许奥巴"不惜将所蓄马匹，散给军士，率来军士甚多"③之举。赐土谢图额驸奥巴、布达齐哈坦巴图鲁鞍马、蟒袍、甲胄、银器等物。令土谢图额驸兄贝勒图美，年老还国。这种恩威并举，赏罚分明的措施在蒙古诸部中产生了深远的影响。从此，以嫩科尔沁部为首的蒙古诸部成为爱新国军事联盟中最活跃、最积极的一支新兴力量。

第三节　皇太极对嫩科尔沁部实施的其他羁縻笼络政策

天聪汗皇太极为了延续天命汗努尔哈赤所创的以赏赐为主的优待蒙古、羁縻笼络蒙古的措施，经略蒙古各部，而且其扶持力度明显超过努尔哈赤时代。尤其以"察哈尔，我仇也，科尔沁，我戚也"④之态度，重点扶持中宫大福晋额尔德尼琪琪格（即后来的孝端文皇后）娘家嫩科尔沁部，使其成为外戚之首。天聪汗所说"若讲和好，我必不背科尔沁，以科尔沁曾以和好之事推我主盟故也"⑤ 等认知和善待政策，对嫩科尔沁部诸台吉影响很

---

① 《满文老档》，中华书局，1990，第1130页。
② 《满文老档》，中华书局，1990，第1265页。
③ 《满文老档》，中华书局，1990，第1269页。
④ 《清太祖武皇帝实录》，天命十一年冬十月己酉条。
⑤ 《清太宗文皇帝实录》，天聪元年四月乙丑条。

大，与林丹汗形成明显对比。

《清实录》载，嫩科尔沁部土谢图额驸有匹骏马，取名"杭爱"。皇太极曾以十副甲胄换取，奥巴不与。林丹汗索此马，只给一顶盔就拿去。卓礼克图亲王吴克善有一只猎鹰，能横捕飞鸟，林丹汗遣人往索，吴克善不舍，奥巴台吉劝其与之。林丹汗一无所偿地拿走猎鹰，并将送鹰之人一并扣下。察哈尔汗又曾送阿鲁部落济农一顶盔，索马千匹，阿鲁济农遂以500匹马了事。[1] 这些在蒙古各部中产生严重消极影响，诸台吉之心开始疏远林丹汗而亲近爱新国。天聪汗所说"今各处蒙古，每次来朝，厚加恩赏，因此俱不忍离我而去。虽去时犹属恋恋。而蒙古各国，亦从此富足安闲"[2] 就是当时蒙古诸部的实际情况。

天聪汗皇太极一改努尔哈赤时代以娶嫩科尔沁部女子为主的联姻模式，积极将爱新国皇室、宗室之女嫁到嫩科尔沁部。互为嫁娶的联姻很快使嫩科尔沁部成为"以列朝外戚，荷国恩独厚，列内扎萨克二十四部首"的坚定盟友。其间，"来时想要的东西，全都给"的物质赏赐和对有功之人赐名号等措施起到了一定作用。

一 增加各种物质赏赐

爱新国采取的羁縻笼络措施中物质赏赐显然占据重要地位，所起作用，既符合了嫩科尔沁部为首的蒙古贵族们物质上的基本需求，也增进了其归属感和心理满足感等。爱新国的物质赏赐可归纳为以下几种。

（一）鼓励联姻的赏赐

天聪元年八月，土谢图额驸所尚之准哲公主（《清实录》记作"肫哲公主"）还嫩科尔沁部。该公主是努尔哈赤做主并出嫁嫩科尔沁部的第一人，爱新国方面"赠公主财帛及牲畜、人口、黄金、东珠、上等器皿等物甚厚"[3]，以示对此次联姻的重视程度。

天聪二年（1628）九月，嫩科尔沁部噶罕送其女与额尔克楚虎尔为婚。归时"赐甲胄、鞍辔、弓矢、撒袋、腰刀、金银器皿、花缎、毛青布等甚厚"[4]。翻开《满文老档》《清实录》等，此种赏赐的记载最多。这是爱新

---

[1] 《清太宗文皇帝实录》，崇德元年秋七月丙辰条。
[2] 《清太宗文皇帝实录》，崇德元年秋七月丙辰条。
[3] 《满文老档》（下），中华书局，1990，第864~865页。
[4] 《满文老档》（下），中华书局，1990，第908页。

国对当时大多数蒙古贵族的没落心态采取的物质鼓励措施,以至于嫩科尔沁方面有些台吉"嫁女只是为了通好贸易"①,联姻本身变成一种变相的买卖。

(二)"以伸戚谊"之赏赐

随着嫩科尔沁部与爱新国之间联姻的增多,嫩科尔沁诸台吉皆与爱新国皇室建立起牢固的姻亲关系,双方间的亲戚走动也多了起来。爱新国以物质赏赐鼓励这种亲戚间的往来"以伸戚谊",使得嫩科尔沁部上层与爱新国关系愈发牢固。

天命八年八月,嫩科尔沁部台吉桑噶尔寨舅舅②之女嫁多尔衮。赐桑噶尔寨"上等雕鞍一副,上等内插弓箭之雕刻撒袋,盔及带叶袖之雕刻明甲一副,白甲一副,其中一副盔与叶袖俱全,一副有盔无叶袖,蟒缎皮领一件,貂镶皮袄一件,戴金佛凉帽一顶,雕刻腰带一条,蟒缎一匹,倭缎一匹,铺缎一匹,金丝一束,毛青布一匹,五十两银盒一个"③。明安台吉诸子屡与爱新国作对,因而,此等赏赐既有经济上的扶持,也有政治上的安抚等多重意义。

天聪三年(1629)闰四月,爱新国中宫大福晋之母嫩科尔沁部大妃来朝。皇太极率大贝勒阿敏、莽古尔泰及诸贝勒出送15里,设大宴相送。并赐"皮币、衣服、金银珠玉雕鞍、撒袋、弓矢、甲胄、马匹、箱柜诸物甚厚"④。

天聪七年(1633)五月,嫩科尔沁部额驸满珠习礼所聘格格在盛京生子。皇太极以伸戚谊,赐"有二牛之蒙古十户、雕鞍走马一匹,驼驹一头,女朝褂朝衣一袭"⑤。诸贝勒等亦各出马或鞍辔、腰刀相赠。七月,天聪汗以亲戚之礼赐额驸满珠习礼及格格。礼单颇丰,具体为:"细雕鞍马一匹,黑貂镶貂裘一件,蟒缎捏折女朝褂一袭,黑貂皮端罩一件,大蟒缎、状缎、倭缎、绣缎、大缎、补子缎、纱等捏折女朝褂朝衣,共十二袭,貂皮被褥一对,毡二块,镶东珠珍珠金佛云头坠缨凉帽一顶,丝绒一对,靴五双,大蟒缎、闪缎、片金、倭缎、状缎、大缎三十匹,小缎二十匹,共缎五十匹,毛

---

① 达力扎布:《明代漠南蒙古历史研究》,内蒙古文化出版社,1997,第277页。
② 科尔沁左翼明安台吉第四子。
③ 《满文老档》(上),中华书局,1990,第566页。
④ 《清太宗文皇帝实录》,天聪三年五月庚寅条。
⑤ 中国第一历史档案馆:《清初内国史院满文档案译编》(上),光明日报出版社,1989,第15页。

青布一百匹，雕鞍辔二副，雕甲胄二副，素甲胄二副，二百两银斧一个，一百两银鼓盆一个，银壶一把，金碗一口，银人一个，玉环一个，废人环一个，三足杯二个，柜子八个，杂物匣一个，银碗托底一个，大茶一包，天池茶二十包，素茶一百包，烟一百刀。"以额驸之妻来朝生子为由，单独赐"鞍马一匹，驼一头，女朝衣一袭，诸申十户。"又赐满珠习礼额驸"鞍马一匹，宽绒带鞍马一匹，黑貂镶貂裘一件，黑貂皮端罩一件，蟒缎、大缎、纱等披领五件，袍子一件，嵌金系荷包手帕腰带一条，镌花刀一口，插弓箭玲珑袋，靴二双，皂雕翎一，牦牛角五对"。这种"以伸戚谊"的物质鼓励诱使嫩科尔沁部台吉每到元旦或皇帝、皇后、太后等的诞生之日争相涌向爱新国都城，争取诸多物质赏赐。

（三）优抚战功之赏赐

天聪二年（1628）九月，爱新国以征蒙古察哈尔国，与盟誓的蒙古各部会于所约之地。嫩科尔沁部诸贝勒拒绝出兵来会，唯土谢图额驸奥巴、哈谈巴图鲁、满珠习礼①等率兵起行。土谢图额驸奥巴率所部兵侵掠察哈尔国边境后自行还师，没有前来与爱新国联军会师。满珠习礼、巴敦（孔果尔三子）二人以所俘获前来会合。这成为爱新国笼络嫩科尔沁部各色台吉最好的口实，遂赏赐二人"财币、驼马、牛羊甚多"，又赐满珠习礼达尔汉巴图鲁号，巴敦达尔汉卓礼克图号。达尔汉号虽只是恩爵，却有"世袭罔替"和"男人呼其旧名，则罚鞍马，妇人呼其旧名，则罚捏折女朝褂。行兵令居前，从猎令居中，免其驿马、干粮"②等诸多特权和"给银二十两，缎四"③的固定俸禄。因此，此举可理解为变相的经济赏赐。

天聪六年（1632），爱新国联军围攻明朝大同、宣府边外。六月，明宣府巡抚总兵派使者与爱新国议和，献黄金50两、白金500两、蟒缎500匹、布千匹及原犒赏察哈尔林丹汗所余财物共12500张虎豹狐獭皮等。皇太极以所得财币布匹五分之一赐土谢图额驸为首的嫩科尔沁部诸台吉。④崇德元年

---

① 《科尔沁史略》将哈谈巴图鲁与满珠习礼视为一人，误。满珠习礼为科尔沁左翼大台吉莽古斯长子寨桑之四子，于天聪三年获"达尔汉巴图鲁"号，而非"哈谈巴图鲁"。《王工表传》记"哈谈巴图鲁"为奥巴之弟布达齐；据《清实录》天聪三年四月癸丑条、天聪六年四月己卯条等、《满文老档》（天聪六年四月十三日）等记载，科尔沁布达齐确实有"哈谈巴图鲁"之号，为其原有之名号。

② 《清内国史院满文档案译编》（上），光明日报出版社，1989，第131页。

③ 《钦定大清会典事例·理藩院》，中国藏学出版社，2006，第336页。

④ 《清太宗文皇帝实录》，天聪六年六月甲午条。

十二月，喀木尼汉部落叶雷等携牲畜而逃，清朝派八旗兵、外藩嫩科尔沁兵追剿。事后嫩科尔沁兵丁俄尔多木、纳木等以追击叶雷战功获达尔汉号，崇德皇帝复赐嫩科尔沁兵丁俄尔多木甲冑、雕鞍、撒袋、弓矢、鞓带、佩刀、帽、靴、衣服、马匹、缎布；纳木、卓礼克图、科鲁马哈缎布，命八家以次宴之。① 这种丰厚的物质赏赐是嫩科尔沁部官兵每每攻伐拼死随征的动力。

（四）对"误入歧途者"的赏赐

天聪汗为笼络人心大力扶持、赏赐嫩科尔沁部台吉。但是嫩科尔沁部有些台吉还是对爱新国持不屑一顾之态度，引起天聪汗不满，被斥为"误入歧途"或"狂傲之徒"。天聪汗对此类人也采取最大限度地忍让、包容，得到了非常好的效果。

天命十一年八月，努尔哈赤驾崩。嫩科尔沁部诸台吉亲往或遣近臣子弟来吊。土谢图汗奥巴派遣一名下等班第敷衍爱新国国丧。此举被天聪汗视为负恩，列为奥巴台吉"九宗罪"之一。天聪三年正月，嫩科尔沁部土谢图汗奥巴以"知罪改过者"② 身份来见天聪汗。皇太极率领三大贝勒及诸贝勒出城迎十里，行抱见礼，赐以筵宴。归还时，"赐甲冑、缎布、猞狸狲裘、雕鞍、金银、器皿等物"，皇太极率诸贝勒群臣饯之，越宿而还。其接待礼仪与天命汗接待奥巴之礼大致相同。从而，再没出现奥巴台吉违抗爱新国之命的事件。

天聪六年九月，嫩科尔沁部首领奥巴病逝。去世前，皇太极赐"狐裘、黑狐帽、金鞓带、缎靴等"颇丰。奥巴在弥留之际，手执天聪汗所赐鞓带泣曰，"昔从征察哈尔时，我于上前，欲冲阵先入，人皆钦羡。今不幸至此，（其）如上养育之恩未报何"。③ 天聪汗的赏赐起到了效果。

天聪七年四月，应嫩科尔沁部大妃所求，天聪汗应允绰尔济台吉与贝勒阿巴泰女订婚。天聪八年正月，绰尔济行"纳聘礼"，献"驮甲冑鞍马一匹，空马十一匹，貂皮二十张"等。绰尔济所献物品粗劣不堪，所遣之人亦下等卑贱，引起皇太极愤怒。遂遣责道："尔等在我覆庇之下，何以狂傲如此？本身既不亲来，复不遣一大臣与贝勒执爵，止遣卑贱人来，狂傲殊甚！且我每遣使赴尔处，以为来自炎方，疑有疥疮，不容入室，是何缘故？

---

① 《清太宗文皇帝实录》，崇德二年六月辛丑条。
② 天聪汗语，参见《清太宗文皇帝实录》，天聪三年十二月丙辰条。
③ 《清太宗文皇帝实录》，天聪六年九月庚子条。

诚如是，岂尔等之父母兄弟俱存无亡乎？岂皆以我使入境之故而致之死耶？自今以后，试观尔等能长享富贵否也。"① 气愤之余，天聪汗命力士阿尔萨兰等殴辱绰尔济使臣。

但是天聪八年五月二十日，额驸绰尔济及所尚格格还嫩科尔沁部。可见，天聪汗强硬态度促使绰尔济亲自前往爱新国"认错"，联姻得以继续。天聪汗召额驸、格格进宫大宴，赐绰尔济及格格"雕鞍马一匹，大蟒缎一匹，素缎五匹，毛青布二十匹，镀金银壶二个，镀金韧性银杯二个，银茶桶一个，银酒海一个"。天聪汗的恩威并举改变了"狂傲殊甚"的绰尔济，从此积极参加爱新国军事行动，最终以军功获"多罗贝勒"爵。顺治时期，绰尔济二女嫁入皇室，长封皇后，次封贵妃，绰尔济贵为大清国丈，权倾外藩。

（五）朝觐之赏赐

从天聪初年，天聪汗制定以嫩科尔沁部为首的蒙古诸台吉来爱新国都城"朝觐"的规定，此规定后来演化出外藩王公台吉定时朝见大清朝皇帝以示忠心的"年班""围班"的固定模式制度。刚开始，有嫩科尔沁部台吉对爱新国之举持抵制态度，采取"伤损骟马之力，前去请安"，却"往征之时弗来"② 的手段与爱新国周旋。噶尔珠赛特尔就是其代表。

天聪六年（1632）正月，爱新国主皇太极致书嫩科尔沁右翼台吉噶尔珠赛特尔，列举其未赴、未行、未至、未征之事，谴责其"误入歧途"之举。但是，天聪八年元旦，噶尔珠赛特尔与嫩科尔沁右翼领主土谢图济农巴达礼、扎萨克图杜棱布达齐、拜思哈尔③、色本达尔汉巴图鲁④等朝觐皇太极，受到隆重接待。其"入宫宴之，八家亦照此于各宴一日"⑤ 等礼仪超过土谢图汗奥巴的首次爱新国之行。天聪汗对巴达礼、布达齐等广行赏赐的同

---

① 《清内国史院满文档案译编》（上），光明日报出版社，1989，第56页。《清朝满蒙联姻研究》记载，绰尔济与阿巴泰女订婚或结婚日期为"天聪七年九月"，与《清内国史院满文档案译编》有出入。
② 引自《历史档案》2001年第1期，《天命天聪年间蒙古文档案译稿（中）》，"天聪汗致蒙古科尔沁部土谢图汗敕谕"。内容为："劝阻嫩之有罪无罪诸诺颜前来请安，恐伤骟马之力。凡有罪之诺颜，宜不伤骟马之力遵行议定之法律。背弃议定之言，伤损骟马之力，凡往征之时弗来，即前来请安，又有何益？"。
③ 又作"拜思噶尔"或"拜斯噶尔"，扎萨克图杜棱布达齐次子，蒙古文史书记作"bayisqal"。
④ 史书记载，爱新国时期有两位"色本达尔汉巴图鲁"，一为扎鲁特部人，另一为科尔沁人。此为科尔沁所属扎赉特部台吉，扎萨克图多罗贝勒蒙衮长兄"Esen narin"之长子。原有"墨尔根台吉"号。
⑤ 《清内国史院满文档案译编》（上），光明日报出版社，1989，第57页。

时，对"误入歧途"的噶尔珠赛特尔也大加赏赐。赏赐品包括："染貂皮帽一顶，蟒袍一件，玲珑鞓带一条，靴一双，明甲一副，镶嵌弢箙一副，玲珑腰刀一口，雕鞍辔一副，蟒缎一匹，素缎五匹，毛青布二匹，茶桶一个，三足银酒海一个。"① 当然，这些优待赏赐措施没能笼络住噶尔珠赛特尔。同年八月，又一次依照"凡遇兴师，既不随从"之习惯拒绝出兵，被同族台吉们"依法"诛杀。

从天聪三年元旦以后，嫩科尔沁部诸台吉几乎没缺席过爱新国元旦朝贺，联盟内的其他蒙古部落首领们亦如此。入清后，蒙古贵族的朝觐更加频繁，驻京城的时间也变得愈发长久，有些王公、台吉则常住京城驿馆，等候朝觐，增加了朝廷经济负担。因此，顺治六年题准，"蒙古朝觐之期，每年定于十二月五日以后，二十五日前到期"。② 顺治八年又定"各蒙古分为两班，循环来朝"③。对朝觐者随从人数，赏赐物品等亦做出了明确规定，以规范化、制度化的措施减轻了朝廷负担。

纵观天聪朝，爱新国为"鼓励联姻""以伸威谊""优抚战功"，优先赏赐嫩科尔沁部诸台吉的同时，对"误入歧途者""狂傲殊甚者"等亦采取优待，是基于长远政治目的，而嫩科尔沁部台吉朝贡、依附爱新国，则很大程度上是为经济上的需求。

二 名号世职的赏赐

天命十一年，嫩科尔沁部首领奥巴会见努尔哈赤获得"土谢图汗"号，奥巴族叔土梅获代达尔汉号，奥巴弟布达齐获扎萨克图杜棱号，贺尔禾代获青卓礼克图号。清制，获得名号者皆有相应的等级特权和俸禄。因此，赏赐名号成为爱新国拉拢嫩科尔沁部台吉、贵族的又一有力举措。

天聪二年九月，爱新国联军征讨察哈尔。是役，嫩科尔沁部左翼台吉满珠习礼、巴敦二人以军功获达尔汉号。《满文老档》对此的记载为"汗之妹夫科尔沁台吉满珠习礼，贝勒孔果尔之子台吉巴敦，率兵掠察哈尔，携其俘获来会大军，汗嘉之，赐满珠习礼号为达尔汉巴图鲁，巴敦号为达尔汉卓里

---

① 《清内国史院满文档案译编》（上），光明日报出版社，1989，第57~58页。
② （清）会典馆编、赵云田点校《钦定大清会典事例》（理藩院），中国藏学出版社，2006，第296页。
③ （清）会典馆编、赵云田点校《钦定大清会典事例》（理藩院），中国藏学出版社，2006，第296页。

克图，赏以财帛驼马牛羊甚多"①。获得名号原因，《旧满洲档》记为：

> han jiheku. manjusiri. badun be jihe seme manjusiri de darhan hung baturu. badun de darhan jorig-tu seme gebu buhe.
>
> （汉译）汗没来，满珠习礼、巴敦来了，赐满珠习礼"达尔汉巴图鲁"号，赐巴敦"达尔汉卓里克图"号。

很显然，天聪汗对不出兵的嫩科尔沁部诸台吉很不满，因而为激励积极参与联盟事务的蒙古贵族采取了赏赐名号之举。事实证明，此后嫩科尔沁部诸台吉参加爱新国军事行动的积极性明显提高。

天聪六年，嫩科尔沁部领主奥巴去世，七年，奥巴子巴达礼获土谢图济农号，"土谢图"号得以承袭。可见爱新国所赐名号可与职和爵并行承袭，因而形成了世号这一特殊的世袭系统。嫩科尔沁部台吉布达齐之扎萨克图号，孔果尔之冰图号等亦得到承袭至清末。

不仅如此，皇太极对蒙古台吉原有的名号也采取承袭措施，鼓励其为自身服务。如，嫩科尔沁部台吉土梅达尔汉去世后，原有的"卫征"号由次子布达什礼承袭，领土梅达尔汉属下36牛录的24牛录。②

除了对有功绩的台吉采取赐赏名号之外，清朝又给做出贡献的普通兵丁赏赐名号，使得这些人的社会身份大幅提高，成为外藩扎萨克旗的中坚力量。

天聪八年元月初二日，以元旦礼，天聪汗与满蒙诸贝勒入衙门，备陈百戏，设宴。宴毕，天聪汗谕令"科尔沁部土谢图济农下巴珠代先赐号都喇尔侍卫，其做戏言语明爽，甚快心意，复赐都喇尔达尔汉之号，并赐御用绣面缎裘、蟒缎一匹，素缎一匹，毛青布十匹，听其出入八和硕贝勒家，入则无令空反，贝勒有加怜悯者，可予以赞助"③。这是仅有的外藩做戏之人得到达尔汉名号的记载。崇德八年正月，清廷将巴珠代达尔汉侍卫名号书写在白纸上的规定改为黄纸。④ 顺治八年九月，巴珠代病逝，子宜弥迪（Imidi）承袭达尔汉号⑤，诏

---

① 《满文老档》（下），中华书局，1990，第910页。
② 《满文老档》（下），中华书局，1990，第1676~1677页。
③ 《清初内国史院满文档案译编》（上），光明日报出版社，1986，第50页。
④ 齐木德道尔吉、吴元丰、萨·那日松等编《清内秘书院蒙古文档案汇编》（第1辑），内蒙古人民出版社，2003，第363页。
⑤ 齐木德道尔吉、吴元丰、萨·那日松等编《清内秘书院蒙古文档案汇编》（第3辑），内蒙古人民出版社，2003，第293页。

世袭罔替，继续着外藩蒙古中坚力量的角色。

崇德初年，喀木尼干部头人叶雷领属户向原籍逃去，崇德皇帝令嫩科尔沁部土谢图亲王巴达礼、卓礼克图亲王吴克善发兵蹑追。嫩科尔沁兵丁俄尔多木、纳木等立战功，获达尔汉号。具体为，"俄尔多木获号卓礼克图库鲁克达尔汉；纳木号为巴图鲁达尔汉；科鲁马哈号为卓礼克图达尔汉；卓礼克图号为卓礼克图达尔汉"。这是嫩科尔沁人以战功获得达尔汉名号最多的一次征战。

党阿赖是以军功获达尔汉号的嫩科尔沁部普通士兵。《清实录》载，崇德七年九月初七日，皇太极御崇政殿，外藩嫩科尔沁部和硕土谢图亲王巴达礼、卓礼克图亲王吴克善等以征明大捷上表庆贺。土谢图亲王下党阿赖接受崇德皇帝"蟒缎、妆缎、闪缎、素缎、倭缎及布匹"等赏赐。① 崇德七年九月十九日，党阿赖以军功获"卓里克图达尔汉"号，成为没有驿站义务，可自由出入八旗王公府邸，遇恩赐照扎兰章京级别获赏并诏世袭罔替的自由之人。② 党阿赖等的以军功获达尔汉号之举为普通士兵的出人头地开辟出了一条路径和榜样。据清内秘书院蒙古文档案记载，顺治九年十一月，清廷册封嫩科尔沁部阿布代、巴珠泰、吐尔邓、提尔西、扎赉特旗塔穆等人为拜他喇布勒哈番，册封嫩科尔沁部嘎勒图、波尔汉图、布勒杜格、白塞、拜达尔和扎赉特旗额都、巴布、布图玛勒、塔穆，杜尔伯特旗诺木齐，郭尔罗斯部诺木图等为拖沙喇哈番。很明显，到顺治时期，清廷将外藩蒙古有军功者封为达尔汉的习惯改为赐世职之惯例，使更多的人成为外藩扎萨克旗的中层管理者。

第四节　嫩科尔沁部疆界的初步固定

天聪后期，爱新国主皇太极率领联盟中的蒙古诸部将察哈尔势力挤出西拉木伦河流域，又成功击退了林丹汗东进之举，从而对联盟中的蒙古诸部牧地进行重新划分，制定出"不得越界"等强制措施，为入清后的蒙古各扎萨克旗领地奠定了基础。

---

① 《清太宗文皇帝实录》，崇德七年九月甲戌条。
② 齐木德道尔吉、吴元丰、萨·那日松等编《清内秘书院蒙古文档案汇编》（第1辑），内蒙古人民出版社，2003，第356页。

一 嫩科尔沁十旗的雏形——划分领地

从天聪二年（1628）开始，爱新国三次远征察哈尔。察哈尔所属奈曼、敖汉等蒙古诸部成为爱新国军事联盟的成员。清朝建立后，这些蒙古部落又转变成了大清朝藩部扎萨克旗。

建立蒙古扎萨克旗之前，爱新国就以盟主身份对联盟中的蒙古各部重新划定领地及属民，或安置于其故地，或划给新的牧地安居，并规定不许越界驻牧。划定地界有妥善安置新投附的各部，分散各部传统势力，防止蒙古各部势力的重新组合、强大等多重目的。对爱新国忠顺程度，遵守各种制度，严格执行法律法规等则是蒙古各部从天聪汗那里获得领地大小、牧地好坏、属民多寡的基本标准。

天聪二年十月，天聪汗对敖汉、奈曼、巴林、扎鲁特诸贝勒制定"尔诸国可于各边界遍置哨卒，违者罚牛五，（如）哨卒有不听遣者，罚牛一"①的禁令。不久又发生，奈曼、扎鲁特部贝勒巴图鲁衮出斯、郭界尔图、内齐、巴雅尔图戴青、达尔汉巴图鲁色本、青巴图鲁马尼等"私越钦定地界驻牧"而受到处罚之事。② 由此可见，爱新国在天聪初年就采取为蒙古各部施行划定地界，限定牧地的措施。

天聪八年十一月，天聪汗派遣国舅阿什达尔汉、塔雅齐塔布囊同敖汉、奈曼、巴林、扎鲁特、翁牛特、四子、吴喇忒、喀喇沁、土默特等部管事大小诸贝勒，大会于春科尔③地方，议事分划牧地。参加议事会盟的还包括八旗中两黄旗旗下多诺楚虎尔、达赖，两红旗下寨桑巴克什、吴巴里山津，两白旗下塔布囊色棱、阿都海，两蓝旗下卫征虾、班扎尔等部分蒙古官员。领地的具体划分为："翁牛特与巴林以胡喇虎、胡虎布里都为界，巴林与镶蓝旗以克里叶哈达、胡济尔阿达克为界，两红旗与奈曼以巴噶阿尔合邵、巴噶什鲁苏忒为界，敖汉与正蓝旗以扎噶苏台、囊家台为界，镶蓝旗与四子部落以杜木大都藤格里克、倭朵尔台为界，塔赖达尔汉与两白旗以塔喇布喇克、孙岛为界，正蓝旗与扎鲁特以诺绰噶尔、多布图俄鲁木为界，合计地界大势西南至噶古尔苏，西至纳喇苏台，西北至哈尔占，北至胡喇虎、克里叶

---

① 《清太宗文皇帝实录》，天聪二年十月丙申条。
② 《清太宗文皇帝实录》，天聪三年五月丁未条。
③ 又作硕翁科尔，今科左后旗大青沟。

哈达、巴噶阿尔合邵、扎噶苏台、杜木大都藤格里克、塔喇布喇克、诺绰噶尔，东北至纳噶台，东至兀蓝达噶胡里也图，东南至哈尔噶巴尔，南至多布图俄鲁木、胡得勒、乌讷格图莽喀、布木巴图、胡鲁苏台、古尔班克谷尔、库痕哈喇合邵、噶海、茅高阿大克、门绰克、什喇虎敖塔孛罗、兀喇汉哈达等处。"还特意规定："既分之后，倘有越此定界者，坐以侵犯之罪。"①

此次蒙古各部领地的划分为阿鲁蒙古、内喀尔喀五部及新近从察哈尔林丹汗统辖中分离出来的敖汉、奈曼等部重新划分牧地疆域，并颁布了越界放牧的处罚等规定。从此，上述蒙古各部疆域牧地大致得到稳定，并延续至清末。

附二 天聪八年满蒙贵族会盟地考

天聪八年十一月，爱新国主皇太极派遣国舅阿什达尔汉等与新投附的蒙古贵族会盟，并划定各部新的领地牧场，清代东部蒙古扎萨克旗疆界从此基本固定直至清末。但是对于会盟之地，康熙本《清实录》载"大会于春科尔地方"，② 而乾隆本《清实录》等则记为"大会于硕翁科尔地方"③，使一个历史地点有了两种记载。

一 "ilan"与"三洼"

众所周知，"实录"源头为起居注等原始档案。因此，我们先看看天聪八年档案对此事件的记载。日本东洋文库东北アジア研究所出版的影印版《中国史院档——天聪八年·文本》，记录了此次会盟。虽然书中包括国舅阿什达尔汉、达雅齐塔布囊与蒙古诸领主举行会盟，划定牧场之地点等被故意涂抹，但在第181页第一行起头处，记述天聪八年十一月满蒙贵族会盟地之"ilan"一字却清晰可辨地得到保留。④ 表明其下面的会盟地点与"ilan"（即满语三字）有某种联系。

日本学者楠木贤道在《天聪年间爱新国对蒙古诸部的法律支配进程》

---

① 《清太宗文皇帝实录》，天聪八年十一月壬戌条。
② 康熙本《清太宗文皇帝实录》，天聪八年十一月壬戌条。
③ 乾隆本《清太宗文皇帝实录》，天聪八年十一月壬戌条；《开国方略》《藩部要略》《清通鉴》亦记作"硕翁科尔"。
④ 日本东洋文库东北アジア研究所：《中国史院档——天聪八年·文本》，2000，第181~182页。

一文中对天聪五年满蒙会盟之地记载为"三洼"。还在"三洼"后面特意加了"ilan čünggür"①的注解。由此我们可追溯天聪八年档中与"ilan"有关联的会盟地有可能为"čünggür"。可是"čünggür"读音与"春科尔"或"硕翁科尔",大致都能吻合。因此,从《中国史院档——天聪八年·文本》中看不出两种《清实录》哪个记载更为准确。

问题在于,既然"čünggür"一词与"ilan"联在一起,并组成"三洼"之地名,就有可能为我们确定是"春科尔"还是"硕翁科尔"提供帮助。

"ilan čünggür"的"ilan"为满语,意为数字"三";"čünggür"为蒙古语,据《蒙古语词典》的解释,"čünggür"又作"čüngküger""čüngkügel""čünggül"等。意为"čegel yeke, iruγal gün usu"(无底水潭)、"usutoγtaγsan yeke nüke"、(积水深坑)、"qotoγor"(洼地)②等。在蒙古语标准音中记作"čongkiyal"即"水潭"。与数字"三"组合就可成为"三个深水潭(或三个深水坑)",即楠木先生所说"三洼"之地名。

二 "实录"中的"三洼"

"三洼"之地在天聪朝"实录"中出现过三次。

第一次,天聪二年(1628)十二月初一日。时,"扎鲁特部落贝勒色本、玛尼等诺颜举国来归"。皇太极率诸贝勒,"出迎一里外,设大宴宴之"。第二天,天聪汗率满蒙诸贝勒大臣,出猎于东北四百里外"三洼地方"③。对此,《满文老档》《开国方略》记载为"三洼"。《旧满洲档》则记作"ilan muqaliyan"④,意为"三个圆形之地"。

第二次,天聪五年(1631)三月二十四日。爱新国以征察哈尔国之名,约蒙古诸部落贝勒,"各率所部兵,会于三洼地方"⑤。皇太极亲自率领大军,从盛京出发,先至三洼之地,驻跸两日。蒙古各部落兵齐集后,以贝勒济尔哈朗率左翼,贝勒岳托率右翼,向西进发。《满文老档》中没有此次会兵地之记载;《开国方略》记为"三洼";《满文原档》记载为"ilan muγaliyan gebungge bade"⑥,意为"三个圆形之泥地"。

---

① 中国蒙古史学会:《蒙古史研究》第七辑,第313页。
② 《蒙古语词典》,内蒙古人民出版社,1997,第3846~3847页。
③ 《清太宗文皇帝实录》,天聪二年十二月戊子条。此记载与《满文老档》《开国方略》相一致。
④ 故宫博物院印行:《旧满洲档译注》清太宗朝(一),1927,第103页。
⑤ 《清太宗文皇帝实录》,天聪五年三月戊戌条。
⑥ 《满文原档》,天聪五年三月戊戌条。

第三次，天聪六年壬申（1632）春正月十九日。满蒙贵族在"三洼地方会盟"。蒙古的特木德赫、杜尔麻、门都等力士进行角觝，受到皇太极封赏。①

从以上三处记载可知，"三洼"地处盛京"东北四百里处"，是冬季会盟或议事的好去处，其具体位置当在科尔沁蒙古地界。

三　"三洼"之蒙古文记载

下面我们再看看《清实录》中与"三洼"之地对应的蒙古文记载。

天聪二年十二月戊子日：

> haɣan noyad sayid-i abču ǰegün qoyisi dürben ǰaɣun ɣaǰar-un üǰügür-e ɣurban moqaliyan neretü ɣaǰar-tu abalar-a ügede bolbai.②
>
> （汉译）皇帝带领诸大臣，出猎于东北四百里外 ɣurban moqaliyan 之地。

此处，与"三洼"对应的地名为"ɣurban moqaliyan"。"ɣurban"系蒙古语，意为"三"；"moqaliyan"系满语，其意有"①铅子，铅弹，子弹；②弹丸，泥丸；③球，圆球，球形，圆堆；④素球，小垂球"③等。两个字可组成"三个圆球"或"三个圆堆"。

天聪五年（1631）三月二十四日，爱新国与蒙古诸部落贝勒，"über über-un qariyatu čeir-iyen abun ɣurban čüngkereg neretü ɣaǰar-a neileldüǰü"，（"各领属部汇集在 ɣurban čüngkereg 之地"），此处与"三洼"对应的地名为"ɣurban čüngkereg"，意为"三个有水的深潭"。

天聪六年（1632）春正月十九日，满蒙贵族在"ɣurban čüngkerüg neretü ɣaǰar-a"会盟，蒙古力士们进行角觝，接受大汗封赏。此处与"三洼"对应的地名为"ɣurban čüngkerüg"，意为"三个深水潭"。

由此可推出，日本东洋文库东北アシア研究所影印版《中国史院档——天聪八年·文本》中被涂抹的会盟之地全称应为"ilan čüngkerüg"。

四　多角度综合分析

语言学分析：满语、蒙古语同属阿尔泰语系，元音、辅音大致相同，满

---

① 《清太宗文皇帝实录》，天聪六年春正月丁巳条；《开国方略》记为"三洼"。
② 《清太宗文皇帝实录》（第2册），内蒙古文化出版社，1988，第126页。
③ 《满汉词典》，辽宁民族出版社，1993，第774页。

语语首"č"音与蒙古语"š"音相互对应交叉，如：蒙古语"čegejilene"（意为记住）的满语发音为"šegejilembi"；蒙古语"saγsaγ"（头饰分岔）的满语发音为"šakšaγa"①；蒙古语"čaγan"（意为白色）的满语发音为"šaγūn"（白色，略白）等。因此，满族人很难将蒙古地名"春科尔"（čüngkerüg）或"硕翁科尔"（šüngkerüg）分得清。

科尔沁左翼地界现有两处地名发音与"春科尔"（čüngkerüg）或"硕翁科尔"（šüngkerüg）相仿，分别是"čüngkül②"和"šongqur③"。受满语影响，科尔沁土著蒙古人常将语首之"č""š"音混淆，将"čüngkül-yin γoo"说成"šüngkül-yin γoo"。但是却无人将"šongqur-yin aγula"（双合尔山）说成"čongqur-yin aγula"（春科尔山）。

地理位置分析：从沈阳故宫向北100~200公里半径画两个圈，中间就是天聪八年满蒙会盟地之范围。其中"青沟"地处沈阳偏西北方向，与沈阳故宫的直线距离约为145公里；"双合尔山"地处沈阳东北方向，与沈阳故宫的直线距离为185公里。均符合上述地理范围。

实地踏查结果："青沟"由东、西沟即大青沟、小青沟组成，呈人字形，沟深100余米，宽200~400米，一直延伸至辽宁省彰武县境内。沟内的小河将大青湖、小青湖、三岔湖等连成一个完整水系。

自然条件分析："青沟"沟深底阔、古树参天、泉涌溪奔、冬暖夏凉，适合冬天进行大型活动。"双合尔山"是坐孤山，冬季寒冷没有天然屏障，不适合举行大型活动。

语法分析："青沟"与数字"三"，成为"三沟"之意，符合"青沟"之人字形天然形态和大青湖、小青湖、三岔湖等水系。"双合尔山"与数字"三"，则成为"三座双合尔山"之意。事实上"双合尔山"只是座孤山。

另外，清代文献中将"šongqur baγatur"记作"硕翁科罗巴图鲁"④，明显与"硕翁科尔"有差别。在科左后旗传有全旗27座庙宇的数来宝，开头就说"čoo yeketei šongqur süm-e, čiγulγan kigsen otači-yin süm-e."（名声大的是双合尔庙，做会盟的是敖特奇庙）。由此也可断定"在双合尔山"不适

---

① 意为"腮花"，专指牲畜辔头上的两岔腮花饰件。
② 蒙古语全称为"čüngkül-yin γoo"，今汉译"青沟"。
③ 蒙古语全称为"šongqur-yin aγula"，今汉译"双合尔山"。
④ 《清实录》载，天聪九年正月癸酉日，图鲁什、劳萨等以征察哈尔战功获"硕翁科罗巴图鲁"号。

合进行会盟等大型活动。

综上所述，天聪八年十一月，满蒙贵族划分牧地疆界之会盟地点在两种版本汉文《清实录》中出现不同记述，是因满蒙文字首"Č""Š"辅音相互交叉所致，应以康熙朝"实录"所记"春科尔"为准。会盟地具体地点当在今内蒙古自治区通辽市科尔沁左翼后旗的大小青沟之地。

二 嫩科尔沁部领地的"南迁西移"

明万历二十一年（1593）九月"九姓之国合兵，分三路来侵"努尔哈赤。时，嫩科尔沁部台吉翁古代、莽古斯、明安等以"嫩河（即嫩江）蒙古科尔沁国诺颜"身份出现。天命四年（1619），努尔哈赤灭叶赫部，"满洲国自东海至辽边，北自蒙古嫩江南，至朝鲜鸭绿江，同一音语者，俱征服"。① 这些史料大致指出嫩科尔沁部领地范围。其后，努尔哈赤致嫩科尔沁部三大首领孔果尔、奥巴、阿都齐等的信中亦称他们为"自嫩江源流至于下口，所有兄弟"②。更具体指出了嫩科尔沁部领地在整个嫩江流域的史实。

崇德元年，向原籍逃去的喀木尼汉部头人叶雷等途经嫩科尔沁部之属地，盗走郭尔罗斯部占巴喇③马。又入冰图王孔果尔④所属卦尔察费克图屯杀人夺马。伊尔都齐⑤、伊尔登⑥、哈坦巴图鲁⑦等下属四五家散处者及出外采捕者约50人亦被杀死等记载说明，冰图王孔果尔所属卦尔察费克图屯⑧近地是嫩科尔沁部左翼诸台吉原有领地。

《蒙古游牧记》载，科尔沁部、郭尔罗斯部南界皆抵"盛京边墙"，科尔沁左翼三旗地界法库边门外，南至柳条边，跨东、西辽河。说明在清朝前

---

① 《清太祖武皇帝弩儿哈奇实录》卷三。
② 《满文老档》（上），中华书局，1990，第633页。
③ 嫩科尔沁始祖奎蒙克塔斯哈喇长子博迪达拉三子斡巴什有子二，长曰伯颜图内齐，次为蒙果莫尔根。蒙果有子三，长布木巴、次扎穆巴拉、次赛尔固伦。此处出现的占巴喇即扎穆巴拉，为嫩科尔沁郭尔罗斯部台吉。崇德元年查科尔沁户口时占巴喇领有8个牛录民丁。
④ 嫩科尔沁左翼大领主，为纳穆赛都喇勒诺颜第三子，崇德元年封为冰图郡王。其谱系为：奎蒙克塔斯哈喇—博迪达拉—纳穆赛—孔果尔。
⑤ 系科尔沁左翼大领主明安长子栋果尔，号伊尔都齐。其谱系为：奎蒙克塔斯哈喇—博迪达拉—纳穆赛—明安—栋果尔。
⑥ 系科尔沁主要大领主明安第三子布木巴，号伊尔登。
⑦ 系科尔沁主要大领主明安次子达古尔，号哈坦巴图鲁。
⑧ 胡日查、长命先生认为，"费克图屯在今哈尔滨之东"。详见《科尔沁史略》，2000，第212页。

期，嫩科尔沁部领地发生重大变化，牧地向南延伸了近千里。此事发生在爱新国天聪五、六年间，被史家称为嫩科尔沁部领地之"南迁西移"①。

（一）嫩科尔沁部"南迁西移"之背景

17世纪20年代，随着察哈尔林丹汗东征，内喀尔喀五部溃散。弘吉剌、巴岳特、乌济叶特部被林丹汗吞并。扎鲁特、巴林部则投靠嫩科尔沁部，五部原居故地成为无主之地。

在李保文整理《十七世纪蒙古文文书档案》中录入了3份林丹汗从宣府、大同边外率部东征的相关文书档案，可为嫩科尔沁部在爱新国统一安置下扩张领土、被动完成"南迁西移"历史事件提供背景材料。

《十七世纪蒙古文文书档案》第20份档案（第63~66页）：

[名称]

"morin aniya uyun biya qorčin tusiyetu qan-i unggiγe bitγe"，即"午年九月，科尔沁部土谢图汗赍书"

[拉丁文转写]

čaqar-un čirig mordaγsan. qoyiγur alaγčiγud-i dobtulǰu. alaγčiγud degere saγuγsan qaγan-i qatun-i bariǰu. em-e kübegün-i čabčiǰu ger mal-i tüyimerdeǰü qaγan-i qatun-i abuγad……čaqar čirig mani ǰüg murdaba.②

（汉译）察哈尔兵已出征，征讨北部之阿喇克绰忒。抓获阿喇克绰忒部汗、哈屯，杀其妻儿，焚烧畜产房屋。押解汗、哈屯，……向我而来。

[注解]

"morin aniya"，"午年"，即天聪四年（1630）。皇太极在位期间逢"庚午"（1630）、"壬午"（1642）两个"午年"。壬申年（1632），嫩科尔沁部台吉奥巴去世，因此档案内"午年"应指"庚午年"，即天聪四年。

"čaqar-un čirig mordaγsan"，"察哈尔兵已出征"，即宣府、大同边外的林丹汗正再次远征东部蒙古诸部。

---

① 胡日查、长命二位最早注意到这一历史事件，在《科尔沁史略》中提出了"emünesi negüǰü baraγunsi nutuγlaγsan"（南迁西移）这一概念。
② 李保文整理《十七世纪蒙古文文书档案》第20份文书，内蒙古少年儿童出版社，1997，第63~66页。

"qoyiɣur alaɣčiɣud-i dobtulǰu"，征伐北部的阿喇克绰忒部。"alaɣčiɣud"，蒙古部落名，原为察哈尔属部，是达延汗察哈尔万户"八鄂托克"① 之一。据《金轮千辐》载，"察哈尔万户内分八鄂托克"，其中"山阳四鄂托克"：敖汉、奈曼、苏尼特、乌珠穆沁；"山阴四鄂托克"：珠伊特、布鲁特、阿喇克、阿喇克绰忒。②

天命十一年，阿喇克绰忒部落部分首领带领属部投附爱新国③，又有人自行称汗，引起林丹汗不满。此次，林丹汗东征，率先征讨力量较弱的近族阿喇克绰忒部，意在东部蒙古诸部中产生杀一儆百的震慑效果。

《十七世纪蒙古文文书档案》第 41 份档案（第 122～124 页）：

[名称]

"qorčin-i tusiye-tu qan-i unggiye bitɣe"，即"科尔沁土谢图汗赍书"

无年份记述，收到日期记作"ǰakon biyai orin ǰakon-de gaǰiɣa"，即"八月二十八日收悉。"

[拉丁文转写]

čaqar-un qaɣan inaɣsi negüǰü. nutuɣ-ni del kekül-dü oruba. čaɣatu baraɣun tümen-iyen qatun-u ɣool-ača inaɣsi ɣarɣaǰu. čirig-inü abun ger inü negülgen. čirig-ni ene sara-yin sin-e-yin ǰirɣuɣan-a qaɣan-u ger deger-e kürčü irebe. qaɣan ǰarlaǰu arban ɣurbatu-ača degegsi. dalan ɣurbatu-ača doɣuɣsi geǰi. ene sara-yin arban nayman edür aru kingɣ-a-bar siqaǰu. nigen sara-yin künesün abču. tani aru-yin ulus-tur murdaba. ④

（汉译）察哈尔往这边移牧，已进得尔科库勒之地。将西部万户移至黄河之东岸，率兵移营，其大军已于本月初六日抵达汗处。汗令十三岁以上，七十三岁以下，备一月干粮于本月十八日，抵近兴安岭北麓，向尔等阿鲁部进军。

---

① 史书记载"察哈尔万户八鄂托克"分为"山阳四鄂托克"：敖汉、奈曼、苏尼特、乌珠穆沁；"山阴四鄂托克"：珠伊特、布鲁特、阿喇克、阿喇克绰忒。[（清）答里麻著、乔吉校注《金轮千辐》，内蒙古人民出版社，2013，第 324 页。]
② （清）答里麻著、乔吉校注《金轮千辐》，内蒙古人民出版社，2013，第 324 页。
③ 《清太祖武皇帝实录》，天命十一年十一月戊寅条。
④ 李保文整理《十七世纪蒙古文文书档案》第 41 份文书，内蒙古少年儿童出版社，1997，第 122～124 页。

[注解]

"čaqar-un qaγan inaγsi negüjü",察哈尔汗往这边移营。此话显示,林丹汗东征不仅包括远征军的长途奔袭,也包括以占领原有牧场为目的的属户民众等的随行移营。

"nutuγ-ni del kekül-dü oruba",牧场已进抵 del kekül 之地。蒙古语"del kekül",专指马的鬃毛和门鬃,此处为地名,因而有以形状取名之可能,可译作"得尔科库勒"。查阅清代地图,黄河东岸有"得儿山""得儿岭"等地。字面上看似乎与"del kekül"有联系。

"čaγatu baraγun tümen-iyen qatun-u γool-ača inaγsi γarγaju",将西部万户移至黄河这边（东岸）,"西部万户",即林丹汗所属右翼土默特、永谢布、鄂尔多斯万户。迫于爱新国压力,天聪元年（1627）秋冬之际林丹汗率部西迁至明宣大边外,击溃兼并哈喇嗔、土默特等部。表面上统一了蒙古右翼,实际上却将更多蒙古部落推向爱新国阵营。① 此次东征,林丹汗将右翼属民移往黄河东岸,意在恢复这些地方的统治。

"ene sara-yin sin-e-yin ǰirγuγan-a qaγan-u ger deger-e kürčü irebe",已于本月初六日抵达汗处。即察哈尔所属西部万户的大军于本月（庚午年八月）六日抵达林丹汗处,与之汇合。

"qaγan ǰarlaju arban γurbayu-ača degegsi. dalan γurbatu-ača doγuγsi",汗令 13 岁以上,73 岁以下（俱从征）。林丹汗所统兵丁的年龄界限,涵盖了所有部落成员。反观爱新国为盟主的满蒙联盟出征令,只要求"若征察哈尔,凡管旗事务诸贝勒,年七十以下,十三岁以上,俱从征"②。对比可知林丹汗兵源严重枯竭。

"aru kingγ-a-bar siqaǰu",进军兴安岭北麓。这是奥巴台吉掌握的林丹汗东进线路之重要记述,透露出林丹汗此次军事行动的首要目标不包括嫩科尔沁部。

"nigen sara-yin künesün abču",备足一个月粮（草）。这是此次远征后勤保障方面的重要信息。可看出,林丹汗备战不足,似乎采取以战养战的策略来维持此次远征。

"aru-yin ulus",阿鲁部。蒙古"阿鲁部"有狭义和广义之分。狭义指

---

① 希都日古：《试论林丹汗西征后果及其败亡》,《内蒙古社会科学》1999 年第 2 期。
② 《清太宗文皇帝实录》,天聪三年三月戊午条。

阿鲁科尔沁、四子、乌喇特、茂明安、翁牛特、喀喇车里克、伊苏特、阿巴噶、阿巴哈纳尔部，即成吉思汗诸弟合撒儿、哈赤温、别里古台后裔统治下的部众；广义指兴安岭以北的所有蒙古部落。16 世纪中叶蒙古左翼察哈尔、喀尔喀及科尔沁等三万户的一部分在蒙古大汗打来孙和虎喇哈赤、奎蒙克率领下南下兴安岭以东驻牧。从此，蒙古就有了 aru（山阴）蒙古和 ölke（山阳）蒙古之分。①

"tani aru-yin ulus-tur murdaba"，向尔等阿鲁部进军。

《十七世纪蒙古文文书档案》第 60 份档案（第 172~173 页）：

具体写信人和时间等不详，但与第 41 份档案文书同出一人，可断定是嫩科尔沁部奥巴台吉写给天聪汗的信件。

[拉丁文转写]

Čaqar-un qaγan-ača üyiǰeng-yin quba-yin kübegün tungγ-a bosču irebe. nutuγ inu del quyas-tu kürčü irebe genem. angyaqai neretü kümün qoyar ǰaγun torsiγul inaγsi mordaba genem. čirig-iyen urid mordaǰu ger-iyen qoyin-a-ača negüǰü, iǰaγur-un nutuγ-dan oruy-a geǰi yabunam genem ǰirγuγan qošiγun-i qatun-i γool-un deretege. qaγan-u ger-eče nayiman edür nayiman süni güyilgeǰü kürkü genem. tere ǰirγuγan qušiγun-i inaγši γarqula. čaγan sar-a-yin uridu sara-du γarqu. tere γool γaγča ötereü sara-du körkü genem. inatu ǰirγuγan qušiγun-i aγta-inu ǰud turaqan-dur üküǰü. ayan-du mordaqula ǰirγuγan qošiγunai ǰirγuγan mingγan čerig mordaǰu yabunam genem.

（汉译）察哈尔汗处卫征之胡巴之子通噶逃来，称其鄂托克已移至得尔呼雅斯。称作昂噶盖之人率二百名斥候向这里进发。兵丁先行，妇幼辎重后至，扬言进到原领地。有六和硕在哈屯河之彼岸②，[距离是]从汗之家跑八天八夜[之程]。若彼六和硕向此处迁徙，则正月之前月出发。那个河只有那个月才能上冻。此边六和硕之骟马死于雪灾，若出征，有六和硕之六千骑出征。③

---

① 宝音德力根：《往流、阿巴噶、阿鲁蒙古》，载济哈齐岱《往流和往流四万户》，《蒙古史研究》（第 5 辑），内蒙古大学出版社，1997。
② 哈屯河是黄河的蒙古名（蒙古旧名为哈喇木伦），其"彼岸"指鄂尔多斯地区。
③ 汉译参考玉芝《蒙元东道诸王及其后裔所属部众历史研究》，博士学位论文，内蒙古大学，2006。

[注解]

"üyijeng","卫征",是16～17世纪东蒙古统治者的官衔,地位比汗与洪台吉要低。据考,此处出现的"卫征"为林丹汗麾下扎鲁特部扎鲁特首领喀巴海①,其谱系为虎喇哈赤—乌巴什卫征—巴颜达尔伊勒登—济农卫征—喀巴海卫征。②

"quba","胡巴"。人名,其谱系不明,从档案内容来看是喀巴海卫征属下一基层军官。

"tungγ-a","通噶",人名,为胡巴子。从察哈尔逃到嫩科尔沁部奥巴台吉处,带来察哈尔东征之更详细消息。

"del quyas","得尔呼雅斯",地名。具体不明。

"angγaγai","昂噶盖",人名,林丹汗麾下先锋。档案内容显示,此人率领200名斥候先行。

"ijaγur-un nutuγ","原居之地",应指1627年林丹汗西迁之前察哈尔各部游牧的故地。大致范围为"兴安岭以西,围绕达里诺尔、上都古城、胡喇户地方直到土默特平原等宣大边外之地"③。林丹汗东征就是期望恢复这些地方的统治。

"jirγuγan qošiγunai",六个旗(的)。

"jirγuγan qusiγu-i qatun-i γool-un dertege",六旗在黄河彼岸,指林丹汗麾下未能随征的六个鄂托克。档案内不见这些鄂托克的名称,其未能随征的原因似乎与黄河冰冻期有关。

"jirγuγan mingγan čerig",六千兵。林丹汗此次东征所领兵丁数目。

[分析与评论]

上述三份档案是嫩科尔沁部领主奥巴据察哈尔逃人之言向天聪汗提供林丹汗东征军情的书信。包含的内容可归纳为:①林丹汗再次东征,其目的是恢复原领地;②林丹汗兵源有限,备战亦有限;③东征压力下有人逃往爱新国联盟投附。据此可以断定,察哈尔林丹汗虽败走黄河之岸,其重整旗鼓,再次远征东部蒙古诸部及爱新国,恢复原有领地之雄心未灭,并且已有实际行动和具体举措。但是林丹汗麾下属部、属民减少,兵源有限,备战不足。

---

① 玉芝:《蒙元东道诸王及其后裔所属部众历史研究》,博士学位论文,内蒙古大学,2006。
② (清)答里麻著、乔吉校注《金轮千辐》,内蒙古人民出版社,2013,第205～206页。
③ 齐木德道尔吉:《明天聪六年爱新国大军征略库库和屯史实解读(一)》,《内蒙古大学学报》2014年第4期。

因而先征讨阿鲁部阿喇克绰忒等弱部以达到震慑诸部的目的。

林丹汗东征，不分近族一律攻伐之举引起蒙古诸部恐慌，遂更积极加入爱新国军事联盟。天聪汗以盟主身份将联盟中的蒙古诸部安置在内喀尔喀五部故地建立起联盟新的防御体系，引出嫩科尔沁部"南迁西移"历史事件。

（二）嫩科尔沁部属部的"南迁"

天聪五年（1631）四月初七日，天聪汗与嫩科尔沁部土谢图汗奥巴、阿鲁蒙古翁牛特部孙都棱、阿鲁科尔沁部达赉楚呼尔、四子部落僧格和硕齐等大小台吉盟誓立法，划定蒙古各部的驻牧地。规定：

nutuγ-un ǰisiy-a. baraγun ǰaq-a γaqai sar mončo altan. dongqor. ögilčin. uǰiyar. ǰegün ǰaq-a. tor-yin γool-yin moquγ-a.①

（汉译）牧地西境至嘎海②沙尔门绰阿拉坦、栋霍尔、乌给勒沁、乌济叶尔；东界至洮儿河③弯头。

四月十一日，天聪汗又与土谢图汗奥巴④、布达齐哈坦巴图鲁、吴克善、伊尔都齐、达古尔哈坦巴图鲁、穆斋（木寨）、噶尔图巴图鲁⑤、班第伊尔都齐等嫩科尔沁部大小台吉一起约定小法度，划定了嫩科尔沁部新牧地的大体范围。其内容为：

Čaγan qonin ǰil-ün ǰun-u ekin sar-a-šin-e-yin arban nigen-e. sečen qaγan-u emün-e. … yeke baγ-a noyad üčüken čaγaǰa esgebe. Degedü ǰaq-a-yin daγur kelčerkü-eče čolman kürtele saγuqu. ula-yin ǰürčid qorqun-ača doγuγši saγuqu. ula-yin ǰürčid ǰečin-ača degegši saγuqu. …čaγan qonin ǰil-ün ebül-ün ekin sara-ača inaγši negülgekü bolba.⑥

（汉译）辛未年四月十一日，……大小台吉，集于天聪汗前，订立

---

① 《旧满洲档》，第 3425~3426 页。
② 即今锡林郭勒盟东乌珠穆沁旗噶海鄂勒斯大沙陀。
③ 即嫩江支流洮儿河。发源于阿尔山市附近的大兴安岭南麓，东南流经索伦、乌兰浩特、洮南市，流入月亮泡，与嫩江水系汇合。
④ 嫩科尔沁部大台吉，天命十一年被努尔哈赤尊为"土谢图汗"，成为嫩科尔沁最高首领。
⑤ 科尔沁台吉额勒济格卓里克图之三子。其谱系为：嫩科尔沁始祖奎蒙克塔斯哈喇—博迪达拉—额勒济格卓里图—噶尔图。
⑥ 《旧满洲档》，第 3425~3426 页。

小的法规。东边的属部自格勒珠尔库至绰勒门①之地，乌喇之珠尔齐特霍尔浑以西，乌喇之珠尔齐特哲沁②以东居住。……拟定于辛未年十月开始往这边迁移。

[注解]

"degedü jaq-a-yin daγur"，东边属部，即指嫩江东岸嫩科尔沁部所属郭尔罗斯、杜尔伯特等部落，而嫩江西岸的扎赉特、锡伯、萨哈尔察等属部不包括在内。天命十年，察哈尔林丹汗东进至嫩科尔沁部领地，杜尔伯特部首领阿都齐达尔汉台吉"弃扎赉特、锡伯、萨哈尔察东去"③。这表明，当时的嫩科尔沁部隔江游牧，扎赉特、锡伯、萨哈尔察等属部在嫩江右岸。

女真人（满洲人）以左手为上，因此，此处"degedü jaq-a"所指为"东边"；档案内"doγuγši saγuqu"意为"以西"，"degegši saγuqu"意为"以东"，是新牧地的定界。

"daγur"即"daγaγul"，"随从"或"跟班"，衍生出"所属"或"属部"之意，指嫩科尔沁部所属郭尔罗斯等诸部。受汉译《满文老档》误译④影响，学者们很容易就将"daγur"译作"达古尔"，并误解其意。如，胡日查据此将"daγur"和"kelčerkü"连在一起，认为"daγur kelčerkü"就是"达斡尔人先民居住之古城"。玉芝博士依据《蒙古源流》《旧满洲档》等相关文献也认为，此处"daγur"所指为"达斡尔族先民"⑤。

达斡尔族人是北元时期原居住在结雅河（又作精奇里江）流域、黑龙江上中游的土著民族。据《朔方备乘》所载"有达斡尔、有鄂伦春、有毕拉尔等则其同乡而为部落者，世居黑龙江人，不问其部族，概称索伦，而黑龙江人居之不疑，亦雅喜以索伦自号"⑥等内容来看，清初以博穆博果尔为首的索

---

① 绰勒门是17世纪20年代吴克善与其弟满珠习礼等人驻守之城池，具体位置当在嫩江、松花江汇合处之北。
② 此地待考。
③ 《满文老档》（上），中华书局，1990，第647页。
④ 汉译《满文老档》（下册），第1117~1118页。其译文为：辛未年四月十一日，土谢图汗、哈坦巴图鲁、乌克善、伊儿都齐、达古尔哈坦巴图鲁、穆寨、喀儿图巴图鲁、班迪伊儿都齐及大小台吉，集于天聪汗前，将所定法度，议减少许：自东边之达古尔克儿哲尔库至绰儿满为居住地，从乌拉之珠尔齐特霍尔坤以西为居住地，自乌拉之珠尔齐特扎沁以东为驻牧地。大旗筑一大城。谁若破坏此法规，罚马百、驼十。倘十扎萨克之十台吉见有不服从者，务请汗遣使令其迁移。拟于辛未年十月以前迁移。
⑤ 玉芝：《蒙元东道诸王及其后裔所属部落历史研究》，博士学位论文，内蒙古大学，2006。
⑥ 何秋涛：《朔方备乘》卷二《索伦诸部内属述略》。

伦部，以根特木为首的额尔古纳流域部，以巴尔达奇为首的萨哈尔察部等有可能是"达斡尔"的先民。据考，史籍内"达斡尔"以族名第一次出现是康熙六年（1666）。原作"达虎儿"①，索伦语意为"耕种者"②。苏联文献中也出现"结雅河沿岸住着耕地的人——'达胡尔人'"的记载。③ 文献显示，清初嫩科尔沁部属下确实有一部分索伦人和萨哈尔察人，但不见这些人以农耕为主，筑城而居，拥有"达虎儿"族称的记载。大量索伦人被迫内迁，来到嫩江流域是17世纪中叶，沙皇俄国的东进之结果。因此，嫩科尔沁部所属"daγur"成为"达斡尔族先民"的可能性不大。另外，乌芝博士将《旧满洲档》天聪六年（1632）六月皇太极写给嫩科尔沁部台吉噶尔珠塞特尔的蒙古文文书中的"ileqüče temür"一词误读成"neligüd daγur"，使得史实判断出现了偏差。

"kelčerkü"嫩科尔沁地名，《满文老档》译作"克尔哲尔库"④，《蒙古游牧记》记载"杜尔伯特部……西南至柯勒吉勒格"⑤ 即指此地。位于嫩江左岸，具体地点在今黑龙江省杜尔伯特蒙古自治县腰新乡兴隆村很吉日格古城旧址。⑥ 和田清博士考证"格勒珠尔库"意为"旧城"⑦，胡日查教授据《满文老档》译文⑧，将"daγur"与"kelčerkü"组合到一起，认为此地是"原先为达古尔人所居之城"⑨。在嫩科尔沁土语中说该城为"gerel jülge qota"，即"有阳光的半坡湿地之城"。

"čolman"，绰勒门，科尔沁地名，《满文老档》译作"绰尔曼"。《清内秘书院蒙古文档案汇编》"达尔汉巴图鲁亲王满珠习礼册封文"内提到

---

① 《清圣祖仁皇帝实录》，康熙朝卷二。
② 《金史国语解》载"索伦语称耕种者为达胡里"。转引自刘金明《也论达斡尔族源流》，《黑龙江民族丛刊》1994年第2期。
③ 〔苏联〕巴赫鲁申：《哥萨克在黑龙江上》，转引自刘金明《也论达斡尔族源流》，《黑龙江民族丛刊》1994年第2期。
④ 此地有"格勒珠尔根""格勒珠尔格""柯勒吉勒格""格勒珠尔库"等多种写法。
⑤ "柯勒吉勒格"即"格勒珠儿根"，为奥巴所领"达古尔格勒珠尔库城"之不同记述。《蒙古游牧记》卷一记载，"杜尔伯特……西南至柯勒吉勒格"，表明格勒珠尔库城位于杜尔伯特旗领地的西南界。〔（清）张穆撰，张正明、宋举成点校《蒙古游牧记》，山西人民出版社，1991，第21页。〕
⑥ 包海：《再谈"很吉日格"、"格勒珠尔根"之词义》，原载《中国·乌兰浩特第二届蒙元文化论坛暨科尔沁历史文化研讨会论文集》，内蒙古文化出版社，2013，第246页。
⑦ 〔日〕和田清：《东亚史研究·蒙古篇》，第656页。
⑧ 《满文老档》译文为"达古尔克尔哲尔库"，《满文老档》（下），中华书局，1990，第1117~1118页。
⑨ 胡日查、长命：《科尔沁史略》。

吴克善、满珠习礼坚守"绰勒门地"之事①，可知此地当为嫩科尔沁左翼领地。《锡伯族历史探究》认为是"松花江、嫩江汇流处北岸渡口附近的一个锡伯族聚居村落"名称。笔者依据吴克尧先生文章"嫩江流域锡伯古城调查"②，做实地踏查，认为地处嫩江右岸，今属扎赉特旗小城子乡东方红村，当地人称之为"锡伯绰勒城"的古城遗迹应为"绰勒门城"旧址。此处距扎赉特旗政府所在地音德尔镇25里。

"jürčid qorqun"，地名，《满文老档》译作"珠尔齐特霍尔坤"。

"ula-yin jürčid qorqun"，即"乌拉近地珠尔齐特霍尔坤"。明末乌拉部属地包括今吉林省双阳县、永吉县、吉林市、舒兰县、榆树县等地。其中双阳县（今作长春市双阳区）地界在最西，因此"珠尔齐特霍尔坤"应为今双阳县地界附近的一处地名。

"ječin"，"哲沁"，满语。意为"边疆""边境""边缘"等。③《满文老档》译作"扎沁"，认为是具体地名。

"jürčid ječin"，珠尔齐特哲沁，即女真人领地的边界。《满文老档》译作"珠尔齐特扎沁"。

"ula-yin jürčid ječin"，即"乌拉近地珠尔齐特边界"。清初，嫩科尔沁部、满洲以乌拉江（第二松花江）为界。"ula-yin jürčid ječin"即指此事。

"čaγan qonin jil-ün ebül-ün ekin sara-ača inaγši negülgekü bolba"，即"拟于辛未年十月开始迁移"，正是嫩科尔沁部属部南迁启程之时间。

"inaγši"，往这边，即往盛京方向。

[分析与评论]

上述档案显示，奥巴等嫩科尔沁部诸领主与天聪汗订立法规，将嫩江东岸嫩科尔沁部属部领地从"克尔哲尔库""绰勒门"等处向南延伸到乌拉部原住之地。正因为有此次嫩科尔沁部属部的南迁，使奥巴台吉的格勒珠尔根城附近的旧牧地被划到杜尔伯特部，成为其新牧地。这样就符合了《蒙古游牧记》所记"杜尔伯特部……西南至柯勒吉勒格"④。乌拉江也变成嫩科

---

① 《清内秘书院蒙古文档案汇编》（第6辑），内蒙古人民出版社，2003，第59~66页。
② 《黑龙江民族丛刊》1992年第1期。
③ 安双成主编《满汉大辞典》，辽宁民族出版社，1993，第851页。
④ "柯勒吉勒格"即"格勒珠儿根"，为奥巴所领"达古尔格勒珠尔库城"之不同记述。《蒙古游牧记》卷一记载，"杜尔伯特……西南至柯勒吉勒格"，表明格勒珠尔库城位于杜尔伯特旗领地的西南界［（清）张穆撰、张正明、宋举成点校《蒙古游牧记》，山西人民出版社，1991，第21页］。

尔沁部东南界与满洲的天然界限。

（三）嫩科尔沁部本部的"西移"

我们再看《旧满洲档》中的另一份档案，即天聪五年（1631）十一月十九日，天聪汗致嫩科尔沁部土谢图汗奥巴的一份文书：

> Sečen qaγan-u ǰarliγ. tüšiy-e-tü qaγan-du bičig ilegebe. oda tan-du čaqar-ača emiyegdekü（učir）ügei. naγun-i aq-a degü-degen keleǰü. nutuγ-iyan baraγun degegši nutuγla. nutuγ oyir-a bolqul-a yaγum-a sanaqu-du sayin bišiu. teyimü-yin učir-i či ülü medekü boyu. yambar-ba sanaγ-a ban sangγarǰai-du keleǰem. tarγun aγta-ban büü ebde. turaqan aγta-yi borduγul. γorlus. ǰalayid. doluγan tayiǰi nar. darqan tayiǰi-yin keküked-tü sayin kümün-i elči ǰaruǰu. teden-i nutuγ-i tan-i ǰüg tataǰu. Kedün aqa degü bügüdeger neyileǰü. aru-yin abaγ-a luγ-a ürkülǰileǰü nutuγla. činatu tabun qušiγun nutuγ-i inaγši es-e tataqula. elči ba yabudal-du nutuγ qola geǰü ese kürči ireküle nige müsün dayisun bolqu teden-i daγuur-i iǰaγur-un kelelčegsen γaǰar-a qabur ǰügetügei. tan-i šibege ula-du ǰügeye geǰi kelelče-be genem. büü ǰüge.①

（汉译）谕土谢图汗，今尔等已无畏惧察哈尔之虑。告知嫩江之众兄弟，向西移营。若牧地相近，易于谋事。此等缘故，尔焉不知。朕之所想已告知桑噶尔寨，勿坏肥壮骟马之力，喂肥羸瘦之骟马。选好人出使郭尔罗斯、扎赉特、七台吉、达尔汉台吉诸子处，让彼等向尔处移营。众兄弟相合，与阿鲁阿巴噶相连而住。若不把彼处五和硕之营地往尔处迁移，每遇遣使等诸事，营地遥远，不即前来，久则成仇敌。将彼等属民于明春迁往旧所议之地。据说将尔等迁往锡伯、乌喇。勿迁之。②

［注解］

"čaqar-ača emiyegdekü ügei"，无畏惧察哈尔（之虑），此句表明爱新国军事联盟已将林丹汗东进之患解除，林丹汗回到故地的努力又一次破灭。

---

① 《旧满洲档》，第3447~3448页。
② 汉译参考玉芝《蒙元东道诸王及其后裔所属部落历史研究》，博士学位论文，内蒙古大学，2006。

"naγun-i aq-a degü-degen kelejü"，告知嫩科尔沁部众兄弟，即指嫩科尔沁部本部诸台吉。

"baraγun degegši nutuγla"，向西移居至高处，即"向西"或"往西"移营。

"sangγarjai"，桑噶尔寨，又作"桑噶尔寨虾"。此人多次以奥巴台吉近侍身份出使爱新国。

"doluγan tayiji nar"，七台吉，即嫩科尔沁部额勒济格卓里克图七子，他们七人的牧地相近。史籍多记为"七台吉"。

"darqan tayiji-yin keküked"，达尔汉台吉诸子。达尔汉台吉是指嫩科尔沁部阿都齐，其号为"达尔汉"。《王公表传》载，天聪三年阿都齐达尔汉卒。由此来看，阿都齐达尔汉去世后，部落由其五子共同所领。

"aru-yin abaγ-a"，阿鲁阿巴噶，清初阿鲁科尔沁、四子、翁牛特等部的泛称。

"tabun qošiγun"，五旗，即指七台吉、扎赉特、杜尔伯特、郭尔罗斯左右两翼等五部。将其记作"tabun qošiγun"（五旗）的原因是天聪汗以八旗理念表述蒙古事务所致。此等现象在爱新国时期的文书档案内常见，也引起今人的诸多误解，以为天聪初年，嫩科尔沁部就有军政合一的"qošiγun"（旗）这一机构。

"teden-i daγuur-i"，将彼等属民，指七台吉、扎赉特、杜尔伯特、郭尔罗斯部。有学者将这一内容解读为"将彼之达斡尔"，这也是将"daγuur"理解为"达斡尔族称呼"所致。七台吉、扎赉特、杜尔伯特、郭尔罗斯部本为嫩科尔沁部属部，倘"daγuur"所指为"达古尔族"，"teden-i daγuur"就变成"七台吉、扎赉特、杜尔伯特、郭尔罗斯部之达古尔"之意，"达古尔族"就变成嫩科尔沁部属部之属部这种不通顺的逻辑关系。

"ijaγur-un kelelčegsen γajar"，原议之地，即指天聪五年四月一日，土谢图汗奥巴、吴克善等嫩科尔沁部台吉与天聪汗订立的"东边的属部自格勒珠尔库至绰勒门之地，乌喇之珠尔齐特霍尔浑以西，乌喇之珠尔齐特扎沁以东居住"之事。

"qabur jügetügei"，春天迁往。写信时间是天聪五年十一月，因此"春天"所指时间应为天聪六年春天。这也是天聪汗对嫩科尔沁部领地扩展方案进行的时间调整。

"tan-i šibege ula-du jügeye geji kelelče-be genem. büü jüge"，据悉将尔等

迁往锡伯、乌喇之地，勿迁。从档案内容来看，预定的包括嫩科尔沁部本部也向南迁移至乌拉近地的方案被天聪汗调整，改为向西扩营。这是天聪汗对嫩科尔沁部领地扩展方案进行的空间上的调整。

［分析语评论］

上述两份文书档案是嫩科尔沁部"南迁西移"事件的重要依据。档案显示此次嫩科尔沁部领地扩展分两步进行。第一次预定辛未年十一月将东边的郭尔罗斯、杜尔伯特等属部向南移营至乌拉近地。新牧地的范围从克尔哲尔库、绰勒门向南延伸至乌拉近地，东界为珠尔齐特哲沁，西界为珠尔齐特霍尔坤。

随着林丹汗东征行为的不力，对爱新国联盟构成的威胁减弱。天聪汗对嫩科尔沁部移营行动制定出第二个方案，将辛未年十一月嫩科尔沁部属部向南迁移，与乌拉接壤的移营时间改为壬申年春，又将嫩科尔沁部本部的南迁改为西移。这样，嫩科尔沁部领地的扩展从时间、空间上都发生了大的变化。嫩科尔沁部所属杜尔伯特部领地进到"克尔哲尔库"附近；郭尔罗斯部与松花江为界领地向南进抵乌拉故地，关外明长城处。嫩科尔沁部本部的新领地从中心区域嫩江口向西移营，与阿鲁阿巴噶诸部相连，形成了爱新国西北部对林丹汗的防御体系。这也是爱新国对林丹汗东征做出的灵活对策的结果。

当然，天聪汗引领的嫩科尔沁部"南迁西移"有强制成分，因此大迁移过程也并非一帆风顺。关于这一点，《十七世纪蒙古文档案文书》第61份档案为我们提供可靠依据。

  qaɣan-u ǰarliɣ-iyar negünem bile bide. dörbe ɣurban qonoɣ usun-ügei tulata. aduɣu qoni-yi urid negülgeǰü. ɣaruladǰu negütele. ooba naɣaču-yin bosqaqul bosču nekegsen nekegül-dü. ǰoriɣ-in ɣool-un amasar-tu. čaqar-ača irekü bosqaqul Sereng abaqai-yi ǰaɣun aduɣu-tai ɣurban temege-tei ɣurban quyaɣ-tai. arban doloɣan nayiman kümün. doloɣan tayiǰi-nar-tu ečibe genem. tere bosqaqul. nada kele. či urid kürkü bišiu. aɣtan-i tarɣun čerig mordanam geǰi. aɣta temege quriyaba. serigütü adali sere. Büü genede. Ene üge qudal ügei boi. bosqul ečiǰemü turšiyul turšiǰu ɣarǰam bolbao. iǰaɣur-un dobtuluɣsan ɣaǰar-a ulus saɣuɣ-a bai geküdü qaɣan iniyebe genem. ǰirɣuɣan qonoɣ-un turšiyul ɣarɣaba bide. ene kele ünen bolusa. Šira mören. naɣun qoyar-un qoɣur dumda usun ügei ǰon deger-e maγu bayiǰa geǰi sanaγdaba bide. ene bosqul-un üge. čaqar-un nutuγ quluqurin γool-yin Šira šibaγu-tai abdaratai-du genem. ene bosqul arba qonuǰu ireǰi bayinam. ene üge-yin ünen qudal-i moqur-un urusqu bolaγ-tu tür ǰaγur-a saγuǰu bolγoγad negüy-e.①

（汉译）我们奉大汗之命正在迁徙，因三四天没有水，将马羊提前迁移，刚刚出发，奥巴舅处有逃人叛逃，追击时，在交流河口②遇自察哈尔逃来之人，言色棱阿巴海的马百、驼三、甲士三，十七八人，奔七台吉去了。那个逃人对我说：你不是提前到［新营地］吗？［察哈尔将］要乘马肥时出征［你们］，［正在］收集马驼。［因此，你要］像醒着似地［时刻］提防，不要犯错。［逃人的］此话不会有假。逃人至［汗处］了吧，派出哨探了吗？据称当听到"以前所征伐过的地方已有人驻牧了"时汗笑了。我们派出了六天的哨探。此话为真，在西拉木伦、嫩［江］之间赶上无水之夏天，我们耽搁了。逃人言，察哈尔之营地在呼鲁胡尔河之西喇石布台、阿巴达喇台。此逃人经十天到此。在莫豁儿之乌鲁斯胡布拉克暂住，得［逃人之］言的真假之后再定迁徙［之事］③。

此信是迁徙中的嫩科尔沁部土谢图汗奥巴写给天聪汗的信件。此信件内容为我们提供三条信息。

（1）嫩科尔沁部诸台吉正按天聪汗意图向西移往新的牧地。科尔沁部本部"西移"正在实现。

（2）嫩科尔沁部本部"西移"幅度较大，奥巴台吉新领地距察哈尔汗只有十天路程。因此，诸台吉对此次迁徙产生疑虑或牢骚，在半路停滞不前。

（3）天聪汗对林丹汗势力及东征行动有较准确的判断，对奥巴等的担心不屑一顾。

事实证明，奥巴台吉的担心是多余的，林丹汗没能再次打回故地。其原

---

① 李保文整理《十七世纪蒙古文档案文书》第61份文书，内蒙古少年儿童出版社，1997，第175~176页。
② 交流河位于今吉林省洮南市附近。
③ 汉译参考玉芝《蒙元东道诸王及其后裔所属部落历史研究》，博士学位论文，内蒙古大学，2006。

有牧地变成爱新国军事联盟蒙古诸部的新牧地。西拉木伦、嫩江之间的广袤土地则成为嫩科尔沁部本部新领地。嫩科尔沁部"南迁西移"大迁移最终成为现实。

综上所述，为防御林丹汗东征，天聪五、六年间，皇太极以盟主身份划定联盟中蒙古诸部牧场领地，诱发嫩科尔沁部"南迁西移"之大迁徙，为清代嫩科尔沁部十旗牧场领地的最终固定打下基础。档案史料证明，嫩科尔沁部"南迁西移"分两步进行。第一步是嫩科尔沁部属部的"南迁"，导致郭尔罗斯部领地南迁至乌拉近地，松花江西岸；杜尔伯特、扎赉特部则移居至嫩江两岸科尔沁部本部原有领地。第二步是嫩科尔沁部本部的"西移"。嫩科尔沁部右翼向西游牧至察哈尔属地，即原内喀尔喀五部之地；与天聪汗关系密切的嫩科尔沁部左翼诸台吉迁徙路径向西南延伸至盛京近地。

喀木尼堪人叶雷途经嫩科尔沁部领地逃回原住地时，部分左翼台吉属户还在故地游牧生息，表明至崇德初年，挮带强制成分的"南迁西移"之大迁徙尚未彻底结束。至此，嫩科尔沁部领地基本固定，直至清末。

第三章

嫩科尔沁部与天聪汗皇太极（二）

天聪六年，皇太极一改"四大贝勒并坐"之制，面南独坐。此举既强化了爱新国新君的极权，又使皇太极对努尔哈赤开创的对蒙政策等有了改革的机会。皇太极为削弱八旗贵胄的权力膨胀和笼络联盟中的蒙古贵族，加强与蒙古各部的联姻步伐，又以大福晋额尔德尼琪琪格娘家嫩科尔沁部为主，扶持、建立外戚集团。嫩科尔沁部外戚势力和同为嫩科尔沁女子组成的天聪汗后宫势力成为爱新国后期至大清早期最明显的两股势力。

第一节 以嫩科尔沁部为核心的蒙古外戚集团的形成

1612年，爱新国主努尔哈赤迎娶嫩科尔沁部台吉明安女，双方关系出现转折，联姻、联盟成为主题。此举诱发东部其他蒙古部落效仿，纷纷与爱新国进行联姻、联盟。血缘上的同化消除了民族间心理隔阂，加快了蒙古人投附爱新国的步伐。联盟、联合则增强了满洲人军事实力，直至建立大清王朝。但是，努尔哈赤时代的联姻只以爱新国一方迎娶嫩科尔沁部女子（或蒙古女子）为主，未能摆脱过去历朝民族间联姻的质子性质。所娶两名嫩科尔沁部女子没起到传宗接代作用，联姻远没达到如今世人所熟知的满蒙联姻之地步。天聪初期，依旧遵循努尔哈赤开启的模式经营满蒙联姻，没取得实质上的进展。天聪后期，随着皇太极汗位的巩固，对国朝制度进行大的改革，将明显带有"质子"性质的满蒙联姻改成"互为嫁娶"模式，培植外戚集团，从而将蒙古诸部更加牢固地与爱新国捆绑在一起。

一 嫩科尔沁部与爱新国嫁娶新模式的开启

天聪六年，皇太极废除与三大贝勒俱南面坐、共理政务的旧制，改成自己面南独坐，取得了汗的独尊地位，爱新国国朝制度也逐步进入皇太极时代。其中"独厚科尔沁"成为皇太极时代最为显著的对蒙政策之一。双方间联姻也步入新的模式。

天聪七年四月二十八日，嫩科尔沁部大嬷嬷①、小嬷嬷②及国舅吴克善、额驸满珠习礼、台吉绰尔济等来朝。天聪汗偕诸福晋、贝勒，渡养息牧河五里迎接。此次，科尔沁二妃是为额尔克楚虎尔贝勒娶大妃女，行定亲之礼而来。但其意义远超出了普通的亲戚之仪，她们与天聪汗一起开启了真正意义上的满蒙联姻。

五月初六日，天聪汗谕诸贝勒曰："科尔沁部大嬷嬷见朕三女，欲娶长女为媳"，"嬷嬷之女屡适我国，而我等之女不与一人为婚，可乎"。③ 其结果，同月十一日，大嬷嬷求汗女与其子为婚，"以定亲礼，具宴进汗"。④ 二十七日，国舅吴克善亦为其子弼尔塔噶尔尚汗女雅托（雅图）格格，"行纳聘礼，备办宴席"。⑤

同年九月，嫩科尔沁部台吉绰尔吉娶贝勒阿巴泰第七女；其明年二月，嫩科尔沁部扎萨克图杜棱之子诺尔布台吉娶贝勒寨桑武次女。从此，蒙古方娶爱新国（或大清）女次数大幅增加。至崇德末年，满蒙之间发生的42次联姻中，爱新国娶蒙古女27次，嫁女15次。联姻次数及嫁娶比例均有所增加。事实说明，是嫩科尔沁部大嬷嬷的坚持将满蒙联姻引入互为嫁娶，即真正意义上的满蒙联姻时代。嫩科尔沁部也从联姻中的普通成员一跃成为大清朝"荷国恩独厚"的外戚之首。

---

① 为科尔沁部扎尔古齐莽古斯诺颜之妻，名为衮布（Gümbü），天聪汗中宫皇后之母。"meme"，满语，原意为"奶头、乳房"，延伸为"母亲"或"乳母"。史籍内对"科尔沁大嬷嬷"有不同记载：《旧满洲档》记为"korčin-i amba meme"，《满文老档》译作"科尔沁大妈妈"，《实录》作"科尔沁大妃"，亦称"科尔沁福妃"，《内国史院档》（天聪朝、崇德朝）称"大嬷嬷"，《内国史院档》（顺治朝）称之为"和硕朝胡灵阿福晋"。
② 为莽古斯之子寨桑诺颜之妻，名为博礼（Boli），天聪汗西宫福晋布木巴岱之母。《旧满洲档》记为"korčin-i ajige meme"，《满文老档》译作"科尔沁小妈妈"，《实录》作"科尔沁次妃"，亦称"科尔沁贤妃"，《内国史院档》（天聪朝、崇德朝）称"小嬷嬷"，《内国史院档》（顺治朝）记为"和硕墨尔根福晋"。
③ 中国第一历史档案馆：《清初内国史院档案译编》（天聪朝、崇德朝），光明日报出版社，1989，第14页。
④ 中国第一历史档案馆：《清初内国史院档案译编》（天聪朝、崇德朝），光明日报出版社，1989，第15页。
⑤ 中国第一历史档案馆：《清初内国史院档案译编》（天聪朝、崇德朝），光明日报出版社，1989，第18页。

二 满蒙联姻中嫩科尔沁部的脱颖而出

为了摆脱努尔哈赤时代满蒙联姻中的质子性质，皇太极接受嫩科尔沁部大嬷嬷之请对满蒙联姻政策做出重大调整，互为嫁娶成为主流。与皇室有联姻的蒙古部落、家族地位亦迅速提升，在皇室宗室周围形成外戚集团。从天聪后期开始，皇太极采取"独厚科尔沁"之举措，将联姻重点选择在嫩科尔沁部，联姻数量、档次亦明显提高。

据统计，天聪元年至天聪七年，满蒙共进行 23 次联姻，爱新国方娶蒙古女 15 次，嫁女 8 次（努尔哈赤时代娶蒙古女 14 次，嫁女 3 次）；其中与嫩科尔沁部联姻 7 次，娶嫩科尔沁女 6 次（努尔哈赤时代为 6 次），嫁女仅 1 次（努尔哈赤时代为 2 次）。可看出，满蒙联姻的总次数在递增，但与嫩科尔沁部联姻次数及内容却没有大的变化。

表 3-1 天聪元年至天聪七年满蒙联姻统计（以联姻时间为序）*

顺序	满洲一方	嫁娶	蒙古一方	联姻时间
1	岳托第三女	嫁	巴林部塞棱台吉	天聪元年二月
2	努尔哈赤第三女	嫁	敖汉部索诺木杜棱台吉	天聪元年十二月
3	皇太极长女	嫁	敖汉部班第台吉	天聪元年十二月订婚，天聪七年嫁
4	寨桑武长女	嫁	巴林部赛特尔台吉	天聪二年一月
5	代善第五女	嫁	科尔沁部多尔吉台吉（布达齐之子）	天聪二年二月订婚，崇德四年八月嫁
6	瓦克达	娶	科尔沁部布达齐之女	天聪二年九月
7	多铎	娶	科尔沁部嘎汉之女	天聪二年九月
8	济尔哈朗	娶	卓里克图塔布囊之女	天聪三年
9	阿敏	娶	巴林部赛特尔之女	天聪三年
10	皇太极	娶	喀喇沁部之女	天聪初年
11	代善	娶	喀喇沁部之女	天聪初年
12	莽古尔泰	娶	喀喇沁部之女	天聪初年
13	代善	娶	科尔沁部图美卫征之女	天聪三年九月
14	阿敏	娶	喀喇沁部之女	天聪四年
15	莽古尔泰之女	嫁	喀喇沁部喇斯喀布	天聪四年十月

续表

顺序	满洲一方	嫁娶	蒙古一方	联姻时间
16	阿巴泰第四女	嫁	土默特部布尔哈图岱达尔汉	天聪四年十月
17	巴拉玛（代善子）	娶	班第台吉之女	天聪五年
18	岳托第二女	嫁	喀喇沁部弼喇锡	天聪五年四月
19	汤古岱	娶	科尔沁部塔布策楞之女	待考
20	赖幕布	娶	科尔沁部海隆之女	待考
21	皇太极	娶	扎鲁特部巴雅尔图戴青之女	天聪六年二月
22	多尔衮	娶	扎鲁特部根度尔台吉之女	天聪六年二月
23	阿济格	娶	杜尔伯特达尔汉台吉之女	天聪七年以前

* 此表格依据杜家骥《清代满蒙联姻研究》制作。

天聪后期至崇德年间，发生了对皇太极本人或对满蒙关系有着重大影响的几次联姻，为满蒙联姻注入新的内容。

天聪八年（1634）十月，嫩科尔沁部左翼大领主寨桑之女乌尤塔由其长兄吴克善送到盛京，与爱新国主皇太极成婚。事实证明，这是嫩科尔沁部与爱新国间的又一重量级联姻，大清朝后宫集团中又添一嫩科尔沁面孔。

天聪汗宸妃，名乌尤塔①，己酉年（1609）生于嫩科尔沁部，于天聪八年（1634）十月以二十六岁入宫。崇德元年七月，乌尤塔被册封为"崇德五宫"之东宫大福晋。其册封文曰：

> 奉天承运，宽温仁圣汗制曰，天地授命而来，既有汗主一代之治，则必有天赐福晋赞襄于侧。汗御极后，定诸福晋之名号，乃古圣汗所定之大典。今我正大位，当作古圣汗所定之大典。我所遇福晋，蒙古科尔沁部博尔济吉特氏，特赐尔册文，命为东宫关雎宫大福晋宸妃。尔务尽清廉端庄仁孝谦恭之义，谨遵国君福晋训诲，勿违我之至意。②

从此，清朝史书将其作"关雎宫宸妃"。

---

① 影视剧中称其为"海兰珠"，有学者据此推断其乳名为"qarajula"（即黑色神灯），纯属无稽之谈。乌尤塔姻亲俸禄由科尔沁左翼中旗吴克善家族之"ahula jirhuhan qobi nutuh"（北山六份鄂托克）台吉后裔所得，他们记得乌尤塔的真实姓名。
② 《满文老档》（下），中华书局，1990，第1531页。

崇德二年（1637）七月，宸妃诞一子，是为皇太极第八子。① 皇太极大喜，遂举行一个月的欢宴，集文武群臣于笃恭殿，招待满蒙亲贵近臣并"颁诏大赦"。诏文曰：

aγuda örösiyegči nairamdaγu bogda qaγan-u ǰarliγ. edüge tegri qairalaǰu nairamdaγu yosutu ordun-u čiqula yeke qatun-eče nuγun kübekün türübe. tegüber bi dotuγadu γadaγadu qamuγ ulus-yin arban ekitü yala-eče bosu yala-yi čüm tasulǰu aliba eregüten gem-ten-i aburaqu še bičig baγulγabai.②

（汉译）宽温仁圣皇帝制曰，今蒙天佑，关雎宫宸妃诞皇子，朕特颁制诰赦免内外诸国除十恶不赦外之所有犯人。

八月二十四日，崇德皇帝派遣国舅阿什达尔汉、尼堪、色棱等往外藩蒙古巴林、扎鲁特、喀喇沁、土默特、阿禄诸部落，会集诸王、贝勒等"颁赦诏，审理刑狱"③。清制规定，"册立皇太子与册立中宫同。……翼日，帝御殿受贺，颁诏如常"④。显然，宸妃之子受到储君礼遇，这在皇太极在位 18 年间绝无仅有，究其原因，此子系"崇德五宫"所生第一子，更是皇太极尊崇推行努尔哈赤所提倡"建立满蒙亲缘关系，促进满蒙亲谊情感"之决心和"独厚科尔沁"之意图的表现。

崇德年间，以大清朝三位固伦公主为首的众多公主格格下嫁蒙古，满蒙联姻从质子时代步入互为嫁娶时代。公主格格们来到蒙古居住生养，引领草原人们的习俗时尚，额驸们则成为家族部落中的新贵，或晋升为王公，或执掌扎萨克，统领部族。公主所生子嗣亦成为蒙古新的领主，在血缘相近的皇室周围组成外戚集团梯队，继而又担当外戚集团核心重任。在皇太极细心培植下嫩科尔沁部从众多蒙古部落中脱颖而出，成为"荷国恩独厚"的外藩首部和外戚核心。努尔哈赤提倡满蒙联姻，意在"建立满蒙亲缘关系，促进满蒙亲谊情感"，皇太极奉行"独厚科尔沁"策略，实为打造外戚核心地位。1643 年，崇德皇帝暴亡，七天之后有着嫩科尔沁血统的福临继承大宝

---

① 《清太宗文皇帝实录》，崇德二年七月甲戌条。
② 齐木德道尔吉、吴元丰、萨·那日松等编《清内秘书院蒙古文档案汇编》（第一辑），内蒙古人民出版社，2003，第 178 页。
③ 《清太宗文皇帝实录》，崇德二年八月己未条。
④ 《清史稿》卷八十八，礼七。

成为新皇。不久,满蒙联军顺利入关占领中原地区,努尔哈赤、皇太极多年的努力终成现实。其中,共同的政治利益使得嫩科尔沁部外戚集团与后宫集团组成以血缘为纽带的强大政治联盟,共同为大清朝支撑起半壁江山。

三 天聪后期至崇德年间嫩科尔沁部与皇室联姻的特点

从天聪后期至崇德年间,嫩科尔沁部与清朝皇室频繁联姻,迅速成为外戚集团核心部落,为清朝稳定和发展起到无法替代的作用。到崇德后期,嫩科尔沁部与清朝的联姻呈现出以下几个显著的特点。

(一)嫩科尔沁部娶女次数首次胜出

崇德元年至崇德八年,嫩科尔沁部与清朝联姻15次,嫩科尔沁方面嫁女6次,娶9次,娶女次数方面首次出现胜出现象。这表明崇德皇帝正为"建立满蒙亲缘关系,促进满蒙亲谊情感"做着积极努力。

表 3-2 崇德元年至崇德八年嫩科尔沁部与清朝皇室联姻统计*

嫩科尔沁一方	嫁娶	满洲一方	联姻时间
栋果尔之女	嫁	豪格	崇德元年七月
杜尔伯特部阿都齐台吉之女	嫁	岳托	崇德三年七月
巴敦台吉	娶	岳托第六女	崇德三年三月
奇塔特台吉	娶	皇太极第三女	崇德三年十二月
满珠习礼台吉	娶	储英之女	崇德四年七月
吴克善台吉之女	嫁	傅勒赫	崇德四年十一月
阿裕锡台吉①	娶	杜度第四女	崇德四年十二月
巴特玛台吉	娶	噶布拉长女	崇德五年七月
巴雅思呼朗	娶	皇太极第八女	崇德六年三月
诺木布②	娶	济尔哈朗第六女	崇德七年四月
栋果尔之女	嫁	勒克德浑	崇德七年九月
桑噶尔寨之女	嫁	傅勒赫	崇德七年之前
杜思噶尔③卓农台吉之女	嫁	多尔衮	崇德八年之前
桑噶尔寨之女	娶	祜塞	崇德八年七月
杜尔伯特达尔罕台吉之女	娶	多尔衮	天聪七年前后

① 系嫩科尔沁杜尔伯特部爱纳噶次子布鲁克图长子。《金轮千辐》记作"ayusi efü(阿玉希额驸)"。
② 扎萨克图郡王布达齐五子。
③ 疑似嫩科尔沁右翼后旗扎萨克喇嘛什希孙"tusahar güng",待考。
* 此表依据杜家骥《清代满蒙联姻研究》所列。

(二) 联姻渗透至整个嫩科尔沁部

从表 3-2 可看出,崇德朝嫩科尔沁部与清朝皇室联姻还是以左翼为主。但是联姻涵盖面已发生显著变化,右翼与皇室的联姻次数、力度在大幅提升。

天聪二年,布达齐五子诺尔布娶贝勒寨桑武次女,崇德七年又娶郑亲王济尔哈朗之女,将布达齐家族与清朝皇室联姻更进一步。

杜尔伯特部也参与到了与清朝的联姻行列。① 阿都齐达尔汉将二女嫁给岳托、多尔衮等清朝重要贝勒,其侄阿裕锡台吉也娶杜度第四女为妻。这样,与清朝有军功的四位贝勒结成联姻的阿都齐家族正在发展成为外戚集团的新贵。此前,即天聪七年六月,嫩科尔沁部喇嘛什希女嫁多尔衮。这些表明,清朝在坚持满蒙联姻,重点培植嫩科尔沁部外戚当中,将联姻的广度伸向更多的家族,使得外戚集团的基石更加牢固。

(三) 诸额驸成为嫩科尔沁部新贵

随着嫩科尔沁部与清廷联姻的发展,众额驸成为嫩科尔沁部新兴权贵,从而改变了嫩科尔沁部传统权力分配格局,以三位固伦额驸为例。

顺治六年(1649)九月,固伦额驸祁塔特晋封为多罗郡王;康熙五年(1666)十一月,固伦额驸毕尔塔噶尔承袭和硕卓里克图亲王爵;康熙十一年(1672)六月,固伦额驸巴雅斯呼朗袭父爵,封和硕土谢图亲王。其后,公主所生子亦接替父亲爵位成为嫩科尔沁部新的权贵。顺治十年(1653)八月,嫩科尔沁部多罗郡王祁塔特薨,其子额尔德尼朝觐顺治帝,承袭多罗郡王②;康熙六年(1667)八月,弼尔塔哈尔亲王在京病故。康熙七年十月,雍穆长公主所生长子鄂辑尔袭爵,成为第三任科尔沁卓里克图亲王;康熙十一年八月,嫩科尔沁部土谢图亲王巴雅斯呼朗额驸卒③,康熙十三年(1674)八月,巴雅斯呼朗长子阿拉善袭爵,成为科尔沁右翼中旗第三任扎萨克土谢图亲王。三位固伦额驸为首的诸额驸承袭父辈爵位成为嫩科尔沁部新的王公权贵,统领全族在血缘相近的皇室周围形成强大的外戚集团,继续着满蒙联姻"建立满蒙亲缘关系,促进满蒙亲谊情感"之基本功能,为清朝的繁荣和外藩的稳定发展发挥重要作用。

---

① 天聪七年,阿都齐达尔汉之女嫁阿济格贝勒。
② 中国第一历史档案馆:《清初内国史院档案译编》(顺治朝 下),光明日报出版社,1989,第 268~269 页。
③ 《清圣祖仁皇帝实录》,康熙十一年九月辛丑条。

第二节 嫩科尔沁部传统法律体系的崩溃——以"噶尔珠赛特尔事件"为例

爱新国联盟频繁的征战及苛刻的出征律令引起了嫩科尔沁等部蒙古诸台吉的不满,遂以"不出征"、"自行还家"①、"自行一路"②、"发兵甚少"③、"羸瘦马匹"④、"自行侵掠"等形式抵制。天聪八年(1634)以噶尔珠赛特尔为首的部分嫩科尔沁部台吉"拒绝出征"躲往索伦山,引发嫩科尔沁部族间"内讧",导致了嫩科尔沁部全族投附爱新国。

一 噶尔珠赛特尔与爱新国之间的微妙关系

"噶尔珠赛特尔事件"的主要人物噶尔珠赛特尔(又作噶尔珠色特尔、噶拉珠色特尔、噶尔珠塞特尔等)是嫩科尔沁部始祖奎蒙克塔斯哈喇的曾孙。据《金轮千辐》等文献记载,奎蒙克塔斯哈喇诺颜生有博第达喇和诺扪达喇两个儿子,博第达喇生有齐齐克、纳穆赛、乌巴什、乌延岱科托果尔、托多哈喇巴图尔、拜新、额勒济格卓里克图、爱纳噶、阿敏等九子。其中,额勒济格卓里克图诺颜生有"omuɣtu qadan batur. čoɣtu mergen. ɣaltu batur. qairan sečen. qaiqu bingtu batur. boyantai batur. satar ɣalǰiɣu(ɣalǰaɣu) doluɣan kübegün."⑤

(汉译)额莫克图哈旦巴图鲁、绰克图墨尔根、噶尔图巴图鲁、海赖车臣、海古冰图巴图鲁、博彦泰、赛特尔噶尔珠(即噶尔珠赛特尔)七子。

七人经常一起游牧,形成一个大鄂托克。因此,清初满蒙文档案称其为"七台吉部"⑥。七人中噶尔珠赛特尔以末子身份掌管部落之事,是实际上的部落首领。

---

① 天聪元年四月,爱新国联盟往征朝鲜凯旋。初八日,"蒙古诸贝勒、古尔布什额驸、石尔古纳克、大赉、满珠习礼额驸、恩格参先自营中还家"。皇太极责之曰,"独尔等有家室,出征诸贝勒将帅独无家室耶,何亟亟还家为也"。仍遣还营。详情见《清实录》,天聪元年四月丙午条。
② 天聪二年爱新国联盟出征察哈尔。此次远征因科尔沁奥巴等"自为一路",未与爱新国会师而流产。
③ 《清太宗文皇帝实录》,天聪五年四月丙午条。
④ 爱新国联盟往征察哈尔,蒙古巴林部落贝勒塞特尔色棱以兵来会,因其马匹羸瘦,受到处罚。详情见《清太宗文皇帝实录》,天聪二年十月丁巳条。
⑤ (清)答里麻著、乔吉校注《金轮千辐》,内蒙古人民出版社,2013,第273页。
⑥ 正因为如此,有学者将噶尔珠赛特尔等人拒绝出兵事件称之为"七台吉、扎赉特部'叛逃'事件"。玉芝:《蒙元东道诸王及其后裔所属部众历史研究》,博士学位论文,内蒙古大学,2006。

天聪三年之前，爱新国军事联盟对各部出征台吉所领兵丁没有指定具体数字，蒙古诸台吉的出征与否都采取"自行做主"的措施。天聪三年三月，爱新国军事联盟与蒙古诸贝勒议定联盟各部出征军令。规定，"我兵若征察哈尔，凡管旗事务诸贝勒，年七十以下，十三岁以上，俱从征，违者罚马百、驼十只。迟三日不至约会之地者，罚马十匹。我军入敌境，以至出境，有不至者罚马百匹、驼十只。若往征明国，每旗大贝勒各一员、台吉各二员，以精兵一百人从征，违者大固山罚马千匹、驼百只。迟三日不至约会之地者，罚马十匹。我军入敌境，以至出境，有不至者，罚马千匹、驼百只。于相约之地辄行掳掠者，罚马百匹、驼十只"①。但噶尔珠赛特尔等依然对出征之事持消极态度。天聪六年六月二十四日，天聪汗致信噶尔珠赛特尔，列举其不出征事迹，并予警告，曰：

> Sečen qaγan-i ǰarliγ bičig. γalǰaγu seter-tü ilegebe. iǰaγur-eča edüge boltala nada elči tasural ügei yabuγulba či. alus-in yabudal-i ülü medekü aq-a tegü-yin ügen-tü oruǰu boruγu yabudal-iyar yabuqu čini yaγubi. Düngkei-tü mordaqu-tu ese mordaba tegün-i qoyin-a kitad-yin qaγan-i qota-tu mordaqu-du ese mordaba. Tegün-i qoyin-a qabur-yin čiγulγan-tu ese irebe. dalingqu-tu mordaγsan-tu basa ese mordaba ene yabudal tani ǰöb boyu. tegri ker-be mani qayiralaǰu kitad čaqar qoyar-i doruyitaγuluγsan qoyina. ta yabuqu saγuqu γaǰar olqu berke bui-y-a. ene üge minü bardam biši. tengri mani-yi qayiralaǰu yabuqu-tu yeke törü oyir-a bolǰam. oda či bolusa uridu buruγuban medeǰü egün-i qoyina aliba ayan čerig-tü bolǰiyan-i γaǰar-a urid kürčü ireǰü aγta-yin küčü-yi ebdel ügei yabuǰu. nutuγ-iyan qoyiši qarul ügei yabuǰu. ilegüče temür iyen inaγsi ǰüeǰü② yabuqula uridu maγu-yi tani nekeǰü yala kiküügei. mön iǰaγur-yin buruγu yabudal-i ese orkiǰu yabuqula man-tu elči yabuγulǰu yaγukim. dayisun-i yosubar yabu ta.③

---

① 《满文老档》，中华书局，1990，第940~941页。
② 不知何故，玉芝博士将《旧满洲档》（第3913~3914页）内"ilegüče temür iyen inaγsi ǰügeǰü yabuqula"（将多余之铁输与我处），解读为"neligüd daγur-iyan inaγši ǰögeǰü yabuqula"（将讷里古特、达古尔迁往近处），从而衍生出"讷里古特、达古尔为嫩科尔沁属部"的论断。对比《十七世纪前半叶43份蒙古文书》原文可知，玉芝博士的论断明显有误。
③ 李宝文：《十七世纪前半叶43份蒙古文书》，原载《内蒙古社会科学》（蒙文版）1996年第2期，第95~96页。此信件在《旧满洲档》（第3913~3914页）也有记载。

（汉译）天聪汗敕书，致噶尔珠赛特尔，尔自始至今通使不绝，因何轻信毫无远见之兄弟之言而误入歧途？往征童黑之时未赴①，其后，往征中国汗之城时未行②，其后，春季会盟之时未至③，往征大凌河之时亦未出征④，尔等所行之事当否？若天佑我等，使中国、察哈尔两国衰败之后，尔将无处栖身矣。此非骄矜之语，今苍天佑我，大业将近。今尔应晓前非，嗣后，凡征战之时，先至约所，素日不伤骟马之力，不回头眷恋营盘牧地⑤，将多余之铁输送与我，则不计前嫌。若仍不弃往日之恶行，则遣使于我，又有何益？尔依敌国行之。⑥

从信件内容来看，噶尔珠赛特尔拒绝天聪前期多次出征和会盟，其"自行做主"的坚持令天聪汗很是气愤。

据此认为噶尔珠赛特尔与爱新国关系紧张，也不妥。清朝史籍中噶尔珠赛特尔的朝觐记载非常多。以《满文老档》为例：天聪六年四月初三日，爱新国联盟远征军至养息牧地方，天聪汗宴请"苏布迪杜棱之子及噶尔珠赛特尔、济农额驸"。十四日，大军至博罗一带驻营。是日，"噶尔珠色特尔进汗马一，汗曰毕，纳之"。十九日，"噶尔珠色特尔献马一。汗试乘，纳之"。二十四日，"噶尔珠色特尔进汗马二，汗阅毕，纳一却一"。五月十二日，噶尔珠色特尔还家，天聪汗"赐缎袍、长棉袄、套袜靴一双，玲珑雕鞍辔、银壶一"。

天聪八年元旦，土谢图济农巴达礼、扎萨克图杜棱、噶尔珠赛特尔等嫩科尔沁右翼诸台吉朝觐皇太极受到隆重接待。《内国史院档》载，天聪八年

---

① 指1628年出征察哈尔之役。这次远征因科尔沁奥巴等"自为一路"，未与爱新国会师而流产。童黑应是邻近大兴安岭的地名，今地不详。
② 天聪三年（1629）十月，皇太极亲率外藩"归顺"蒙古各部兵及满汉军攻伐明朝，十一月，大军攻明京城北京，不克而还。
③ 天聪五年三月，爱新国以征察哈尔国，调蒙古诸部落贝勒，各率所部兵，会于三洼地方。天聪汗听从奥巴台吉所言，遣兵还。
④ 天聪五年七月开始进行的大凌河攻城战。
⑤ 李保文将"nutuγ-iyan qoyiši qarul ügei yabuju"，译为"奋勇直前"，显然将"qarul（qaral）ügei"（不回头）理解为"γarul ügei"（不出去）了。蒙古族英雄史诗中将"nutuγ-eyan qoyiši qaral ügei yabuqu"（不回头观看眷恋故土）视为英雄最荣耀之举。
⑥ 此处汉译参考李保文《天命天聪年间蒙古文档案译稿》（中），《历史档案》2000年第1期。李保文将"γalju seter"译为"噶尔珠色特尔"，本书依据《内国史院档》，译为"噶尔珠赛特尔"。

正月二日,以庆贺元旦"噶尔珠赛特尔献马六匹,貂皮三十张"。正月二十二日"赐噶尔珠赛特尔染貂皮帽一顶,蟒袍一件,玲珑鞓带一条,靴一双,明甲一副,暗甲一副,镶嵌弢箙一副,玲珑腰刀一口,雕鞍辔一副,蟒缎一匹,素缎五匹,毛青布二匹,茶桶一个,三足银酒海一个"①。皇太极亲自接见并宴请嫩科尔沁部右翼诸首领。当时的情景为:"汗御中殿,令土谢图济农、扎萨克图杜棱、噶尔珠赛特尔三贝勒下三旗力士,先与小力士角抵。复令阿尔萨兰与三旗六名力士较,阿尔萨兰一一举而掷地。时其主三贝勒及所集满洲蒙古汉人等,无不称其奇勇。"次日"召土谢图济农、扎萨克图杜棱、噶尔珠赛特尔入宫宴之。八家亦照此各宴一日"②。这些史料显示,噶尔珠赛特尔虽然继续"伤损骟马之力前来请安,凡往征之时弗来"③,但他与爱新国的关系还很融洽,天聪汗依旧对其持容忍宽宏态度。

二 "噶尔珠赛特尔事件"的起因及经过

"噶尔珠赛特尔事件"发生的具体过程在清初史籍中皆有记载,内容基本一致。本书以中国第一历史档案馆编译《清初内国史院满文档案译编》为基本资料进行探究。

天聪八年五月十一日,天聪汗以征明大同、宣府等地,"遣舅阿希达尔汉及伊拜、诺木图,往嫩科尔沁部调兵"。

五月二十三日,大军渡辽河,沿养息牧河立 20 营。时,往蒙古嫩科尔沁部调兵之伊拜还。奏言:"科尔沁部噶尔珠赛特尔、海赖、布颜代、白谷垒、塞布垒等以往征北方索伦部落取贡赋营生为词,各率其本部人民叛去。科尔沁部土谢图济农、扎萨克图杜棱、孔果尔老人、洪台吉吴克善等已率兵往追噶尔珠赛特尔等。"天聪汗一边遣户部承政英俄尔岱、举人敦多惠回盛京城转谕守城和硕贝勒济尔哈朗曰:"令索伦部来朝大臣巴尔达齐速回其部,恐索伦部为噶尔珠赛特尔等所掠,宜详加训谕而遣之。"又遣巴克什希福、伊拜往嫩科尔沁部土谢图济农等谕曰"法律所载,叛者必诛。科尔沁

---

① 《清初内国史院满文档案译编》(上册),第 57~58 页。
② 《清初内国史院满文档案译编》(上册),第 57 页。
③ 《天命天聪年间蒙古文档案译稿(中)》(《历史档案》2001 年第 1 期)载《天聪汗致蒙古科尔沁部土谢图汗敕谕》一文。曰:"天聪汗敕谕。致土谢图汗书。劝阻嫩之有罪无罪诸诺颜前来请安,恐伤骟马之力。凡有罪之诺颜,宜不伤骟马之力遵行议定之法律。背弃议定之言,伤损骟马之力,凡往征之时弗来,即前来请安,又有何益?"

部贝勒若获噶尔珠赛特尔等，欲诛则诛之。而欲不诛，尽夺其部众，以其本人为奴者听"。

六月初五日，诺木图自嫩科尔沁部至，奏言"科尔沁部贝勒往追噶尔珠赛特尔等，俱已擒获等语"。

六月二十一日，大军至波硕克退地方驻营。前往嫩科尔沁部巴克什希福还，奏言，"科尔沁部土谢图济农、扎萨克图杜棱、孔果尔老人、吴克善洪台吉率兵往追噶尔珠赛特尔等，俱擒获之，杀噶尔珠赛特尔、海赖、布颜代、白谷垒、塞布垒等，尽收其人户等语"。

六月二十四日，天聪汗遣章京阿什达尔汉、巴克什希福召集蒙古诸贝勒谕曰，"科尔沁部贝勒额尔济格之子噶尔珠赛特尔、海赖、布颜代、塞布垒、白谷垒等，凡遇兴师，既不随行，又违法令，于出兵后，抢夺无主部落之牲畜。朕仍不念其恶仍欲保全归顺部落，屡加宽宥。乃彼反厌朕豢养之恩，顿忘来此受朕庇护，得以安居乐业，曾欲叛朕奔察哈尔部。今果奔索伦，为其兄弟科尔沁部土谢图济农、扎萨克图杜棱、孔果尔老人、吴克善洪台吉等追获，并杀噶尔珠赛特尔等。因此，朕心犹为悯怜，未曾料想伤朕食指，今杀彼等，犹伤朕之食指"。蒙古诸贝勒答，"汗谕甚是。噶尔珠赛特尔等，作孽殒身"。

六月二十六日，天聪汗遣舅阿什达尔汉、巴克什希福、伊拜往迎嫩科尔沁兵。谕之曰，"可尽取班第、色本、额古三人部众，以一份给蒙果，以一份给土默特部落明安达礼及明安。班第、色本、额古向不遵法度，向怀叛心。此次又与噶尔珠赛特尔等同叛，宜尽收其人民，只给看守牲畜贫民各五户，其班第命孔果尔老人兼管，其色本则命吴克善洪台吉兼管，其额古命伊尔都齐兼管，噶尔珠赛特尔、海赖、布颜代、白谷垒、塞布垒等人部下人各十户并海赖家属及其牲畜给噶尔图、海古。若被杀诸贝勒如有子嗣，勿夺其牲畜，惟令离其所属人民，归并他人监管。其所属人民拨给土谢图济农、扎萨克图杜棱、吴克善洪台吉、杜尔伯特等人各一份。孔果尔老人、伊尔都齐合给一份，若伊尔都齐遣来兵少，勿得分给。以噶尔珠（噶尔图）、海古并入孔果尔老人编为旗"。

七月初二日，嫩科尔沁部土谢图济农巴达礼、孔果尔老人、扎萨克图杜棱、吴克善洪台吉、伊尔都齐、多尔吉、桑阿尔寨、琐诺木、满珠习礼、达尔汉洪巴图鲁、色棱、噶尔玛、古木、扎玛喇、塞尔固棱等"率兵五千至"。皇太极"出营迎之，还御黄幄"。嫩科尔沁部诸贝勒于营外下马入御营。诸贝勒献貂皮端罩二件、貂皮三十张、驼一头、马九十三匹，众皆遥拜一次；土谢图济农出队叩见，天聪汗起身还礼抱见。次孔果尔老人、扎萨克图杜棱、吴克善洪台吉、伊尔都齐、多尔吉、桑阿尔赛、琐诺木、满朱习礼、达尔汉洪巴图鲁、色棱、噶尔玛、古木、扎玛喇、塞尔固棱等依次叩拜，行抱见礼。次与台吉阿巴泰、阿济格、和硕墨尔根戴青贝勒、额尔克楚虎尔贝勒、豪格贝勒相互抱见。见毕，嫩科尔沁诸贝勒以金酌所携酒，土谢图济农巴达礼、孔果尔老人、扎萨克图杜棱、吴克善洪台吉、达尔汉洪巴图鲁依次跪献。于是，宰牛羊备酒宴嫩科尔沁诸贝勒。宴毕，赐土谢图济农巴达礼、孔果尔老人、扎萨克图杜棱、吴克善洪台吉等蟒衣各一袭。

此即"噶尔珠赛特尔事件"相关的全部记载。

三 "噶尔珠赛特尔事件"的性质及结果

对于"噶尔珠赛特尔事件"的性质，清代记载较为统一，皆记作"叛逃"。台湾所修《清史》将噶尔珠赛特尔误作"噶尔珠""塞特尔"二人记述，并认为是一起由"征兵"引发的"叛往"事件。[①]

一些学者则对"噶尔珠赛特尔事件"提出了一些新的看法和观点。

宝日吉根认为此事件是"反抗兵役和民族压迫"的"人民起义"[②]。

胡日查、长命认为这一事件不是"叛乱"而是"反抗"[③]。

玉芝博士将此次事件定性为"七台吉部和扎赉特部之叛逃事件"，认为事件起因与天聪五、六年间发生的嫩科尔沁部"南迁西移"有关。具体观点为"天聪八年五月，爱新国决定征讨明宣府、大同时，正好赶上噶尔珠赛特尔等向北迁移。这样前往调兵的爱新国使臣扑空，使皇太极恼羞成怒。按照1629年律令[④]，暗示巴达礼等可将噶尔珠赛特尔等人以叛逃罪处死"[⑤]。

日本学者楠木贤道是很早就注意"噶尔珠赛特尔事件"的外国学者。他认为通过解决此次"叛离事件"，"天聪汗越过诸首领传统的支配权，根

---

① 《清史》第1册，台北"国防研究院"印行，1961，第19页。
② 《蒙古史论文集》，内蒙古人民出版社，1981。
③ 胡日查、长命：《科尔沁史略》，民族出版社，2001，第247页。
④ 1629年律令内容为，"如征明朝，嫩科尔沁每管旗大诺颜必须领所属旗之两名台吉和精兵百人出征。不出征或越期不至、先行掠夺都要罚以不同数量的牲畜"。
⑤ 玉芝博士学位论文《蒙元东道诸王及其后裔所属部众历史研究》。从事件过程来看，参加者只是"七台吉部"和"扎赉特部"少数几名首领，从记述历史事件一般用主要参与者命名之习惯，该事件应称之为"噶尔珠赛特尔事件"为妥。

据情况直接处罚那些违反法令的蒙古人，已经从原先的制裁阶段进入了按照他的法令指使漠南蒙古诸首领直接处置同胞的阶段"。①

本书在前人研究的基础上认为此次事件不是"叛逃"，而是由于部分台吉"拒绝出征"引发的嫩科尔沁部"内讧"。结果导致嫩科尔沁部传统法律的崩溃，为嫩科尔沁部投附清朝扫清了障碍。

嫩科尔沁内部不睦由来已久。请看《旧满洲档》天命八年（1623）五月三十日的一段记载②：

> gūsin-de. korcin-i ooba taiji. geren beise-de unggihe bithei gisun. cahar halha suwende gelerakū bime. geli olhome ceni dolo ehe-be waliyafi. gaiha jakabe bederebume hebe acahangge. tere inu facuhūn ai sain seme gūnifi acahabikai. be inu abkai keside gūwa-de gelerakū bime geli beyebe sula sindarakū olhome hecen qoton jase furdan-be akdulame dasambi. suweni korcin neneme ahūn deu-i dolo ulin ulha temšeme facuhūrafi joboho-be tohantai jergi ambase-de fonjime tuwajina. ahūn deu-i dolo facuhūrame ishunde ulin ulha gaiha baha seme ai gebu. tubabe gūnifi suweni dolo emke be tukiyefi han obufi geren gemu emu hebei banjici cahar halha suwembe necici o jirakū okini. mini ere gisun-be suwembe inu saišambi dere seme henduhe. han oburebe suwe manggi acarakū ojorakū oci nakaci suweni ciha dere……

> （汉译）三十日，致科尔沁奥巴台吉、诸贝勒书曰：察哈尔、喀尔喀不畏尔等，然其费心清除内部之不睦，互还所掠之物而议和者，亦乃知内乱为恶而相睦者也。我等亦蒙天佑，不惧他人，且不辞辛劳，谨慎行事，固修城池关塞。昔尔科尔沁，兄弟之间，争夺财畜，因乱受苦，此可问脱哈泰等大臣［可知］。兄弟之间相侵，虽得财畜，有何声誉？念及此，尔等之间可举一人为汗，齐心拥戴，则察哈尔，喀尔喀不能侵掠尔等。我之此言，尔等亦将赞同等语。推举汗之事，他日尔等若以为不妥，则可止之……③

---

① 楠木贤道：《天聪年间爱新国对蒙古诸部的法律支配进程》，中国蒙古史学会：《蒙古史研究》第 7 辑，第 318 页。
② 《旧满洲档》，第 1588~1590 页。
③ 此处汉译参考玉芝《蒙元东道诸王及其后裔所属部众历史研究》，博士学位论文，内蒙古大学，2006。

此虽是异国之人所言，但能印证嫩科尔沁部诸台吉"兄弟之间，争夺财畜，因乱受苦"的不睦因素确实存在。左翼与爱新国广泛联姻后与右翼之间的不睦更加突出。其中，爱新国挑拨离间是其加剧矛盾的一大原因。

天聪六年（1632）六月二十四日，天聪汗致信噶尔珠赛特尔，列举其不出征，说出"alus-un yabudal-i ülü medekü aq-a degü-yin ügen-dü oruǰu buruɣu yabudal-iyar yabuqu čini yaɣubi."（因何轻信毫无远见之兄弟之言，而误入歧途？）等语，也是针对嫩科尔沁内部不睦而言。

众所周知，爱新国为征明大同、宣府等地，向蒙古各部"调兵"实则指联盟各部依出征规约出兵、会兵之举。

天聪五年四月初七日，爱新国、奥巴台吉等与蒙古阿鲁部诸台吉共同制定《辛未年法规》。这是当时的联盟间通用之法规，规定："若往征察哈尔，十三岁以上七十三岁以下之人皆往，若扎萨克诸诺彦不往，则罚马百、驼十；若其余诺彦不往，则罚马五十、驼五。若伐中国，大部则一诺彦、两台吉率精兵百人出征，若不往，则罚大部马百、驼十。若逾三夜不至约所，则罚马十；若违约先行往略，则罚马百、驼十。不论往征中国或察哈尔，战事已过仍不至者，以未往征之法顶拟。"① 如按此令噶尔珠赛特尔等罪不至死，爱新国联盟所定律令中也不见"叛者必诛"之条款。因此，噶尔珠赛特尔等的被诛杀与联盟法律无关。

《辛未年法规》又规定："满洲人前往科尔沁阿巴嘎地方无论犯何罪，照科尔沁阿巴嘎之律定拟；科尔沁阿巴嘎之人前往满洲地方无论犯何罪，照满洲之律定拟；于两国之间犯罪，照各自之律定拟。"② 说明，噶尔珠赛特尔等是遵循嫩科尔沁部之律被诛杀的。

嫩科尔沁部诸台吉为何要诛杀不出征的同胞呢？

从天聪元年元旦开始，天聪汗率诸贝勒大臣出抚近门、谒堂子、还宫、拜神。辰刻，御殿，接受满洲、外藩蒙古诸贝勒、汉军各固山额真朝贺成为定制。至天聪中期，此项目已成为参加者的一种荣耀。天聪五年元旦，嫩科尔沁部土谢图额驸奥巴、敖汉部济农额驸琐诺木各率属员朝贺行礼。

---

① 李宝文、那木卡：《17世纪前期43份蒙文文书》，《内蒙古社会科学》1996年第1期。
② 李宝文、那木卡：《17世纪前期43份蒙文文书》，《内蒙古社会科学》1996年第1期。

前文所说，天聪八年元旦，土谢图济农巴达礼、扎萨克图杜棱、噶尔珠赛特尔[1]等嫩科尔沁部右翼诸台吉朝觐皇太极受到隆重接待，在元旦朝贺活动中显得异常显眼。尤其噶尔珠赛特尔未立寸功，又多次拒绝出征，却在巴达礼等的佑护之下受到如此礼遇，让从没得到过元旦朝贺待遇的嫩科尔沁部左翼诸台吉很不服气。同年五、六月间，左翼诸台吉乘噶尔珠赛特尔又一次"拒绝出征"之际，以"叛逃"为由派兵征讨诛杀。嫩科尔沁内部长年不睦，终于演变成"内讧"。

天聪八年七月初二日，嫩科尔沁部土谢图济农巴达礼、孔果尔老人、扎萨克图杜棱、吴克善洪台吉、伊尔都齐、多尔吉、桑阿尔寨、琐诺木、满珠习礼、达尔汉洪巴图鲁、色棱、噶尔玛、古木、扎玛喇、塞尔固棱等"率兵五千至"。此时，孔果尔老人排在巴达礼之后，成为嫩科尔沁部二号人物。天聪九年元旦朝贺，吴克善台吉与巴达礼一同参加。可见"噶尔珠赛特尔事件"中二人所起作用最大。

四 嫩科尔沁部传统法律体系的崩溃

天聪八年六月二十六日，天聪汗遣舅阿什达尔汉、巴克什希福、伊拜往迎嫩科尔沁兵，以盟主的身份对噶尔珠赛特尔等的部众进行分配。天聪汗的分配方案为："可尽取班第、色本、额古三人部众，以一份给蒙果，以一份给土默特部落明安达礼及明安。班第、色本、额古向不遵法度，向怀叛心。此次又与噶尔珠赛特尔等同叛，宜尽收其人民，只给看守牲畜贫民各五户，其班第命孔果尔老人兼管，其色本则命吴克善洪台吉兼管，其额古命伊尔都齐兼管，噶尔珠赛特尔、海赖、布颜代、白谷垒、赛布垒等人部下各十户并海赖家属及其牲畜给噶尔图、海古。若被杀诸贝勒如有子嗣，勿夺其牲畜，惟令离其所属人民，归并他人监管。其所属人民拨给土谢图济农、扎萨克图杜棱、吴克善洪台吉、杜尔伯特等人各一份。孔果尔老人、伊尔都齐合给一份，若伊尔都齐遣来兵少，勿得分给。以噶尔珠（噶尔图）、海古并入孔果尔老人编为旗。"

至此，天聪汗将嫩科尔沁部诸台吉分成六个等级，以对爱新国忠顺与否来排列，可发现：

---

[1] 《清太宗文皇帝实录》载，天聪八年正月初二日，科尔沁扎赉特部贝勒色本达尔汉巴图鲁向天聪汗献马二匹，表明他也参加了此次元旦朝贺。

(1) 噶尔珠赛特尔等"叛逃者",被诛杀。

(2) 班第、色本、额固等"向怀叛心"的台吉,贬为庶人,被兼管。

(3) 以巴达礼为首的右翼扎萨克图杜棱、蒙果、明安达礼、明安等诸台吉,分得"向怀叛心的台吉们的属民、牲畜",没有获得兼管"向怀叛心"的台吉。

(4) 噶尔图、海古等台吉,没有"叛逃",也无"叛心",但他们是噶尔珠赛特尔的近支,因此其属民合并到别的旗。据《满文老档》记载,天聪元年,噶尔图手里有"甲一百五十二人、四百五十家"① 属民,编为九牛录。

(5) 伊尔都齐,为"遣兵寡",因此"没有算入份数",只兼管"向怀叛心"的额固台吉。

(6) 孔果尔、吴克善等左翼台吉,分得众多人畜,还获得兼管"向怀叛心"的台吉。

从以上情况看,"叛逃"和"向怀叛心"的诸台吉们的多数属民和牲畜被嫩科尔沁左翼诸台吉们分得。正是由于这次分配,导致崇德元年查户口、人丁时,嫩科尔沁部出现"右翼万二千七百户、二百五十四牛录、三千九百三十一丁,左翼九千六百八十户、百九十三牛录、二千七百八丁"② 之状况,使得嫩科尔沁部左右翼力量基本平衡。

这里值得一提的是额固和伊尔都齐。

据《金轮千辐》记载,额固是扎赉特部阿敏诺颜的第十一子多尔济岱青之长子。他从努尔哈赤时代开始"未行请命,私与明朝交市",在土谢图汗奥巴的斡旋下,曾以"十驼百马为谢"平息过他的事端。从《清实录》蒙古文版所记载"urbaqu aγsan bülüge"③ 来看,额固没有参与此次事件。但是,天聪汗利用这次事件将额固贬为庶民。

伊尔都齐是"满蒙联姻"的缔造者、嫩科尔沁部左翼大首领明安台吉之长子。明安很早就与爱新国联姻联盟,但其子伊尔都齐等桀骜特强,每逢战事"不出兵"或"遣兵寡"。可是他手里丁甲众多④,是嫩科尔沁左翼最

---

① 《满文老档》,中华书局,1990,第 1679~1680 页。
② 《满文老档》,中华书局,1990,第 1675~1682 页。
③ 《清太宗文皇帝实录》(蒙文版),天聪八年六月二十七条。蒙古语"orbaqu aγsan bülüge",汉译可理解为"将要叛之"。
④ 崇德元年编审的结果为:甲兵 760 人,2930 家,58 牛录。

强台吉。这次仍然"遣兵寡",因而"没有算入份数"。让他兼管同样背景的额固,是天聪汗的高明之举。

整个事件的善后由天聪汗掌控,原本在嫩科尔沁部传统法律框架之内可以解决的"内讧"事件最终被联盟法律所解决,表明嫩科尔沁部传统法律体系的崩溃。天聪汗越过蒙古传统法律支配权,以捍卫联盟法规之名义直接处罚违抗命令的盟友,使其将平等的盟友转化成绝对顺民之举措在嫩科尔沁部得以实现。

综上所述,在努尔哈赤时代,嫩科尔沁部与爱新国为维护、协调双方关系,本着平等的原则订立诸多法规盟约。天聪二年以后,天聪汗皇太极以"征察哈尔、征明国"名义在联盟中制定一系列新的法规律令。在与嫩科尔沁部多次争夺联盟主动权而胜出的天聪汗逐步以联盟法规摧毁以嫩科尔沁部为首的蒙古诸部传统法律体系,树立起爱新国法律法规的绝对权威。其具体措施可归结为,对违抗不从者,以联盟法规进行严厉打击,对顺从者则以爱新国法律进行奖赏。就像楠木贤道先生所指"皇太极利用对察哈尔部和明朝战争的同盟目的,让归顺漠南蒙古诸部首领承认自己所颁布的军令。接着在对察哈尔部和明朝的频繁征战中要求蒙古兵与爱新国军保持统一行动、共同作战。从而迫使蒙古兵遵守同样的军规,通过直接处罚和制裁违反军规者,有效地限制了以嫩科尔沁部为首的漠南蒙古诸部的传统支配权,让诸首领和属民意识到爱新国的支配"①。其结果,嫩科尔沁从联盟法规的被动接受者转向联盟法规律令的主动捍卫者;从平等的盟友迅速转变成藩部属民,为以后的完全投附清朝迈出最关键一步。

第三节　嫩科尔沁部与八旗蒙古

《清史稿》载:"最初蒙古来附,即隶满洲;有自明至者,又入汉军。天聪九年定蒙古旗制,先已籍满洲、汉军者,亦不复追改也"②,表明了天聪九年以前的爱新国基本措施,即来附者不管什么部族均隶八旗的事实。当然,最初蒙古来附时,八旗还没有满洲、蒙古、汉军之分,只是将来投之蒙古人统一划到八旗麾下。后蒙古、高丽、萨哈尔察、索伦、锡伯、赫哲、卦

---

① 楠木贤道:《天聪年间爱新国对蒙古诸部的法律支配进程》,原载《蒙古史研究》(第7辑)。
② 《清史稿》卷二二九。

尔察、汉人归降者日众,遂衍生出八旗蒙古和八旗汉军之区别。这样,蒙古部落中的更多闲散人丁融入八旗蒙古,使得八旗蒙古的总体力量得到长足进步,到康熙年间达到200多个佐领。融入清朝八旗体制内的众多蒙古人则失去了原有生活习俗和文化传统。蒙古喀喇沁、巴岳特、伊苏特、扎鲁特、察哈尔等部的全部或一部被划到蒙古八旗,成为八旗蒙古的主要组成部分。

一 嫩科尔沁人与八旗蒙古

我们先看看两份统计表。从表3-3可看出在八旗蒙古216个佐领中,有喀喇沁佐领58个,约占总佐领的26.85%[①];察哈尔佐领20个,占9%;喀尔喀佐领5个,占2.3%;嫩科尔沁佐领4个,约占1.85%。表明嫩科尔沁部虽然较早投附爱新国,但融入八旗蒙古的嫩科尔沁人相对少。

从表3-4来看,努尔哈赤、皇太极时代,融入八旗序列的嫩科尔沁人中无人获得世爵封号。这是因为嫩科尔沁内部虽有不睦不和等现象,但较其他蒙古部落相对平稳,生活相对富裕,内耗亦相对少,零星投附爱新国的台吉和普通民众少的缘故。

表3-3 康熙年间八旗蒙古内各蒙古部落佐领数目统计

		喀喇沁	察哈尔	喀尔喀	嫩科尔沁	其他
1	镶黄旗	6	1	2		20
2	正黄旗	6	2	2		14
3	正白旗	6	1		2	20
4	正红旗	5	4		2	11[②]
5	镶白旗	8	7			16
6	镶红旗	6	1			15
7	正蓝旗	11	4	1		18
8	镶蓝旗	10				15
	总数	58	20	5	4	129

注:此表依据《八旗通志》制作。

---

① 乌云毕力格认为喀喇沁佐领数为67个,占总佐领数的31.6%。参见《喀喇沁万户研究》,第163页。
② 《清太宗文皇帝实录》载,崇德六年五月戊戌日条,"恩格图固山设十二牛录,以补缺额"。所记正红旗蒙古牛录数与《八旗通志》佐领数有出入。

表 3-4　入关以前蒙古族贵族封爵情况

姓名	始封	入关前爵位
乌讷格	天命十一年封三等子	天聪八年晋三等公
多尼库鲁格	崇德七年以前封一等子	崇德七年赠三等公
郭尔图彻辰	崇德元年封一等子	一等子
德参济旺	崇德元年封一等子	一等子
峨尔克奇岱青	崇德元年封一等子	一等子
索纳马	天命七年封二等子	二等子
奇塔特彻尔尼	崇德元年封二等子	二等子
古尔布什	天命六年封三等子	三等子
莽古尔代	天命六年封三等子	三等子
明安	天命九年封三等子	三等子
恩格德尔	天命九年封三等子	三等子
色棱彻辰	崇德元年封三等子	三等子
塔什海护鲁格	崇德元年封三等子	三等子
巴寨卓尔齐泰	崇德元年封三等子	三等子
叟格都兰	崇德元年封三等子	三等子
毕喇希	崇德元年封三等子	三等子
色棱布笃马	崇德元年封三等子	三等子
把赖都迩莽鼐	崇德元年封一等男	崇德八年赠三等子
古木台什	清初封三等子	三等子
多尔济达尔汉诺颜	崇德元年封一等男	一等男
达运	崇德元年封一等男	一等男
绰尔门	崇德元年封一等男	一等男
集雅汉瞻	崇德元年封一等男	一等男
色棱	崇德元年封一等男	一等男
衮出克木英	崇德元年封一等男	后将为一等轻车都尉
古木格	崇德三年封一等男	一等男
昂昆杜棱	天聪元年封三等男	三等男
图尔齐业尔登	天聪八年封三等男	三等男

续表

姓名	始封	入关前爵位
俄本兑	天聪八年封三等男	三等男
布当	天聪年间封三等男	三等男
把尔巴图鲁	天聪年间封三等男	三等男
达尔汉和硕齐	崇德元年封三等男	三等男
诺木奇	崇德七年封三等男	三等男
吴巴什	崇德七年封三等男	三等男
罗理	崇德七年封三等男	三等男
介桑扎尔固齐	崇德年间封三等男	三等男
甘笃	清朝封三等男	三等男

注：此表依据《清代八旗王公贵族兴衰史》制作。

嫩科尔沁人投附八旗途径有两点。

一是主动投附。天命五年八月十八日，"科尔沁贝勒孔果尔属下五男四女携牛五头来归"。① 天命八年三月十三日，"科尔沁贝勒莽古斯老人之男丁二十人，共计五十八口，携马一匹，牛四十五头，羊二十只来归"。② 这些人隶属八旗还是送回原领主，已无从查考。从《八旗满洲氏族通谱》等清代相关记载可知：科尔沁来投的阿禄哈隶属镶黄旗，耀乃巴图鲁隶属正红旗，珠玛喇、海潮龙、席图隶属镶蓝旗，阿哈麻色隶属镶黄旗，尼噶理隶属正白旗，图伦、白达理隶属正蓝旗。还有，镶蓝旗包衣鄂尔济图，镶黄旗包衣杜噶尔岱、善积，正白旗包衣鄂霸、白第、赛济图、孟福、博罗特、白瑚克什图、白颜图等也来自嫩科尔沁部。

蒙古文文献中也有嫩科尔沁人融入八旗的记载。《水晶珠》载，嫩科尔沁扎赉特部首领阿敏诺颜长子额森莫尔根子嗣"移居北京，融入八旗内"③。《金轮千辐》对此的记载更详细，是额森莫尔根次子布达什礼一支融入八旗，具体为"mergen tayiji budasiri-eče eluq-a dorki amban. tegünče dorki amban abida. bayan dorki amban. injaɣan tan. ede totur-a oruɣsan boi"。"莫尔根台吉布

---

① 《满文老档》（上），中华书局，1990，第166页。
② 《满文老档》（上），中华书局，1990，第437页。
③ 拉喜彭斯克著、胡和温都尔校注《水晶珠》，内蒙古人民出版社，1985，第923页。

达什礼子内大臣额鲁哈，子内大臣阿必达、内大臣巴彦、尹扎干，内附。"

二是因联姻随主子融入八旗。随着满蒙联姻的深入，很多嫩科尔沁部女子嫁到满洲上层，也有很多随嫁人员从嫩科尔沁部来到盛京和北京，融入八旗社会成为满洲人，其中最为典型的就是苏麻喇姑。

天命十年，嫩科尔沁部寨桑贝勒遣子吴克善台吉送女布木巴岱与四贝勒为妃。时，苏麻喇姑作为贴身侍女，从嫩科尔沁草原来到盛京。① 从清朝入关到孝庄去世的40余年间，"性巧黠"并"好佛法"的苏麻喇姑一直跟随着布木巴岱，成为其得力助手。

苏麻喇姑手制清朝"国初衣冠饰样"。康熙幼年时，遵照孝庄的指示，对玄烨的生活习惯、作风乃至风度等加以严格训练，使之从小就符合礼法规范等。史书载，"仁皇帝幼时，赖其训迪，手教国书"。②

在孝庄去世后，苏麻喇姑还接受了帮助抚养康熙皇帝第十二子允裪（胤裪）。那时苏麻喇姑已年近七旬且"持素"，在与允裪20年的相处间，与小皇子建立了深厚的感情。在苏麻喇姑病重期间，允裪一直陪伴在身边，耐心服侍。康熙四十一年（1702），皇帝正在外巡视时得知苏麻喇姑病重，也很焦急，命令在京的十二皇子要用一切可能的办法，挽救苏麻喇姑的生命，敬谨服侍，不可稍有疏忽。③ 尽管皇子们请了御医，竭尽全力救治，苏麻喇姑还是在当年九月七日与世长辞了，享年近90岁，"葬以嫔礼，瘗于昭西陵侧"。④ 允裪还为她守灵多日，并在翌年清明前夕，转奏皇父，请求亲自为苏麻喇姑祭奠行礼。

二 八旗内嫩科尔沁部世职大臣

入关前，就有嫩科尔沁人投附爱新国融入八旗蒙古序列，随旗主固山额真四处征战建立军功，成为八旗内新兴的军事力量。至顺治、康熙时代，有些嫩科尔沁人以军功被封为世职大臣。

翁爱 科尔沁人，国初来归，蒙古镶黄旗人，初任牛录章京。崇德二年七月，率兵往征瓦尔喀建功。崇德八年六月，随饶余贝勒阿巴泰征明，攻山东莒州城，率本甲喇兵首先登城，大捷凯旋。顺治元年，署梅林章京，留守

---

① 贾文超：《清初的苏麻喇姑》，《中国档案报》2001年12月21日第1版。
② （清）昭梿撰、何英芳点校《啸亭杂录》，中华书局，1980，第476页。
③ 《康熙朝满文朱批奏折》，康熙四十四年八月二十七日条。
④ （清）昭梿撰、何英芳点校《啸亭杂录》，中华书局，1980，第476页。

盛京，改任礼部理事官，加世职为牛录章京。翌年，从英亲王阿济格征李自成至九宫山。三年，从肃亲王豪格征四川，又随鳌拜等击败张献忠马步兵。五年六月，以追杀流贼功晋拖沙喇哈番。七年恩诏，加为三等阿达哈哈番。九年恩诏，加至一等阿达哈哈番。卒，以其弟特泽承袭。①《八旗通志》未记载顺治九年以后翁爱的具体事件。《清实录》载，顺治九年九月，翁爱晋镶黄旗蒙古梅勒章京。②顺治十四年九月，以征舟山功晋三等阿达哈哈番。③去世时间不明。

文程　蒙古正黄旗人，姓乔噶木克氏，世居科尔沁，国初来归。天聪三年从征明至通州，斩85人，获马50匹，驼9只。崇德六年围锦州，顺治二年，授牛录章京。九年，加为二等阿达哈哈番。子武程官至副都统，殁于阵，加至一等阿达哈哈番。④

卫征　蒙古正黄旗人，国初自科尔沁地方来归。卫征之名似乎为官衔之名，但《八旗通志》等相关史籍内不见其别名。此人于天聪三年征明至通州，破明经略卢象升营。崇德六年随固山额真谭泰围锦州，败明经略洪承畴。顺治二年，加世职为牛录章京。九年，任梅勒章京。十一年，征湖南，阵亡。加赠世职为一等阿达哈哈番，以其子博洛齐袭。⑤

恩格图　蒙古正红旗固山额真，科尔沁人⑥，但嫩科尔沁部台吉谱系内不见此人的由出，可见不是博尔济吉特氏族之人。此人国初来投爱新国，任牛录章京。天聪三年，征明围北京，奋勇先登。八年叙功，授三等甲喇章京世职，任兵部参政。崇德五年，从郑亲王征明围锦州松山。顺治元年四月，从睿王入山海关，败流贼有功，加世职一等甲喇章京。是年十一月，随豫亲王南征，破潼关。二年，进征江南。是年六月，随贝勒博洛征浙江破杭州。三年论功，加授梅勒章京。七年，升为一等阿达哈哈番。⑦作为旗主，恩格图多次担当攻守要塞之重任，从而有功也有过。《清实录》记录了恩格图

---

① （清）鄂尔泰等修《八旗通志》（第6册），东北师范大学出版社，1985，第4156页。
② 《清实录》，顺治九年九月辛巳条。
③ 《清实录》，顺治十四年九月庚戌条。
④ （清）鄂尔泰等修《八旗通志》（第6册），东北师范大学出版社，1985，第4162~4163页。
⑤ （清）鄂尔泰等修《八旗通志》（第6册），东北师范大学出版社，1985，第4162页。
⑥ 赵尔巽等撰《清史稿》卷二百二十九列传十六。
⑦ （清）鄂尔泰等修《八旗通志》（第6册），东北师范大学出版社，1985，第4176~4177页。

"入朝鲜京城""于高峰无边墙处先入""用火炮攻取塔山""殿后军败流贼"等功的同时,也记录"不念君上,止图利己""容隐不首,不收后队""奉召不即至""遇敌拒战""诳言""徇情附和"等过错。在"松锦大决战"中恩格图表现优异,出色完成"驻营杏山""驻防锦州""困守松山"等军事行动,受到嘉奖,得到晋级。皇太极对恩格图每次战功大肆嘉奖,对其过错则宽容免责。结果,恩格图逐渐成长为清初出色的八旗蒙古悍将。

明安达礼 融入八旗蒙古的嫩科尔沁人中建功最多、官居最高者为蒙古正白旗人明安达礼。《八旗通志》载,明安达礼姓西鲁特氏,世居科尔沁。① 父博博图,天命初年,率七十户来投,授游击世职,所领户编为单独牛录,令博博图管理。天聪元年,博博图从大军征明,于锦州阵亡。明安达礼袭父职,兼管佐领。十一月,以"不收复队,又临阵败逃",被夺其俘获。② 崇德三年,明安达礼同固山额真伊拜随贝勒岳托征明。六年,围锦州,以功晋二等甲喇章京。八年二月,任正白旗蒙古梅勒章京兼礼部参政。③ 顺治二年,从英亲王阿济格征流贼至延安府,七战七捷,加世职为一等甲喇章京。

顺治三年,清廷令外藩蒙古巴图鲁郡王满珠习礼同梅勒章京明安达礼等随豫亲王多铎,乘夜进追征苏尼特部腾机思。战争中"γadaγa-du ayimaγ-un baγatur ǰiyun wang manǰusiri, ǰasaγ-tu ǰiyun wang bayisqal, šanggiyabu, darqan daičing düng, tümed gümü, baγa sereng, badun darqan ǰoriγtu, badari efu, üban, ded tüsimel niqan meiren-i ǰanggin minggandari, tuγ-yin ǰanggi iltüqi, ǰada, edendur dotugadu γadaγadu γoyar minggan čerig ügčü"④ "外藩蒙古巴图鲁郡王满珠习礼、扎萨克郡王拜思嘎勒、尚迦布、达尔汉代青东、土默特古木、小色冷、巴敦达尔汉卓里克图、巴达礼额驸、乌班、侍郎尼堪,梅勒章京明安达礼,护旗章京伊勒都齐、扎达等领内外2000兵丁"。于欧特克山找到格格,阵斩毛海台吉、腾吉泰子多尔济台吉、腾机思孙噶尔玛台吉、喀尔喀古木台吉子伯颜图等。俘获825人,获骆驼1450只、马19309余匹、牛16960头、羊13530余只。顺治四年,叙此功升明安达礼为世职一等梅勒章京兼兵部侍郎,五年三月,迁正白旗固山额真。七年,恩诏,加一拖沙喇哈番,世袭罔

---

① (清)鄂尔泰等修《八旗通志》(第6册),东北师范大学出版社,1985,第4173页。
② 《满文老档》(下),中华书局,1990,第1657页。
③ 《清太宗文皇帝实录》,崇德八年二月丙寅条。
④ 中国第一历史档案馆馆藏《顺治三年档》,蒙古文档第三号。

替，旋升兵部尚书。九年十月，列议政大臣，晋二等子。十一年十二月，统兵征俄罗斯，败敌于黑龙江。十三年五月，以"在部日久，练达诸即"，授理藩院尚书。十五年十二月，命为安南将军，率军驻防贵州。十八年九月，转兵部尚书。康熙三年四月，考满，加太子太保。六年正月，调吏部尚书，八年二月，卒。谥敏果。①

第四节　天聪年间嫩科尔沁部主要军事活动

天命九年（1624），嫩科尔沁部首领奥巴台吉与努尔哈赤以盟誓的形式建立"不与察哈尔合"的联盟，但并没订立共同出征察哈尔的盟约规定。到天聪时期，皇太极与嫩科尔沁等蒙古部为抵御或征讨察哈尔频繁会盟，申定出征律令等，以律令的形式保障蒙古诸部出征积极性，使蒙古各部迅速成为爱新国军事联盟中的一支重要力量。其中，嫩科尔沁部首当其冲，从征爱新国对外军事活动不断增加，并立下了诸多军功。

一　天聪初期的随征

天聪二年九月，爱新国往征察哈尔，遣使蒙古诸部，令各率所部兵出征。嫩科尔沁部诸贝勒俱不至，唯土谢图汗奥巴、布达齐哈坦巴图鲁、满珠习礼、巴敦②等少数几名台吉率兵起行，却没有与爱新国大军会合，自行侵掠察哈尔。天聪汗遣希福等往邀奥巴台吉，速来会兵。土谢图汗奥巴率所部掠毕察哈尔遽还，不以兵来会师。只有天聪汗之外戚满珠习礼及巴敦台吉率兵掠察哈尔，以所俘获来会，随大军征察哈尔。战争中，满珠习礼以 20 人之兵力战察哈尔百人，将其歼灭，夺回喀喇沁苏布迪所失去阵地。③ 皇太极嘉其忠勇，遂赐满珠习礼台吉达尔汉巴图鲁号，赐台吉巴敦达尔汉卓礼克图号，并赏财币、驼马、牛羊甚多。④ 这是嫩科尔沁部与爱新国的第一次军事合作。虽没取得预期效果，但是，天聪汗敏锐地观察到嫩科尔沁内部不睦现象的扩大，对左翼诸台吉有了进一步了解，遂更加扶持优抚左翼，并认真实施。

---

① 《清圣祖仁皇帝实录》，康熙八年二年辛卯条。
② 系孔果尔第三子。
③ 满珠习礼郡王册封文［《清内秘书院蒙古文档案汇编》（第 7 辑），第 38~44 页］。
④ 《满文老档》（下），中华书局，1990，第 909~910 页。

天聪三年十月，天聪汗亲统大军伐明。十五日，嫩科尔沁部土谢图额驸奥巴、图美、孔果尔老人、达尔汉台吉、希讷明安戴青、伊尔都齐、吴克善、哈坦巴图鲁、多尔济、桑噶尔寨、索诺木、琐诺木、喇嘛什喜、木寨、巴达礼、绰诺和、布达席里、达尔汉巴图鲁、色棱、拜思噶尔、额森、达尔汉卓礼克图、达尔汉台吉之子等二十三贝勒率兵来会。史籍不见嫩科尔沁部出征兵丁总数。但此前所定"若出征明国，每旗管旗台吉一人、台吉两人、精兵百人出征"①之约定，嫩科尔沁部此次出征兵丁应在2000名以上，在蒙古诸部中最多。

天聪汗召集满蒙诸贝勒商讨"所向宜何先"，结果以征明之议为是。嫩科尔沁兵与贝勒阿巴泰、阿济格所率左翼四旗兵从龙井关攻入明朝境地。攻克遵化、大安口、罗文峪后，联军起行，直逼燕京。十二月二十日，奥巴台吉领嫩科尔沁兵还，天聪汗遣阿山、叶臣率护军300人送之出边。二十六日，爱新国联军亦放弃围攻燕京之作战方案，大肆抢掠京畿附近州县而还。

此次征战中，嫩科尔沁兵的总体表现史籍未作更细的记载。但在行军、征伐中，嫩科尔沁兵丁也暴露出对出征律令的理解不到位等行为，遭到天聪汗严厉处罚。例如，大军自遵化起行至25里驻营，嫩科尔沁兵杀一降民，解其衣。天聪汗闻之，"亲以鸣镝射之"②。

二 天聪中期的从征

天聪五年，爱新国组织三次征战，其中皆有嫩科尔沁部台吉、兵丁的参与。

三月，爱新国以征察哈尔遣使蒙古诸部落贝勒，各率所部兵会于三洼地方。天聪汗亲率大军以贝勒济尔哈朗帅左翼，贝勒岳托帅右翼向西进军。嫩科尔沁部台吉奥巴、小桑噶尔寨③、翁诺黑、绰诺惠、巴古尔、栋果尔伊尔都齐、达古尔哈坦巴图鲁、吴克善、满珠习礼、绰尔济④、喇嘛什喜⑤、木

---

① 李保文：《十七世纪蒙古文档案文书》第16份文书，内蒙古少年儿童出版社，1997，第47~49页。
② 《满文老档》（下），中华书局，1990，第957页。
③ 即明安八子索诺木诺木齐。此次与翁诺黑、绰诺惠、巴古尔、东果尔伊尔都齐、达古尔哈坦巴图鲁等诸兄弟前来会兵。
④ 吴克善侄，系吴克善次弟察罕长子。
⑤ 即图美长子喇嘛什希。

寨、布达齐等台吉率部来会,所带兵丁在蒙古诸部中最多。其他部落兵丁人数少,马匹亦羸瘦,无法堪用。

四月初三日,皇太极听从奥巴台吉所言"我蒙古马匹皆不堪用,且所发兵甚少,此行不如中止。宜定为盟书,上与诸国各执其一,俟秣马肥壮,然后大举,方克有济"①,终止进兵,决定班师。天聪汗从会师不至诸贝勒身上看出"新服蒙古诸部落宜加训练"之必要,于十二日,以奥巴台吉、孙杜棱、达赖楚呼尔、僧格和硕齐及大小诸台吉再次申定出征律令。这次出征及会盟的前因后果也是皇太极在军国诸事上采取"独厚科尔沁"举措的一大原因。五月初七日,天聪汗遣阿什达尔汉、希福往嫩科尔沁部会盟,议诸贝勒不出征不会盟之事。② 七月,爱新国往征明朝关外重镇大凌河。爱新国要求蒙古各旗只出兵50人。③ 从此要求可知"以出兵所得汉人币帛及与朝鲜通市所得货物尽与蒙古"④之决定是按人头落实的临时规定。

八月初二日,天聪汗谕蒙古诸贝勒曰,"我等既蒙天眷,遵约会师,即一国一法矣。此行既蒙天意,我兵得入明地,惟戮其抗拒之兵,勿杀闲散之民,俘获之人,不得散其父子夫妻,不得取其衣服。有杀闲散之民,夺取其衣服者,则夺其所获,给予首告者,并鞭责二十七。各队主将,各于所属详明晓谕,士卒不得擅离部伍,恣行搜掠。若擅离被屠,则败坏我名誉也。我等今春会盟时曾云:无论何往,悉遵军令而行等语。切毋违令"。⑤ 天聪汗以"一国一法"要求蒙古诸部台吉遵从联盟出征军令,将先前所定"愿往就领人马带兵器来,不愿往就别来"⑥的出征行为改变为必进的责任义务。这是天聪汗此次出兵的最大收获。初七日,天聪汗集满蒙诸贝勒商定,制定"掘壕筑墙以困之"之策,将城之四面尽掘壕沟。掘壕时,"未令科尔沁、阿鲁两部人参与"。⑦ 壕沟掘成,皇太极命八旗从四面围困,蒙古兵围其隙处,使大凌河守将逐渐吃力,最终投降。

战争中,贝勒阿济格台吉、硕托阿格从八旗各旗选纛额真一员、护军五十及蒙古敖汉、奈曼、科尔沁、阿鲁、巴林、扎鲁特各部兵之半,往锦州松

---

① 《清太宗文皇帝实录》,天聪五年四月丙午条。
② 《满文老档》(下),中华书局,1990,第1122页。
③ 《满文老档》,中华书局,1990,第1124页。
④ 《清太宗文皇帝实录》,天聪五年七月庚子条。
⑤ 《满文老档》,中华书局,1990,第1130页。
⑥ 李保文、南快:《17世纪前期43份蒙文档文书》,《内蒙古社会科学》1996年第1期。
⑦ 《满文老档》,中华书局,1990,第1131页。

山追击明援兵。①

清朝史籍不见大凌河之战嫩科尔沁部诸台吉、兵丁的表现。顺治九年八月，嫩科尔沁部台吉绰尔吉以军功封镇国公，其册封文内有：

> dalingqu-yi abuɣsan yabudal-dur ǰang dooli-yin čerig-i daruqui-dur tabun qusiɣun-eyen čerig-i abču tusalaɣsan dayisun-eyen daruba. kinǰeü-eče ɣaruɣsan daisun-i daruqui-dur tabun qusiɣun-eyen čerig-i abču tusalaɣsan dayisun-eyen daruba. kinǰeü ki-yin naɣan-a saɣuɣsan-dur kinǰeü ki-yin moritu čerig ɣarču iregsen-i qoisi qotan-dur-inü kürtele daruqui-dur tabun qusiɣun-eyen čerig-i abču tusalaɣsan dayisun-eyen daruba.

（汉译）大凌河之役，败张道理兵，领五旗兵丁败其援兵。败出锦州之兵，领五旗败其援兵。锦州边驻营，骑兵来犯，领五旗败其援兵。

可见嫩科尔沁部诸台吉在大凌河、锦州之役中战果颇丰。

天聪六年四月一日，天聪汗亲率大军往征察哈尔。蒙古喀喇车里克、伊苏忒、扎鲁特、敖汉、奈曼、巴林、阿鲁等台吉各率所部兵相继来会。十三日，大军次扎滚乌达地方。嫩科尔沁部土谢图额驸奥巴、布达齐哈坦巴图鲁、孔果尔冰图、吴克善、满珠习礼额驸、桑噶尔寨台吉②、拉曼台吉③、色棱台吉④、岱达尔汉台吉⑤、阿金达台吉⑥、额林察台吉⑦等诸贝勒各率所部兵来会。蒙古诸部虽然出兵积极，但所带兵丁甚少⑧，引起天聪汗不满。唯土谢图额驸率来军士甚多，又不惜所蓄马匹，散给部众，疾驰来会。天聪

---

① 《满文老档》，中华书局，1990，第1143页。另据《满文老档》第1145页载，九月初三日，天聪汗遣使往沈阳致书，曰"八月二十日，阿济格台吉、硕托阿哥，率每旗护军五十人，蘁额真各二、哨卒二十，及阿鲁、科尔沁部全军，敖汉、奈曼部兵一百，巴林、扎鲁特部兵一百，往围锦州及松山路"。阿济格等出征日期有出入，所带蒙古诸部具体人数亦有出入。
② 系吴克善弟索诺木次子。
③ 系图美长子喇嘛什希台吉。
④ 系图美长子喇嘛什希长子小色棱台吉。
⑤ 系图美次子布达什礼台吉。
⑥ 系阿都齐达尔汉四子。
⑦ 系阿都齐达尔汉五子。
⑧ 据《满文老档》载（中华书局，1990，第1258页），此次出兵具体数字为：喀喇沁万丹兵200，马奇兵50，小阿玉喜兵40，阿苏特兵180，叶布舒兵30，多洛坎库列兵45，拜珲岱兵40，庚格尔兵70，沙木巴兵100，阿济奈兵130。

汗所说"立心诚恳，忧乐相同，朕甚嘉之"①，就是对此次从征中嫩科尔沁部诸台吉的认可。在都勒河之地，天聪汗得到察哈尔林丹汗领其部民两牛以上可以携带者尽携之，奔库黑得勒酥地方，自大儿湖距彼地约一月程之消息，召集满蒙诸贝勒等商讨旋师事宜。诸贝勒认为，"此来已近明境，即赴柏兴地方，复入明境，以图大事为善也"。② 于是，分兵两翼征明。嫩科尔沁部土谢图额驸奥巴及巴林、扎鲁特、喀喇沁、土默特、阿鲁等部落兵一万组成左翼军，由贝勒阿济格、巴克什吴讷格率领，往掠大同、宣府边外一带察哈尔部民。右翼则由贝勒济尔哈朗等率兵二万，往掠归化城黄河一带部民。

《清实录》中不见此次爱新国联军在归化城地区活动。齐木德道尔吉教授依据《满文原档》相关记载，梳理出天聪六年爱新国大军征略库库和屯地区军事行动的一些细节。此役，嫩科尔沁左翼吴克善、满珠习礼部外，天聪汗没让联盟中的其他蒙古军队直接参与占领库库和屯的军事行动，嫩科尔沁右翼兵则只参加了大同、宣化边外的一些零星战役。③ 显然，此次天聪汗一直重用嫩科尔沁左翼而轻视右翼。另外，在《满文老档》记有，嫩科尔沁部吴克善、满珠习礼与达雅齐塔布囊等向明朝索要逃入沙河堡内的蒙古部民；吴克善、满珠习礼以俘获礼选牛 40 和羊 20 及缎、毛青布等进献；在宣府，伊尔都齐④捕获人 231 人，驴 52，牛 300，羊 500 等具体战功，却不见右翼诸台吉的任何战功俘获。表明，此前奥巴台吉等右翼诸台吉的表现令天聪汗不满，将其盟友核心地位降低至附庸位置。天聪汗对嫩科尔沁左翼吴克善、满珠习礼等的重视、扶持加重嫩科尔沁部的不睦倾向，加速了嫩科尔沁部的投附。

三 天聪后期的频繁出征

天聪八年五月，爱新国军事联盟为了收复察哈尔部众，往征明朝大同、宣府等地，遣使蒙古诸部会兵。嫩科尔沁部台吉噶尔珠赛特尔等拒绝出兵，躲往索伦，遂以"叛逃罪"遭到同族诛杀。七月初二日，土谢图济农巴达礼、孔果尔玛法、扎萨克图杜棱布达齐、台吉吴克善、伊尔都齐、多尔济、桑噶尔寨、琐诺木、达尔汉巴图鲁、满珠习礼、色棱、噶尔马、古木、扎木

---

① 《满文老档》，中华书局，1990，第 1261 页。
② 《满文老档》，中华书局，1990，第 1281~1282 页。
③ 齐木德道尔吉：《天聪六年爱新国大军征略库库和屯史实解读》（一），《内蒙古大学学报》（哲学社会科学版）2014 年第 4 期。
④ 系科尔沁左翼台吉明安子栋果尔，号伊尔都齐。

巴喇、塞尔固棱等40名台吉率兵五千来会。土谢图济农、孔果尔玛法、卓礼克图台吉吴克善各得蟒袍一件，为诛杀同族，率兵来会之悬赏。初五日，天聪汗议定兵分四路入边。亲自率领正黄旗、镶黄旗兵及汉军、天佑兵、天助兵、嫩科尔沁兵等入上方堡。

史籍中，嫩科尔沁部诸台吉、兵丁的记载和具体活动、战绩等不多。但从有限的记载中仍能窥知此次出征嫩科尔沁部兵丁的总体表现。

八月十五日，天聪汗率多尔衮、多铎、豪格及嫩科尔沁部土谢图济农巴达礼、扎萨克图杜棱布达齐、孔果尔玛法、卓礼克图台吉吴克善、达尔汉巴图鲁满珠习礼等往视大同城。发现城南有明兵结营，遂击败之，追及城壕而回，获马百匹。① 十九日，土谢图济农巴达礼、扎萨克图杜棱布达齐向天聪汗各献"妇女十口、骡一百匹、牛一千头、马二十匹、羊四百只"②。在大同外，"科尔沁国土谢图济农巴达礼攻下十堡一台，土谢图济农、扎萨克图杜棱布达齐合攻下一堡。土谢图济农复与杜尔伯特部落合克下一堡。扎萨克图杜棱克下三堡。扎赉特部落克下八堡。杜尔伯特部落克下十堡。喇嘛斯希克下五堡。孔果尔玛法攻下二堡一台。卓礼克图台吉吴克善攻克八堡。达尔汉巴图鲁满珠习礼克下六堡。伊尔都齐族人克下十二堡。绰尔济克下二堡一台。大妃下兵克下三堡。众兵合克下一堡"。③ 此时的嫩科尔沁部诸台吉已转变成为天聪汗军事体系中的重要角色，是除满洲八旗军队之外的最具战斗力的一支劲旅。

当然，在此次出征也出现嫩科尔沁部兵丁当逃人之现象。④ 这表明，爱新国频繁征战引起嫩科尔沁部下层兵丁的反感和抵触，遂以临阵脱逃的形式逃离战祸。

从上述几次随征过程可以看出，天聪汗时代，嫩科尔沁部已从努尔哈赤时代"不与察哈尔合"的政治盟友转变成为从征的军事盟友，又从不遵守联盟规约、律令的被动角色晋级为积极出征的军事随从之事实。其出征积极性、战斗力及战功等是蒙古诸部中最为显耀的，这也成为皇太极在众多蒙古部落中"独厚科尔沁"，使其成为外戚核心的重要原因。

---

① 《清太宗文皇帝实录》，天聪八年闰八月丙寅条。
② 中国第一历史档案馆：《清初内国史院满文档案译编》（上），光明日报出版社，1986，第99页。
③ 《清太宗文皇帝实录》，天聪八年闰八月丙寅条。
④ 《清太宗文皇帝实录》，天聪八年十月壬辰条。

第四章

嫩科尔沁部与崇德皇帝皇太极

1636年四月，爱新国天聪汗皇太极改元称帝建立大清王朝，巴达礼、吴克善等领主受封，嫩科尔沁部成为大清朝藩部，彻底投附称臣。崇德年间，皇太极对国朝政策做出重大调整，以适应国朝新的时代。在朝内，崇德皇帝推崇以中宫皇后为主的"崇德五宫"，以嫩科尔沁部女子为主构建后宫集团，使后宫集团的影响力迅速提升。

在朝外，崇德皇帝将努尔哈赤时代就开始实行的"满洲人的蒙古化"理念进行彻底改进，以满洲制度逐步代替蒙古原有社会制度，使其变成"蒙古人的满洲化"过程，以此来建立起独特的外藩社会管理模式。在嫩科尔沁地区，清朝"蒙古人的满洲化"呈现两种显著特点。其一是清朝保障原有社会各阶层利益不变的前提下以满洲制度逐步替代嫩科尔沁部原有社会制度。其二是清廷以"独厚科尔沁"之理念继续经营满蒙联姻，并将联姻的范围渗透至整个嫩科尔沁部。其结果，以嫩科尔沁部为首的蒙古诸部在皇室宗室周围形成外戚集团，嫩科尔沁部则成为外戚集团核心。

第一节 以嫩科尔沁女子为核心的后宫集团之形成

崇德元年（1636）七月十日，中宫皇后为主的五名蒙古女子以"一后四妃"嫡妻身份接受崇德皇帝册封，组成后宫集团核心。学者通常称她们为"崇德五宫"。她们是：中宫清宁宫主皇后额尔德尼琪琪格，东宫关雎宫主宸妃乌尤塔，西宫麟趾宫主巴特玛·璪，次东宫衍庆宫主娜木钟，次西宫永福宫主庄妃布木巴岱。清一色蒙古女子组成的"崇德五宫"是努尔哈赤"建立满蒙亲缘关系，促进满蒙亲谊情感"政策的最直接体现，嫩科尔沁部占三席表明皇太极正采取"独厚科尔沁"措施，将科尔沁女打造成后宫集团核心。

一 "崇德五宫"的入宫及册封

中宫皇后是五宫中最先进宫的人，本名为 erdeničečeg（额尔德尼琪琪格）①，嫩科尔沁部扎尔古齐诺颜（断事官）莽古斯之女，明万历二十七年（1599）四月十九日生，癸丑年（1613）秋九月与四贝勒皇太极成婚。② 天聪元年，晋升为中宫大福晋。崇德元年七月初十日，以嫡妃正位中宫皇后，行册封仪，成为"崇德五宫"之首。

永福宫庄妃是五宫中第二个进宫的人，本名为 bumbadai（即布木巴岱，汉籍记作"本布泰"或"布木布泰"），是嫩科尔沁左翼大领主莽古斯扎尔古齐诺颜长子宰桑布和次女。明万历四十一年（1613）二月初八日，出生在寨桑布和诺颜行宫索尼图之地。③ 天命十年（1625）二月，与爱新国四贝勒皇太极成婚。④ 崇德元年（1636）七月十日，受封为"崇德五宫"之永福宫庄妃，入主次西宫。其册文曰：

> 奉天承运宽温仁圣皇帝制曰自开辟以来有应运之主必有广胤之妃然锡册命而定名分诚圣帝明王之首重也兹尔本布泰系蒙古廓儿沁国之女凤缘作合淑质性成朕登大宝爰仿古制册尔为永福宫庄妃尔其贞懿恭简纯孝

---

① 有学者撰文称崇德皇帝中宫皇后名为哲哲，不知其出处为何种典籍。本人长期进行田野调查中发现，科尔沁左翼中旗博尔济吉特氏台吉后人清楚地记得清初后宫们的名字。其中，崇德皇帝中宫皇后名为"额尔德尼琪琪格"，汉语意为"宝花"。据这些人讲，中宫皇后"哲哲"之名称来源可能是包括庄妃、宸妃等侄女在内的崇德后宫皆称呼中宫皇后为"姐姐"所致。清初满族格格、福晋名字多含"哲"字，如"肫哲""嫩哲""松哲"等，另外科尔沁蒙古人现在也称呼同辈年长女性为"jeeji"（即哲哲），表明"哲哲"可能不是中宫皇后真名。
② 《旧满洲档》内不见其成婚记载；《清太祖皇帝实录》，太祖癸丑年九月丁酉条；《满文老档》所记时间为"甲寅年六月初十日"。《清皇室四谱》载"甲寅四月莽古斯以女归太宗"。
③ 罗卜桑却丹著、哈·丹毕扎拉森批注《蒙古风俗鉴》，内蒙古人民出版社，1981，第299页。
④ 《清太祖武皇帝弩儿哈奇实录》卷四。

谦让恪遵皇后之训勿负朕命大清崇德元年七月初十日。①

关雎宫宸妃是五宫中第三个入宫的人，本名 uyuta，即乌尤塔②。己酉年（1609）生，为嫩科尔沁部左翼大领主寨桑之女。天聪八年（1634）十月，长兄吴克善送乌尤塔到盛京（今沈阳）与皇太极成婚。天聪汗将原有的东宫福晋"改适他人"，乌尤塔晋级东宫福晋。崇德元年七月十日，受封为"崇德五宫"之关雎宫宸妃，入主东宫。宸妃的入宫及晋级东宫是皇太极贯彻努尔哈赤满蒙联姻政策及奉行"独厚科尔沁"政策的具体体现。

与三位嫩科尔沁女子共同组成"崇德五宫"后妃核心的还有林丹汗两位遗孀。其中，衍庆宫宫主巴特玛·璪于天聪八年闰八月率所属投附爱新国，旋即与天聪汗成婚③，麟趾宫宫主名娜木钟，于天聪九年五月投附爱新国，七月与天聪汗成婚。这样，察哈尔败亡后，麾下济农、台吉等率各自属部投附爱新国，林丹汗太后、福晋等亦投附爱新国，被皇太极及其他贝勒瓜分迎娶。学界认为，这是爱新国上层"出于团结林丹汗余部，加强满蒙联姻，以有利于后金（爱新国）发展的政治用意"④的体现。但两位的受宠程度远远超出安抚林丹汗旧部的政治意义，已充当起为皇帝诞下有蒙古血统的接班者之重要角色。

二 "崇德五宫"的地位及实力

"崇德五宫"是清初后宫制度中最特殊的现象。清一色蒙古女子组成，三人有已婚史却地位崇高等显示皇太极正在按努尔哈赤提倡"建立满蒙亲缘关系，促进满蒙亲谊情感"政策打造后宫集团。

"五宫"地位，其他妃嫔无法比拟。中宫皇后额尔德尼琪琪格入宫前，皇太极已有多名福晋后妃。但肩负爱新国与嫩科尔沁和亲重任的额尔德尼琪

---

① 中国第一历史档案馆馆藏册封文原件；与《满文老档》所记册封文"奉天承运，宽温仁圣汗制曰，天地授命而来，既有汗主一代之治，则必有天赐福晋赞襄于侧。汗御大极，定诸福晋名号，乃古圣汗所定之大典。今我正大位，当做古圣汗之大典。我所遇福晋，系蒙古科尔沁部博尔济吉特氏，特赐尔册文，命为西宫永福宫侧福晋庄妃。尔务尽清廉端庄仁孝谦恭之义，谨遵国君福晋训诲，勿违我之至意"相比，不但未记庄妃乳名，内容也与册封文原件有出入。想必《满文老档》译者疏忽了。
② 特木尔巴根：《皇太极的最爱——宸妃》，《内蒙古文史》2012 年第 2 期。
③ 《清太宗文皇帝实录》，天聪八年闰八月辛亥条。
④ 杨珍：《清后妃制度的发轫》，《清史论丛》2005。

琪格迅速超过先前入宫的其他人，成为爱新国后宫核心。她以皇后身份主持参与满蒙联姻等重要国朝事宜，又随崇德皇帝参加诸多朝觐、朝贺等礼仪，成为崇德皇帝最为倚重的后宫统领及贤内助的同时也扮演着嫩科尔沁外戚集团利益最忠实守护者的角色。据统计，《清实录》中大福晋随皇帝参加朝觐礼仪的记载共有 55 次（天聪时期 30 次，崇德时期 25 次），单独参加朝觐礼仪的记载共有 46 次（天聪时期 25 次，崇德时期 21 次）。其他四位妃子多次陪同皇后出席国朝重要礼仪，史籍内不见皇太极其他后妃参加国朝礼仪的记载，可见崇德五宫在爱新国后妃中的地位。

崇德二年七月，关雎宫宸妃乌尤塔为皇太极诞下第八子，皇太极集文武群臣于笃恭殿，以"今蒙天眷，关雎宫宸妃诞育皇嗣"[①] 为由颁诏大赦，除"十恶不赦罪"外所有罪皆赦免。外藩蒙古诸贝勒也以诞生皇子为由上表称贺。崇德三年元旦朝贺，朝鲜王子特别进奉"皇太子殿下表笺"[②]。这些细节引起学者注意，认为皇太极已将宸妃之子立为太子。[③] 受到此等特殊礼遇在于不仅是"子以母贵"，更在于此子系五宫所出第一子之故。崇德三年元月，还没来得及取名的皇八子薨逝。[④]

崇德三年元月，永福宫庄妃布木巴岱诞下皇太极第九子，取名福临。刚失去皇八子之痛的崇德皇帝取消了颁诏大赦等庆贺之举，外藩诸贝勒亦未上表称贺。但这些对皇九子身份没造成多大影响，皇太极病亡后，福临以"崇德五宫"所生长子身份继承了皇位。

崇德六年十二月，麟趾宫大贵妃娜木钟诞下皇太极第十二子[⑤]，名博穆博果尔。此子是"五宫"所出第三子，也是皇太极末子。顺治十二年，未建寸功的博穆博果尔晋封襄昭亲王，高贵血统是其唯一资本。

作为封建帝王皇太极一生多妻多子，其中不乏像豪格等有军功的优秀子嗣。但从上述情况来看，"五宫"所出子嗣地位、级别明显高于其他皇子。康熙年间，皇太极侧妃所生第五子硕塞以军功晋级亲王，谕曰"博洛、尼堪、硕塞不在贵宠之列，兹以太祖孙故，加锡王爵，其班次、俸禄不得与和

---

① 《清太宗文皇帝实录》，崇德二年七月壬午条。
② 《清太宗文皇帝实录》，崇德三年元月乙丑条。
③ 姜相顺：《清太宗的崇德五宫及其他》，《故宫博物院刊》1987 年第 4 期。
④ 《清太宗文皇帝实录》，崇德三年元月壬辰条。
⑤ 《清太宗文皇帝实录》，崇德六年十二月辛酉条。

硕亲王等"①。这说明数十年后，太祖太宗子孙有没有蒙古血统依然是能否贵宠的主要评估条件。

除此以外，崇德朝有军功的三个亲王之元妃，即睿亲王多尔衮元妃巴特玛琪琪格、豫亲王多铎元妃塔哲、肃亲王豪格元妃杜勒玛及英郡王阿济格元妃博克图等也来自嫩科尔沁部。她们是嫩科尔沁后宫集团的梯队，也是崇德皇帝贯彻"建立满蒙亲缘关系，促进满蒙亲谊情感"理念的产物。

三 "独厚科尔沁"之原因

众所周知，在中国古代社会中，婚姻不仅是婚者二人的个人行为，也是建立和维持两个家庭（或家族）间友好关系的一种常规手段。《礼记·婚仪》说："婚礼者，将合二姓之好，上以事宗庙，而下以继后代也。"这句话，概括出了古人心目中婚姻的三大功能：一是结成或维持两个家庭（或家族）的友好关系；二是告慰祖宗社稷；三才是传宗接代。

"建立满蒙亲缘关系，促进满蒙亲谊情感"是努尔哈赤所推崇"女真人的蒙古化"进程的重要环节。此环节在1612年，努尔哈赤与嫩科尔沁部明安建立联姻关系，纳穆赛家族三大首领皆成为努尔哈赤亲家之后就已开启。然而努尔哈赤所娶嫩科尔沁两名女子只承担了维持两个家族或部落间友好关系的任务而没能尽到传宗接代之义务。

由于历史的偶然，嫩科尔沁部女婿皇太极继承了爱新国大汗之位，有机会将努尔哈赤未能实现的"建立满蒙亲缘关系，促进满蒙亲谊情感"遗愿继续推行。从而，嫩科尔沁女子（实为蒙古女子）额尔德尼琪琪格、布木巴岱等从众多后妃中脱颖而出，承担起维持家族、部落和谐关系的同时还承担起了传宗接代的任务。这样，皇太极的"厚待蒙古"政策也很自然就变成了"独厚科尔沁"。结果导致福临的继位及清初以孝端文皇后和孝庄文皇后为首的嫩科尔沁部女子统领后宫达60年之久。崇德朝有一位皇后，顺治朝有两位皇后出自嫩科尔沁部，嫩科尔沁籍后妃成为清初政治进程中不可忽视的特殊现象。

除这些因素之外，嫩科尔沁部从诸多蒙古部落中脱颖而出成为"荷国恩独厚"的外戚之首，也有其必然原因。

首先，嫩科尔沁部的相对完整和强大是其成为外戚核心的主要因素。嫩

---

① 《清史稿》卷五一八。

科尔沁部为蒙古传统强部,是以努尔哈赤为首的女真人崛起途中遇到的强劲对手之一。"九部之战"前后,嫩科尔沁部就已吞并领属扎赉特、杜尔伯特、郭尔罗斯、锡伯、卦尔察、索伦等部,成为爱新国之外的又一强大部落联盟,并与爱新国长期争霸。虽然在外受到林丹汗排挤,内部又有左右翼的纷争,但其一个祖先的特殊渊源及诸台吉血缘上的亲近使得嫩科尔沁部总体实力在诸蒙古中依然最为强盛。一味依靠武力征服,女真人付出的代价可能会很高。因此,以联姻为突破口,缩短二者间血缘上的差别,以二者的合力建立霸业成为努尔哈赤、皇太极为首的爱新国上层的一致认知。

其次,嫩科尔沁部的军功。与爱新国建立"不与察哈尔合"的军事联盟之后,嫩科尔沁部成为联盟中最活跃的一支军事力量。正如《清史稿》所述"(清朝)有大征伐,科尔沁(即嫩科尔沁部)必以兵从"一样,嫩科尔沁部台吉和兵丁几乎参加了大清朝所有开国征战,立下赫赫战功。右翼的奥巴、巴达礼、布达齐、沙津和左翼的孔果尔、吴克善、满珠习礼、绰尔吉等皆以军功晋封爵位,成为清朝倚重的外藩蒙王。

崇德元年,嫩科尔沁部土谢图济农、卓礼克图台吉、孔果尔秉图、扎萨克图杜棱、达尔汉巴图鲁、喇嘛什希、墨尔根台吉、栋果尔伊尔都齐,扎赉特部落蒙果、达尔汉和硕齐、昂阿伊尔都齐,杜尔伯特部落色棱达尔汉台吉,郭尔罗斯部落古木哈谈巴图鲁、布木巴伊尔登等14人参加大清朝建国典礼,在漠南16部49名贝勒中占1/4以上。四月,清廷册封蒙古王公。时,巴达礼、吴克善被封为和硕亲王,占受封蒙古亲王的2/3;布达齐、满珠习礼被封为多罗郡王,占受封蒙古郡王的2/5;孔果尔封冰图王。爵位之高之多在外藩蒙古诸部中首屈一指。据《满文老档》载,崇德元年十月,巴克什希福、阿什达尔汉编审旗及牛录时,嫩科尔沁部四部十一旗①共有户数22380,牛录数448,甲数6639。这一系列数字亦在当时投附的蒙古部落中为最多。

最后,爱新国八旗国体需要稳固的后宫和强大的外戚集团。爱新国主努尔哈赤首创满洲八旗,将诸子侄分成八个大家族,指定代善、皇太极、莽古

---

① 崇德元年,编审嫩科尔沁户口、牛录,首次出现土谢图亲王旗、扎萨克图郡王旗、喇嘛什希旗、扎赉特之达尔汉豁绍齐(达尔汉和硕齐)旗、杜尔伯特之色棱旗、卓里克图亲王旗、穆寨旗、噶尔图旗、栋果尔旗、郭尔罗斯之布木巴旗、郭尔罗斯之古穆旗等以管旗台吉命名的十一旗。

尔泰、阿敏等为各家族长。又规定"但得一物，八家均分公用，勿得分外私取"①。天聪时期又增设八旗蒙古和八旗汉军，将八旗兵民结合、军政结合、耕战结合之特点进一步扩大，使其成为当时最有战斗力的国朝体制。

但是，八旗制度也有其短处和弊病。天聪六年正月初二日，皇太极宴请代善、莽古尔泰等，二贝勒既至，皇太极"迎于宫门外，逊两贝勒先进"。落座时，又让代善居中，曰："出殿而坐，朝仪也。兹居宫中，行家庭礼，兄当中坐。"② 即位以来历五年所，凡国人朝见，皇太极皆"与三大贝勒俱南面坐受"，成为定制。这是因为在宗族关系上，八旗制度使得包括国君在内的旗主贝勒仅仅成为本家的大族长，也就是说国君等同于旗主，对另七家子弟或包衣、牛录主等没有支配权力。国家关系上，旗主贝勒又是世袭的最高军政首长。旗下牛录等是其世袭家产，国君无权处置；在政治上，旗主贝勒享有最高决策权，凡皇位继承、对外征战、政策法令等均由旗主贝勒会议决定。国君也只以旗主身份参加会议，无权自行决断重大事宜。这种原始部落联盟性质的体制很大程度上在限制国家发展的同时，有可能将国家政权推向八股军事势力的简单拼凑，皇权与旗主权力等同之地步。

皇太极很早就发现这一现象。到天聪后期，他改变八家均分投附之蒙古人规定，将其编成绝对听命于盟主国君号令的外藩蒙旗，又在蒙古诸旗中培植外戚核心，使得大汗手中可支配力量有了长足发展。

崇德八年八月九日，大清开国皇帝皇太极驾崩，十四日，满洲贵胄齐聚崇政殿，推举立嗣人选。有学者撰文细考其间各派活动、言语、态度、势力等诸多因素，将立嗣议会描绘得非常紧张和恐怖。其实，整个事件非常清晰明了，没那么复杂多变。活动、串通、密谋的都是些八旗中低层军官，满洲贵族们非常清楚皇九子福临的不二贵宠地位。③ 以至于最有资格承袭皇位的豪格无奈说出"福小德薄，非所堪当"等语，退出竞争。

努尔哈赤提倡"建立满蒙亲缘关系，促进满蒙亲谊情感"，意在同化满蒙血缘，消除满蒙心理隔阂。在此基础上，皇太极采取"独厚科尔沁"之策略，将嫩科尔沁部列为外戚之首重点扶持。崇德二年七月，为关雎宫宸妃所诞子颁诏大赦等表明皇太极早就有按努尔哈赤所提倡"建立满蒙亲缘关

---

① 《清太祖武皇帝弩儿哈奇实录》卷四，天命十一年六月二十四日。
② 《清太宗文皇帝实录》，天聪二年正月己亥条。
③ 宋国强：《顺治继统探微》，《锦州师范学院学报》（社科版）1997年第3期。

系，促进满蒙亲谊情感"之理念，将嫩科尔沁籍女子所生子立为太子的意向和举动。

当然，皇位竞争最终还是需要实力的拼争。皇九子福临实力无人可及。经过努尔哈赤、皇太极两代帝王的经营，清朝已变成八旗、外藩、汉军并存的国朝体制。从时人的"先帝有皇子在，必立其一，他非所知也"① 认知来看，八旗蒙古、八旗汉军中的一些人感念先帝恩德而绝对忠于后宫。虽然豪格等同属先帝子嗣，但福临、博穆博果尔更能代表后宫集团利益。二者中福临年长，又有嫩科尔沁部的全力支持，胜出理所当然。

福临继位是努尔哈赤所提倡"建立满蒙亲缘关系，促进满蒙亲谊情感"理念及皇太极"独厚科尔沁"政策的必然产物，又是后宫集团与嫩科尔沁部外戚集团联手的结果。

第二节　嫩科尔沁部外戚集团核心成员

为摆脱努尔哈赤时代满蒙联姻中的质子性质及有效遏制八旗贵胄权力过大的弊端，天聪后期至崇德年间，皇太极对满蒙联姻政策做出重大调整，互为嫁娶成为主流，嫩科尔沁为主的蒙古诸部在皇室宗室周围形成外戚集团。崇德皇帝皇太极以"独厚科尔沁"理念将嫩科尔沁外戚打造成外戚集团核心。嫩科尔沁为核心的外戚集团的形成也成为崇德朝最显著特点。嫩科尔沁贵族巴达礼、吴克善、布达齐、满珠习礼、孔果尔和"科尔沁二妃"以及下嫁嫩科尔沁的三位固伦公主组成嫩科尔沁外戚集团核心。经天聪、崇德朝精心培植扶持，"独厚科尔沁"收到显著效果，嫩科尔沁外戚集团实力和国朝中的话语权等明显增强，最终左右了崇德末、顺治前期的清朝政治走向。

一　嫩科尔沁部"五大贝勒"

崇德元年四月二十三日，崇德皇帝皇太极举行仪式，分叙诸兄弟、子侄军功，册封以代善为首的满洲贵胄及以巴达礼为首的外藩蒙古诸贝勒。册封仪式预示着外藩蒙古诸部正式从联盟盟友转变成为大清朝属民。是日，嫩科尔沁部巴达礼被封为和硕土谢图亲王，吴克善为和硕卓礼克图亲王，固伦额

---

① 《清史稿》卷二四九《索尼传》。

驸额哲①为和硕亲王,布达齐为多罗扎萨克图郡王,满珠习礼为多罗巴图鲁郡王;奈曼部衮出斯巴图鲁为多罗达尔汉郡王,孙杜棱②为多罗杜棱郡王,固伦额驸③班第为多罗郡王,孔果尔为冰图王,东④为多罗达尔汉戴青,俄木布⑤为多罗达尔汉卓礼克图,古鲁思辖布⑥为多罗杜棱单把为达尔汉,耿格尔⑦为多罗虾贝勒。⑧

从上述名单看,崇德元年受封的外藩蒙古爵位只有"亲王""郡王""王""多罗贝勒"四等,而不是六等。⑨ 嫩科尔沁部爵位所占比重最多,有两位亲王、两位郡王、一位王,大清朝外戚集团核心地位已显现出来。科尔沁五大贝勒亦成为外戚集团最有实力的核心人物。

(一) 和硕土谢图亲王巴达礼

巴达礼(badari),系嫩科尔沁部领主土谢图汗奥巴长子,是嫩科尔沁部传统势力的代表。奥巴去世后,接替父亲行使嫩科尔沁部领主职责。⑩ 爱新国为控制嫩科尔沁部,实行"打压右翼,扶持左翼"政策,赐巴达礼"土谢图济农"号。爱新国未将其父的土谢图汗称号加以袭封,是对该部地位的轻视。

天聪十年四月十一日,皇太极改元"崇德"。巴达礼以嫩科尔沁部首领身份向新皇帝奉宝,承认清朝皇帝"满蒙汉"共主身份。四月二十三日,又以军功封巴达礼为和硕土谢图亲王,晋级为"qosiγu medekü tayiji"(管旗台吉),领嫩科尔沁右翼中旗扎萨克,统领右翼五旗。巴达礼的册封文

---

① 察哈尔部首领,为林丹汗长子,林丹汗去世后率领部众投附爱新国,娶固伦公主马克塔为妻。
② 蒙古乌拉特部首领。天聪六年,率部参加以爱新国为首的满蒙联盟。
③ 蒙古敖汉部首领塞臣卓礼克图都喇尔巴图鲁贝勒子,天聪七年正月娶天聪汗长女为妻。
④ 蒙古翁牛特部首领,清初史籍一般记为"东戴青"。
⑤ 蒙古四子部落首领,天聪八年正月就已有"达尔汉卓礼克图"号。崇德元年,封为"和硕达尔汉卓礼克图"号,不见爵位封号。
⑥ 蒙古喀喇沁部首领苏布迪棱子,清初史籍记为"古鲁思希不""古鲁思夏布""古鲁思辖布"等。
⑦ 蒙古喀喇沁部塔布囊,清初史籍一般记为"耿格尔"或"耿格尔古英塔布囊"。天聪九年,编审内外喀喇沁蒙古壮丁,编为八旗蒙古时,耿格尔与单把同管一旗。
⑧ 《清太宗文皇帝实录》,崇德元年四月丁酉条。
⑨ 清朝册封蒙古贵族的世爵级别为六级:亲王、郡王、贝勒、贝子、镇国公、辅国公。
⑩ 《清太宗文皇帝实录》(天聪七年正月丙申条)载,莽古尔泰去世后,巴达礼"遣布达齐、拜思噶尔、桑噶尔寨来吊贝勒莽古尔泰之丧,献鞍马、豹皮等物"。可见,巴达礼已接替父亲位置行使领主职责。

如下：

> čaqar-un čerig qurčin-dur morilaγsan čaγ-tur olan aq-a degüü-nar činü jüg jüg dutaγaba. badari činü ečige uuba qung tayiji. qota-dur-eyen küdelül ügei bayiǰu qadγulduluγ-a. tegün-u qoyin-a man-dur γaγča sedkil-eyer ey-e-ben niget-unmürgür-e iregsen-dür degedü taisu örösiyeǰö ör-e yogen güngǰü-i soyurqaγad. tüsiy-e-tü qaγan kemen čola daγurisqaluγ-a. tegün-eče qoyinaγsita seǰig ügei nigen čaγaǰa-bar yabuluγ-a. aliba dayisun-dur daγan ečiǰü küčüben ügčü yaboluγ-a. ečige činü tüsiy-e-tu qaγan önggeregsen-u qoyin-a badari čimayi ǰalγamǰilan tüsiy-e ǰinöng čola daγurisγaluγ-a. boruγu sanaǰu orbaγsan qairai. γalǰaγu. boyantai. bakülei. sabülai tan-i türül törögsen-eyen sedkil ügei. yeke čaγaǰa-bar ǰasabai. dayidung-dur morilaγsan-dur arban qoyar čayiǰa abuluγ-a. ǰasaγ-tu dügüreng dürbed-tei（tai）neyileǰü qoyar čayiǰa abuba. tegüber ǰasaγ-un tüsiy-e-tü čin wang bolγan ergübei.……ör-e-yin ör-e-dör kürtele ölö baγuraγulqu boi. ①

（汉译）察哈尔兵征讨科尔沁，诸兄弟四散遁匿。尔父奥巴洪台吉孤身守城拼杀。不久，倾心来朝，太祖佑其来归，尚公主，赐土谢图汗号。从此，遵守法度不怀二心，随征抗敌尽心出力。尔父薨逝后，恩佑尔巴达礼，赐济农号。依法诛杀同族之海赘、噶尔珠、布颜泰、巴库垒、萨布垒等。往征大同，克十二堡，与扎萨克图杜棱合克二堡。故册封尔为土谢图亲王……诏世袭罔替。

天聪三年元月，奥巴第二次去往爱新国。爱新国认为此举为"服罪"。奥巴与天聪汗制定联盟法规，爱新国、嫩科尔沁联盟至此正式形成。对此事《清实录》记载为"上颁敕谕令科尔沁、敖汉、奈曼、喀尔喀、喀喇沁五部落，令悉遵我朝制度"②。巴达礼亲王册封文内"nigen čaγaǰa-bar yabuluγ-a"（悉遵一朝制度）就是与《清实录》等相一致的一种表述。

"ečige činü tüsiy-e-tu qaγan önggeregsen-ü qoyin-a badari čimayi ǰalγamǰilan

---

① 中国第一历史档案馆：《清朝前期理藩院满蒙文题本》（第10册），内蒙古人民出版社，2010，第227页。
② 《清太宗文皇帝实录》，天聪三年元月辛未条。

tüsiy-e ǰinöng čola daɣurisɣaluɣ-a",尔父薨逝后,恩佑尔巴达礼,赐济农号。

天聪六年九月,嫩科尔沁部首领奥巴薨逝。《满文老档》不见奥巴去世的相关记载,《清实录》的记载为"蒙古嫩科尔沁国主土谢图额驸奥巴卒。讣至"①。只记载讣音到达之日,而没记载确切的去世日子。

《内国史院档》记载,天聪七年正月初四日,巴达礼与布达齐哈坦巴图鲁、拜思噶尔、桑噶尔寨等嫩科尔沁部诸台吉至爱新国。② 对此《清实录》载,"科尔沁国巴达礼遣哈坦巴图鲁、拜思噶尔、桑噶尔寨来吊贝勒莽古尔泰之丧,献鞍马、豹皮等物"③。可见,此时的巴达礼虽接替父亲嫩科尔沁领主身份,但似乎只有朝觐的义务而没有参加爱新国重大事务的权利。天聪七年十月,"土谢图汗奥巴之子台吉巴达礼以赐号土谢图济农,偕其叔扎萨克图杜棱来谢恩"。可断定,爱新国为巴达礼赐号"土谢图济农"的时间当在天聪七年十月前,具体时间无考。

"boruɣu sanaǰu orbaɣsan qairai. ɣalǰaɣu. boyantai. bakülei. sabülai tan-i türül törögsen-eyen sedkil ügei. yeke čaɣaǰa-bar ǰasabai",依法诛杀同族之海赉、噶尔珠、布颜泰、巴库垒、萨布垒等。

是指天聪八年夏秋之交,嫩科尔沁台吉诛杀噶尔珠赛特尔等事件。通过此事嫩科尔沁左翼孔果尔、吴克善将右翼巴达礼等的传统势力已被剥夺殆尽,"内讧"也造成嫩科尔沁投附他部的严重后果。

"dayidung-dur morilaɣsan-dur arban qoyar čayiǰa abuluɣ-a. ǰasaɣ-tu dügüreng dürbed-tei(tai)neyileǰü qoyar čayiǰa abuba",往征大同,攻克十二堡,与扎萨克图杜棱合克二堡。

天聪八年,巴达礼率领嫩科尔沁部诸台吉与爱新国会合,进攻明大同、宣府边外。《清实录》载,是役,巴达礼麾下兵丁"攻克十堡一台,与扎萨克图杜棱布达齐所属兵丁合攻克一堡,与杜尔伯特部兵丁合克一堡"④。这是大同之役中巴达礼建立的具体军功。

巴达礼与爱新国(清朝)皇室联姻状况为:

---

① 《清太宗文皇帝实录》,天聪六年九月庚子条。
② 《内国史院满文档案译编》(上),光明日报出版社,1986,第2页。
③ 《清太宗文皇帝实录》,天聪七年正月丙申条。
④ 《清太宗文皇帝实录》,天聪八年闰八月庚寅条。此记载与巴达礼册封文所记有所出入,册封文载"往征大同,攻克十二堡,与扎萨克图杜棱合克二堡"。

奥巴之后，巴达礼继娶肫哲公主，成为爱新国额驸。① 清朝史籍将其记为"济农额驸"或"土谢图济农"。

女嫁豫亲王多铎之子多尼。

长子巴雅思呼郎娶崇德皇帝皇太极第八女固伦永安长公主；次子沙津娶承泽亲王硕赛女。

康熙十年三月，和硕土谢图亲王巴达礼薨，清廷遣官致祭。② 所葬之地不详。

（二）和硕卓里克图亲王吴克善

卓里克图亲王吴克善（uγšan），系嫩科尔沁部台吉寨桑长子，是嫩科尔沁左翼新兴力量的代表。《王公表传》记载，"天命十年，来朝"③。这是吴克善与爱新国最早的联系。《清实录》载"科尔沁寨桑贝勒遣子台吉吴克善送女与四贝勒为妃。四贝勒迎之，遇于沈阳城北冈，筵宴如礼"④。可见，天命十年吴克善爱新国之行是为联姻而来，而不是"来朝"之举。崇德元年四月二十三日，吴克善接受大清朝册封晋级为和硕卓里克图⑤亲王，接替孔果尔成为嫩科尔沁左翼领袖，领嫩科尔沁左翼中旗扎萨克，掌管左翼事务。⑥ 吴克善亲王的册封文将其姻亲功绩和战功一一罗列：

> uγšan. činü ebüge abaγ-a mingγan darqan baγatur noyan naqun-i qorčin-u aliba noyad-eče urida degedü tayisu-tur ökin-eyen kürgejü ireged. uruγ bolju tasural ügei yabuluγ-a. ebüge ečige činü. mangγus jarγuči noyan basa qorčin-u aliba noyad-eče urida. nadur ükin-eyen kürgejö ireged. uruγ bolju örköljite sayitur yabuluγ-a. tegün-u qoyin-a emege eke. turugsen eke luge ban jübsiyejü. ökin degüü yugen nadur kürgejü ireged dabqurliγ uruγ boluγsan-dur degedü taisu örösiyejö ula, yekeke-eče tan-dur oruγsan bosγaqul-i abqui-

---

① 以下五位科尔沁王家族与爱新国联姻状况皆参考杜家骥先生《清代满蒙联姻研究》，不另加注。
② 《清圣祖仁皇帝实录》，康熙十年三月乙卯条。
③ 《钦定外藩蒙古回部王公表传》（卷十七），《和硕卓里克图吴克善列传》。
④ 《清太祖武皇帝实录》，天命十年二月庚辰条。
⑤ 吴克善亲王之"卓里克图"号系清太祖努尔哈赤所赐。
⑥ 《清内秘书院蒙古文档案汇编》（第一辑）第207页（崇德二年档）有"右翼土谢图亲王所属二百五十四鄂托克为二旗，左翼卓里克图亲王所属百九十三鄂托克为二旗"的记载。二王所属鄂托克数与左右翼牛录之数相吻合，表明这些牛录（鄂托克）确系归其所领。

ban bayiluγ-a. čaqar-un čerig tan-u qorčin-dur mordaǰu. gelǰürgen-i qota-yi qaγaγsan-dur olan aq-a degüü nar činü. ǰüg büri tutaγaba. uγšan či čolmun-i qota-dur saγuǰu. čaqar-un čerig-un kümün-i alaγad. aγta temege-yi abču degeǰi kürgeǰü irelüge. degedü taisu-yin tegri boluγsan-dur sonusuγad tere deger-e degüü yugen manǰusiri-yi ilegebei. tüngküi-dür čerig morilaγsan-dur naqun-i qorčin-u noyad bögödeger ǰaγur-a eče qariǰu bögetele degüü činü manǰusiri dayisun ulus-i taqulǰu nadur neyilen irelüge. qaračin-u sobudi-yin qadγulduqu küčün ese kürügsen ǰaγun kümün-tur degüü činü manǰusiri. qurin nügüd-eyen abču qadγuldun abuluγ-a. beǰing-dur čerig morilaγsan-dur uγšan či qamtu ečilüge. čaqar-dur čerig morilaγsan-dur ildüči. manǰusiri. tayači. yangšan luγ-a kitad-un šürke-yin qaγalγan-eče čaqar-un qaγan-u sang kiged. nomin temür. kendi kiy-a baγsi-yi abču irelüge. inayči ergiǰü ireküi-dur abaγ-a qara neretü γaǰar qonuγlaγsan γurban ǰaγun kümün-i manǰusiri qoyaγula qadγulduǰu abuluγ-a. buruγu sanaǰu urbaγsan qairai. γalǰaγu. boyantai. bakulai sabulai tan-i töröl törögsen-eyen sedkil ügei čaγaǰa-bar ǰasabai. dalingquu-dur morilaγsan-dur degüki-yin činü kübegün čorǰi namayi daγaǰu ečilüge. dayidung-dur tabun qusiγu-bar qoyar čayiǰa-yi qadγulduǰu abuluγ-a. iǰaγur-eče üǰügür-dü kürtele γaγča sedkil-eyer yabuba. teguber ǰasaγ-un ǰoriγtu čin wang bolγan ergübei. … ör-e-yin ör-e-dör kürtele ölö baγuraγulqu boi.①

（汉译）吴克善, 尔叔祖明安达尔汉巴图鲁诺颜于嫩科尔沁诸贝勒未顺时, 以女进与太祖皇帝姻好不绝, 又尔祖莽古斯扎尔固齐贝勒, 又于科尔沁各贝勒未顺时, 以女进朕, 复缔姻好不绝, 又尔之祖母、母及尔以妹进朕, 姻谊有加。太祖佑嘉尔等, 免于追讨乌拉、叶赫逃人。察哈尔兵征讨科尔沁, 围困格勒珠尔根城, 诸兄弟四散遁匿。尔驻守绰尔曼城, 歼察哈尔兵, 获其驼马来献。及闻太祖宾天, 尔遣季弟满珠习礼来进香。征童黑, 嫩科尔沁诸诺颜弗来, 半途而回。尔季弟满珠习礼侵掠敌国, 掠毕与我合军。尔季弟满珠习礼率二十骑败喀喇沁苏布迪部未克之百人。北京之役, 吴克善随征。征察哈尔, 伊勒都齐、满珠习礼、塔雅奇、杨善等俱取出在汉地沙河堡处所容留察哈尔汗财物, 诺民帖木

---

① 中国第一历史档案馆：《清朝前期理藩院满蒙文题本》（第 8 册), 内蒙古人民出版社, 2010, 第 496 页。

儿、肯迪虾巴克什等尽归于我。归来之时,于阿巴嘎哈喇山之地,与满珠习礼一起将驻营的三百人收服。不念亲族之情,依法诛杀同族海赍、噶尔珠、布颜泰、巴库垒、萨布垒等。大凌河之役,尔仲弟子绰尔济随朕出征;大同之役,领五旗兵克二堡。从无二心,故册封尔为卓里克图亲王……诏世袭罔替。①

从册封文内容来看,吴克善"姻亲功绩"有三项,即"明安嫁女努尔哈赤""莽古斯嫁女皇太极"和"寨桑嫁女皇太极"。但前两条发生在爱新国建立之前,吴克善尚在孩童时期,所起作用并不明显。"寨桑嫁女皇太极"之时,寨桑诺颜尚健在,吴克善的发言权等亦有限。尤其将"明安嫁女努尔哈赤"作为吴克善功绩写入册封文,而作为明安继承者的栋果尔未获得封号,显现出了入清后崇德皇帝经略嫩科尔沁部的新政策。即抬高吴克善的功绩、地位,使其接替孔果尔成为嫩科尔沁部左翼核心领袖的意图。

册封文显示,吴克善"军功"有"征童黑""败喀喇沁苏布迪部""北京(征明)之役""征察哈尔""沙河堡之地带回诺民帖木儿、肯迪虾巴克什""阿巴嘎哈喇山之战""诛杀噶尔珠赛特尔""大凌河之役""大同之役"等九项。

"征童黑""败喀喇沁苏布迪部",发生在天聪二年。是年,爱新国联军第一次征讨察哈尔,嫩科尔沁部奥巴、满珠习礼等少数台吉参加。满珠习礼以"败喀喇沁苏布迪部"等军功获得的达尔汉巴图鲁号。吴克善未参加此次军事活动。

"北京之役"发生在天聪三年(1629)。嫩科尔沁部奥巴、图美、孔果尔、萨本达尔汉台吉、石纳明安戴青、栋果尔伊尔都齐、吴克善、达古尔哈坦巴图鲁、多尔济伊勒登、大桑噶尔寨、小桑噶尔寨、琐诺木、喇嘛什喜、木豸、巴达礼、绰诺和、布达席理、满珠习礼达尔汉巴图鲁、色棱、拜思噶尔、额参、巴敦达尔汉卓礼克图、阿都齐达尔汉台吉之子等23名贝勒率兵参加。吴克善虽参加此次军事活动,但从排名来看,所起的作用、功绩不大。

"沙河堡之地带回诺民帖木儿、肯迪虾巴克什""阿巴嘎哈喇山之战",发生在天聪六年三月。是年爱新国联盟第二次远征察哈尔。吴克善与满珠习

---

① 汉译参考科尔沁多罗郡王祁塔特册封文。祁塔特册封文见于《清世祖章皇帝实录》,顺治六年九月癸酉条。

礼一同参加。

"诛杀噶尔珠赛特尔"事件,发生在天聪八年。前文有分析,不赘述。

"大凌河之役",天聪五年七月二十七日,爱新国再次发兵往征明朝,大凌河之役至此发生。八月二日,大军抵旧辽阳河,嫩科尔沁、阿鲁科尔沁、扎鲁特、巴林、敖汉、奈曼、喀喇沁、土默特等部 40 余名贝勒率骑步兵两万余人来会。史籍内不见蒙古贝勒名单,册封文内容显示,吴克善、满珠习礼二人没参加此次行动,只有其侄绰尔济台吉参加,但不见战争中的具体记载。

"大同之役",是指天聪八年爱新国联军往征明朝宣大边外之战。土谢图济农巴达礼、孔果尔老人、扎萨克图杜棱布达齐、吴克善洪台吉、伊尔都齐、多尔济、桑阿尔寨、琐诺木、达尔汉巴图鲁满珠习礼、色棱、噶尔玛、古木、扎玛喇、赛尔固棱等台吉领五千兵,分左右翼参加。闰八月的具体战功为,"科尔沁国土谢图济农巴达礼攻克十堡一台,土谢图济农、扎萨克图杜棱布塔齐合攻克一堡。土谢图济农复与杜尔伯特部落合克一堡。扎萨克图杜棱克三堡。扎赉特部落克八堡。杜尔伯特部落克十堡。喇嘛什希克五堡①。额驸孔果尔克二堡一台。卓礼克图台吉吴克善攻克八堡。达尔汉巴图鲁满珠习礼克六堡。伊尔都齐族人克十二堡。绰尔济克二堡一台。大妃下兵克三堡"②。

册封文内 " dayitung-dur tabun qusiɣu-bar qoyar čayija-yi qadɣulduǰu abuluɣ-a",大同之役,领五旗兵克二堡。显示出了吴克善统领嫩科尔沁左翼兵丁攻克二堡之事。虽与《清实录》中记载的嫩科尔沁左翼兵丁所克堡寨数目有很大出入,但确实是吴克善台吉为数不多的真正战功。

册封文内"努尔哈赤免追乌拉、叶赫逃人"是指天命四年,嫩科尔沁明安诺颜三子多尔济伊勒登将逃入嫩科尔沁的叶赫部 300 牧群占为己有,后只归还 160 牧群之事。吴克善与此事关系不大,将此事作为册封条件,也显示出崇德皇帝对吴克善的过度提携之意图。

册封文内将"努尔哈赤宾天,满珠习礼前来进香"记为吴克善功绩更显牵强,因为吴克善本人亦偕母前来进香,但册封文内却只字未提。这也体现出崇德皇帝有意提携吴克善,压制立有军功的满珠习礼之做法。

综观上述分析,嫩科尔沁部和硕卓里克图吴克善册封文内容显示出,清

---

① 战果显示,嫩科尔沁右翼台吉喇嘛什希也参加了此次征战。
② 《清太宗文皇帝实录》,天聪八年闰八月庚寅条。

朝在有意抬高吴克善的功绩，甚至将他人姻亲功绩、军功等都记在吴克善名下，将其身份地位人为地提高到左翼核心领袖位置的事实。

有清一代，和硕卓里克图亲王吴克善的"卓里克图"号和"和硕亲王"爵位诏世袭罔替，共传16代次。而科尔沁左翼中旗扎萨克之职未能得到世袭，于顺治十六年（1659），以"奉召不即至"罪革去，由满珠习礼所替代。

吴克善与清皇室的联姻状况为：

子毕尔塔噶尔娶大清崇德皇帝第四女固伦雅图公主，授固伦额驸；

子图讷黑以军功封辅国公，娶内大臣额克勤①长女；

女嫁顺治帝，册为皇后，后降为静妃；

女嫁傅勒赫。

康熙四年（1665）二月，嫩科尔沁部卓里克图亲王吴克善薨，康熙帝遣官致祭。② 吴克善王葬于科尔沁左翼中旗卓王领地西南处，今科左后旗巴彦毛都苏木"雅莫吐召"③南坡。陵园中心区域地理坐标为北纬43°42′0.06″，东经121°13′41.8″（见图4-1）。

图4-1　卓里克图亲王吴克善陵园内原守陵人所居房屋旧址（摄于2011年10月26日）

---

① 系努尔哈赤六子塔拜次子。
② 《清圣祖仁皇帝实录》，康熙四年二月丙子条。
③ "雅莫吐召"，蒙古语，有"陵园的坨子"之意。此处有科尔沁左翼中旗历代卓里克图亲王陵园。

(三) 多罗巴图鲁郡王满珠习礼

满珠习礼（Manjusiri），系嫩科尔沁部台吉寨桑四子，吴克善之弟，清初军功最多的蒙古贵族，是嫩科尔沁新兴势力的代表。崇德元年，以军功封多罗达尔罕巴图鲁郡王。册封文所列军功为：

> manǰusiri činü eböge abaγ-a mingyan darqan baγatur noyan. naqun-i qorčin-u aliba noyad-eče urida degedü taisu-dur ökin-eyen kürgeǰü ireged. uruγ bolǰu ürgülǰite yabuluγ-a. eböge ečige činü mangγus ǰarγuči noyan qorčin-u aliba noyad-eče urida nadur ökin-eyen kürgeǰü ireged, uruγ bolǰu örgölǰite saitur yabuluγ-a. basa emege eke törögsen eke lüge-ben ǰöbsiyeǰö, ökin degüü yügen nadur kürgeǰü ireged. dabqurliγ uruγ boluluγ-a. čaqar čerig morilaǰu tan-u qurčin-u gelǰürgen-i qota-yi qaγaγsan-dur aq-a degü-nar bügüdeger ǰüg büri tudaγaba. manǰusiri či aq-a luγ-a-ban čolmun-u qotan-dur saγuǰu čaqar-un čerig-un kümün-i alaǰu aγtan temege-yi degeǰi kürgeǰü irelüge. degedü tayisu tegri boluγsan-dur sonusuγad tere deger-e irelüge. tüngküi-dur čerig morilaγsan-dur naqun-i qorčin-u noyad bügüdeger qariluγ-a. manǰusiri či dayisun ulus-i taqulaǰu bolǰuγan-duur minü kürčü ireged qaračin-u sobudi-yin qadγulduǰu küčün ese kürügsen ǰaγun kümün-dur qorin nüküd-eyen abču qadγuldun abuluγ-a. beǰing-dur čerig morilaγsan-dur ečilüge. dayidüng dur čerig morilaγsan-dur doluγan čayiǰa qadγuldun aboluγ-a.①

（汉译）满珠习礼，尔叔祖明安达尔汉巴图鲁诺颜于嫩科尔沁各贝勒未顺时，以女进与太祖皇帝姻好不绝，又尔祖扎尔固齐贝勒莽古斯，又于科尔沁各贝勒未顺时，以女进朕，复缔姻好不绝，又尔之祖母、母及尔以妹进朕，姻谊有加。察哈尔兵围困尔所居格勒珠尔根城，诸兄弟皆逃散，尔独与兄长守绰尔曼城，击杀察哈尔兵，所获来献。太祖宾天，尔自来吊。往征童黑，嫩科尔沁诸贝勒不征不会，尔满珠习礼遽掠敌境，率部来会。率二十骑败喀喇沁苏布迪部未克之敌军百人。往征北京随征，往征大同克七堡。②

---

① 齐木德道尔吉、吴元丰、萨·那日松：《清内秘书院蒙古文档》第七辑，内蒙古人民出版社，2003，第38~44页。
② 汉译参考科尔沁多罗郡王祁塔特册封文。

天聪汗时期，嫩科尔沁部台吉满珠习礼是参加爱新国军事活动最多的蒙古台吉。吴克善、满珠习礼册封文内容有多处重叠。但是，清朝将满珠习礼多次军功记在吴克善名下，有意突出左翼领袖吴克善的功绩，又将其从原"议政贝勒"提升为"管旗贝勒"，领科尔沁左翼中旗扎萨克职，从而成为与巴达礼持平的嫩科尔沁部又一权力中心。有诸多军功的满珠习礼只获得"多罗郡王"爵位，没能得到"管旗贝勒"，即旗扎萨克之职。

从康熙帝遣官致祭①的时间来看，和硕达尔汉巴图鲁亲王满珠习礼薨逝于康熙三年四月一日之前，下葬于科尔沁左翼中旗达尔汉亲王领地，今通辽市科尔沁区大林镇民主村南。陵园中心区域地理坐标为北纬43°74′58″，东经122°49′41.9″（见图4-2）。

图4-2 笔者一行实地踏查达尔汉亲王满珠习礼陵寝旧址（摄于2011年11月6日）

---

① 齐木德道尔吉、吴元丰、萨·那日松整理《清内秘书院蒙古文档案汇编》第三辑，内蒙古人民出版社，2003，第310~311页。

满珠习礼与爱新国（清朝）联姻状况为：

天聪二年，满珠习礼娶贝勒岳托长女永金公主①，成为爱新国额驸；

崇德二年，又娶安平贝勒杜度妹济奈格格②，军功与联姻在嫩科尔沁部贵族中首屈一指；

女嫁清太宗第五子承泽亲王硕塞；

女嫁顺治皇帝，追封悼妃；

女嫁清太宗第十一子襄昭亲王博穆博果尔；

子和塔娶镇国公屯齐③女；

子额尔克鄂齐尔娶敬谨亲王尼堪④女。

上述三王册封文是清初嫩科尔沁部诸贝勒"功绩"的集中体现。可见，嫩科尔沁部诸贝勒从不从征不会盟到积极参与联盟事务，几乎参加了清朝开国时期的所有征战。

档案显示，以巴达礼为首的右翼诸台吉军功远不及左翼台吉，和硕土谢图亲王巴达礼是以嫩科尔沁部右翼传统势力的代表而受到大清朝重点册封。

嫩科尔沁部明安台吉、莽古斯台吉、寨桑台吉嫁女爱新国之事在吴克善亲王、满珠习礼册封文内皆有体现，这是努尔哈赤家族与嫩科尔沁部台吉间进行的最著名的三次联姻行为，也是左翼纳穆赛家族崛起的重要环节。但是，明安贝勒子栋果尔等人在清朝开国时期却没得到册封，嫩科尔沁部所有"姻亲功绩"皆成为吴克善、满珠习礼二人的受封理由。二人已成为嫩科尔沁部左翼新兴力量的绝对核心，正在清朝对蒙政策和满蒙联合政权中扮演着重要的角色。

（四）布达齐与孔果尔

布达齐（budači），系奥巴弟，巴达礼叔父，是嫩科尔沁部传统势力的又一代表。崇德元年四月，被册封为"扎萨克图郡王"。其"扎萨克图"号系天命九年（1624）努尔哈赤所赐，显得特别高贵。因而从嫩科尔沁部"议政台吉"顺利晋级为"管旗台吉"，领科尔沁右翼前旗扎萨克之职。

---

① 《清皇室四谱》载，永金公主系克勤亲王岳托长女，太宗养在宫中，封和硕公主。
② 《清皇室四谱》载，济奈格格系安平贝勒杜度妹，康熙十六年封多罗格格。杜度为努尔哈赤长子褚英长子。清初史籍记载济奈格格皆用"安平贝勒之妹"之词，而不作"褚英女"是因褚英获罪被努尔哈赤诛杀所致。
③ 三等镇国将军品级屯齐，爱新觉罗氏，庄亲王舒尔哈齐第四子图伦子。
④ 努尔哈赤长子广略贝勒褚英第三子。

布达齐与爱新国（清朝）联姻状况为：

子多尔济娶礼烈亲王代善第五女，继娶代善第九女；

女嫁代善子瓦克达；

子诺尔布娶贝勒斋桑武①次女，再娶济尔哈朗之女。

《实录》等文献中不见布达齐郡王薨逝时间，顺治二年九月，其长子拜思噶尔袭爵②，为第二代科尔沁扎萨克图郡王。布达齐郡王陵园亦不明。

孔果尔（qongγur），纳穆赛台吉第三子，是莽古斯、明安后嫩科尔沁左翼领袖。乙卯年（1615），嫁女努尔哈赤，与爱新国建立盟友关系，借助爱新国之力对抗右翼传统势力，导致嫩科尔沁部内部不睦，最终投附清朝。天聪时期，孔果尔被尊为"孔果尔玛法"，与奥巴、阿都齐达尔汉一同成为嫩科尔沁部三位"主旗贝勒"之一。崇德元年，被封为冰图王③，爵位级别排在郡王之下，多罗贝勒之上。崇德三年七月，史籍内首次出现"冰图郡王"之记载④，可见其晋级郡王时间当在崇德初年。

"冰图"，蒙古语字根为"bing"，是指"能理顺已过之事，知晓未来之情，善断不明迷局，全方应对现实，明察他人心思，狩猎征战英武及明理"等"汗王或寨桑等上层人物必须具备的七种贤能"⑤之总和。北元时期，"冰图"是蒙古贵族台吉惯用的名号之一，清朝沿用此号作为对蒙古贵族的赏赐。在崇德朝，嫩科尔沁部两个人获此名号，另一个获得"冰图"封号的嫩科尔沁贵族是"科尔沁次妃"博礼。对其封号，《清实录》蒙古文记作"bingtu qatun"，汉文记作"贤妃"，因此，冰图王亦可理解为"贤王"。从中可窥知孔果尔在嫩科尔沁部与清朝关系史中的特殊贡献、地位或崇德皇帝对他的特别期望。

孔果尔与爱新国（清朝）联姻状况为：

女嫁努尔哈赤；

女嫁阿济格。

---

① 舒尔哈齐第五子。

② 《清世祖章皇帝实录》，顺治二年九月癸丑条。

③ 崇德元年，孔果尔所获封号《满文老档》《清实录》记作"冰图王"，《钦定外藩蒙古回部王公表传》记作"冰图郡王"。从遗留至今的顺治五年二月十三日颁给科尔沁左翼前旗诏书中的"多罗冰图王册文已添加郡字，停用旧册文，改用新册封文"等内容来看，孔果尔其最初名号应为"冰图王"。

④ 《清初内国史院满文档案译编》（上），光明日报出版社，1986，第332页。

⑤ 刘金锁整理《十善福白史册》，内蒙古人民出版社，1981，第85页。

崇德六年（1641）三月，嫩科尔沁冰图郡王孔果尔薨，皇太极遣大学士希福、理藩院副理事官希伏纳赍牛、纸等物往祭之。① 孔果尔王葬于科左前旗所属 aginar nutuγ（阿给纳尔努图克），今辽宁省法库县卧牛石乡大屯村北山坳（见图4-3、4-4）。

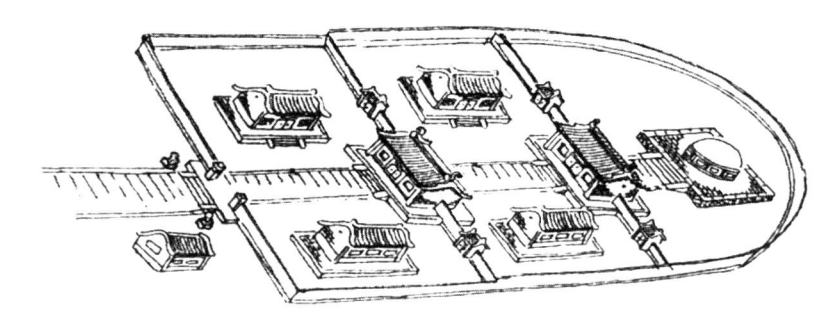

图4-3　冰图郡王孔果尔陵园复原图
资料来源：政协法库县委员会《法库文史资料》第15期。

图4-4　冰图郡王孔果尔陵园地宫处今景（摄于2011年3月6日）

嫩科尔沁五大贝勒之外，图美家族、栋果尔家族、绰尔济家族、祁塔特家族等也立有战功，或与清朝皇室有多重联姻关系，是嫩科尔沁部外戚集团重要成员（如表4-1所示）。

---

① 《清太宗文皇帝实录》，崇德六年三月己亥条。

表 4-1 努尔哈赤、皇太极时期获得爵位、封号的嫩科尔沁部贵族一览

	天命朝	天聪朝	崇德朝	备注
奥巴	土谢图汗			
图美	代达尔汉			
贺尔禾代	青卓礼克图			
布达齐	扎萨克图 杜棱		扎萨克图郡王	
蒙衮	达尔汉 和硕齐			
巴达礼		土谢图济农	和硕 土谢图亲王	
吴克善			和硕 卓里克图亲王	
满珠习礼		达尔汉 巴图鲁	多罗 巴图鲁郡王	
巴敦		达尔汉 卓里克图		
孔果尔			冰图王	
喇嘛什希			扎萨克镇国公	
古木			扎萨克辅国公	
色棱			辅国公	
栋果尔			辅国公	
额尔德尼 琪琪格		中宫大福晋	清宁宫皇后	
乌尤塔			关雎宫宸妃	
布木巴岱			永福宫庄妃	
巴特玛 琪琪格			睿亲王 多尔衮元妃①	
塔哲			豫亲王 多铎元妃②	

续表

	天命朝	天聪朝	崇德朝	备注
博克图			英郡王阿济格元妃③	
杜勒玛			肃亲王豪格元妃④	
莽古斯			福亲王	崇德二年追封
衮布—莽古斯元妃			和硕福妃	崇德二年
博礼—寨桑元妃			和硕贤妃	崇德二年
阿迪斯			卓里克图亲王元妃⑤	崇德二年
布达齐王元妃			扎萨克图郡王元妃	崇德二年
博宜图克			冰图王元妃	崇德二年
诺观达喇			达尔汉郡王元妃	崇德二年
查干达喇			达尔汉卓里克图元妃	崇德二年

注：此表依据《清实录》《王公表传》等相关文献制作。

①齐木德道尔吉、吴元丰、萨·那日松等编《清内秘书院蒙古文档案汇编》，内蒙古人民出版社，2003，第108~110页。

②齐木德道尔吉、吴元丰、萨·那日松等编《清内秘书院蒙古文档案汇编》，内蒙古人民出版社，2003，第110~112页。

③齐木德道尔吉、吴元丰、萨·那日松等编《清内秘书院蒙古文档案汇编》，内蒙古人民出版社，2003，第114~116页。

④齐木德道尔吉、吴元丰、萨·那日松等编《清内秘书院蒙古文档案汇编》，内蒙古人民出版社，2003，第135~136页。

⑤齐木德道尔吉、吴元丰、萨·那日松等编《清内秘书院蒙古文档案汇编》，内蒙古人民出版社，2003，第165~166页。

二　嫩科尔沁部"二嬷嬷"

嫩科尔沁部"二嬷嬷"即史书中的"科尔沁二嬷嬷"。又作"科尔沁二妃"或"科尔沁二妈妈""科尔沁安巴妈妈"等，是指皇太极的两个岳母。大嬷嬷（又作大妃、和硕福妃、胡图灵阿福晋等）名为"Gümbü 衮布"，为中宫皇后之母，嫩科尔沁台吉莽古斯之妻；小嬷嬷（又作次妃、和硕贤妃、墨尔根福晋等）名为"boli 博礼"，为宸妃、庄妃母亲，嫩科尔沁部台吉寨桑之妻。天聪至崇德朝，二嬷嬷在嫩科尔沁部与爱新国（即清朝）间频繁走动，以特殊的身份和地位参与国朝重大礼仪，开启真正意义上的满蒙联姻，在外戚集团中确立起无人能及的威望和地位。

科尔沁二嬷嬷主要功绩有以下几点。

（一）参加国朝葬礼

天命十一年十月，"国舅科尔沁（国）卓礼克图吴克善偕其母（备马酒）来吊太祖丧"①。这是清朝史籍中科尔沁小嬷嬷首次出现。小嬷嬷亲往祭奠努尔哈赤既提升额尔德尼琪琪格、布木巴岱二人在爱新国后宫中的地位，也为天聪汗扶持嫩科尔沁左翼积累基础。

天聪三年闰四月，科尔沁大嬷嬷以中宫大福晋之母身份首次前往爱新国。天聪汗率领三大贝勒、诸贝勒及众福晋郊迎40里外。见面时，皇太极与三大贝勒离座迎之，同拜，行抱见礼。②五月，大嬷嬷归国。皇太极率大贝勒阿敏、莽古尔泰及诸贝勒出送15里，设大宴相送。皇太极与莽古尔泰及诸贝勒"诣大妃帐前跪于三步外，令阿敏率济农额驸③近前跪进大妃酒"④。皇后率众福晋复送，越宿而还。此等迎送礼节在爱新国历史上非常罕见。

崇德六年九月，关雎宫宸妃去世，十月，谥为敏惠恭和元妃。追封之日，宸妃母嫩科尔沁部和硕贤妃亲自前往吊唁。⑤皇帝命内大臣侍卫等扶掖肩舆送和硕贤妃至殡所，和硕贤妃及卓礼克图亲王吴克善、巴图鲁郡王满珠习礼等赍酒跪奠，陈列祭仪。

---

① 《清太祖武皇帝实录》，天命十一年十月丙午条。
② 《清太宗文皇帝实录》，天聪三年闰四月甲戌条。
③ 即奥巴之子巴达礼。奥巴去世后，巴达礼续娶肫哲公主为妻，爱新国册封巴达礼为土谢图济农。但此时，奥巴尚未去世，因此从中可看出《清实录》的修改痕迹。
④ 《清太宗文皇帝实录》，天聪三年五月庚寅条。
⑤ 《清太宗文皇帝实录》，崇德六年十月己巳条。

崇德八年八月初九日，崇德皇帝皇太极宾天。时，嫩科尔沁部大嬷嬷、小嬷嬷领祁塔特额驸妻固伦公主达哲，弼尔塔噶尔额驸妻固伦公主雅图，和硕卓礼克图亲王吴克善妻，多罗巴图鲁郡王满珠习礼妻，多罗格格等俱以戚属庆贺大捷至盛京，未还。大嬷嬷为首众人衣带皆缟素，不截发，与清朝诸福晋一道，咸集清宁宫前，焚香跪奠，起立举哀。各自进香，献驼马、金银等物。大嬷嬷所献为"雕鞍马一，空马七，驼一，貂裘一，貂皮三百，毡三十，十桶黄油"。小嬷嬷所献为"雕鞍马一，空马八，貂皮六百，毡十，十桶黄油，奶酒三壶，酒一壶"①。

顺治六年八月，嫩科尔沁部大嬷嬷、小嬷嬷、土谢图亲王、卓礼克图亲王、扎萨克图郡王、巴图鲁郡王、冰图郡王、额驸祁塔特、弼尔塔噶尔等从嫩科尔沁部来赴大行皇太后丧，献白金、驼马等物，酌纳之。②

蒙古贵族中参加皇太极时代三次国葬，又参加顺治朝大行皇太后丧者唯科尔沁小嬷嬷和吴克善、满珠习礼三人。这种同患共苦的特殊经历也是嫩科尔沁左翼与爱新国（清朝）皇室关系密切的保障和基础。以至于闻科尔沁小嬷嬷讣音的顺治皇帝，不顾诸王"外戚有丧，未尝过哀"的劝阻，亲到皇太后宫奏闻，并"不还宫，为之哀悼殊甚"③。

（二）大嬷嬷开启"互为嫁娶"的联姻模式

天聪七年四月，科尔沁大嬷嬷来朝，天聪汗与皇后、诸妃率诸贝勒，自行在渡阳石木河，迎于五里外。五月初五日，天聪汗遣文馆觉罗龙什、爱巴礼等与诸贝勒会议，谕曰，"科尔沁大妃见朕三女，欲娶长女为媳，我意长女且不字，待长成，从容议婚，两幼女中许聘一人可也"。大贝勒代善及诸贝勒奏曰，"大妃求上长公主与其子为婚事，长格格宜留，勿许，二幼公主中可以一人许之"。皇太极亦认为"彼之女屡适我国，我国公主不与为婚可乎"。结果，十一日，科尔沁大嬷嬷为祁塔特求得天聪汗第三女，行定亲之礼；二十七日，吴克善为其子毕尔塔噶尔尚天聪汗第四女行定亲之礼，宴请大汗。④ 两位固伦公主的定亲、下嫁标志着嫩科尔沁部为首的蒙古与爱新国联姻步入互为嫁娶时代。这一点大嬷嬷的历史功绩可与明安媲美。

---

① 李保文整理《十七世纪蒙古文文书档案》，第 27 份文书，内蒙古少年儿童出版社，1997，第 283~284 页。
② 《清世祖章皇帝实录》，顺治六年八月乙卯条。
③ 《清世祖章皇帝实录》，顺治十一年二月丙戌条。
④ 《清初内国史院满文档案译编》（上），光明日报出版社，1986，第 15 页。

不仅如此，天聪八年二月，科尔沁大嬷嬷嫁女多铎贝勒①；天聪九年十月，将另一女嫁与多尔衮②，为嫩科尔沁部外戚集团和大清朝后宫集团的形成做出了具体贡献，成为嫩科尔沁部外戚集团的核心。

清代早期，除二嬷嬷外，科尔沁部卓里克图亲王元妃阿迪斯、扎萨克图郡王布达齐元妃③、冰图王孔果尔元妃、多罗达尔汉郡王满珠习礼元妃诺观达喇、达尔汉卓里克图巴敦元妃查干达喇等几位女性获得朝廷册封，形成嫩科尔沁部外戚集团的核心。

（三）二位嬷嬷的受封、追封

崇德二年七月，崇德皇帝以嫩科尔沁部贝勒莽古斯乃外舅，追封为和硕福亲王，仍立碑于墓，封其妻大嬷嬷为和硕福妃④。崇德四年正月，以皇后母大嬷嬷封和硕福妃，赐仪仗。⑤ 三日后，册封嫩科尔沁部小嬷嬷为和硕贤妃，赐仪仗。册文曰，"朕惟树仪型于内阃，懿德聿彰，膺褒予于朝章，荣光特贲今朕登大宝，爰仿古圣之制，以定藩妃之封。兹尔科尔沁国次妃博礼，乃卓礼克图亲王吴克善、巴图鲁郡王满珠习礼之母也。尔能训成诸子，佐理国家，故特册封尔为和硕贤妃。尔其益励厥心，敬承勿替，以妇道自持，以义方训子，则名显当时，德扬后世，而富贵永昌矣。钦哉。勿负朕命"⑥。

顺治十一年五月，科尔沁小嬷嬷再次受封，册文曰"赠皇太后父寨桑为和硕忠亲王，母为贤妃"。遣官致祭，加之册命。册文曰，"锡土建邦，必视功以崇报，展亲布泽，推本以加恩，成宪具存，世以为重。外大父寨桑乃嫩科尔沁贝勒，为我圣母昭圣慈寿恭简皇太后之父。本以勋亲，世守忠悫，既效力于先皇固守边圉之地，矧诞育乎圣母，肇开久远之祥，勉笃忠靖，罔渝终始，应加称号，以示显扬。人虽云亡，益深悼念。兹特册封外大父为和硕忠亲王，外大母为和硕忠亲王贤妃。呜呼，休称允锡，位逾五等之尊，纶诰并颁，恩被九原之下，受兹宠命，永裕后人"⑦。

---

① 《清初内国史院满文档案译编》（上），第67页。此女名"Taje（塔哲）"，是多铎元妃。
② 《清初内国史院满文档案译编》（上），第207、216页。此女名"Badm-a（巴特玛）"，为多尔衮元妃。顺治六年十二月，薨，顺治七年正月，追封为敬孝忠恭正宫元妃。
③ 《清内秘书院蒙古文档案汇编》所收册封文不见该人名字。
④ 福妃册封文蒙古文原件被录入《清内秘书院蒙古文档案汇编》，可知福妃名为"gümbü"，汉文可译"衮布"。
⑤ 《清太宗文皇帝实录》，崇德四年正月癸未条。
⑥ 《清太宗文皇帝实录》，崇德四年正月丙戌条。册封文蒙古文原件被录入《清内秘书院蒙古文档案汇编》。
⑦ 《清世祖章皇帝实录》，顺治十一年五月壬申条。

清朝二帝的册封、追封是对二位嬷嬷在嫩科尔沁部的投附及满蒙联姻中所起特殊贡献的肯定和奖赏,也是崇德皇帝"独厚科尔沁"政策的具体步骤和体现。

(四) 二嬷嬷的军功

天聪八年闰八月,爱新国联军往征明宣府、大同边外。是役,科尔沁大嬷嬷属下兵丁"克三堡",又与其他嫩科尔沁兵"合克一堡"①。天聪十年二月,户部承政英俄尔岱领内八旗和外藩蒙古四十九贝勒使臣出使朝鲜。朝鲜国王竟不接见,照书亦不纳。诡令英俄尔岱等至彼议政府议事,又设兵昼夜防守。英俄尔岱等甚疑之,即率诸使者于朝鲜京城中夺民马匹,突门而出。是役,"科尔沁大妃下摆达尔击斩三人,身被创"②。这些是科尔沁大嬷嬷麾下兵丁参与爱新国军国事务的零散记载。从中可知,入清前大嬷嬷就拥有"ǰasaγ kelelčekü erke"(议政职权),手下又有部分兵丁在履行相关职责。不知何故,崇德元年编审嫩科尔沁部壮丁时大嬷嬷麾下兵丁未做记载。

崇德三年正月,崇德皇帝宴请"外藩蒙古两翼十三旗",时,嫩科尔沁部左翼诸台吉旗内出现"科尔沁福妃"③之记载。科尔沁大嬷嬷蒙古语谓"ǰasaγ-un boyantu qatun",表明大嬷嬷正以"管旗台吉"身份,在单独行驶扎萨克职责。

《清实录》等文献中不见科尔沁大嬷嬷去世的具体时间,从顺治六年八月,参加孝端文皇后葬礼之后科尔沁大嬷嬷就不见诸史来看,此后不久就有可能去世。清廷在嫩科尔沁腹地,即今吉林省松原市前郭尔罗斯自治县卡伦店村东为莽古斯诺颜和科尔沁大嬷嬷修建祭祀影祠,供后人瞻仰。民间称之为"γutul-un süm-e"(靴子庙)④,由此可断定此处有可能是二人的衣冠冢。中心区域地理坐标为北纬45°18′42.3″,东经124°32′07.9″。

顺治十一年二月,科尔沁小嬷嬷薨。讣音至,顺治帝即诣皇太后宫奏闻,诸王贝勒福晋、内大臣等俱集,为之"哀悼殊甚"⑤。清廷在大嬷嬷影祠北十多里处,即今吉林市松原市前郭尔罗斯自治县长山镇库里屯南为小嬷嬷修建

---

① 《清太宗文皇帝实录》,天聪八年闰八月庚寅条。
② 《清太宗文皇帝实录》,天聪十年二月乙丑条。
③ 《清太宗文皇帝实录》,崇德三年正月丁卯条。
④ 传说,莽古斯诺颜打猎失踪,只找到一只靴子,在此建庙供后人瞻仰,故称之为"靴子庙"。
⑤ 《清世祖章皇帝实录》,顺治十一年二月丙戌条。

图 4-5　科尔沁大嬷嬷影祠"靴子庙"中心区域地理坐标（摄于 2012 年 4 月 29 日）

影祠，供后人瞻仰。民间称之为"abai-yin süm-e"（阿拜庙）①，1947 年，土改时期被毁。其中心区域地理坐标为：北纬 45°20′03.8″，东经 124°29′50.7″。庙前立有功德碑，碑上刻有"追封忠亲王暨忠亲王贤妃碑""大清国顺治十二年五月初七日立"等阴刻满蒙文字，又称"满蒙文碑"或"库里碑"②。

图 4-6　笔者一行在"阿拜庙"遗址作实地踏查（摄于 2011 年 5 月 1 日）

---

① 据库里屯 82 岁老人赵山丹讲，此处享殿不供奉佛像，而供奉"阿拜"（Abai——德高望重的老妇人之通称）画像。
② 该碑现收藏于吉林省松原市前郭尔罗斯自治县常山镇明珠园"孝庄祖陵陈列馆"。

第三节　嫩科尔沁十旗及其族长制度的建立

崇德元年（1636）是嫩科尔沁部与满洲关系史上发生重大转折的年份。已成为"满蒙汉共主"的皇太极对努尔哈赤所创立爱新国军国政策做出重大调整，将过去"满洲人的蒙古化"改变为"蒙古人的满洲化"，以满洲八旗理念对蒙古地区传统制度进行大的改变，从而蒙古原有的社会制度等发生了彻底变化。

崇德元年至顺治年间，清朝在投附的漠南蒙古诸部原有鄂托克基础上遵照八旗模式建立扎萨克旗，以旗的建置管理蒙古地区行政和司法。旗下照满洲八旗制度建立若干牛录，管理属部属民，在台吉内设族长、副族长等管理台吉阶层。这是漠南蒙古诸部投附清朝后在社会制度上的最大变化。其中，与清朝关系密切的嫩科尔沁部变化最大，其满洲化进程也比其他蒙旗更快。

一　嫩科尔沁部十个扎萨克旗的建立

入清后，在嫩科尔沁部原有领地上建立十个扎萨克旗，将十旗行政、司法等交由朝廷任命的扎萨克执掌。扎萨克的任命则是针对蒙古诸台吉传统领属权的重新分配，也是对清朝忠顺的蒙古诸台吉的一种奖赏。

（一）最早出现的嫩科尔沁十扎萨克

天聪三年，爱新国与嫩科尔沁部诸贝勒定制律令，律令的行文中出现了嫩科尔沁部十扎萨克之概念。律令全文如下：

  Sečen qaγan ekilen. naγun-i tüšiy-e-tü qaγan. bingtü. darqan tayiǰi. yeke baγ-a noyad-un kelelčegsen čaγaǰa. čaqar-tu mordaqu-la. qušiγu-ban medekü noyad. dalan γurbatu-eča doγuγši. arban γurbatu-eča degegši bügüde mordaqu. ese mordaγsan noyad-eča ǰaγun aduγu arban temege abqu. bolǰiyan-i γaǰar-a γurban qonotal-a ese kürküle arban aduγu abqu. oruǰi γartala ese kürküle ǰaγun aduγu arban temege abqu. kitad-tu mordaqula qušiγu-ban medekü niǰiged yeke noyad qošiyaγad tayiǰi-nar ǰaγun sayin čerig abču mordaqu. ese mordaqula yeke qušiγun-eča mingγan aduγu ǰaγun temege abqu. bolǰiyan-i γaǰar-a γurba qonotal-a ese kürküle arban aduγu abqu. oruǰi γartala ese kürküle mingγan aduγu ǰaγun temege abqu. bolǰiyan-i urid dobtolqula ǰaγun aduɤu arban temege abqu. arban qonoɤ-un ɤaǰar-a arban tabun. arban tabun qonoɤ-un ɤaǰar-a qorin qonoǰu kürkü. yambar-ba yala-yi ǰasaɤ-un noyad-eča elči abču kügekü bolba. ǰasaɤ-un noyad qoyar qonotala elči ese ögküle bari. čaɤatu yala-tu kümün-eče ese bariǰu ögküle mal-un toɤ-a bar ǰasaɤ-un noyad-eča bari. ǰasaɤ-un noyad arban ulaɤ-a unuqu qariǰu ireküi-degen. yala-tu kümün-eče arban ulaɤ-a-yi toɤulǰu ir-e. edür-ün šigüsü tasuraba. noyad qonoɤ-du qoni idekü bolba. üker idebesü noyad-i nökör-ün mori abqu. qamuɤ-un elči-yi noyad ǰančiqula ɤurba yisü. qaraču kümün ǰančiqula nige yisü. qamuɤ-un elči-yi baɤulɤaqula qaǰaɤar toɤulan mori abqu. qamuɤ-un elči-yi üǰeǰü aduɤu-ban boruɤulaɤulǰu abačiqula šidüleng mori abqu. elči tamaɤ-a-tu mori-yi endegüreǰü unuqula. biši mori ögčü ab. tamaɤ-a-tu mori-yi eča getele ese ögküle iltü nomu qoyar-i nigen-i ab. ali-ba yala-yi ülü ügčü tušiyaqula üretügei. ǰasaɤ-un arban noyad-tu tüšiy-e-tü qaɤan. darqan tayiǰi. lamaski ǰoriɤ-tu qung tayiǰi. ildüči. muǰai. sebükün. bümba. gümü. qayirai. širaɤčin moɤai ǰil-un qabur-un segül sar-a-yin šine-yin ǰirɤuɤan-a.

（汉译）以天聪汗为首，嫩科尔沁之土谢图汗、冰图①、达尔汉台吉等大小台吉商定的律令。若出征察哈尔，管旗的台吉与七十三岁以下十三岁以上者皆出征。未出征之台吉罚马百、驼十。若三日不至所约之地，罚马十四。入出敌境终不至者，罚马百、驼十。若出征明国，每旗管旗台吉一人、台吉两人、精兵百人出征。若不出征，大旗罚马千、驼百。若三日不至所约之地，罚马十。入出敌境终不至者，罚马千、驼百。先于所约攻掠，罚马百、驼十。十日之程限十五日至，十五日之程限二十日至。所有罪，汗之使臣与扎萨克台吉所遣使臣一同追缴。两日内扎萨克台吉不遣使臣则取扎萨克之畜，若扎萨克台吉不从彼有罪之人处取畜，按牲畜数从扎萨克台吉处取。扎萨克台吉骑十四驿马，返回时由有罪之人取十匹驿马。若中途断肉，扎萨克台吉于住处食羊，若食牛，取扎萨克台吉之属下所乘马。台吉若殴汗之使臣，罚三九，若哈喇出殴，罚一九。若无故让汗之使臣下马者，以辔数取马。见汗之使，将马群隐匿者，罚三岁马。使臣误乘烙印马，则以他马换取。若使臣不与烙印马，取其腰刀、

① 即孔果尔老人。

弓之一。交出罪人及所罚牲畜则赦免扎萨克罪。扎萨克之十个台吉是土谢图汗①、达尔汉台吉②、喇嘛什希③、卓里克图洪台吉④、伊勒都齐⑤、色本⑥、木寨⑦、布木巴⑧、固穆⑨、海赖⑩。己巳年春之末月初六。

律令背面用老满文写："korcin-i beisei… toktobume gisurehe bithe juwe ilan biya-de…"⑪

"与科尔沁诸台吉商定……之书，二、三月……"

此文书以《天聪汗为首，嫩科尔沁土谢图汗、冰图、达尔汉台吉、大小台吉商定的律令》之名被录入《十七世纪蒙古文档案文书》（第16份文书）。据此判定"（这些人是）爱新国在嫩科尔沁部最初所设立的十扎萨克"⑫则是一种错误的认知。对爱新国早期蒙古文遗留性史料缺乏足够理解是这种错误认知的原因。

爱新国早期，就有将蒙古各部与八旗等同，以八旗行文套用蒙古事务之现象。如，《清实录》载，天聪三年正月，"上颁敕谕于科尔沁、敖汉、奈曼、喀尔喀、喀喇沁五部落令悉遵我朝制度"⑬。显然，这里"我朝"非指爱新国，而是指以爱新国为盟主的满蒙联盟。又如，天聪六年十月，爱新国遣济尔哈朗、萨哈廉与蒙古诸贝勒定界牧地，申明约法。规定，

aliba ǰüg-eče dayisun ireǰü ǰaqa-yin ulus-i dobtulqula aliba qusiyu ger mal-iyen dutuγsi bolγayad čerig-iyen abču dobtuluγsan ǰüg-tü yaγaraǰu

---

① 即土谢图汗奥巴。
② 杜尔伯特部的阿都齐达尔汉台吉。
③ 奎蒙克次子诺扪达喇，诺扪达喇长子哲格尔德，哲格尔德长子图美，图美长子即喇嘛什希。
④ 即吴克善。博第达喇次子纳穆赛之长子为莽古斯，莽古斯长子为宰桑，宰桑长子即吴克善。是科尔沁左翼中旗第一任扎萨克。
⑤ 纳穆赛次子为明安，明安长子栋果尔，号"伊勒都齐"。
⑥ 博第达喇第九子阿敏，阿敏长子额森纳林（Esen narin tayiji），额森纳林长子即色本。
⑦ 纳穆赛三子孔果尔，孔果尔长子即木寨。
⑧ 博第达喇三子乌巴什，乌巴什次子莽果，莽果长子即布木巴（本巴）。
⑨ 博第达喇长子乌巴什，乌巴什长子布延图内齐，固穆为布延图内齐长子。
⑩ 博第达喇七子额勒济格卓里克图生七子，海赖为额勒济格卓里克图第四子。
⑪ 李保文：《十七世纪蒙古文档案文书》第16份文书，内蒙古少年儿童出版社，1997，第47~49页。
⑫ 玉芝：《蒙元东道诸王及其后裔所属部众历史研究》，博士学位论文，内蒙古大学，2006。
⑬ 《清太宗文皇帝实录》，天聪三年正月辛未条。

čuɣla. ese čuɣlaɣsan noyad-i ulus-eče ɣarɣaqu.①

（汉译）各处敌国来犯界，诸旗速将人畜内迁，领兵迎敌。不至者除国。

此处的"诸旗"指蒙古诸鄂托克或部落，"除国"是指从联盟中除名之意。

受爱新国影响，天聪时期的蒙古文文书档案，直接引用或翻译满语的相关词汇当作名词、动词，从而变得很难解读。若将名词、动词对照满文直译，则变得通俗易懂。这也是解读清初与蒙古有关的档案文献时必须注意的一点。

以《天聪汗为首，嫩科尔沁土谢图汗、冰图、达尔汉台吉、大小台吉商定的律令》文书为例：

"yeke baɣ-a noyad"，即大小诸台吉，是指所有嫩科尔沁部台吉。

上述档案中，土谢图汗奥巴、孔果尔、阿都齐达尔汉三人是"yeke noyad"，即大台吉，为嫩科尔沁部传统意义上的部落长。其身份与爱新国八旗中的主旗贝勒②相对应。"主旗贝勒"在满、汉文档案文献中有"ɣošoi beile"（和硕贝勒）、"gvsai beile"（固山贝勒）、"gvsai ejen beile"（旗主贝勒）、"gvsa ejeleɣe beile"（主旗贝勒）、"管旗贝勒"③、"旗王"④等多种写法。从宗族关系讲，主旗贝勒是"八家"的大族长；从国家关系讲，是八旗世袭最高军政长官。爱新国套用此等认知，将土谢图汗奥巴、孔果尔、阿都齐达尔汉认为是嫩科尔沁部族长和最高军政长官，即主旗台吉或扎萨克台吉。

喇嘛什希、吴克善卓里克图洪台吉、栋果尔伊勒都齐、色本达尔汉、木寨、布木巴伊勒登、固穆哈丹巴图鲁、海赖等八人是嫩科尔沁部"baɣ-a noyad"，即小台吉，为部落首领。其身份与爱新国八旗中的"gvsa ejeleɣekv

---

① 李宝文、纳木卡：《十七世纪前半叶43份蒙古文书》，原载《内蒙古社会科学》（蒙文版）1996年第2期。

② "主旗贝勒"即"旗主"，满语意为"gvsai ejen（固山额真）"，而固山额真为隶属于主旗贝勒的管旗大臣。为避免概念混淆，学者们不用"旗主"，而选用"主旗"。详情请查看张晋藩、郭成康著《清入关前国家法律制度史》，辽宁人民出版社，1988，第160页。

③ 天聪年间定，"凡管旗诸贝勒与不管旗议政贝勒甍，上赐纸万张，羊四只，酒十瓶……"，将贝勒分为"管旗"和"议政"两种。详情参见张晋藩、郭成康《清入关前国家法律制度史》，辽宁人民出版社，1988，第172页。

④ 满族官民家中，儿子长到18岁须分家，"分家时，务禀本固山王，贝勒知"。所指固山王即管旗贝勒，贝勒亦议政贝勒。

bime doro be aliγa beile"（蒙古语为 qusiγu medekü ügei ǰasag kelelčegči noyad；汉译：不主旗议政贝勒）相对应。这些人只负责领兵出征，没有行政、司法权。因此，也可与八旗管旗大臣，即"gvsai eǰen"（固山额真）相对应。

"qušiγu-ban medekü noyad"，即管旗台吉或大台吉、主旗台吉。

文书中将奥巴、孔果尔、阿都齐三人列为诸台吉之前，以突出其部落长身份，也显示了与其他台吉身份上的差异。奥巴、孔果尔是嫩科尔沁部两大首领，各领左右翼之事。阿都齐是天命九年，嫩科尔沁与爱新国会盟时的参与者，受到爱新国优待，视为部落长大台吉。嫩科尔沁部另一个大台吉图美岱达尔汉几代单传人丁不旺，基本失去大台吉实力，此次没将他长子喇嘛什希算入主旗台吉之列。

"ǰasaγ tayiǰi""ǰasaγ-un arban noyad"，即"ǰasaγ kelelčegči arban noyad"（议政的十台吉），是指出席此次会盟，议定出征律令的十台吉。

其中，吴克善等"baγ-a tayiǰi"（小台吉）继承父、祖遗产，参与部落事务。但他们只有议政的权力，遇到行政、司法、军事等重大决策，须经大台吉首肯决断。当然，天聪汗时期，由于嫩科尔沁内部的不睦等因素，大小台吉屡有变更。爱新国逐步掌控嫩科尔沁部"ǰasaγ kelelčegči erke"（议政权力）、"qušiγu medekü erke"（管旗职权）的豁免权，为以后清代扎萨克旗的建立铺平了道路。

另有学者认为，该文书中没有将当时与奥巴齐名的图美、孔果尔二台吉列在所谓的"十扎萨克"内，是因为当时图美、孔果尔、明安虽还在世，但"因年老已经不管事"①。此等认知更缺乏史料支撑。有资料显示，"天命二年春，明安来朝，不久既卒"②。天聪六年四月，图美额驸参加往征察哈尔战役；孔果尔则于崇德元年册封冰图王爵，六年，病故。③ 因此可以断定，《天聪汗为首，嫩科尔沁土谢图汗、冰图、达尔汉台吉、大小台吉商定的律令》所列十台吉只是参加此次定制出征律令的嫩科尔沁台吉，而非"集行政、司法大权于一身"的"当时嫩科尔沁十大旗的真正统治者"④。十人中，海赖、色本因天聪八年与噶尔珠赛特尔等"拒绝出征"，被同族镇压，海赖被诛杀，色本则降为"qoki tayiǰi"。即"被夺职爵、称号的台吉"，

---

① 玉芝：《蒙元东道诸王及其后裔所属部众历史研究》，博士学位论文，内蒙古大学，2006。
② 《钦定外藩蒙古回部王公表传》（卷二十），"追封多罗贝勒栋科尔传"。
③ 《清太宗文皇帝实录》，崇德六年三月己亥条。
④ 玉芝：《蒙元东道诸王及其后裔所属部众历史研究》，博士学位论文，内蒙古大学，2006。

失去"ǰasaɣ kelelčegči tayiǰi"（议政台吉）之权力。

综上所述，"天聪汗为首，嫩科尔沁土谢图汗、冰图、达尔汉台吉、大小台吉商定的律令"是嫩科尔沁部主旗台吉和议政台吉等大小诸台吉与爱新国共同制定的出征律令。之所以引起误解是行文套用爱新国军国理念表述蒙古事务所致。当然，该文书的更大价值在于为我们保留了天聪汗在嫩科尔沁部内部有意扶持所谓的"ǰasaɣ kelelčegči tayiǰi"（议政台吉），逐步削弱奥巴、孔果尔、图美等的传统权力，将嫩科尔沁部统一力量进一步分化的事实依据。

（二）嫩科尔沁扎萨克旗的不同表述

崇德元年十月，清朝派遣希福等在土谢图亲王处会盟，编审嫩科尔沁部丁户。《满文老档》内首次出现土谢图亲王旗、扎萨克图郡王旗、喇嘛什希旗、扎赉特之达尔汉豁绍齐（达尔汉和硕齐）旗、杜尔伯特之色棱旗、卓里克图亲王旗、穆寨旗、噶尔图旗、栋果尔旗、郭尔罗斯之布木巴旗、郭尔罗斯之固穆旗等以管旗台吉命名的十一旗。①

据此认为崇德元年嫩科尔沁部已有十旗显然不妥。因为有资料显示，清初另有"外藩蒙古两翼十三旗"之说。如崇德三年正月，清廷赐"外藩蒙古十三旗"诸王、贝勒蟒缎、甲胄等。②天聪汗宴请诸旗使臣时，史籍中又出现30个旗的记载，其中左翼嫩科尔沁就有土谢图亲王、卓里克图亲王、扎萨克图郡王、科尔沁福妃、喇嘛什希、栋果尔、木寨、扎赉特部达尔汉和硕齐、杜尔伯特部色棱、郭尔罗斯部布木巴、固穆等11个旗。针对此等前后矛盾的记载，达力扎布先生认为，"外藩蒙古十三旗的说法很可能是相对于满洲八旗贝勒而言，而并不是指实有的扎萨克旗数"③。这是对《清实录》等"套用爱新国军国理念表述蒙古事务"的准确阐述。但可惜，达力扎布先生没有进一步阐述"科尔沁十一旗"、"蒙古三十旗"和"外藩十三旗"等说法的来龙去脉。

清初所谓的"三十旗"与《满文老档》中出现的崇德元年编审出的蒙古诸旗数目完全吻合。具体为：

---

① 《满文老档》，中华书局，1990，第1675~1682页。
② 《清太宗文皇帝实录》，崇德三年正月丁卯条。
③ 达力扎布：《明代漠南蒙古历史研究》，内蒙古文化出版社，1998，第349页。

科尔沁十旗①

奈曼部：达尔汉郡王

敖汉部：班迪额驸、索诺木

巴林部：阿玉希

满珠习礼

四子部：达尔汉卓里克图

（毛明安）巴特玛　　　★②

阿鲁科尔沁：穆章

扎鲁特部：

右翼：桑阿尔

云顿等

（毛明安）车根　　　★

左翼：内齐

图拜色楞

绰博郭　　　　　★

乌拉特部：图巴一旗

色棱一旗

额布根一旗

沙里、恭格　　　★

翁牛特部：杜棱郡王

达尔汉戴青

哈喇车里克③

也就是说，"三十旗"实为"qusiγu medekü taiji"（管旗台吉）所领扎萨克旗和"jasaγ kelelčegči tayiji"（议政台吉）所领旗及附牧二者之下的若干爱马克④的总和。可见所谓的"三十旗"也是清朝史籍"套用爱新国军国

---

① 崇德元年，科尔沁共编十一旗。其中，噶尔图旗与天聪八年发生的"噶尔珠赛特尔事件"有瓜葛撤销（《内国史院档》，上册，第91页），编入孔果尔旗（又作木寨旗，木寨系孔果尔长子，崇德元年，孔果尔所属编为一旗，名作木寨旗）。顺治初年，噶尔图旗似乎又编入扎萨克图郡王旗（《内国史院档》，中册，第327页）。
② 有此标记者为爱马克。
③ 《满文老档》，中华书局，1990，第1672~1674页。
④ 达力扎布先生注意到此等现象，参见达力扎布《明代漠南蒙古历史研究》，第344页。

理念表述蒙古事务"所致。

对于"外藩十三旗",我们再看一份档案。

tüsiy-e-tü čin wang-un tabun qusiɣu-yi nigedgejü qoyar qusiɣu. joriɣtu čin wang-un tabun qusiɣu-yi nigedgejü qoyar qusiɣu. auqan nayiman nigen qusiɣu. qoyar baɣarin nigen qusiɣu. qoyar jaraɣud nigen qusiɣu. dürben keüked nigen qusiɣu. mojang nigen qusiɣu. qoyar ongniɣud nigen qusiɣu. urad nigen qusiɣu. qaračin nigen qusiɣu. qoyar tümed nigen qusiɣu. bügüde arban ɣurban qusiɣu. boɣda qaɣan-dur nigen jil-dür ɣurban üy-e alba ergükü-yin učir-dur qorsiɣsan boi. aba ayan-dur ijaɣur-un qusiɣu baiɣ-a boi.①

(汉译)土谢图亲王五旗合二旗。卓里克图亲王五旗合二旗,敖汉、奈曼合一旗,巴林二部合一旗。扎鲁特二部合一旗,四子部一旗,穆章部一旗,翁牛特二部合一旗,乌拉特部一旗,喀喇沁部一旗,土默特二部合一旗,共十三旗。为圣汗年进三次朝贡合编,出猎、出征随原旗。

这是崇德二年十一月十五日,清廷将每年定期朝贡的外藩诸旗合编为十三个旗的原始档案。可看出,所谓"外藩十三旗"实为为朝贡合编的临时单位。

"科尔沁十一旗"与上述两个情况基本相同。亦是清朝将嫩科尔沁扎萨克旗和台吉所属鄂托克列在一起所致。其中,噶尔图与天聪八年发生的"噶尔珠赛特尔事件"有瓜葛②,编入孔果尔旗③。顺治初年,噶尔图旗似乎又被编入扎萨克图郡王旗。④ 福妃麾下确实有单独的属民和兵丁,其本人也确实获得过"jasaɣ-un boyantu qatun"(扎萨克福妃)之封号,但是福妃所属编为一旗尚缺乏证据。

崇德二年,清廷册封外藩诸王正妻为王之元妃。时,科尔沁大妃封"和硕福妃",科尔沁次妃封"和硕贤妃"。也就是说,科尔沁二妃是以追封

---

① 齐木德道尔吉、吴元丰、萨·那日松等编《清内秘书院蒙古文档案汇编》(第1辑),内蒙古人民出版社,2003,第210~211页。
② 中国第一历史档案馆:《清初内国史院满文档案译编》(上册),光明日报出版社,1986,第91页。
③ 又作木寨旗,木寨系孔果尔长子,崇德元年,孔果尔所属编为一旗,名作木寨旗。
④ 中国第一历史档案馆:《清初内国史院满文档案译编》(中册),光明日报出版社,1989,第327页。

亲王元妃身份获得册封，非其本人获得扎萨克职权。另外，科尔沁次妃亦封和硕贤妃，史籍中不见以其命名的旗。因而可以断定，科尔沁福妃只是拥有部分属民和兵丁的爱马克之长。

（三）嫩科尔沁扎萨克旗的最终确立

嫩科尔沁部投附清朝之后，清廷打乱原有社会制度，参照八旗新制在嫩科尔沁部建立扎萨克旗制度，管理嫩科尔沁人。扎萨克旗是清朝建立后在嫩科尔沁地区出现的最高行政机构。在史籍中，天聪时期就有嫩科尔沁扎萨克旗的记载。[1] 有学者认为，成吉思汗的千户制及北元时期出现的以亲属为中心的社会集团——鄂托克是其源头。[2] 因此可以说，嫩科尔沁地区新兴的扎萨克旗是满洲八旗制度和蒙古原有制度相结合的产物，是清朝从制度上将蒙古人满洲化的具体步骤，也是皇太极建立大清朝之后，将昔日"女真人（满洲人）的蒙古化"政策改为"蒙古人的满洲化"措施的重要环节。

成立扎萨克旗的标准，史学界认识较为一致，认为应具备牛录的编制、牧场的划定及旗主——扎萨克的任命等基本要素。但是，清初史籍中具体成立扎萨克时间不明确，引起学界分歧，遂产生天命九年至崇德元年等多种见解。[3] 本文依据《王公表传》所载："崇德元年，叙功，诏科尔沁部设扎萨克五，曰巴达礼、曰满珠习礼、曰布达齐、曰洪果尔、曰喇嘛什希，分领其众，赐亲王、郡王、镇国公爵有差。"认为，达力扎布先生所提"扎萨克制度的建立和实施似乎在崇德元年"[4] 观点为正确。

扎萨克，蒙古语原义有"法令""条例"之意，后引申为"执政者"或"掌管法令者"。"扎萨克旗"即"执掌法令者之旗"。扎萨克台吉平时执掌行政、司法及征收赋税，战时负责征兵、出征等，是清朝从该旗台吉、塔布囊内简任的官吏。一般选旗内有爵位的台吉领扎萨克之职，但也有二者

---

[1] 天聪三年三月，《天聪汗为首，嫩科尔沁土谢图汗、冰图、达尔汉台吉、大小台吉商定的律令》，原载李保文《十七世纪蒙古文档案文书》第16份文书，内蒙古少年儿童出版社，1997，第47~49页。

[2] 〔日〕田山茂著《清代蒙古社会制度》，潘世宪译，商务印书馆，1987，第22页。

[3] 请参见郑玉英《试论清初八旗蒙古问题》（《辽宁大学学报》1983年第1期）；傅克东《后金设立蒙古二旗即漠南蒙古牧区旗新探》（《民族研究》1988年第2期）；田山茂《清代蒙古社会制度》，商务印书馆，1987，第69、76页；赵云田《清代蒙古政教制度》，中华书局，1988，第79页。

[4] 达力扎布：《明代漠南蒙古历史研究》，内蒙古文化出版社，1998，第342页。

分开之情况。如，木寨旗①、郭尔罗斯前旗②。

扎萨克旗的"旗"，蒙古语谓"qosiɣu"或"qušuu"，满语作"gvsa"。"gvsai ejen"亦作"固山额真""旗主"。天聪朝规定，"凡管理，不论官职，管一旗者，即为固山额真"③。也就是说，在八旗内只要管理旗内事务者，不论其世职高低，皆称为固山额真。但固山额真与"和硕贝勒"即"主旗贝勒"有本质上的不同。"主旗贝勒"是旗内诸贝勒之大族长，又是旗的世袭最高军政首长；"固山额真"则只是管理旗内事务的大臣而已。④

蒙古扎萨克旗管理照八旗模式而设。管理旗内行政、司法的台吉不论有无爵位，皆称为"jasaɣ tayiji"即扎萨克台吉。有爵位的大台吉即"主旗贝勒"，虽失去军政首长的职责，但却担当旗内台吉家族的世袭族长。扎萨克台吉只负责旗内日常事务，重大事情还由"主旗贝勒"即有爵位的族长定夺。这一点上蒙旗扎萨克与八旗"固山额真"有相似之处。

扎萨克旗一般以领扎萨克之人的名字或爵位命名。这一点与八旗不同。如，清初科尔沁左翼中旗被称为"卓里克图亲王旗"。顺治十六年，吴克善台吉获罪，其弟满珠习礼领旗扎萨克后则改作"达尔汉亲王旗"。

《清实录》对努尔哈赤初创八旗之制做了如下记载："上既削平诸国，每三百人设一牛录额真，五牛录设一甲喇额真，五甲喇设一固山额真，每固山额真左右设两梅勒额真。初设有四旗，旗以纯色为别，曰黄，曰红，曰蓝，曰白，至添设四旗，恭用其色镶之，共为八旗。"⑤从中可看出八旗官制的大体内容和规模，即旗下有梅勒额真（梅林）、甲喇额真（扎兰）、牛录额真（佐领）等⑥官员，每旗大约有7500丁。另外，驻防、出征、围猎皆分左右"gala"（翼），也是其显著特点之一。

牛录是八旗的基础，同样也是蒙古扎萨克旗的基础。清初蒙古扎萨克旗

---

① 木寨旗即冰图旗。崇德元年，以冰图王孔果尔所属编为一旗，扎萨克之职由孔果尔长子木寨担任，孔果尔则成为"主旗贝勒"。
② 即固穆旗。天聪元年，以固穆所属编为一旗，固穆以扎萨克辅国公身份管理。康熙三十五年，固穆孙莽塞获罪，削扎萨克，留爵。扎萨克由二等台吉武尔图那素图代领。四十七年，武尔图那素图以病罢职，扎萨克由其兄毕里衮鄂齐尔所领。遂形成"哈拉毛都公、昂噶来扎萨克"之格局。
③ 《清太宗文皇帝实录》，天聪八年四月辛酉条。
④ 张晋藩、郭成康：《清入关前国家法律制度史》，辽宁人民出版社，1988，第172页。
⑤ 《清太祖武皇帝实录》，天命朝乙卯年十一月癸酉条。
⑥ 天聪八年又定，"管梅勒者，即为梅勒章京，管甲喇者，即为甲喇章京，管牛录者，即为牛录章京，管护军蘘额真，即为护军统领，管护军甲喇额真，即为护军参领"。

以 50 户为单位编设牛录，牛录多少无定，旗的大小亦无定，这是蒙古扎萨克旗与内八旗又一显著差别。其原因可能是为"分而治之"而有意为之。扎萨克诸旗多分左右两翼游牧，这是与八旗相同之处。

蒙古扎萨克旗内又有与八旗官制基本一致的官制体系，蒙古语谓"noyad tüsimel"，负责管理旗内属民和民事。具体设官情况为：Tusalaɣči 即协理台吉，由八旗"jasaɣ kelelčegči beile"（议政贝勒）爵位演变而来，协助或代行扎萨克管理旗务外藩蒙旗世爵。从旗内台吉简任，报批朝廷。终身制，不世袭，二等台吉待遇。每个扎萨克旗一般有二名或四名 Tusalaɣči（协理台吉），轮流值班。

Qosiɣu-yi jakiruɣči ǰanggi 简称 "ǰakiruɣči"，即管旗章京。① 由八旗内仅次于主旗贝勒、议政贝勒的固山额真（又有总兵官、昂帮章京等名称，顺治十七年改为都统）之职演变而来的外藩世职，协助协理台吉掌管旗内平民事务。② 与八旗固山额真由"本旗大族中遴选且轮流出任"③ 不同的是外藩蒙旗"ǰakiruɣči"由扎萨克任命，无须报批朝廷，二等台吉待遇。一个旗就一个，有管理本旗政务的职责，无参与议政、"监护"旗扎萨克的权利。

协理台吉和管旗章京虽同为二品，但协理台吉是由朝廷任命，是爵位的一种；管旗章京只是由旗扎萨克任命的最高职务之一，因此其职权在协理台吉之下。二者的管理对象亦有区别，协理台吉总体负责全旗事务，但侧重点是管理台吉，管旗章京则管理平民，无权管理台吉。由此可见，外藩蒙旗协理台吉和管旗章京职爵是清廷将八旗固山额真之职一分为二演变而来。担当八旗固山额真的宗室觉罗者演变成为有议政权力的协理台吉，异性固山额真则演变成了管旗章京。这也是清朝实行"分而治之"政策的体现之一。

Meiren ǰanggi 简称 "Meiren"，即梅林，由八旗内梅勒额真（又作副将、副都统等）演变而来。有 Tamaɣan meiren（印务梅林）、Čerig-un meiren（军

---

① "ǰanggi"，汉译为将军，管旗章京即管旗将军，级别相当于八旗内昂邦章京，但是蒙古扎萨克旗管旗章京是文职。昂邦章京原名为总兵，天聪八年改为昂邦章京，顺治十七年改作都统。

② 协理台吉和管旗章京虽同为二品，但管旗章京不是朝廷任命，因此其职能在协理台吉之下。二者的管理对象亦有区别，协理台吉总体负责全旗事务，但侧重点是管理台吉，管旗章京只管平民，无权管台吉。

③ 张晋藩、郭成康著《清入关前国家法律制度史》，辽宁人民出版社，1988，第 178~179 页。

务梅林）之分。① Čerig-unmeiren 与八旗梅勒章京②相当，Čamaγa-yin meiren 则管理旗内一般事务，由扎萨克任命，无须报批朝廷，三等台吉待遇。其数目不等，随旗的大小而定。

J̌alan ǰanggi 简称"J̌alan"，即扎兰③，是从八旗牛录额真（又作参将、参领等）之职演变而来的世职，为文职④，只在印务处管理旗务。四等台吉待遇。

Sumun ǰanggi 又作"Somun jalan"，由八旗牛录章京⑤演变而来的世职，管理苏木内一切事务。⑥ 由扎萨克任命，无须报批朝廷。五品待遇。

Kündü 汉译昆都，与八旗风得拔什库⑦相当。最低一级的官员，负责召集兵丁，检举和解送犯人等事务。每牛录（苏木）一人。

Bošuγ-a 即拔什库，与八旗小拔什库⑧相当。不是官吏，负责收取赋税和户籍稽查等。

另外，在蒙旗扎萨克府邸或公主府邸也出现了"Qabung"（哈番——侍官）"Boyida"（包衣达——管家）等满语官吏名称。

上述表明，清廷将八旗官制内武职一项尽数套在蒙古扎萨克旗，构建了新的管理制度体系。较其他蒙地，新的管理体系的影响和普及在嫩科尔沁地区尤为突出。在此基础上清朝又制定出"蒙古壮丁六十岁以下，十八岁以上者，皆编入丁册，有病者除之。每三丁共一马甲，遇有出征等事，以二丁差遣，一丁留家"。"蒙古壮丁三年一次编审，有隐匿者，将所隐之丁入官。

---

① 日本学者田山茂依据扎奇斯钦先生著作认为，"梅林系文官，十苏木以下旗设一名，十苏木以上旗原则上设两名"（《清代蒙古社会制度》，第107页）。但是，清末民初，科尔沁左翼中旗卓里克图亲王麾下有军务梅林之职，末代军务梅林李海山官拜国民党少将，为抗日名将。达尔汉亲王属下亦有军务梅林之职。末代梅林为嘎达梅林，系蒙古族最负盛名的抗垦英雄。同时代，二王手下还有其他梅林在当差，可见扎萨克旗与总管旗官吏名称、职能等稍有区别。
② 原名为副将，天聪八年四月改为梅勒章京，顺治十七年改作副都统，系八旗内军职。
③ 军职相当于甲喇章京。甲喇章京原名为参将，天聪八年四月改为甲喇章京，顺治十七年改作参领，系八旗内军职。
④ 《清代蒙古社会制度》认为扎兰系军职，不知其出处。
⑤ 原名为备御，天聪八年四月改为牛录章京，顺治十七年改作佐领，系八旗内军职。
⑥ 蒙古扎萨克旗扎兰为文职，这一点与八旗有所不同。
⑦ 风得拔什库亦称"屯拔什库""噶尚拔什库"等。原名为"代子"，为武职。天聪八年四月改为"风得拔什库"，顺治十七年改作骁骑校，相当于屯长。
⑧ 原名为章京。天聪八年改作小拔什库，顺治十七年改为领催，为军职。

隐至十户者,管旗王、贝勒等按罚一户,出首人令改附愿往旗分"① 等强有力措施,管理蒙旗社会,以稳定的新体系保障社会稳定和充足兵源为自身统治服务。

二 族长制及努图克的出现

入清后,为管理外藩蒙古台吉、塔布囊,清朝遵照八旗制度建立了蒙旗扎萨克、族长制度,将蒙旗台吉和普通民众分开管理。其中,族长制度诱发出科尔沁地区诸多努图克的形成。当下,学界对蒙古扎萨克旗族长研究甚少,本节依据"Yeke da aminurtu-yin ger-un teüke"(伊克达阿敏乌日塔家谱)和民间传说(主要以毕力格达赖老人口述)等试着对清代蒙旗族长制度和"努图克"等做简要论述。

"伊克达阿敏乌日塔家谱"(以下简称"家谱")现收藏于通辽市巴音那木尔先生手中。"家谱"为蒙古文,用毛笔手写于宣纸上。后边章节残损严重,每页盖有"科尔沁左翼中旗扎萨克印"大红印章,可断定为清代手写原件。

毕里根达赖老人,90 岁(2014 年),现住科尔沁左翼中旗巴彦塔拉镇南巴彦塔拉嘎查。科尔沁左翼中旗温都尔王家族"Adamal baγ-a da"(候补巴嘎达),多次替代末代"巴嘎达"旺沁古儒进行过清明节祭祀先祖活动。

(一)"伊克达阿敏乌日塔家谱"及其内容

"家谱"名称中出现的伊克达阿敏乌日塔,科尔沁卓里克图亲王吴克善第十代后裔,是吴克善所属"巴润伊森格日"(西九家)台吉族系"巴润杜日本格日"(西四家)分支的伊克达,即族长。"家谱"显示,吴克善至阿敏乌日塔的谱系传承为:①吴克善→②(第十八子)杜勒巴→③(长子)巴特玛→④(长子)阿拉坦格呼勒→⑤(三子)旺楚克→⑥(长子)布仁特古斯→⑦(长子)恩克巴雅尔→⑧(长子)桑特克→⑨(次子)乌力吉→⑩(次子)阿敏乌日塔。

从"家谱"内容看,清顺治时期,科尔沁左翼中旗台吉家族分家重新分配旗下领地、属民,形成"四大努图克"分别游牧之后,吴克善第六子

---

① 赵云田点校《钦定大清会典事例》(理藩院),中国藏学出版社,2006,第 214 页。

毕尔塔哈尔①、第十二子珠亦②、第十五子习塔尔③、第十六子珠勒济干④、第十七子额尔德尼⑤和末子，即第十八子杜勒巴⑥六人一起游牧，形成科尔沁左翼中旗"巴润伊森格日"（西九家）族系之"巴润杜日本格日"（西四家）分支，杜勒巴担当了该族系第一任伊克达，即族长。

康熙二十一年（1682），杜勒巴承袭和硕卓里克图亲王爵，伊克达由长子巴特玛承袭。康熙二十七年，巴特玛袭父爵，成为第五任和硕卓里克图亲王，伊克达由长子阿拉坦格呼勒担当。雍正三年，阿拉坦格呼勒承袭和硕卓里克图亲王爵。

阿拉坦格呼勒有子三：长子占布拉扎木苏，次子巴拉丹，三子旺楚克。阿拉坦格呼勒后，和硕卓里克图亲王爵由其长子占布拉扎木苏承袭，伊克达由其三子旺楚克承袭。至此，和硕卓里克图亲王爵位和伊克达才分开，成为分别承袭的两个系统。吴克善后裔末代和硕卓里克图亲王为贺齐叶勒图莫尔根，末代伊克达为阿敏乌日塔。

"家谱"内还显示了吴克善所属"巴润伊森格日"（西九家）台吉族系"巴润杜日本格日"（西四家）分支的四个巴嘎达系统的传承。该分支包括吴克善第六子毕尔塔哈尔、第十二子珠亦、第十五子习塔尔、第十六子珠勒济干、第十七子额尔德尼和末子，即第十八子杜勒巴六人及其后裔组成。习塔尔、珠勒济干二人无子，其他四家组成"巴润杜日本格日"（西四家）分支，分别命名为"γool ger"（老家）、"Aginar"（阿给纳尔，即少爷家族）、"Jiryuyad"（六家子）、"Doluyad"（七家子），各家皆有单独"达诺颜"，曰"巴嘎达"。

"γool ger"（老家），吴克善第十八子杜勒巴后裔。由于"家谱"的残缺，其巴嘎达承袭谱系等不明，该系末代巴嘎达为仁沁扎木苏。

"Aginar ger"（阿给纳尔），吴克善第十七子额尔德尼后裔。该系台吉俸禄比其他家族多出 40 两，曰"姻亲俸禄"。据年长者叙述，这一支领有顺治帝废后额尔德尼布木巴的"姻亲俸禄"至清末。末代巴嘎达为诺力玛

---

① 《钦定外藩蒙古回部王公表传》记为第三子，《黄金史》记为第十四子。
② 《钦定外藩蒙古回部王公表传》不见此人，《黄金史》记为第十五子。
③ 《钦定外藩蒙古回部王公表传》不见此人，《金轮千辐》内亦不见此人，《黄金史》记为"萨特尔，第十二子"。
④ 《钦定外藩蒙古回部王公表传》不见此人，《黄金史》记为第十二子。
⑤ 《钦定外藩蒙古回部王公表传》不见此人，《黄金史》记为第十七子。
⑥ 《钦定外藩蒙古回部王公表传》记作第六子，《黄金史》记为第十八子。

扎布。

"J̌iryuγad ger"（六家子），吴克善第六子毕尔塔哈尔后裔。康熙七年，毕尔塔哈尔长子鄂齐尔承袭父爵，为第三代和硕卓里克图亲王。"家谱"显示，鄂齐尔有子五：长"Qongqun"（洪魂①），次"Gngge"（贡格），次"Getülge"（格图里格），次"Galab"（嘎勒巴），次"Bandi"（班迪）。巴嘎达由次子"Gngge"（贡格）一支承担，末代巴嘎达为仁沁宁布。

"Doluγad ger"（七家子），吴克善第十二子珠亦后裔。由珠亦次子浩毕图②担当巴嘎达，该系末代巴嘎达为隆堆扎拉森。

综上所述，科尔沁左翼中旗台吉家族"巴润伊森格日"（西九家）台吉族系之"巴润杜日本格日"（西四家）分支"达诺颜"——族长有"伊克达""巴嘎达"两种。"伊克达"管理族内之事，"巴嘎达"管理家内之事。

（二）族长制度的定制时间

《大清会典》载，康熙四十四年复准，"蒙古台吉等不立族长，无所统属，应每族各设族长，稽查本族内酗酒行凶等事"。③ 这是清朝官方定制蒙古扎萨克旗族长制度时间的确切记载。但"家谱"或相关史料显示，顺治以前，嫩科尔沁部诸台吉就已分成不同家族，分别游牧，各家有了各自的族长概念。

女真（满洲）人的族长制度早在努尔哈赤时代就已初现端倪。天命十一年六月，努尔哈赤训谕诸王曰，"昔我祖六人及东郭、王佳、哈达、夜黑、兀喇、辉发、蒙古俱贪财货，尚私曲，不尚公直，昆弟中自相争夺杀害，乃至败亡。不待我言，汝等岂无耳目，亦尝见闻之矣。吾以彼为前鉴，预定八家但得一物，八家均分公用，毋得分外私取。若聘民间美女及用良马，须破格偿之。凡军中所获之物，勿隐匿而不明分于众，当重义轻财可也"。④ 可见，努尔哈赤晚年就将诸子侄分成八个大家族，指定代善、皇太极、莽古尔泰、阿敏、多铎、阿济格为各家的大族长。这样，爱新国整个社会就变成了以八家为纽带，通过宗族关系将全部社会成员组合成一个整体的

---

① 清代诸史籍内均不见此人，"家谱"内却出现，可见"家谱"的价值。
② 《金轮千辐》等只记载珠亦长子伯颜图。
③ （清）会典馆编，赵云田点校《钦定大清会典事例》（理藩院），中国藏学出版社，2007，第220页。
④ 《清太祖武皇帝弩儿哈奇实录》卷四。

新型政权。

天聪五年七月，黑龙江地方虎尔哈部落托思科、羌图礼、恰克莫、插球四头目来朝，贡貂、狐、猞猁等皮。羌图礼被"放为姓长"①。姓长，即"Yala da"（哈拉达），为本姓族长。崇德五年三月，崇德皇帝赐新近投附的东方头目董纠妻室及仆婢、庄田，"又分别八旗、萨哈尔察、虎尔哈地方头目及其族长，各赐朝服、缎衣等物有差"②。显然，族长制度在天聪、崇德时期就在投附的满蒙部落中已施行，时间比八旗稍晚一些。

崇德元年十一月，清查出嫩科尔沁部"右翼万二千七百户、二百五十四牛录、三千九百三十一丁，左翼九千六百八十户、百九十三牛录、二千七百八丁"③。右翼254牛录由巴达礼掌管，左翼193牛录由吴克善掌管。这些兵丁、属户又分属不同台吉，分别游牧，逐渐形成了新的努图克。以扎赉特旗为例：崇德元年，奎蒙克塔斯哈拉长子纳穆赛诺颜第九子阿敏达尔汉台吉所属甲兵645人，2750家，编为55牛录。④ 具体所属为：达尔汉和硕齐蒙衮⑤11牛录；明安达礼⑥4牛录；昂哈明安⑦4牛录；昂哈⑧5牛录；古鲁⑨9牛录；三寨⑩5牛录；布达席里⑪7牛录，达尔玛希里⑫8牛录；对比井手俊太郎《哲里木盟蒙地の基础を观く》可知，这些人是扎赉特旗最早的族长。可见，未建立旗制之前，扎赉特部就已有了族长的概念。旗内台吉形成12个努图克⑬，分左八右四居住游牧。

再以吴克善亲王名下的卓里克图亲王旗为例：崇德元年有兵甲587人，属户1950家，编为39牛录。这些兵丁、属户的分属情况为，"卓里克图亲

---

① 张晋藩、郭成康著《清入关前国家法律制度史》，辽宁人民出版社，1988，第388页。
② 《清太宗文皇帝实录》，崇德五年三月庚子条。
③ 《满文老档》，中华书局，1990，第1675~1682页。
④ 牛录章京数为五十三。
⑤ 阿敏达尔汉第八子。
⑥ 阿敏达尔汉第六子。
⑦ 阿敏达尔汉第七子，《金轮千辐》记为"明安伊尔登"。
⑧ 阿敏达尔汉第五子图门卫征长子。
⑨ 阿敏达尔汉第十三子，《金轮千辐》记为"古鲁诺木齐"。
⑩ 明安达尔汉第十四子，《金轮千辐》记为"桑寨"。
⑪ 阿敏达尔汉长子额森纳琳次子。
⑫ 阿敏达尔汉长子额森纳琳三子，《金轮千辐》记为"达日玛什礼"。
⑬ 具体为，左翼：1巴雅尔图努图克，2巴岱努图克，3好特乐努图克，4拉音努图克，5阿拉坦塔布庆努图克，6武尔和喜塔本努图克，7胡热图塔本努图克，8阿布嘎音努图克；右翼：1文得根努图克，2都尔本钦努图克，3太礼珠德努图克，4王爷音图克。

王吴克善属 15 牛录；巴图鲁郡王满珠习礼属 15 牛录；绰尔济属 9 牛录"。① 以此为基础建立了科尔沁左翼中旗。39 个牛录是他们三人的私人财产，麾下兵丁、属民皆归三人所有。吴克善、满珠习礼、绰尔济三人为科尔沁左翼中旗台吉家族最初的族长。也就是说，科尔沁左翼中旗实行族长制度时间在崇德朝时期。

清朝八旗制度是在天命、天聪时期，按照"生子年长即异居"之古老习俗分配家产，"将旗分佐领分与诸王"② 而形成的军政制度。八旗内，主旗贝勒既是有爵位的八家族长，又是按照朝廷统一命令调拨本旗旗分牛录的披甲、壮丁征收粮赋，管理本旗军事事务等的最高军政长官。从科尔沁左翼中旗族长制度和努图克制的形式内容等看，嫩科尔沁部在台吉家族内实行族长制度显然是参照了八旗的做法。但是，与有职、爵的主旗贝勒充当八旗族长不同的是，嫩科尔沁十旗扎萨克、爵位和族长一分为三，分别授予了不同台吉。这也是清朝按八旗理念改变外藩蒙古原有制度以达到"分而治之"目的的结果。

（三）科尔沁左翼中旗台吉家族的分家及四大努图克的形成

科尔沁左翼中旗努图克的形成与台吉家族的分家，设立各自族长有关。据传，入清后科尔沁左翼中旗最大一次分家是在顺治八年（1651）。是年，科尔沁左翼中旗扎萨克吴克善召集季弟满珠习礼，侄子祁塔特、绰尔济及堂弟巴图③等将旗内土地和属民进行重新划分。分配的原则是"将旗内土地大致分为四大份三十小份，按家族男丁人数分占土地和人口"④。又在每家各设族长，管理本族事务。民间谓之"分家"或"分座落"⑤。吴克善等人的重新"分家"是否受大清朝方面引导或暗示等无考，但从实际效果考量，"分家""设立族长"符合了大清朝"分而治之"的对蒙政策。诸台吉重新分配财产、各家分设族长对该旗社会产生了很大影响，衍生出四大台吉家族、四个"努图克"和诸多小的"努图克"的形成。

清代科尔沁左翼中旗四大努图克分别是：吴克善所属"Baraɣun yisün

---

① 《满文老档》（下），中华书局，1990，第 1679 页。
② 《八旗通志初集》（卷一），《旗分志一》。
③ 莽古斯次子敖勒布子。
④ 特木尔巴根：《达尔汉旗包氏台吉家族划领地分坐落始末》，《内蒙古史志》2010 年第 5 期。
⑤ "座落"，即满语"觉罗"。"分座落"即"划分氏族"。

ger"（巴润伊森格勒）（西九家）努图克。据《黄金史》① 载，吴克善亲王生有十八子。他们是：宝特塔、满达、达日玛、劳森、图讷赫、本巴齐、诺日布、哈朗海、巴萨、班迪、苏马迪、希塔日、萨木胡日、弼勒塔哈尔、珠亦、珠拉扎嘎、额尔德尼、杜勒巴。属民出 18 个苏木，分得旗界最西部南北细长的一片"Yisün qobi-yin nutuɣ"（九份地）。故他们的子孙被称作"baraɣun yisün ger"（巴润伊森格勒）（西九家）台吉，领地称作"Baraɣun yisün ger"（巴润伊森格勒）努图克。

满珠习礼所属"J̌egün yisün ger"（准伊森格日）努图克。据《金轮千辐》载，满珠习礼有九子。② 他们是：和塔、玛尼、扎勒布、巴格其③、塔泰、额尔克鄂齐尔、额尔德尼鄂齐尔、阿必达鄂齐尔④、阿奇图鄂齐尔⑤，统称为"J̌egün yisün ger"（准伊森格日）（东九家）台吉。他们也分得一片九份地，属民出 9 个苏木，谓之"J̌egün yisün ger"（准伊森格日）努图克。

绰尔济所属"Doluhan ger"（道伦格日）努图克。绰尔济有子七。为：鄂齐尔、诺穆齐、额尔德尼、诺穆德尔格呼固噜克齐、毕里衮达赖、莫尔根毕力克图⑥、敖特根达赖，起名为"Doluɣan ger"（道伦格日）（七家子）台吉。分得一片"Doluɣan qobi-yin nutuɣ"（七份地），属民出 7 个苏木，谓之"Doluɣan ger"（道伦格日）努图克。

祁塔特所属"Tabun jalan"（塔本扎兰）努图克。祁塔特兄弟共四人，为祁塔特、桑噶尔寨、巴图鲁、额森。他们四人同巴图⑦一起分得旗东部一片"Tabun qobi-yin nutuɣ"（五份地），因巴图辈分高，故命名为"tabun jalan"（塔本扎兰）台吉。属民出 14 个苏木，谓之"Tabun jalan"（塔本扎兰）努图克。

---

① 史籍内吴克善诸子的记载稍有不同：《钦定外藩蒙古回部王公表传》记为"有六子"；《金轮千辐》（呼和浩特本）记载七人，《金轮千辐》（哥本哈根本）记"生为十八子"，但只记载了十七人的名单（缺少萨特尔）；梅日更葛根《黄金史》记载了十八人的全部名单，成为最权威记载。
② 《钦定外藩蒙古回部王公表传》记为"子五"。分别为：长和塔、次玛尼、次扎尔布、次额尔克鄂齐尔、次额尔德尼鄂齐尔。
③ 《钦定外藩蒙古回部王公表传》不见此人，《金轮千辐》记为"巴嘎其"，《黄金史》记为巴格齐。
④ 《钦定外藩蒙古回部王公表传》不见此人，《金轮千辐》记为"阿必达鄂齐尔"，《黄金史》记为"阿必达"。
⑤ 《钦定外藩蒙古回部王公表传》不见此人，《金轮千辐》记为"阿奇图鄂齐尔"，《黄金史》记为"阿奇图"。
⑥ 《钦定外藩蒙古回部王公表传》记为"毕里克图"，可见"莫尔根"可能是其号。
⑦ 莽古斯次子敖勒布子。

综上所述，此次"分家""设立族长"对科尔沁左翼中旗台吉和属民产生了不同效果。台吉们分家后常年在族长周围游牧生息，属民也随着所属台吉一起游牧，遂形成四大努图克 48 个苏木的格局，替代了原有的 39 个"鄂托克"。

在嫩科尔沁地区，修建寺庙是努图克形成的又一重要原因。随着清朝诸多公主、格格的下嫁，为供奉公主、格格陪嫁而来的金佛，嫩科尔沁地区修建了很多寺庙。又有影祠性质的寺庙，供奉台吉家族先祖的家庙等的修建成为"分家"后台吉家族的重要活动场所。台吉和属民常年集中在寺庙的法会等公共场合，游牧在寺庙周围，逐步形成了以寺庙为凝聚点的各努图克。

以科尔沁左翼中旗四大努图克为例：

吴克善家族的"巴润伊森格日"努图克庙为"Mori-yin süm-e"（莫里庙）[①]；满珠习礼家族的"准伊森格日"努图克庙为"Kürüg-ün süm-e"（胡日根苏莫）[②]；绰尔济家族"道伦格日"努图克庙为"Qar-a usu süm-e"（哈拉乌苏苏莫）[③]；祁塔特家族的努图克寺庙为"Oyun tegülder süm-e"（慧丰寺）[④]。

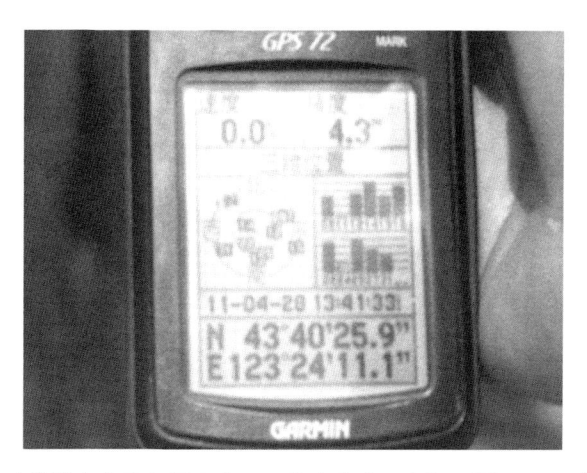

图 4-7　科左中旗塔本扎兰努图克庙——慧丰寺地理坐标（摄于 2011 年 4 月 28 日）

[①] 清朝官方称呼为"集宁寺"，旧址在今通辽市科尔沁区莫里庙苏莫莫里庙嘎查。此庙供奉以吴克善为首的历代卓里克图亲王画像。其中心区域地理坐标北纬 43°35′02.9″，东经 121°54′36.3″。

[②] 旧址在今通辽市科尔沁区大林镇民主村南。供奉以满珠习礼为首的历代达尔汉亲王画像，为影祠性质的家庙。其中心区域地理坐标为北纬 43°47′27.6″，东经 122°50′26.9″。

[③] 旧址在今科左后旗毛道图苏木，哈拉乌苏嘎查。

[④] 旧址在今通辽市科尔沁左翼中旗巴音塔拉镇西马拉沁嘎查。其中心区域地理坐标为北纬 43°40′25.9″，东经 123°24′11.1″。

随着人口的繁衍增多，科尔沁左翼中旗四大家族又衍生出一些小的分支。具体情况为：

"准伊森格日"台吉家族内部不分分支。

"巴润伊森格日"台吉家族内分两分支。一曰"Baraɣun dürben ger"（西四家），一曰"J̌irɣuɣan qobi-yin nutuɣ"（六份地）。

康熙五年，吴克善三子毕勒塔哈尔承袭父爵，为第二代和硕卓里克图亲王。与部分弟兄带领属户游牧在领地南部，号所部为"巴润伊森格日"台吉族系之"Baraɣun dürben ger"（西四家）或"Wang-un qariy-a baraɣun dürben ger"（亲王所属西四家）分支；西四家是指"Ɣool ger"（高勒格日，主家）、"Aɣinar"（阿给纳尔）、"Doluhad"（道老杜——七家子）、"J̌irɣuɣad"（珠日嘎德——六家子）四家。吴克善末子（第十八子）杜勒巴担当西四家族长。

顺治十八年，吴克善次子图讷赫以军功封为辅国公，与诸弟兄带领属户游牧在领地北部，命名所属为"巴润伊森格日"（西九家）台吉族系之"Güng-un qariy-a jirɣuɣan qobi nutuɣ"（公属六份地）分支。该分支内分情况不明，伊克达、巴嘎达由谁承担亦不明。

"道伦格日"（七家子）台吉家族内分两个分支。

康熙九年，绰尔济长子鄂齐尔承袭父爵，为第二代科尔沁多罗贝勒。与同母所生诺木齐、额尔德尼、诺穆德尔格呼固噜克齐一起带领属民游牧在领地西侧，故他们的后裔演变成"道伦格日"（七家子）台吉族系之"Baraɣun dürben ger"（西四家）台吉分支；该分支内分"Yeke ger"（大房）、"Ded ger"（二房）、"Ɣotaɣar ger"（三房）、"Odhun ger"（末房）四家。绰尔济第四子诺穆德尔格呼固噜克齐担当伊克达，即族长。四家又有各自的巴嘎达。

康熙二年，绰尔济五子毕里衮达赖以军功封辅国公，康熙四年晋封固山贝子。与同母所生莫尔根毕力格图、敖特根达赖一起带领属户游牧在领地东部，号所部为"道伦格日"（七家子）台吉族系之"J̌egün ɣurban ger"（东三家）台吉分支。内部分支情况不明，伊克达、巴嘎达承袭亦不明。

"塔本扎兰"台吉家族伊克达由多罗郡王祁塔特四弟额森及其后人担任。内分五个分支，各有巴嘎达系统传承至清末。

巴图分得旗最东部大小哈如巴拉山周围一份地，长期居住在索尼图老家，属民出一苏木，命为"塔本扎兰"台吉族系之"Qarubala ger"（哈如巴拉格日）台吉分支。该系巴嘎达承袭情况不明。

顺治六年，祁塔特封为多罗郡王，诏世袭罔替。有七子。顺治十六年，长子额尔德尼承袭多罗郡王爵，常住巴彦塔拉王府。故其子嗣被称为"塔本扎兰"台吉族系之"Wang ger"（王诺颜之家）台吉分支。巴嘎达由祁塔特三子格呼勒图一支承袭，末代巴嘎达为旺沁古儒。

桑噶尔寨游牧在雅莫泰①至白慕召②间广阔土地上，有六子，属民出六个苏木。后裔曰"塔本扎兰"台吉族系之"J̌irɣuyan somu"（六支箭）台吉分支。巴嘎达承袭情况不明。

巴图鲁分得"Bügtür-un aɣula"（罗锅山）③周围一份土地，有一子，属民出一个苏木。命为"塔本扎兰"台吉族系之"ɣaɣča ger"（孤家子）台吉分支。巴嘎达承袭情况不明。

额森的领地从翁衮哎勒到讷日图胡硕间广袤土地，有那沁等五子，属民出五个苏木，曰"塔本扎兰"台吉族系之"Tabun ger"（五家子）台吉分支。这一支人一致承担"塔本扎兰"台吉族系的"伊克达"之职。分支内巴嘎达承袭情况则不明。

综上所述，科尔沁左翼中旗四大台吉家族衍生出诸多分支，各设族长，分别游牧，属民编为48个苏木。④"四大努图克"则没有衍生出别的小努图克。因此可以说，"努图克"对台吉们来说是指以血缘为基础的家族集团，对属民来说则是指以牧场为纽带的地缘组织。族长制度和"努图克"形成后，诸台吉归族长管理，属民归扎萨克管辖，兵丁则归附近将军所统领，蒙古族统一力量又一次遭到了分解。

（四）族长的类别及权限

从"家谱"内容来看，科尔沁左翼中旗台吉家族族长有"伊克达""巴嘎达"之分。⑤"伊克达""巴嘎达"实为民间俗称，其正式称呼，"伊克

---

① "雅莫泰"，即有陵园之地。此处建有桑噶尔寨陵园，故名，今科尔沁左翼中旗保康镇原名。
② 今平齐线太平川北边召站附近之大坨子，为科尔沁左翼中旗、郭尔罗斯前旗、科右中旗、科右前旗等四旗的边界，立有敖包，曰四王界堆敖包。
③ 今吉林市双辽市北大土山。
④ 据传，康熙初年，满珠习礼不满清廷"借地养民"之举而兴兵反清，通过复杂的谈判过程"甥舅和解"，重修柳条边，科尔沁左翼中旗南部地界失去两个苏木的土地和属民，苏木之数变成46个。以上援引特木尔巴根《达尔汉旗包氏台吉家族划领地分坐落始末》，《内蒙古史志》2010年第5期。
⑤ 朝克满都拉：《试论清代哲里木盟十旗努图克》，原载《黑龙江民族丛刊》2005年第6期。

达"为"Mokun da"（茂坤达）①，"巴嘎达"为"Garli da"（嘎日礼达）。

"Mokun da"（茂坤达）之"mokun"一词来源于满语"mukun"，意为"部落"或"氏族"。"mokun da"即"族长"。《清代蒙古社会制度》记作"γosγo da"（和硕达）、"伊克达"或"管旗达""大官"等。②《理藩院则例》载"凡台吉等，每族各设族长一人，稽查本族内一切事务"③。稽查的重点为"本族内酗酒行凶等事"④。酗酒属违规范畴，行凶则是违法行为。因此，族长的职责既包括对违规台吉的惩戒和教育，也包括对族内草牧场的纠纷，违法台吉的家法惩戒和编审台吉，修订族谱等内容。科尔沁左翼中旗温都尔王家族末代"伊克达"色旺道尔济就是以"mokun da"（茂坤达）之身份行使族长权力，管理塔本扎兰台吉家族全体台吉，促进敦睦族谊，协调族内纠纷，对违规者予以惩戒，对违法台吉则采取除名等措施。

"伊克达"对台吉家族内行使惩戒包括鞭挞和除名等几种。

"鞭挞"是族长对违规台吉的主要惩戒措施。酗酒闹事、不睦互殴的台吉受此惩戒。据说，"鞭挞"之刑不可直接鞭打台吉，而在违规台吉身上放上马鞍子，按违规情节轻重打在马鞍之上，以示惩戒。

"除名"是对违法台吉最严厉的惩戒。故意杀人，偷盗抢劫，勾结土匪的台吉受到此类惩戒。清末，郭尔罗斯前旗"塔胡努图克"台吉陶克套胡⑤和科尔沁左翼中旗"道伦格日"台吉官布达⑥二人因落草为寇，皆被族长依据族规在三年会盟之时当众宣布从台吉名册内除名，成为"Qoki tayiji"（被除名台吉）。

"baγ-a da（巴嘎达）"的正式称呼为"γarli da"（嘎日礼达）。"γarli"

---

① 科尔沁左翼中旗有人误传"mokun da"（茂坤达）为"modun da""mongγan da"等，2009年笔者采访色旺道尔济族弟毕里根达赖老人（时龄86岁），老人指出"伊克达"的官称为"mokun da"（茂坤达），"巴嘎达"官称为"harli da"（嘎日礼达）。老人曾替旺沁古儒行使"γarli da"（嘎日礼达）职责，主祭过家族陵园，因此，其言有很高的可信度。
② 〔日〕田山茂：《清代蒙古社会制度》，商务印书馆，1987，第111页。
③ 《理藩院则例》卷六设官。
④ 《大清会典事例》卷九七八《理藩院·继嗣》。
⑤ 陶克套胡台吉（？~1922年），即科尔沁民歌"英雄陶克套胡"的主人翁。清末，因不满旗扎萨克王开垦，武装抗垦，成为近代科尔沁著名人物。
⑥ 官布达（？~1948年），科尔沁左翼中旗"七家子"台吉族系之"西四家"分支的末代"mokun da"（茂坤达）。1929年，因诛杀通辽镇恶霸商户李晓东而落草为寇，与嘎达梅林合兵共同抗击开垦事务。事败后，被温都尔王家族"mokun da"（茂坤达）色旺道尔济暗中保护，收留在其管辖之内的"qar-a bota-tai ayil"，1948年，病死。

是从满语"garin",意为"副""预备""闲散"① 等演化而来的蒙古语词汇。"γarli da"即"闲散达"或"预备达"。俗称为"巴嘎达"或"ger-ün da（家长）",田山茂先生认为"garl da"意为"手达",是族长的帮手。②显然将"garin"当作蒙古语来理解。朝克满都拉认为"巴嘎达,也称木干达,个别地方称景斯腾,汉译为副族长或什长,辅佐努图克达"③。此处"木干"也是满语"mukun"的不同表述,意为"部落"或"氏族"。因此"木干达",即"族长"。将其视为"副族长或什长",显然有误。据毕里根达赖老人讲,温都尔王家族末代"巴嘎达"旺沁古儒只是在清明节祭祖或腊月二十三日晚祭火时,担当家族召集人和主持人、主祭人的角色。这种现象在嫩科尔沁地区很普遍。因此可以说,科尔沁地区"baγ-a da（巴嘎达）"的主要职责就是以族内祭祀等事务为主。这一点与成吉思汗八白室祭奠中,每年农历三月二十日傍晚举行的只有蒙古族黄金家族后裔参加的特殊祭祀仪式"γarli-yin takilγ-a"（嘎日利祭祀）即"族内祭祀"④,有相同之处。

科左中旗民间有很多温都尔王家族末代"巴嘎达"旺沁古儒决断"wang ger"（王家）台吉族内纠纷的典故和传说。也有"温都尔王断不了的案件,由查干诺尔⑤达诺颜决断"的说法。体现出,在嫩科尔沁,"baγ-a da"（巴嘎达）也行使族内台吉间纠纷的"sigün tasulaγči"（断事者）之职责的事实。旺沁古儒达诺颜的这一权力很大程度上削弱了温都尔王的领主权力,使得温都尔王沦为有爵无权的闲散郡王。以至于诸台吉"只知道族长,不知道王爷"成为当时的普遍现象。可见,嫩科尔沁地区的族长制度与"主旗贝勒即是'八家'的大族长,也是八旗的世袭最高军政长官"⑥ 的八旗内族长制度有很大差别。这些例子反映出清廷在蒙古扎萨克旗实行族长制度的意图,即为防止蒙古台吉权力过于集中而实行"分而治之"的实质。

田山茂先生对"族长"的承袭问题未做论述,朝克满都拉提出"努图克达必须是本努图克内德高望重,能力突出的台吉出身者（出任）"和

---

① 安双成主编《满汉大辞典》,辽宁民族出版社,1993,第303页。
② 〔日〕田山茂:《清代蒙古社会制度》,商务印书馆,1987,第111页。
③ 朝克满都拉:《试论清代哲里木盟十旗努图克》,《黑龙江民族丛刊》2005年第6期。
④ 旺楚格:《成吉思汗陵》,内蒙古人民出版社,2004,第139页。
⑤ 村名,今科尔沁左翼中旗巴彦塔拉镇查干诺尔嘎查。清代科尔沁左翼中旗温都尔王家族巴嘎达一支常年在此居住。
⑥ 张晋藩、郭成康:《清入关前国家法律制度史》,辽宁人民出版社,1988,第165页。

"为了调节各个家族的土地（牧场）支配权而从共同始祖的（孛尔只斤家族）人中选出若干男性代言人（充任努图克达）"之观点。① 但从"家谱"内容看，历代"达诺颜"除无子嗣者外基本由长子承袭。可见，清朝"世袭罔替"制度中亦包括外藩扎萨克旗伊克达、巴嘎达的承袭，即族长制度。

（五）嫩科尔沁十旗努图克及族长数目

清朝在嫩科尔沁部以各台吉原有的属民、兵丁为基础建立了十旗，因此，十旗兵丁、属户、牛录多寡等各不相同。崇德至顺治年间，十旗台吉家族"分家"，麾下领地、属户等亦进一步分化，形成了诸努图克。十旗台吉人数的多寡造就了各旗努图克及族长数目的差异。对此，朝克满都拉博士进行了细致考究。下面就他所统计的十旗努图克数的不足做一补充与修订。

表 4-2 清代哲里木盟十旗努图克达数量统计

	努图克达	巴嘎达	努图克苏木扎兰	博什呼	备注
科尔沁右翼中旗	13	不详	8	不详	
科尔沁右翼前旗	12	12	4	96	
科尔沁右翼后旗	4	4	4	96	
扎赉特旗	12	24	4	不详	
杜尔伯特旗	6	不详	不详	不详	
科尔沁左翼中旗	10	不详	11	不详	
科尔沁左翼前旗	不详	不详	不详	不详	
科尔沁左翼后旗	8	32	8	不详	
郭尔罗斯前旗	4	8	4	不详	
郭尔罗斯后旗	3	15	不详	不详	

注：此表引自朝克满都拉《试论清代哲里木盟十旗努图克》，《黑龙江民族丛刊》2005 年第 6 期。

从表 4-2 看出，科尔沁左翼中旗、科尔沁左翼前旗的努图克、族长等不详或与实际情况有所出入之处明显。为此，本书对科尔沁左翼中旗、科尔沁左翼前旗两旗的努图克、族长数目稍作论述。

科尔沁左翼中旗是科尔沁左翼五旗核心，为科尔沁新兴力量代表。崇德元年，卓里克图亲王旗 39 牛录的具体分布情况为：卓里克图亲王吴克善属

---

① 朝克满都拉：《试论清代哲里木盟十旗努图克》，《黑龙江民族丛刊》2005 年第 6 期。

15 牛录；巴图鲁郡王满珠习礼属 15 牛录；绰尔济属 9 牛录。此次清查不见科尔沁二妃及祁塔特、巴图等台吉麾下属民、兵丁数目等。从科尔沁左翼中旗族长和努图克情况看，顺治时期科尔沁二妃及祁塔特、巴图等的牧地、属民就已组成了"塔本扎兰"努图克。科尔沁左翼中旗的"四大努图克"和"十个伊克达"格局由此形成。

日本人最早对哲里木盟蒙旗努图克现象产生兴趣，并在诸多实态报告中进行了文字记录。可是，日本人的调查也有其不足之处。如，日本人井手俊太郎在《哲里木盟蒙地の基础を观く》一文中记载，"清代科尔沁左翼中旗拥有四个努图克，为吴克善所属都日本格日（四家子）努图克，察罕所属道伦格日（七家子）努图克，索诺木所属塔本格日（五家子）努图克，满珠习礼所属伊森格日（九家子）努图克"①。但从今日科尔沁左翼中旗博尔济吉特氏族后人集体记忆来看，日本人调查报告显然与实际有所出入（详情见前文"科尔沁左翼中旗台吉家族的分家及四大努图克的形成"）。其他旗也出现了类似情况。如，科尔沁右翼前旗的瓦森、尼鲁特两个努图克和扎赉特旗"喜达汗努图克（喜达汗为满语，驿站之意，后演变为努图克名，大概游牧地在今扎赉特旗罕达罕乡、新林镇，黑龙江省龙江县景星镇一带）"等也未被列入日本人的调查报告之中。②

科尔沁左翼前旗的努图克也被日本人忽略。1949 年，该旗建制被取消之后，原努图克状况逐渐被遗忘，相关文史书籍内也很少提及。《科尔沁宾图旗故事》一文提到该旗努图克分为 "deger-r dürben elesü. door-a dürben baqu"（上方四处坨召之地、下方四处八户之地）③ 两大部的大致情况。《哈布图哈萨尔后裔及科尔沁部》则列出了伊赫（第一）努图克，好雅如德（第二）努图克，古日巴德（第三）努图克，杜日伯德（第四）努图克，道老土（第七）努图克等若干努图克。④ 但所列努图克名称太过简单，只能算作诸努图克的排名。2014 年 4 月 30 日至 5 月 3 日，笔者一行对科左前旗努图克进行了专门踏查寻访，从科左前旗原住民张银宝（96 岁）、布图格齐（80

---

① 〔日〕井手俊太郎：《哲里木盟蒙地の基础を观く》（日文版），《蒙古研究》，1939，第 274 页。
② 朝克满都拉：《试述清代哲里木盟十旗努图克》，《黑龙江民族丛刊》2005 年第 6 期。
③ 珠占、舍力布：《科尔沁宾图旗故事》，内蒙古教育出版社，2008，第 37 页。
④ 仁钦诺尔布：《哈布图哈萨尔后裔及科尔沁部》（蒙文版），内蒙古文化出版社，1995，第 71 页。

岁)、韩金刚（76 岁）等老人处得知，科左前旗有 "Deger-e dürben elesü"（上方四处坨召之地）、"Door-a dürben baqu"（下方四处八户之地）两大努图克，内分 "Kükeger"（呼和格勒）、"Age-nar"（阿给纳尔）"Qar-a usu"（哈拉乌苏）、"Sir-a tal-a"（沙拉塔拉）、"Yeke yolu"（伊克腰鲁）、"Kiyaγtu"（希雅克图）、"Qailasutai"（海里苏泰）、"Lam-a-yin nutuγ"（喇嘛音努图克）八个分支，族长数目为两个 "伊克达"，八个 "巴嘎达" 的事实。在此仅将这一信息列出，为以后的努图克研究提供依据。

图 4-8　科左后旗朝鲁图苏木塔林胡乐嘎查村民张银宝老人讲述
科左中旗努图克情况（摄于 2014 年 5 月 1 日）

日本人的调查报告之所以忽略这些努图克的数目及族长等，是与这些地区开垦较早，原住努图克人撤离原居住地搬到别处有一定关系、也说明对嫩科尔沁地区努图克制度的研究有待进一步深入。

（六）嫩科尔沁十旗努图克的命名特点

"家谱" 显示，科尔沁左翼中旗除 "塔本扎兰" 努图克外，各努图克主要以 "分家" 时家族内台吉的人数命名。纵观科尔沁十旗，努图克的命名各不相同，显示出以下几个特点。

1. 以台吉长幼排序命名

杜尔伯特旗七个努图克中有六个努图克以台吉长幼排名命名。具体为，左翼：（1）γurban nutuγ（第三努图克），（2）Dürben nutuγ（第四努图克），

（3）Tabun nutuγ（第五努图克），（4）Doluγan nutuγ（第七努图克），（5）Arban nigen nutuγ（第十一努图克）；右翼：Arban nutuγ（第十努图克）。

郭尔罗斯后旗三个努图克分别为"yeke nutuγ"（大努图克或长努图克）、"dumda nutuγ"（中努图克或仲努图克）、"baγ-a nutuγ"（小努图克或幼努图克），是以郭尔罗斯后旗扎萨克台吉始祖蒙夸三个儿子的长幼排名命名。

2. 以所居之地地理特点命名

科尔沁左翼前旗分两大努图克，一曰"deger-e dürben elesü"（上方四处坨召之地），二曰"door-a dürben baqu"（下方四处八户之地）①。"坨召之地"所指为科左前旗北部坨召为主的牧场，"八户之地"所指为八虎山近处平原之地。显然，努图克的命名依据了所居之地的地理特点。

以所居之地地理特点命名的努图克还有，科右中旗"Olan toγurim"（olan——敖伦，意为多，toγurim——忒日木，意为有水之地；olan toγurim 多处有水的地方）、"dačin doluγan nutuγ"（dačin——达沁，意为湿地，doluγan——道伦，意为七；dačin doluγan nutuγ 即有七处湿地的努图克）、"aγulan nutuγ"（aγulan——意为山，aγulan nutu 即山区努图克）和郭尔罗斯前旗"angγarqai nutuγ"（angγarqai——昂格莱——意为"豁口"，angγarqai nutuγ 即驻牧豁口处的努图克）、"dabusun nutuγ"（dabusun——达布苏，意为咸盐，亦指达布苏湖，即盐湖；dabusun nutuγ 即驻牧在盐湖周围的努图克）②，扎赉特旗"öndegen nutuγ"（öndegen——蛋，以领地内蛋形山命名）等。

蒙古语"Qara modu"（哈拉毛都），意为"黑树林"，是嫩科尔沁地区原始榆树林的专用名词。十旗内命名"qar-a modu nutuγ"（哈拉毛都努图克）的努图克有三处，分别在科右中旗、科左前旗、郭尔罗斯前旗。

3. 以台吉身份命名

扎赉特旗12个努图克多以台吉身份命名。如，"Wang-yin nutuγ"（即扎萨克王爷所属努图克）、"Baγ-a noyad-yin nutuγ"（即诸小台吉所属努图

---

① 珠占、舍力布：《科尔沁宾图旗故事》，内蒙古教育出版社，2008，第37页。2014年5月1日，笔者采访科左前旗原居民张银锁老人（86岁），老人清楚地指出科左前旗有"deger-e dürben elesü"（上方四处坨召之地）、"door-a dürben baqu"（下方四处八户之地）两大努图克，台吉家族内分"kükeger"（呼和格勒）、"age-nar"（阿哥纳尔）、"qar-a usu"（哈拉乌苏）、"sir-a tal-a"（沙拉塔拉）、"yeke yolu"（伊克腰鲁）、"kiyaγtu"（希雅克图）、"qailasutai"（海里苏泰）、"lam-a-yin nutuγ"（喇嘛努图克）8个分支，族长数目为两个"伊克达"，8个"巴嘎达"。

② 刘加绪主编《前郭尔罗斯简史》，辽宁民族出版社，2005，第184页。

克)、"Age-nar nutuγ"（即诸阿哥所属努图克）、"Ačinar nutuγ"（即诸侄子所属努图克）、"Abaγ-a-yin nutuγ"（即诸叔叔所属努图克）等。科左前旗、科右前旗的"Lam-a-yin nutuγ"（即喇嘛所属努图克）和科右后旗"Gung-yin nutuγ"（即公爷所属努图克）等也是以台吉身份命名。

4. 以所属部族命名

科尔沁左翼后旗十个努图克："Sirud nutuγ"（西如德努图克）、"Ongγurud nutuγ"（翁古德努图克）、"Marud nutuγ"（马如德努图克）、"Aγajud nutuγ"（阿嘎楚德努图克）、"Bairud nutuγ"（拜如德努图克）、"Ayiγurud nutuγ"（艾古尔德努图克）、"Guwangγurud nutuγ"（光古尔德努图克）、"Meketüd nutuγ"（莫格图德努图克）、"Kike qaltud nutuγ"（伊克哈拉吐达努图克）、"Baγ-a qaltud nutuγ"（巴嘎哈拉吐达努图克），是以该旗始祖明安十个儿子所属部落分别命名。扎赉特旗"Tayijiγud nutuγ"（泰礼珠德努图克）也是以所属部落命名。

从以上分析可知，嫩科尔沁十旗努图克数目和命名等没有统一规格或规定，各旗以各自实际情况自行制定努图克多寡，分左右翼游牧，努图克下台吉家族又衍生出诸多小的分支，各自单独游牧。但以台吉家族"分家"，各设族长而形成是各旗努图克形成的共同点。对普通台吉或属民而言，族长和努图克的影响远在扎萨克或苏木之上。因而可以说，族长制度是清朝"分而治之"政策的重要组成部分，对清代嫩科尔沁部所产生的影响甚至超过了扎萨克旗的设置。

第四节 嫩科尔沁部与崇德皇帝的联姻

随着爱新国的强大，蒙古诸部从敌对势力或盟友转变为属民，获得共主地位的皇太极显然已不需要将"女真人的蒙古化"进程继续下去。因此，从天聪后期开始皇太极对努尔哈赤所提"建立满蒙亲缘关系，促进满蒙亲谊情感"策略做出重大调整，改"满蒙混血"为"蒙满混血"[①]，即"从血

[①] 杜家骥认为满蒙联姻中的"满蒙混血"和"蒙满混血"有实质上的区别。指出"满蒙混血"为"满族王公子弟，身上流淌着蒙古族血分，母系乃蒙古族"。"蒙满混血"是指"母系乃满族"（杜家骥：《清代满蒙联姻研究》，人民出版社，2003，第598页）。本书将杜家骥先生"满蒙混血"归结为"从血统上将满洲人蒙古化"；将"蒙满混血"归结为"从血统上将蒙古人满洲化"。

统上将满洲人蒙古化"改为"从血统上将蒙古人满洲化",并加以实施。崇德朝三位固伦公主下嫁嫩科尔沁部就是此等理念的重要步骤,也是重点扶持嫩科尔沁部外戚集团的具体体现。

一 三位固伦公主的下嫁及三位额驸

入清后,嫩科尔沁部与清朝的联姻又出现新的景象,即皇室所嫁之女首次在数量上超过嫩科尔沁之女,档次上也以固伦公主为主,明显超过了以前的皇室、宗室之女。以三位固伦公主为首的众多公主、格格与嫩科尔沁部王公子嗣成婚,负责生养嫩科尔沁部新一代王公贵胄。额驸们则成为家族部落中的新贵,或晋升为王公,或执掌扎萨克,统领部族。公主所生子嗣亦成为蒙古新的领主,在血缘相近的皇室周围组成外戚集团,继而又担当外戚集团核心重任。

(一) 达哲公主及祁塔特额驸

达哲(daje)公主,系清太宗皇太极第三女,中宫皇后额尔德尼琪琪格所出,天聪二年秋七月生,崇德四年(1639)正月,下嫁嫩科尔沁部台吉祁塔特①。达哲公主与祁塔特属于姑侄为婚,遵循了满蒙联姻不计辈分之习俗。

崇德三年十二月,达哲公主与祁塔特行订婚之礼。科尔沁大妃设筵宴请崇德皇帝,祁塔特行三跪九叩之礼,献甲胄、雕鞍、马匹。②

崇德四年正月,达哲公主与祁塔特行大婚之礼。《实录》载:"是日,和硕亲王以下及满洲、蒙古、汉官俱集崇政殿,和硕福晋以下满洲、蒙古固山额真、昂邦章京、承政命妇俱集清宁宫,上御崇政殿,嫩科尔沁部和硕福妃及次妃率随从妇女,入大清门,至阶下,福妃立于东侧,次妃立于西侧,行三跪九叩头礼,上降座答礼。次卓礼克图亲王吴克善、巴图鲁郡王满珠习礼、额驸祁塔特率所属大臣,行三跪九叩头礼毕。上命诸王坐于崇政殿内,固山贝子、宗室公及各官俱按本旗以次坐大宴。"③科尔沁大妃向皇帝、皇后献貂帽、貂镶女朝衣、元狐裘、貂裘、猞猁狲裘、甲胄、雕鞍、驼、马、貂皮等物,以示聘礼。九月,公主与额驸一起回嫩科尔沁部④,在多罗郡王

---

① 祁塔特,蒙古文作"Kitat",《满文老档》作"奇塔特",《内国史院档》作"齐达特"。
② 《清太宗文皇帝实录》,崇德三年十二月己亥条。
③ 《清太宗文皇帝实录》,崇德四年正月甲戌条。
④ 《清太宗文皇帝实录》,崇德四年九月丙子条。

府东 20 里建"公主府",另居。后形成村落,起名为"呼和格勒嘎查"。①崇德八年八月,赐公主封册仪仗。② 康熙二十五年五月,达哲公主薨。圹志文上合曰:

qorčin-u törö-yin kiyün wang kidad-dur üggügsen kündü itegeltü degedü ulus-un güngǰü-yin güwang ǰyi bičig

(汉译)科尔沁多罗郡王祁塔特所尚固伦端贞长公主圹志文

下合曰:

ǰarliγ. kündü itegeltü degedü ulus-un güngǰü či taisung uqaγa-tu quwangdi-yin ökin. šizü geigülügsen quwangdi-yin egeči. minü qaqai egeči. sečen qaγan-u qoyaduγar on. namur-un terigün sar-a-yin sin-e-yin γurban-u üker čaγ dur türübei. engke amuγulang-un qorin tabuduγar on. ǰun-u dumdadu sar-a-yin qorin yisün-u noqai čaγ-tur yegüdbei. tabin yisün nasutai bölöge. luu ǰil-un ebül-un terigün sar-a-yin arban qoyar-a moγair čaγ-dur berke elesün neretü γaǰar-un emun-e talbiba.③

(汉译)圣谕,固伦端贞长公主,尔系太宗文皇帝之女,世祖章皇帝之姊,朕之姑也。天聪二年秋七月初三日丑时生,康熙二十五年五月二十九日薨,年五十九。辰年冬十月十二日巳时,葬于别尔坤鄂列森之地南。

"berke elesün neretü γaǰar"(别尔坤鄂列森之地)位于公主所居之呼和格勒嘎查公主府北 3 公里处之大沙坨。此处共有十来个清代温都尔王家族王公、公主陵寝。虽变为耕地农田,但旧址遗迹砖瓦碎片如今尚能找见。固伦端贞长公主陵寝中心区域地理坐标为北纬 43°38′18.9″,东经 123°27′16.1″。

---

① 即今科尔沁左翼中旗巴音塔拉镇呼和格勒嘎查。海虎:《忆公爷府》,《达尔罕文史》(政协科尔沁左翼中旗文员会)2000 年第 4 期。
② 《清太宗文皇帝实录》,崇德八年八月己巳条。
③ 齐木德道尔吉、吴元丰、萨·那日松等编《清内秘书院蒙古文档案汇编》(第一辑),内蒙古人民出版社,2004,第 5~6 页。

图 4-9　固伦端贞长公主圹志文碑（现收藏于科尔沁左翼中旗文物所）

固伦端贞长公主达哲所嫁祁塔特额驸，系科尔沁左翼大领主寨桑三子索诺木长子①，其生年不详。

天聪七年四月，祁塔特随祖母科尔沁大嬷嬷来朝，献上马、驼、牛、羊、貂裘等物。时，祁塔特献无肩披领一件。②崇德元年十月，祁塔特以国舅身份与弟桑噶尔寨来朝，具筵恭进清宁宫。③十一月，祁塔特、桑噶尔寨等与外藩察哈尔国固伦额驸额哲，各率蒙古贝勒大臣，以太祖武皇帝实录告成，恭进贺表。④

崇德二年五月，皇帝行猎驻跸伊马和地方，祁塔特与其弟桑噶尔寨、巴图鲁、额森等随科尔沁大嬷嬷来见皇帝、皇后，邀请至嫩科尔沁部做客。崇德皇帝曰："朕亦欲往外姑家，但天雨道路泥泞，自此地即回京师。俟冬时冰结，士马易行，当再来此，且将巡历天所赐我地方也。"⑤未能成行。

---

① 《金轮千辐》载索诺木有四子，为祁塔特、桑噶尔寨、额森、巴图鲁。
② 中国第一历史档案馆：《清初内国史院档案译编》（天聪朝、崇德朝），光明日报出版社，1989，第 12 页。
③ 《满文老档》（下），中华书局，1990，第 1642 页。
④ 《满文老档》（下），中华书局，1990，第 1698~1702 页。
⑤ 《清太宗文皇帝实录》，崇德二年五月己巳条。

崇德三年十二月初七日，祁塔特来朝。《内国史院档案》载"圣汗（汗）初定以公主下嫁喀喇沁（科尔沁）部落固伦额驸祁塔特。闻固伦额驸祁塔特亲率随从十五人来朝。命多罗武英亲王、贝子硕托等携库存酒两瓶，正红旗茶一桶，迎于演武场饮"。

该月十一日，祁塔特额驸"宰牲畜三九之数，备酒四瓶，进宴"①。《清实录》中将这一事件记为"（固伦）额驸祁塔特以尚固伦公主，行订婚礼，设盛筵"②，表明婚姻中间环节正在完备。

崇德四年正月，祁塔特与达哲公主举行婚礼③。婚后额驸祁塔特同卓礼克图亲王吴克善、巴图鲁郡王满珠习礼、额驸绰尔济等，率所属各官参加追封皇后父莽古斯为福亲王；册封皇后母为和硕福妃，赐仪仗；册封科尔沁次妃为和硕贤妃，赐仪仗等一系列国朝礼仪。五月，归部。六月，复回。九月，偕公主归嫩科尔沁部。

崇德五年润正月，崇德皇帝偕皇后行猎木达垓充古尔地方，还至讷讷格屯驻跸，额驸祁塔特与公主来朝。皇帝、皇后行猎至察哈尔孙岛石尔噶④地方，幸察哈尔固伦公主、固伦额驸额哲府第凡三日，至是回銮。显然，崇德皇帝以围猎形式巡视蒙地，驻跸下嫁蒙古之诸公主领地以示恩宠。

此处出现的讷讷格屯之地，属科尔沁左翼中旗地界，与达哲公主所居"公主府"相距不远。⑤ 此次，崇德皇帝亲到嫩科尔沁，兑现对祁塔特所承诺"俟冬时冰结，士马易行，当再来此"⑥之约定。这是崇德皇帝皇太极亲到科尔沁左翼中旗的唯一有记录的行程，也是庄妃布木巴岱来过科尔沁左翼中旗之唯一记录。

---

① 中国第一历史档案馆：《清初内国史院档案译编》（天聪朝、崇德朝），光明日报出版社，1989，第 397 页。
② 《清太宗文皇帝实录》，崇德三年十二月乙未条。《内国史院档案》中将其记为"喀喇沁部落固伦额驸祁塔特"。
③ 《清太宗文皇帝实录》，崇德四年正月甲戌条。
④ 《清太宗文皇帝实录》蒙古文版作"sonduu širq-a"。
⑤ "讷讷格"之地与端贞公主府邸间距离，我们可参照康熙东巡科尔沁时的相关记载。"起居注"载，康熙三十七年九月，康熙帝东巡科尔沁。初三日，"驻跸科尔沁和硕额驸般迪之第"，初五日，"临科尔沁端贞长公主墓，奠酒"，初六日，"驻跸能诺黑席北地方，赐和硕纯禧公主、和硕额驸般迪白金彩缎"。"能诺黑"与"讷讷格"，系满语"neneɡe（前或南之意）"之不同汉写。康熙东巡驻跸后形成锡伯人居住村落，遂起名为"neneɡe šibe ayil（意为'前锡伯营子'）"，今作农能阁村，属吉林省四平市双辽市。与端贞长公主所居之呼和格勒嘎公主府直线距离约 27 公里，为一站之地。
⑥ 《清太宗文皇帝实录》，崇德二年五月己巳条。

崇德七年三月，清军克锦州、松山，歼明援兵 13 万。捷音至，多罗饶余贝勒阿巴泰率固伦额驸祁塔特、巴雅思护朗、朝鲜国世子李有及满洲、蒙古、汉人诸臣"上表称贺"①。四月，多罗武英郡王阿济格、多罗贝勒多铎、罗洛宏、固伦额驸祁塔特、弼尔塔噶尔、朝鲜国世子李有率满洲、蒙古、汉人官员等以攻克锦州、松山、塔山"上表行庆贺礼"②。崇德八年八月，嫩科尔沁部和硕土谢图亲王巴达礼、和硕卓礼克图亲王吴克善、多罗巴图鲁郡王满珠习礼、固伦额驸祁塔特、弼尔塔噶尔、巴雅思护朗及栋果尔、色棱、郭尔罗斯部落桑噶尔等以征明大捷，"率众来朝，上表称贺"③。崇德皇帝特意"赐固伦额驸祁塔特、弼尔塔噶尔诰命及仪仗，并赐固伦公主封册及仪仗"④。在崇德皇帝培植下，此时的祁塔特额驸在满蒙汉官员中正逐步确立崇高威望。

顺治六年九月，封固伦额驸祁塔特为多罗郡王。蒙古文册文曰：

kitad činü ečige sonum-yin abaɣ-a ebüg-e mingɣan darqan baɣatur noyan. nun qorčin-u aliba nuyad-eče orida tegedö taisu qaɣan-dur ökin-eyen kürgejü ireged uruɣ bolju tasural ügei yabuluɣ-a. tüügsen ebüge činü mangɣus jarɣuči noyan basa qorčin-u aliba noyad-eče urida taisung qaɣan-dur ökin-eyen kürgejü ireged tasural ügei yabuluɣ-a. basa emege eke ba türügsen eke lugeben ökin degüü yugen taisung qaɣan-dur kürgejü ireged dabqur uruɣ bolba. čaqar-un čerig tan-u qorčin-i dailar-a ireged geljürgen-u qota-yi qaɣaɣsan-dur olan aqanar degü-nar tan-u bügüdeger tutaɣabasu-ber ečige činü sonom. joriɣtu čin wang luɣ-a. čolmun-i qotan-dur saɣuju, čaqar-eče kümün alaju mori temege oljalaɣad degeji kürgejü irelüge. degedü taisu tegri bolugsan-dur sonusuɣad sača. degü yügen manjusiri-bar boyan kürgejü irelüge. bejing-düreng terigünayalaɣsan-dur ečige čnü qerig-eyen abču ireged ebečin eyer ünggerebe kemen kübegün efu kitat-I ergüjü türü-yin jiɣuyn wang bolɣaba. eyeber jasaɣči-yin jirɣuduɣar on. namur-un segülsar-a-yin

---

① 《清太宗文皇帝实录》，崇德七年三月辛巳条。
② 《清太宗文皇帝实录》，崇德七年四月己未条。
③ 《清太宗文皇帝实录》，崇德八年八月丁卯条。
④ 《清太宗文皇帝实录》，崇德八年八月己巳条。

arban nayman-a①

《清实录》收录了祁塔特多罗郡王册封文，内容与蒙古文册封文一致。文曰：

> 尔祁塔特父索讷穆之叔祖达尔汉巴图鲁贝勒明安，嫩科尔沁诸贝勒未投之时，以女进太祖高皇帝，姻好不绝。尔祖扎尔固齐贝勒莽古斯，又于科尔沁诸贝勒未顺时，以女进太宗皇帝，复缔姻好不绝，又尔之祖母、母及尔在太宗皇帝时，姻谊有加。当察哈尔以兵侵尔科尔沁，围尔格尔朱尔根城，尔诸兄弟俱遁走，独尔父索讷穆同卓礼克图亲王驻绰尔曼城中，歼察哈尔兵，获其驼马来献。及闻太祖皇帝宾天，遂遣幼弟满珠习礼来上香。初次征明燕京时，尔父率所部兵来会，遂病逝，故以尔祁塔特为多罗郡王。顺治六年九月十八

从未立过战功的祁塔特册封多罗郡王，并诏世袭罔替，实属特例。其间，固伦额驸之身份是决定性因素。顺治十年八月，嫩科尔沁部多罗郡王祁塔特薨②，其子额尔德尼朝觐顺治帝，承袭多罗郡王。③ 在科尔沁左翼中旗人们将多罗郡王世爵俗称为"温都尔王"。

（二）雅图公主及弼尔塔噶尔额驸

雅图（yatu）公主系清太宗第四女，"崇德五宫"之永福宫庄妃布木巴岱所生。天聪三年正月初八日生，天聪七年五月，与嫩科尔沁部卓里克图亲王吴克善三子弼尔塔噶尔台吉订婚。崇德六年正月，成婚。

天聪七年四月二十八日，弼尔塔噶尔曾祖母科尔沁大嬷嬷偕科尔沁小嬷嬷、吴克善、满珠习礼、绰尔吉等来朝。天聪汗偕诸福晋率诸贝勒，由驻地渡养息牧河，迎于五里外。五月初六日，天聪汗遣笔帖式龙锡等谕诸贝勒曰："科尔沁部大嬷嬷见朕三女，欲娶长女为媳。我意长女暂不嫁他人，俟其长大成人后从容议婚，可于二幼女中许聘一人。"诸贝勒认为"许聘大格

---

① 齐木德道尔吉、吴元丰、萨·那日松等编《清内秘书院蒙古文档案汇编》（第三辑），内蒙古人民出版社，2004，第85~87页。
② 《清皇室四谱》记为"顺治八年辛卯闰二月卒"。
③ 中国第一历史档案馆：《清初内国史院档案译编》（顺治朝 下），光明日报出版社，1989，第268~269页。

格,殊属可惜,暂留育之。二幼格格中不许其一人亦不可"①。其结果,该月十一日,科尔沁大妃求汗女与其子为婚,"以定亲礼"②。二十七日,国舅吴克善为其子尚汗女雅托(雅图)格格,"行纳聘礼,备办宴席"③。

崇德五年元旦,科尔沁卓里克图亲王吴克善不朝,皇太极怒,欲绝其婚。五月,吴克善闻崇德皇帝复欲与之,谢罪来朝,献雕鞍、马匹等,仍许婚如故。

崇德六年,皇四女与弼尔塔噶尔的娃娃亲终有结果。正月,崇德皇帝以"皇四女固伦公主雅图下嫁科尔沁国卓礼克图亲王吴克善之子弼尔塔噶尔额驸,赐宴"④。大宴毕,卓礼克图亲王、巴图鲁郡王率弼尔塔噶尔额驸进献貂帽、貂披领、驼、马、雕鞍等。七年九月,公主同弼尔塔噶尔额驸还国。

崇德八年七月末,为参加皇五女阿图固伦公主婚礼,固伦公主雅图与嫩科尔沁部和硕福妃、和硕贤妃、和硕土谢图亲王巴达礼、和硕卓礼克图亲王吴克善及其妻福金、多罗巴图鲁郡王满珠习礼及其妻福金、固伦额驸弼尔塔噶尔、巴雅思护朗等至盛京。初八日,崇德皇帝赐雅图公主封册及仪仗等。八月九日,又将公主与嫩科尔沁部福妃等召至崇政殿,赐给征明所获各色缎匹财物之佳者。是夜,崇德皇帝无疾而崩。雅图公主等"集清宁宫前,诣大行皇帝几筵,焚香,跪奠酒三毕,起立举哀"⑤。康熙元年四月二十二日,雅图公主获"固伦雍穆长公主"封号。康熙十七年四月,固伦雍穆长公主雅图薨。康熙帝"遣官致祭,并赐圹志勒石"⑥。康熙帝亲笔题写圹志文上合曰:

科尔沁国亲王弼尔塔噶尔所尚固伦雍穆长公主圹志文

---

① 中国第一历史档案馆:《清初内国史院档案译编》(天聪朝、崇德朝),光明日报出版社,1989,第14页。
② 中国第一历史档案馆:《清初内国史院档案译编》(天聪朝、崇德朝),光明日报出版社,1989,第15页。
③ 中国第一历史档案馆:《清初内国史院档案译编》(天聪朝、崇德朝),光明日报出版社,1989,第18页。
④ 《清太宗文皇帝实录》,崇德六年正月甲戌条。
⑤ 《清世祖章皇帝实录》(顺治朝),崇德八年八月庚午条。
⑥ 《清圣祖仁皇帝实录》,康熙十七年四月庚辰条。固伦雍穆长公主去世时间,《清史稿》《皇室四谱》皆记"康熙十七年闰三月薨","固伦雍穆长公主圹志文"亦记作"康熙十七年闰三月"。查看康熙十七年《清实录》,未见"闰三月"内容。康熙十八年四月丙寅条却有"去年闰三月"等字样,可知《实录》将康熙十七年闰三月内容全部删除,也将固伦雍穆长公主去世具体时间一并删除,只记载"遣官致祭"时间。

下合曰：

> 固伦雍穆长公主，太宗文皇帝之女，世祖章皇帝之姊，朕之姑也。生于天聪三年正月初八日午时，薨于康熙十七年闰三月十八日未时，春秋五十。卜以十八年十二月初五日窆于东边滕额里克界绰和儿地方。呜呼！朕缵鸿绪，念系皇祖之女，皇考同气之亲，方期骈集繁祉，永享大年。何意遽尔薨逝，朕怀震悼，曷其有极。为卜兆域并设垣宇，窀穸之文式从古制，祭享之仪悉循典章。勒之贞珉，用志生薨之年月，惟灵其永安于是焉。①

下葬公主之"绰和儿"地方又作"花朝浩尔召（召即坡）"，今属内蒙古扎鲁特旗前德门苏木界。公主陵寝被称作"花朝浩尔雅莫"属影祠类陵寝，因此又称作"雅门苏莫"（即陵寝之庙，现代地图标"衙门庙"），其具体地理坐标为北纬44°36′13.9″，东经121°30′36.8″。

图4-10　固伦雍穆长公主银质骨灰盒（现收藏于通辽市博物馆）

---

① 参阅现收藏于内蒙古自治区通辽市博物馆"固伦雍穆长公主圹志文碑"。

弼尔塔噶尔额驸，蒙古文史书记作"Biltayar"或"Miltayar"，生年不详，为科尔沁卓里克图亲王吴克善三子。天聪七年，与4岁的雅图公主定亲，行定亲纳聘之礼。

崇德五年五月，吴克善以新年不朝获罪。皇太极怒，欲将先前所定雅图公主许嫁弼尔塔噶尔之婚约无算。寻又复欲与之，吴克善来朝，献雕鞍、马匹等，婚约得以继续。崇德六年正月，雅图公主与弼尔塔噶尔行婚礼。① 五月，额驸公主还嫩科尔沁部，崇德皇帝偕皇后、诸妃，送至十方寺地方，设宴饯之。此后，在大清朝一系列大事件，如敏惠恭和元妃丧礼，庆贺征明大捷等中弼尔塔噶尔额驸同雅图公主共同参加。

康熙五年，弼尔塔噶尔袭其父吴克善和硕卓礼克图亲王之爵位。② 康熙六年八月，弼尔塔噶尔亲王在京病故。葬于其父陵园附近，即今科左后旗巴彦毛都苏木亚敏召（有陵园的大坨子）卓里克图王陵园之内。

（三）飞扬古公主及巴雅思呼朗额驸

飞扬古（Fiyanggu）公主，清太宗皇太极八女，中宫皇后额尔德尼琪琪格所出，天聪八年闰八月十六日生。崇德六年三月许字嫩科尔沁部土谢图亲王巴达礼长子巴雅思呼朗，顺治二年四月下嫁。③ 顺治十四年二月，同太宗诸女一起获金册。顺治十六年二月，封昌乐长公主。④ 康熙元年四月二十二日，飞扬古公主获"固伦永安长公主"封号。册封文显示，飞扬古公主蒙古文册封号为"tülgün degedü güngjü"⑤。

康熙三十一年二月，固伦永安长公主薨，康熙帝遣官致祭，赐圹志。康熙帝亲笔题写圹志文上合曰：

> qorčin-u ĵasaɣ-un tüsiyetü čin wang bayasqulang -dur üggügsen tülgen degedü ulus-un güngĵü-yin güwang jii bičig

（汉译）科尔沁国亲王巴雅思呼朗所尚固伦永安长公主圹志文

---

① 《清太宗文皇帝实录》，崇德六年正月甲午条。
② 《清圣祖仁皇帝实录》，康熙五年十一月乙酉条。
③ 《清世祖章皇帝实录》，顺治二年四月甲戌条。
④ 《清世祖章皇帝实录》，顺治十六年二月庚戌条。
⑤ 齐木德道尔吉、吴元丰、萨·那日松等主编《清内秘书院蒙古文档案汇编》（第6辑），内蒙古人民出版社，2003，第83~85页。

下合曰：

jarlaɣ. tülgen degedü ulus-un güngjü či taisung gegeken uqaɣatu ɣuwangdi-yin ör-e. sisü geigülügsen quwangdi-yin egeči. minü qaqai egeči. Sečen qaɣan-u naimaduɣar on namur-un tumdadu sar-a-yin arban jirɣuɣan-a taqiy-e čaɣ-dur türübei. engke amuɣulang-un ɣučin nigeduger on qabur-unterigün sar-a-yin arban tabun-a qoni čaɣ-dur yeküdbei. tabin yisün nasun bülüge. ene on-yin namur-un segül sar-a-yin qorin tabun-a. qaɣulun ɣool oru baising kemegči ɣasiyan-u dorun-a eteged dür talbiba. ay-a bi yeke türü-yi jalɣamjilan erkileju qaɣan ebüge ečige-yin ökin. qaɣan ečige-yin nigen salbur-un eligen-i sedgin . yerü yeke boyan-i küliyejü nasuta atuɣai kemen sedgin atala sanamsar ügei genedte yegüdgegsen (dür). minü dotur-a masi emgenin ɣasiɣudaqu-yi bailɣaju ülü bolqu-yin tula sayin ɣajar-i sungɣuju küriy-e bariɣad kegür-tür bičig bolaqui-yi erten-u qauli-yi daɣaju taqiqu ba gegekü yosun-i toɣtaɣaɣsan yabudal-i üjejü yabuɣulbai. tusalaju čilaɣun-dur čabčin. türügsen yegütügsen on sar-a-yi temdeglejü. sönesön-i egüride amuɣulang bolɣabai.

（汉译）固伦永安长公主，太宗文皇帝之女，世祖章皇帝之姊，朕之姑也。生于天聪八年闰八月十六日酉时，薨于康熙三十一年正月十五日未时，春秋五十有九。卜以今年九月二十五日窆于哈峒伦河之峨罗摆桑噶栅①东边。呜呼！朕缵鸿绪，念系皇祖之女，皇考同气之亲，方期骈集繁祉，永享大年。何意遽尔薨逝，朕怀震悼，曷其有极。为卜兆域并设垣宇，窀穸之文式从古制，祭享之仪悉循典章。勒之贞珉，用志生薨之年月，惟灵其永妥于是焉。②

《清皇室四谱》所记清太宗第三女和第八女与以上所述不同。记为："皇八女固伦端贞长公主，天聪八年甲戌闰八月十六日酉时生。孝端文皇后

---

① "oru baišing ɣačaɣ-a"（峨罗摆桑噶栅）地处"ɣool-yin tal-a"（河岸平原）之地，因此，后改作"ɣool-yin baišing ɣačaɣ-a"，汉语作"高力板"，今作"高力板镇"。
② 据郝维彬《科尔沁历史考古》载，"永安长公主墓位于今内蒙古科右中旗高力板镇高力板村东南八里处，解放初期被盗被毁。1964年该旗文化馆从民间收集到公主圹志文碑的下合，现保存在科右中旗文物所"（内蒙古人民出版社，2007，第197页）。

博尔济吉特氏出,为皇三女同母妹。初号为固伦公主,崇德六年三月,许字科尔沁博尔济锦氏额驸土谢图亲王巴达礼长子巴雅斯护朗。顺治二年乙酉,年十二,四月下嫁九月还蕃部。十三年九月至京师,明年二月封固伦长公主,十六年十二月封昌乐长公主。后改封固伦永安长公主。康熙十一年八月夫亡,三十一年壬申正月卒。年五十有九。赐谥端贞长公主。"① 又记作"康熙十二年十二月初五日未时,上复御乾清门赐下嫁科尔沁国端贞长公主差来请安何善等食。端贞即永安公主赐号,蒙古游牧记作崇康公主"②。《清史稿》等亦认为端贞既太宗皇八女固伦永安长公主之谥号。引起后人误解。③ 从册封文、圹志文、《起居注》等原始档案及《清实录》等官方记载看"固伦端贞长公主"封号确实属于太宗第三女。

巴雅思呼朗(Bayasqulang)额驸,嫩科尔沁部土谢图亲王巴达礼长子。顺治二年,尚太宗第八女固伦公主,授固伦额驸。康熙十一年六月袭父爵,封土谢图亲王,其袭爵诏书蒙古文曰:

badari ebedčin-eyer ünggeregsen-u qoin-a auqan kübegün bayasqulang-dur jalγamjilan mün-kü jasaγ-un tüsiye-tü čin wang čola ergübe. ur-e-yin ür-e-dür tasural ügei jalγamjilaqu anu uridu yosoγar bui. Engke amuγulang-un arban nigeduger on. ǰun-u segül sar-a-yin arban nigen-e

(汉译)巴达礼病逝,长子巴雅思呼朗袭扎萨克土谢图亲王爵,诏世袭罔替。康熙十一年六月十三日

康熙十一年八月,嫩科尔沁部土谢图亲王巴雅思呼朗额驸卒。④ 康熙帝

---

① 周骏富辑《清代传记丛刊》(名人类④),唐邦治辑《清皇室四谱》,台北明文书局印行,1986,第190~191页。
② 周骏富辑《清代传记丛刊》(名人类④),唐邦治辑《清皇室四谱》,台北明文书局印行,1986,第288页。
③ 如,日本学者园田一龟在《清朝皇帝东巡研究》中认为,康熙三十七年(1697),圣祖第三次东巡,"八月二十八日到达尔罕王府住几日……九月一日到克尔苏地,祭奠大清开国功臣和硕达尔罕巴图鲁亲王满珠习礼。五日到科尔沁图仕业图亲王所尚太宗第八女,端贞长公主墓祭奠,六日到科尔沁台吉般迪府邸看望和硕纯禧公主"。在后边的注释里还特别强调"和硕端贞长公主是康熙帝的姑姑,下嫁土谢图亲王巴雅斯护朗"。
④ 《清圣祖仁皇帝实录》,康熙十一年九月辛丑条。

亲自撰写祭文，派使臣往祭。① 康熙十三年八月，巴雅思呼朗长子阿拉善袭爵，成为科尔沁右翼中旗第三任扎萨克土谢图亲王。

二 嫩科尔沁部与皇室联姻的新特点

崇德朝，嫩科尔沁部与清朝皇室频繁联姻，迅速成为外戚集团核心部落，为清朝稳定和发展起到无可替代的作用。纵观此时嫩科尔沁部与清朝的联姻，有几个显著的特点。

（一）娶女次数嫩科尔沁部首次胜出

崇德元年至崇德八年，嫩科尔沁部与清朝联姻 16 次，嫩科尔沁方嫁女 8 次，娶 9 次，娶女次数嫩科尔沁首次出现持平现象。这表明崇德皇帝正为"从血缘上将蒙古人满洲化"做着积极努力。

图 4-3　崇德元年至崇德八年嫩科尔沁部与清朝皇室联姻情况

嫩科尔沁一方	嫁娶	满洲一方	联姻时间
栋果尔之女	嫁	豪格	崇德元年七月
杜尔伯特部阿都齐台吉之女	嫁	岳托	崇德三年七月
巴敦台吉	娶	岳托第六女	崇德三年三月
祁塔特台吉	娶	皇太极第三女	崇德三年十二月
满珠习礼台吉	娶	储英之女	崇德四年七月
吴克善台吉之女	嫁	傅勒赫	崇德四年十一月
阿裕锡台吉②	娶	杜度第四女	崇德四年十二月
巴特玛台吉	娶	噶布拉长女	崇德五年七月
巴雅思呼朗	娶	皇太极第八女	崇德六年三月
弼尔塔噶尔	娶	皇太极第四女	崇德六年元月

---

① 《清内阁蒙古堂档》（影印本）康熙十二年档案中收录没署日期的科尔沁额驸巴雅思呼朗祭文。因而，巴雅思呼朗亲王具体去世时间不明。
② 系科尔沁杜尔伯特部爱纳噶次子布鲁克图长子。《金轮千辐》记作"ayusi efü（阿玉希额驸）"。

续表

嫩科尔沁一方	嫁娶	满洲一方	联姻时间
诺尔布①	娶	济尔哈朗第六女	崇德七年四月
栋果尔之女	嫁	勒克德浑	崇德七年九月
桑噶尔寨之女	嫁	傅勒赫	崇德七年之前
杜思噶尔②卓农台吉之女	嫁	多尔衮	崇德八年之前
桑噶尔寨之女	嫁	枯塞	崇德八年七月
杜尔伯特达尔罕台吉之女	嫁	多尔衮	天聪七年前后

注：此表依据杜家骥《清代满蒙联姻研究》制作。
① 扎萨克图郡王布达齐五子。
② 疑似科尔沁右翼后旗扎萨克喇嘛什希孙"tusaγar güng"，待考。

至清朝后期，这种政策的实际效果显现出来。嘉庆二十二年（1817），嫩科尔沁部土谢图亲王下公主子孙台吉，共达 522 人；道光十九年（1839），具有清朝皇室血统的科尔沁左翼中旗台吉数目更是达到 2000 多人。① 显然崇德皇帝"建立满蒙亲缘关系，促进满蒙亲谊情感"，即"同化满蒙血缘，消除满蒙心理隔阂"的目的彻底达到。但清廷"年班"的接待、优抚压力也随之增加，不得不采取"分成班次，轮流来京"措施，予以应对。

（二）"八户人"及"胭脂地"的出现

随着三位固伦公主下嫁，嫩科尔沁地区出现了随公主陪嫁而来的"baqu-yin kümün"（八户人）这一新兴群体。"八户人"又有"巴户人""八虎人""拔户人"等多种写法②，为随公主陪嫁过来的庄丁、陵丁等的俗称。清朝规定，公主、格格出嫁蒙古时奶妈、婢女、奴仆等随从陪嫁而来之外，又有随丁随嫁而来。具体数目为："蒙古亲王之女，照内亲王之女郡主陪嫁，除乳母夫妇外，侍女八人，闲散五户。郡王之女，照内郡王之

---

① （清）会典馆编，赵云田点校《大清会典事例》（理藩院），中国藏学出版社，2007，第 301 页。
② 详情参见李勤璞《法库》，原载《蒙古史研究》第八辑。

女县主陪嫁，除乳母夫妇外，侍女七人，闲散四户。……"① 崇德时期，婚嫁制度尚未规范，因此固伦公主的陪嫁人员肯定超乎此规定。崇德元年八月，固伦额驸额哲及公主归国，崇德皇帝赐公主"驼三十、牛三千、羊五千、人十户。又赐侍女九人"②。可做参考。

　　三位固伦公主嫁到嫩科尔沁部后，清朝专门拨给大片土地供其耕种，随公主而来的"八户人"专门负责这些耕地，以维持日常开支，俗称"胭脂地"。目前尚未找到三位固伦公主的胭脂地具体位置、亩数、庄丁户数等详细数目。顺治年间，皇四女雅图之胞妹，清太宗第五女固伦淑慧长公主阿图嫁到巴林，据说其"胭脂地"有500顷之多③。康熙朝，固伦温恪公主出嫁翁牛特，其"胭脂地"位于英金河近地，亩数为48顷。乾隆朝，远嫁漠北的固伦恪靖公主"胭脂地"在清水河（今呼和浩特清水河县附近）处，总计48300多亩。④ 从中我们可以窥知嫁到嫩科尔沁部的清太宗三位固伦公主"胭脂地"的大致情况。

　　在嫩科尔沁地区，有公主嫁过来随带"七十二行"之说。"端敏公主下嫁时，陪嫁的有各行各业的工匠等，可谓七十二行，应有尽有（中略）。我的祖先原先是京东固安县汉人，因作为公主的陪嫁奴隶随公主到了蒙旗，就成为蒙古族了。凡陪嫁来的其他工匠等，也都成为蒙古族，一般称为'巴户'人。后来，在公主死后，我们温姓家族又成为守公主陵寝的'巴户'了。共有百户之多。均住在王爷陵村。"⑤ 今辽宁省法库县王爷陵村中医温希武家世代为王爷陵村周围科尔沁左翼中旗诸王公、台吉陵寝及固伦端敏公主影祠供祭祀水果。据温希武讲，在清代，达尔罕王爷祭祀果木园子有两处，一个在柳条边外秀水河畔，另一个在盖县瓦房。果木园周围亦有大片农田，谓"王庄"，由几十户果农常年经营。土改时，将公主"胭脂地"作为胜利果实分给了翻身农民。

---

① （清）会典馆编、赵云田点校《钦定大清会典事例·理藩院》，中国藏学出版社，2007，第396页。
② 《清太宗文皇帝实录》，崇德元年八月癸巳条。
③ 《巴林右旗志》卷八《人物》，内蒙古人民出版社，2011。
④ 《清高宗纯皇帝实录》，乾隆元年五月乙巳条。
⑤ 温大明：《蒙古王公达赖贝子的没落》，《内蒙古文史资料》1985年第18期，第134~135页。

第五节　嫩科尔沁部在崇德年间的从征活动

崇德元年十二月，大清朝崇德皇帝亲自统帅大军征战朝鲜的同时，也派兵追击喀木尼汉部逃人叶雷，维护新政权的权威和秩序，嫩科尔沁部兵丁积极参与两个战役并建立军功。

一　嫩科尔沁部与"追击叶雷"

随着大清朝的建立，满洲人吞并征服周围诸部族之征讨不断增加，对各部不服从其统治者视为"逃人"，严厉制裁。喀木尼汉部头人叶雷等逃人则被清朝追剿诛杀。

崇德元年二月，皇太极命阿赖达尔汉率外藩蒙古诸贝勒兵，往追毛明安部之逃人。阿赖达尔汉等至阿鲁喀尔喀地方，"俱获喀尔喀逃人又乘便俘获喀木尼汉户口三十有五、人丁百有十、马三百有五匹，席达里户口五、人丁十有六、马三十有七匹"①。这是清朝文献中首次出现喀木尼汉部落之名称。喀木尼汉又作"喀木尼干""喀穆尼坎""喀穆尼汉"等，是蒙古人对使鹿鄂温克人的泛称，而他们自称为"鄂温克"②，居住在"贝加尔湖东北勒拿河支流维提姆河苔原高地一带"③。

崇德元年六月，崇德皇帝赐阿赖达尔汉招降来之喀木尼干④部头人叶雷"小牛犊蟒缎无扇肩朝衣一、缎袄裤、纵绿针皮带衬袜皮靴、大缨细凉帽、丝手帕并荷包平雕腰带、彩绘鞍鞯一、带鞍笼红缰马鞯、插有弓箭之平雕撒袋弓靫"⑤等物品。赏其二妻、一女及二等随从9人，三等随从8人。将其部族安置于多布库⑥地方。虽然阿赖达尔汉等是在追讨毛明安部之逃人路上顺手将喀木尼汉人招降，但优待之礼还是相当之高的。

---

① 《清太宗文皇帝实录》，崇德二年二月庚子条。
② 沈一民：《清初喀木尼堪部叛降考述》，《黑龙江民族丛刊》2011年第4期，第90页。
③ 吴守贵著《鄂温克族社会历史》，民族出版社，2008，第121~123页。
④ 《清实录》作"喀木尼汉部"，《满文老档》作"喀木尼干部"。泛指鄂温克族。据吴守贵《鄂温克族社会历史》载，"喀木尼汉部"居住地在"贝加尔湖东北勒拿河支流维提姆河苔原高地一带"。
⑤ 《满文老档》，中华书局，1990，第1493~1494页。
⑥ 具体位置不详，沈一民《清初喀木尼堪部降叛考述》一文认为"位于嫩江上游"。但是，叶雷等的"叛逃"由从驻兴京大臣呼西塔遣人奏报来看，多布库地方应是兴京近地。

第四章　嫩科尔沁部与崇德皇帝皇太极 | 201

崇德元年十二月初二日，驻兴京城大臣呼西塔（"实录"作扈什塔）遣人来报"安置于多布库地方之喀木尼干部落叶雷、舍尔德库、巴古奈、土古奈等领妻子共八十二人，携马畜而逃"①。清朝史籍不见叶雷等"叛逃"缘由。有学者认为"由于内迁后大量驯鹿的死亡威胁到喀木尼堪部原有的生活习惯，所以在部长叶雷的领导下，喀木尼汉人脱离清朝管制，准备逃回原居住地"②。从叶雷等在逃亡途中不断抢掠大量马匹等也可知供其乘驭、驮载的驯鹿正在锐减的实情。究其原因，驯鹿主要依靠低纬度高寒森林地带生长的苔藓为生。高纬度之地不生长苔藓，驯鹿无法生存，这也是叶雷等从清朝安置地"逃往"故地的主要原因。

同月十三日，向原籍逃去的叶雷等途经嫩科尔沁之故地时，"盗科尔沁蒙古占巴喇马，并其部下之马共八百匹"③。又入冰图王孔果尔所属卦尔察费克图屯，"杀牧马人十名，尽夺其马。复入屯中，夺马十匹而去"④。另冰图王下属员、伊尔都齐贝勒⑤下属员、伊尔登⑥下属员、哈坦巴图鲁⑦下属员有四五家散处者及出外采捕者约50人也被杀死。

崇德皇帝命镶白旗席特库执信牌，偕驻防宁古塔吴巴海巴图鲁率宁古塔兵蹑追之。复遣正黄旗噶尔纠执信牌，率卦尔察兵，缘乌喇地方蹑追。又遣蒙古衙门拔什库博罗执信牌，往嫩科尔沁部，令土谢图亲王巴达礼、卓礼克图亲王吴克善发兵蹑追，兼令防牲畜被夺。崇德皇帝下如此大的力量围追堵截少数几位"逃人"，原因有二。其一，清朝刚刚建立，"逃人"多，可起到震慑之作用。其二，也有考验新近投附的嫩科尔沁部贵族们的诚心之举措。

此时，已有土谢图王下俄尔多木，卓礼克图王下托和泰虾率兵200人，往尼喀善城驻防蹑踪叶雷。查木布赖（即占巴喇）部下巴特图户、巴布赛

---

① 《满文老档》，中华书局，1990，第1719页。《清实录》，崇德二年五月癸酉条记作"八百匹"。
② 沈一民：《清初喀木尼堪部叛降考述》，《黑龙江民族丛刊》2011年第4期，第93页。
③ 沈一民认为叶雷"盗占巴喇马共八百匹"，又夺"查木布赖马千匹"，误。占巴喇与查木布赖系同一人，为一次事件的两次不同记载而已。
④ 《清太宗文皇帝实录》，崇德三年正月己巳条。该条又记"屯中七人往追，一人还屯报信，六人追之，三人被杀。喀木尼汉前行，又夺查木布赖马千匹"，这成为科尔沁兵自行穷追喀木尼干人的因由。
⑤ 指科尔沁贝勒明安长子栋果尔伊尔都齐。栋果尔为名，伊尔都齐为号。
⑥ 指科尔沁贝勒明安三子多尔吉伊尔登。多尔吉为名，伊尔登为号。
⑦ 指科尔沁贝勒明安次子达古尔哈坦巴图鲁。达古尔为名，哈坦巴图鲁为号。

亦率 30 人随后往追，查木布赖之弟塞尔固伦率所部兵，从喀木尼汉屯驻处横截追之。无力抵抗的叶雷等弃幼子 5 人，尽杀疲马，仍向原籍逃去。

崇德二年五月，追击叶雷的席特库、吴巴海巴图鲁、噶尔纠等至是还。奏言："臣席特库、噶尔纠二人率二十二人，蹑逃人踪迹。自多博科地方行至乌喇驻防边城，梅勒章京吴巴海率四十五人来会。叶雷等盗科尔沁蒙古占巴喇①马，并其部下之马共八百匹。又盗冰图王马，并其部下之马共四十五匹。冰图王下属员、伊尔都齐贝勒下属员、伊尔登下属员、哈坦巴图鲁下属员有四五家散处者，及出外采捕者约五十人皆被杀死。冰图王下十七人追及之，逃人还击，杀死三人，夺马十七匹而去。科尔沁国土谢图亲王兵二百五十、塞古尔伦②贝勒兵二百人追之不及而回。臣等蹑其踪迹追之，途次见有天鹅三只栖止，为科尔沁国人名俄尔多木者射中其一，鹅带箭而飞，因逐取之，鹅忽不见，乃见逃人营中遗火。遂星夜前追至温多地方围之，已五月矣，谕令归降不从，遂攻入，杀九十四人，获其家口八十七人、马五十六匹，问逃人之首叶雷安在，答曰，叶雷杀鹿为食，携其妻子遁去矣。臣席特库、吴巴海巴图鲁即率兵前追，叶雷侦知臣往，遂杀其妻子，逃入山中，臣等追至，环围之，复令彼归顺，不听，纵矢交射。忽一白狐跃起触叶雷弓而驰，狐戴弓窜去，因射死叶雷。先是叶雷弟兄率四十人，携妻子原欲来归我国者，道遇叶雷，因留住一处，至是亦皆杀之。"③ 至此，叶雷叛逃事件结束。

同年六月，叙追杀喀木尼汉部落叶雷功，超擢三等梅勒章京吴巴海为三等昂邦章京。一等甲喇章京席特库为一等梅勒章京。牛录章京噶尔纠为三等甲喇章京。赠吴巴海敕辞曰："追喀木尼汉部落叶雷时，率宁古塔兵一百、科尔沁国土谢图亲王、卓礼克图亲王兵六百人，出边行五十日至温多地方，追及叶雷并同叛之人，皆杀之。获妇女幼小八十七人、马五十六匹，行六月至七月方还。丕绩懋著，勤劳可嘉。且驻防东边宁古塔六年之久，并无过犯，嘉乃尽职，故由三等梅勒章京超擢三等昂邦章京，加世袭四次，准袭十

---

① 即查木布赖，系科尔沁部郭尔罗斯之布木巴旗台吉，为布木巴弟。据《金轮千辐》载，其谱系为：奎蒙克塔斯哈拉—博第达喇—斡巴什—蒙夸—占巴喇。蒙夸台吉有子三，长为布木巴，次为占巴喇，三子为塞尔固伦。崇德元年查科尔沁户口时占巴喇领有 8 个牛录民丁。
② 为塞尔固伦之误写，系科尔沁部郭尔罗斯之布木巴旗台吉，为布木巴三弟，崇德元年查科尔沁户口时塞尔固伦领有 13 个牛录民丁。
③ 《清太宗文皇帝实录》，崇德二年五月癸酉条。

二次。"① 可见，清朝追击叶雷是以嫩科尔沁兵为主，宁古塔兵为辅。

嫩科尔沁部兵丁中有人以追击叶雷战功获达尔汉号。其中，俄尔多木获号卓礼克图库鲁克达尔汉；纳木号为巴图鲁达尔汉；科鲁马哈号为卓礼克图达尔汉；卓礼克图号为卓礼克图达尔汉。赐俄尔多木敕书曰，"喀木尼汉部落叶雷逃还本地时，俄尔多木率右翼五旗兵百名、托果代率左翼五旗兵百名同往追捕，众因马疲皆还。尔同托果代率右翼兵十名、左翼兵七名追至黑龙江，留托果代率众秣马以待，尔至博穆博果尔处，率博穆博果尔追之，行一月追及，留博穆博果尔，离一程地驻宿，尔率十人乘夜步行潜入，驱出叶雷散马，并所系马十三匹袭而取之，共获马一百七十匹而还。行二十日，复至博穆博果尔处，托果代已率左翼七人先还，尔又率十人往约会之地，历十七昼夜，追及吴巴海、席特库，同行至温多河，追获逃人叶雷等，皆杀之。有此劳绩，是用锡尔敕书，赐尔卓礼克图库鲁克达尔汉之号。免驿递供应，子孙世袭。自后无得仍称其旧名，违者罪之"②。

崇德皇帝复赐吴巴海、席特库衣服、马匹、奴仆、庄田；噶尔纠马匹、衣服；俄尔多木甲冑、雕鞍、撒袋、弓矢、鞓带、佩刀、帽、靴、衣服、马匹、缎布；纳木、卓礼克图、科鲁马哈缎布，命八家以次宴之。又赏吴巴海等随征士卒、谭泰牛录下胡虎纳、喇萨里牛录下扈什塔、恩格牛录下塞勒布及龙托科、敦多惠并救出傅尔黑讷之图赖善等银两、衣服有差。

叶雷事件起因为清朝盲目安置投附部落。叶雷分得的新领地不长苔藓，驯鹿无法生存大量死亡，遂违背清朝不能越界游牧之规定，移往故地游牧。路经嫩科尔沁部故地时引发冲突，遭到无情追杀。嫩科尔沁人以叛逃为由出兵追击，充当大清政权新秩序捍卫者的角色。崇德皇帝重赏追击叶雷之有功人员，体现各部只能按清朝新秩序新规定在新划分的领地上安分生息，不能有任何不满或反抗之举，否则将受到严厉处罚之现实。

二 嫩科尔沁部与"征战朝鲜"

天聪十年二月，天聪汗命户部承政英固尔岱（实录作"英俄尔岱"）赍书一函往朝鲜，备言一切事宜，又命户部承政马福塔赍慰书一函，并祭文一道，往吊朝鲜王妃丧。八和硕贝勒及外藩四十九贝勒等俱以请天聪汗上尊

---

① 《清太宗文皇帝实录》，崇德二年六月辛丑条。
② 《清太宗文皇帝实录》，崇德二年六月辛丑条。

号遣使致书朝鲜国王。八和硕贝勒书曰,"满洲国大贝勒等书举朝鲜国王,我贝勒文武大臣议欲应天顺时颂扬上德劝进尊号,前年具兴。上以谦德拒而不纳。今岁春正,蒙古各部贝勒俱来朝贺,复合劝进。上曰,尔等皆我子弟,朝鲜国王亦吾弟也,宜令知之。我等仰圣上拳拳友邦之宜,故遣使相告之。"①

蒙古四十九贝勒亦遗以书曰:"满洲国外藩诸贝勒奉书朝鲜国王。我等与明国交好已二百余年矣,今非乐为背离也,只因明之诸臣,欺诈奸诡,贿赂公行,蒙蔽其主,明国皇帝,茫然不知,以致人心解体,兼以将懦兵弱,内而纵寇殃民,外而覆师丧地,窃窥天意,明之历数将终矣。今我满洲国皇帝仁智兼全,恩威并济,招徕异国,爱育黎庶,立心行事,动出公正,法度号令,整肃严明,兼之将勇兵强,所向无敌,众心愿慕,天眷有归,革命兴邦,知在此时矣。我等故仰承天意而乐就之,因念我等蒙古各国,散乱无统,近蒙我皇上,诞布宽仁,弘敷教化,照临在上,如日方升,流膏沛泽,沦浃万方,诸国奠宁,群生康乐。是以我等外藩各国贝勒暨军民人等感激上恩,每思捐躯报效,不惮勤劳,听上驱使,以俟事机之至耳,如有驱使,即举国从王,撄锋冒刃,亦所不辞也。去年我蒙古各国贝勒朝集盛京,以天意眷顾我皇上,故我等欲仰承天意,恭上尊号,以答天心,与在内诸贝勒合辞陈请,上拒而弗允。今四十万众蒙古太子孔果尔,科尔沁国土谢图济农、卓礼克图台吉、孔果尔秉图、扎萨克图杜棱、达尔汉巴图鲁、喇嘛什希、墨尔根台吉、栋果尔伊尔都齐,扎赉特部落蒙夸、达尔汉和硕齐、昂阿伊尔都齐、杜尔伯特部落色棱达尔汉台吉,郭尔罗斯部落古木哈坦巴图鲁、布木巴伊尔登,敖汉部落额驸班第、琐诺木杜棱,奈曼部落衮出斯巴图鲁,巴林部落满珠习礼台吉、阿玉石台吉,土默特部落格根汗之孙俄木布楚虎尔、琐诺木墨尔根台吉、耿格尔古英塔布囊、单巴塔布囊,扎鲁特部落达尔汉巴图鲁、内齐、坤杜伦戴青、喀巴海卫征、郭毕尔图杜棱、青巴图鲁、济尔哈朗,察哈尔国土巴济农,阿禄部落达尔汉卓礼克图、伊尔札木墨尔根台吉、达赖达尔汉诺颜、穆章台吉,翁牛忒部落杜棱济农、东额尔德尼戴青、达喇海寨桑台吉、班第卫征台吉,喀喇车里克部落噶尔马台吉、阿喇纳诺木齐,喀喇沁部落古鲁斯希布、杜棱、色棱塞臣、万旦卫征、马济、都里户,吴喇忒部落土门达尔汉、土巴额尔赫台吉、色棱伊尔登,我等十六国四十九贝勒

---

① (清)方略馆编《清代方略全书》(第 1 册),北京图书馆出版社,2006,第 507 页。

约于去年十二月内,会于盛京,与满洲国诸贝勒议,俱言皇上平服诸国,兼之玉玺呈祥,天意佑助,信而有征,皇上宜建尊号,以顺天人之心。今年新正,复奉表奏闻。上谕,朝鲜王吾弟也,亦宜令彼知之。我等谨遵上谕,遣使相闻,王可即遣亲近子弟来此,共为陈奏。我等承天意,奉尊号,事已确定,推戴之诚,谅王素有同心也。"① 表明"举国从王",正式接受满洲人统治的蒙古诸部已成为建立大清朝最积极倡导者和说客。次文书也是本书坚持蒙古诸部投附满洲时间定在崇德元年之原因。

三月,英固尔岱等使臣至朝鲜,朝鲜国王李倧竟"不接见"八和硕贝勒及外藩贝勒书亦不纳,"诡令英固尔岱等至议政府议事。又设兵昼夜防守"②。英固尔岱等甚疑之,即率诸使者于朝鲜京城中夺民马匹突门而出。至途,朝鲜国王遣人持报书付英固尔岱等。又以书信三封,谕其边臣固守边疆。

事件中嫩科尔沁部大妃下摆达尔击斩三人,身被创;吴喇忒部落色棱下山津斩一人,四指受伤至断;嫩科尔沁部冰图贝勒下木哈连斩四人,奈曼部落达尔汉贝勒下戴度齐斩二人,身被创;穆章下摆达尔斩四人,巴林部落满珠习礼下恩格参斩二人,足受伤;格龙下朱格得里斩四人;嫩科尔沁部卓礼克图贝勒下哈尔苏户斩三人;蒙夸达尔汉和硕齐下布寨斩三人,托尔门斩三人;宜尔扎木下宜尔孙德斩三人;土默特部落耿格垒托和代斩三人。

天聪汗明知朝鲜决意断绝还是决定"先遣人持书往谕以利害,令以诸子大臣为质,彼许诺则已,否则再议惩罚"③。以安抚赏赍有功将士,遂忙于改元建立大清朝之事宜。

崇德元年十二月,皇太极以朝鲜败盟逆命,亲统大军往征。和硕礼亲王代善、和硕睿亲王多尔衮、和硕豫亲王多铎、多罗贝勒岳托、多罗贝勒豪格、多罗安平贝勒杜度及固山贝子等随征。"外藩蒙古诸王贝勒各率兵会于盛京"④,随行参战。大军分两路,右翼兵由往东京大路至浑河岸排列,左翼兵由往抚顺大路排列。大军驻安州南岗之时,嫩科尔沁部巴图鲁郡王满珠习礼、扎萨克图郡王布达齐等"引兵迎谒"⑤。崇德皇帝命和硕睿亲王多尔

---

① 《清太宗文皇帝实录》,天聪十年二月丁丑条。
② (清) 方略馆编《清代方略全书》(第1册),北京图书出版社,2006,第508页。
③ (清) 方略馆编《清代方略全书》(第1册),北京图书出版社,2006,第508页。
④ 《清太宗文皇帝实录》,崇德元年十二月辛丑条。
⑤ (清) 方略馆编《清代方略全书》(第1册),北京图书出版社,2006,第535页。

衮、多罗贝勒豪格分统左翼满洲三旗、蒙古三旗及外藩蒙古左翼兵，从宽甸路入长山口，亲率和硕礼亲王代善及外藩蒙古右翼兵相继前进。

闻清朝先遣兵兵临城下，朝鲜国王逃至京城40里，走入山城。和硕豫亲王多铎、多罗贝勒岳托兵及后遣外藩大军相继赶至，"环绕立寨围之"。① 多罗安平贝勒与昂邦章京石廷柱运来红衣大将军炮车强攻山城。固山额真谭泰、阿代、恩格图、古睦、巴特玛等则率骑兵攻入朝鲜王都城，搜剿军人，收其财物牲畜，并留外藩蒙古兵与俱。皇太极亲率大军渡汉江，直抵南汉城西驻营，围困朝鲜国王。已无还手之力的朝鲜国王李倧率文武群臣出城投降，朝鲜战争至此结束。

其间，即崇德二年正月末，崇德皇帝遣外藩嫩科尔沁、扎鲁特、敖汉、奈曼诸部落兵出咸镜道往征瓦尔喀地方。命蒙古衙门承政尼堪、甲喇章京季思哈、牛录章京叶克书等率每旗甲士10人导之以行。遣出的外藩各部落蒙古兵具体数字为："土谢图亲王一旗兵二百、扎萨克图郡一旗兵二百、喇嘛什希台吉一旗兵二百、扎赉特部落达尔汉和硕齐贝勒一旗兵二百、杜尔伯特部落塞冷一旗兵二百、卓礼克图亲王一旗兵二百、木寨一旗兵二百、栋果尔国舅一旗兵二百、郭尔罗斯部落奔巴一旗兵二百，各二百人。奈曼部落达尔汉郡王一旗兵三百、敖汉部落固伦额驸班第并琐诺木下兵三百、扎鲁特部落桑噶尔一旗兵三百、内齐一旗兵三百，兵各三百人。阿禄穆章一旗兵二百、吴喇忒部落杜巴贝勒一旗兵二百，亦各二百人。共十六旗，并满洲兵一百人，通计三千七百人。"②

尼堪、扈什布、季思哈、叶克书等往征瓦尔喀，至是还。奏言中称，"臣等率兵征瓦尔喀，将出会宁，有平壤巡抚、安州总兵率兵于吉木海地方立二营，我兵击败之，杀平壤巡抚及兵二千余人，获马千余匹。又有一巡抚与总兵二人率副使等官十员，领兵二万，从安边欲袭我后，我兵设伏，诱杀副使五员，兵万人，获马千匹，余兵尽登山，伐木立栅，我兵围之三日，遂降。计投顺官哈忙城巡抚、总兵官副使及各边副使等共十五员，各率本城军民不战而降。所过城郭，献牛及缎匹、青布、麻布、白布、刀纸、青黍皮，随分给蒙古十六旗，及附入旗下蒙古，共二十旗兵丁讫。臣等在朝鲜境行两月二十三日，至四月十六日出境。又行一月三日，至五月十九日至乌喇地

---

① 《清太宗文皇帝实录》，崇德元年十二月丙申条。
② 《清太宗文皇帝实录》，崇德二年五月丁酉条。

方,嫩科尔沁十旗兵即于乌喇境遣还。二十九日至义尔门河,其敖汉、奈曼部落、扎鲁特两部落及穆章、吴喇忒部落兵俱遣还"。① 从中可窥知外藩蒙古及嫩科尔沁兵的表现及战功。

三 嫩科尔沁部与"围困杏山"

崇德朝嫩科尔沁部又一显著军功是参加围困杏山之役。是役,嫩科尔沁部兵丁保障了"松锦大战"中清军的侧翼安全。

崇德四年二月十四日,崇德皇帝皇太极亲自统帅大军出怀远门,开始征明之战役。同月十八日,"外藩奈曼部落达尔汉郡王衮出斯巴图鲁,吴喇忒部落杜巴、吴班、巴克巴海,扎鲁特部落桑噶尔、内齐、穆章,四子部落伊尔扎木,巴林部落满珠习礼,翁特部落达尔汉戴青东、寨桑吴巴什等率十三旗兵来会"。② 史籍中不见嫩科尔沁兵参战前期松山之役记录。从崇德皇帝派遣理藩院参政色棱、尼堪等往滔里河③波洛代刚甘④地方会同嫩科尔沁十旗诸王、贝勒,审问征济南府、中后所时,"少发兵马之故,定其罪案"⑤可见,嫩科尔沁兵正随睿亲王多尔衮左翼大军参加征战山东之战役。是役"克济南府,城中鲁王自焚,所得州县甚多,不知其数"。⑥

崇德六年八月,崇德皇帝听闻"明洪承畴等率兵十三万,来援锦州",再次亲统大军往征松山。⑦ 九月,"科尔沁卓礼克图亲王吴克善率兵至军营"。⑧ 显然,旷日残酷的战争使得皇太极收缩战场并调遣嫩科尔沁兵前来参战。嫩科尔沁兵首战就与两翼前锋营为伍攻打宁远。首战战果为"获人八十名、牛四十三头、马六匹、驴三头。前锋右翼兵获牛五十七头、马十九匹、驴十九头,生擒六十二人,斩六十二人。左翼兵获人十四名、马七匹、牛十头、驴八头,斩三十人"。⑨

崇德六年九月十二日⑩,满笃里、穆成格等自盛京至,奏言,"关雎宫

---

① 《清太宗文皇帝实录》,崇德二年五月丁酉条。
② 《清太宗文皇帝实录》,崇德四年二月丙午条。
③ 即今洮儿河,嫩江右岸最大支流。
④ 具体地点不明。
⑤ 《清太宗文皇帝实录》,崇德四年五月戊午条。
⑥ 《清太宗文皇帝实录》,崇德四年二月乙卯条。
⑦ 《清太宗文皇帝实录》,崇德六年八月丁巳条。
⑧ 《清太宗文皇帝实录》,崇德六年九月乙亥条。
⑨ 《清太宗文皇帝实录》,崇德六年九月戊寅条。
⑩ 《清太宗文皇帝实录》,崇德六年九月乙酉条。

宸妃有疾"。皇太极召集诸王、贝勒、贝子、公、固山额真等，命"多罗安平贝勒杜度、多罗饶余贝勒阿巴泰、固山额真谭泰、阿山、叶克书、准塔巴图鲁、何洛会、马喇希、巴特玛等围守锦州。多罗贝勒多铎、多罗郡王阿达礼、多罗贝勒罗洛宏、固山额真宗室拜尹图、宗室公艾都礼、多罗额驸英俄尔岱、库鲁克达尔汉阿赖、恩格图、伊拜等围守松山。多罗武英郡王阿济格、外藩嫩科尔沁部卓礼克图亲王吴克善、巴图鲁郡王满珠习礼等围守杏山高桥"。① 带领亲军卫队迅速撤出战场，赶往盛京。这是清朝史籍中为数不多的外藩蒙王独当一面之记载。从中可窥知，以吴克善、满珠习礼为首的嫩科尔沁骑兵之威力和作用。

嫩科尔沁兵在"松锦决战"中的表现及战功等，清代史籍记载亦很少。从参赞军务之固山额真叶克书在锦州之战中"无诸王令私令外藩科尔沁兵百人，立于壕内，被杀者一人"② 来看，嫩科尔沁兵不仅参加杏山之围，还承担了围攻锦州等地之重任。满蒙军纪严整令锦州城中蒙古人惊骇不已，"遂谋来降"。其中自然有以嫩科尔沁部为首的外藩蒙古兵丁之功劳。

松锦大战的旷日残酷，令崇德皇帝几次亲赴前线指挥作战，对松懈不力、临阵退缩、事不关己等行为一律采取严厉措施。以至于睿亲王多尔衮被降为郡王，夺两牛录户口，罚银一万两；和硕肃亲王豪格降为郡王，夺一牛录户口，罚银8000两；阿巴泰、杜度罚银2000两；屯齐、罗托、硕托、谭泰、阿山、叶克书各罚银1000两。松锦大战结束后，崇德皇帝叙外藩诸王、贝勒、大臣军功，赐嫩科尔沁部卓里克图亲王吴克善、多罗巴图鲁郡王满珠习礼为首的外藩诸王、公、贝勒、贝子、公等蟒、妆、闪、素、倭等缎及布匹等物有差。嫩科尔沁部和硕土谢图亲王巴达礼、奈曼部落多罗达尔汉郡王衮出斯巴图鲁等出征不力，"军中获罪，停止赏赉"。③ 议政大臣们依据击败明兵之夜，嫩科尔沁部土谢图亲王巴达礼"违命退缩，不赴汛地，翼旦方见上请旨"，奈曼旗达尔汉郡王衮出斯"立而不战"等表现，拟定"应革亲王、郡王爵，巴达礼夺所属人员，衮出斯夺所属人员之半"④。虽然在巴达礼的亲王册封文中明确规定"反叛大逆，行军失律"，可削爵，但崇德皇帝还是网开一面，钦定巴达礼"免削王爵，并免夺属员，罚马百匹"了事。

---

① 《清太宗文皇帝实录》，崇德六年九月乙酉条。
② 《清太宗文皇帝实录》，崇德七年六月甲寅条。
③ 《清太宗文皇帝实录》，崇德七年九月甲戌条。
④ 《清太宗文皇帝实录》，崇德七年九月辛巳条。

清朝这种对外藩盟友处罚比宗室王公、八旗内臣轻得多的赏罚措施令外藩王公很受鼓舞。与满族贵胄并肩作战且独当一面的嫩科尔沁部和硕卓礼克图亲王吴克善所奏"臣等荷蒙圣恩，富贵已极，各获安乐，今后敢不勉力图报"[①] 就是当时以嫩科尔沁部为首的外藩诸台吉对新政权的认同感和参与感之最朴素表述。从嫩科尔沁部左右翼两位和硕亲王所受赏罚也可窥知松锦大战中嫩科尔沁部诸台吉的心态、表现及军功。

---

① 《清太宗文皇帝实录》，崇德七年九月辛巳条。

第五章

嫩科尔沁部与顺治皇帝福临

顺治朝是嫩科尔沁部和清朝关系发生重大变革时期。虽然顺治皇帝的母亲来自嫩科尔沁部，嫩科尔沁部的贵族们也努力为顺治帝开疆扩土打天下，但双方关系并不是一团和气的，处处显示出不和谐之现象。甥舅双方明争暗斗的结果是嫩科尔沁部传统势力遭到了进一步削弱。

第一节 嫩科尔沁部十旗的建立及其概况

崇德元年四月，嫩科尔沁部诸台吉接受清朝册封，巴达礼、吴克善、布达齐、孔果尔、满珠什礼等台吉以军功封爵，诏世袭罔替。嫩科尔沁部正式投附大清朝。清廷为酬谢科尔沁部诸台吉推戴功绩，简选部分台吉授扎萨克职权，继续管领部落民众。科尔沁扎萨克旗至此成立。

顺治前期，为进一步分化科尔沁同一力量，对科尔沁扎萨克做出调整，又从原来的"jasaɣ kelelčegči tayiji"（议政台吉）内简选有军功的忠顺者四人，授"qusiyu medekü erke"（管旗职权），设为扎萨克，管理旗内行政、司法等事。军事则由近处之盛京将军、宁古塔将军、黑龙江将军兼辖。至此，嫩科尔沁部左右翼各五旗之格局形成，直至清末。

崇德元年至顺治朝前期，嫩科尔沁十扎萨克旗基本情况如下（以所建年代为序）。

一 土谢图亲王旗

即科尔沁右翼中旗。崇德元年，以土谢图汗奥巴长子巴达礼所属部众为基础设置。

天命十年（1625），奥巴与努尔哈赤建立"不与察哈尔为伍"的军事联盟，十一年，努尔哈赤为奥巴上号"土谢图汗"，承认其传统领主地位。天聪六年（1632），奥巴病逝。翌年，皇太极授其子巴达礼土谢图济农号，继续承认其传统领主地位。崇德元年（1636），巴达礼受封和硕土谢图亲王，诏世袭罔替。以其所属编为一旗，巴达礼获该旗"qusiyu-yi medekü erke"，即扎萨克之职。以"γošoi beile"（和硕贝勒或主旗贝勒）身份掌管嫩科尔沁右翼之事，成为右翼大贝勒（族长）。康熙十年（1671），巴达礼卒，次年长子巴雅斯呼朗额驸袭职，寻卒。十三年，长子阿喇善袭职。二十七年（1688），以"不哭太后丧"之罪降为贝勒。次年，巴达礼次子沙津额驸以多罗贝勒晋级土谢图亲王爵，领该旗扎萨克。

顺治初年，定旗地旗界，土谢图亲王旗游牧地最终固定于嫩科尔沁部西部。旗地东接科尔沁右翼前旗，南、西两面接科尔沁左翼中旗，北接索伦。扎萨克驻巴音和硕南之塔克禅，在喜峰口东北1200里。

崇德元年，土谢图亲王旗兵甲936人，2900家，编为58牛录。这些兵甲、属民皆在巴达礼名下。土谢图亲王旗旗庙为遐福寺（俗称黑帝庙或大庙）。旗内台吉家族分右翼7个左翼6个共13个努图克[①]居住。

二 卓里克图亲王旗

即科尔沁左翼中旗。崇德元年，以嫩科尔沁部左翼大贝勒莽古斯扎尔古齐子孙吴克善所属为基础设置。

爱新国建立之前，莽古斯等嫩科尔沁左翼贝勒就与努尔哈赤联姻、联盟，开启满蒙联姻先河。在天聪时期，莽古斯长孙吴克善领亲族参加爱新国联军往征察哈尔、明朝等，多建军功，成为孔果尔之后的左翼领袖。崇德元年，吴克善封卓里克图亲王，诏世袭罔替。获"qusiyu-yi medekü erke"，即扎萨克之职，成为该旗第一任扎萨克。又以"γošoi beile"（和硕贝勒或主旗贝勒）身份掌管嫩科尔沁左翼之事，接替孔果尔行使左翼大贝勒（族长）之职责。顺治十六年，吴克善以"奉召不及至"获罪，扎萨克之职被削。其弟达尔罕巴图鲁郡王满珠什礼[②]晋级和硕达尔罕亲王，

[①] 具体为：右翼七努图克，即巴日铁什莫勒、敖伦忒日木、好腰苏木、敖拉努图克、喇嘛音白兴（另两个不明）；左翼六努图克，即达新道伦、哈日毛都（"黑树"）、散金努图克、敖包努图克、汉图努图克、道塔嘎努图克。

[②] 天聪三年，获"达尔罕巴图鲁"号，崇德元年以军功封多罗郡王。

接替吴克善领该旗扎萨克之职，兼管嫩科尔沁部左翼之事务。康熙三年（1664），满珠什礼卒。长子和塔袭职，停袭巴图鲁号；八年（1669），卒。十年（1671），长子班第袭职。旗俗称也从"卓里克图王旗"变为"达尔罕王旗"。

顺治初年，旗地旗界定。卓里克图亲王旗，即科尔沁左翼中旗游牧地位于嫩科尔沁部西部，跨东、西辽河。旗地东接郭尔罗斯前旗，南接科尔沁左翼后旗，西接昭乌达盟的奈曼旗和扎鲁特左旗，北接科尔沁右翼中旗。扎萨克驻伊克唐噶里克坡，在喜峰口东北1065里。

崇德元年，卓里克图亲王旗有兵甲587人，1950家，编为39牛录。这些牛录、属民的分布情况为：卓里克图亲王吴克善属15牛录；巴图鲁郡王满珠什礼属15牛录；绰尔济属9牛录。

此次，吴克善三弟索诺木子祁他特所属兵丁、属民、牛录未作记载。另外，崇德二年，莽古斯福晋衮布封"jasaγ-un boyantu qatun"，即和硕福妃，获主旗事务的职权。其属下兵丁多次随爱新国或清朝大军出征①，表明福妃有自己的属民和兵丁。但崇德元年的编审中不见福妃麾下兵丁、属民的详细记载。

康熙四年，和硕卓里克图亲王吴克善病逝。五年，三子弼勒塔噶尔额驸袭爵，寻卒。七年，长子鄂齐尔②袭爵。二十一年，"以罪革退"，命其叔杜尔巴③，袭爵。二十五年，杜尔巴卒。二十七年，长子巴特玛袭爵。

顺治九年（1652），吴克善次弟察罕长子绰尔吉以军功封镇国公，十八年，晋多罗贝勒，诏世袭罔替。康熙七年，卒。九年，长子鄂齐尔袭爵。二十年，长子巴克什固尔袭爵。

顺治六年（1649），索诺木长子奇塔特封多罗郡王，诏世袭罔替，十年，卒。长子额尔德尼袭爵，十四年，卒。康熙十五年长子毕里克图袭爵。

崇德二年八月，清朝追封吴克善祖父莽古斯"qošui boyantu čin wang"即和硕福亲王，立碑于墓；祖母科尔沁大妃衮布为"qošui boyantu qatun"即和硕福妃，以示优典。此二爵未诏世袭罔替。

---

① 《清世祖章皇帝实录》载，天聪八年闰八月，爱新国联军往征大同、宣府。是役，科尔沁"大妃下兵克三堡"；天聪十年三月，内外诸扎萨克旗使臣出使朝鲜，引发冲突。科尔沁大妃下摆达尔"击斩三人，身被创"。
② 《清世祖章皇帝实录》作"鄂辑尔"。
③ 吴克善十八子，即末子。又作杜勒巴。

顺治十一年五月，清朝追封吴克善之父寨桑为"qošui bingtü čin wang"即和硕忠亲王；母科尔沁次妃博礼"qošui bingtü qatun"和硕贤妃。此二爵亦未诏世袭罔替。

该旗旗庙为寿安寺。①

据传，顺治八年，吴克善、满珠什礼与巴图、祁他特、绰尔吉商定，将全旗属民、领地分三十份，以家族男丁分领。从此，该旗台吉家族分巴润伊森格日（西九家）②、道伦格日（七家）③、塔本扎兰④、准伊森格日（东九家）⑤四大努图克居住。

三　扎萨克图郡王旗

即科尔沁右翼前旗。崇德元年，以奥巴弟布达齐及博第达喇子乌延岱科托果尔、托多巴图尔哈喇、拜新属众为基础设置。

天命十一年（1626），布达齐随奥巴觐见努尔哈赤获扎萨克图杜棱号，天聪三年，又成为科尔沁部 jasaɣ kekelčegči tayiji（议政台吉）。随爱新国联军远征大同、义州，征伐瓦尔喀等地，多建军功。崇德元年，封扎萨克图郡王，诏世袭罔替。晋升为 qusiɣu medekü tayiji，即管旗台吉，获"qusiɣu-yi medekü erke"，即扎萨克之职，掌管科尔沁右翼前旗之事。由于布达齐的"扎萨克图杜棱"号系努尔哈赤所赐，并诏世袭罔替，因而该旗俗称"萨克图郡王旗"。

顺治元年（1644），布达齐卒，长子拜斯噶勒袭职，参加征明大凌河、山东、锦州之役，收复察哈尔部众，追剿苏尼特部腾机思王等役。十四年，卒。长子鄂齐尔袭职，康熙五十七年（1718），卒。

扎萨克图郡王旗，即科尔沁右翼前旗位于嫩科尔沁部中部，索岳尔济山之南。旗地东界科尔沁右翼后旗，南至郭尔罗斯前旗，西接科尔沁右翼中旗，北至科尔沁右翼后旗。扎萨克驻西喇布尔哈苏，在喜峰口东北

---

① 俗称唐格尔庙，遗址在今科左中旗花吐古拉镇境内。
② 系吴克善后裔所属努图克。属地在旗界最西部南北细长的一大片九份地。内分"杜日本格日（四家）""朱日干霍必努图克（六份地）"等分支。
③ 系绰尔吉后裔所属努图克。属地在大小土尔基山周围一片七份地，内分"巴润都日本格日"（西四家）、"准古日本格日"（东三家）两支。
④ 系索诺穆后裔和敖勒布后裔所属努图克。内分"哈如巴拉格日"、"王格日"（王家）、"珠日干苏木"（六个苏木）、"嘎其格日"（一家子或孤家子）、"塔本格日"（五家子）五支。
⑤ 系满珠习礼后裔所属努图克。

1350 里。

崇德元年，扎萨克图郡王下有甲兵 740 人，2050 家，编为 40 牛录。其所属状况为，扎萨克图郡王 32 牛录；萨穆①所属 8 牛录。

该旗旗庙为"梵通寺"，扎萨克图郡王旗台吉分 12 个努图克游牧，其中包括两个 jiɣaɣsan nutuɣ，即指派居住之地②。

四 木寨旗

即科尔沁左翼前旗。崇德元年，以孔果尔所属及噶尔图所属合并设置。

孔果尔是继莽古斯、明安后嫩科尔沁部左翼大台吉，努尔哈赤时期就与爱新国联姻、联盟。天聪时期，领亲族台吉参加爱新国联军往征察哈尔、明朝等战役，建立功勋。天聪二年，三子巴敦以军功获"达尔汉卓里克图"号。崇德元年，孔果尔封冰图③王。长子木寨由"jasaɣ kelelčegči tayiji"（议政贝勒）晋级，获"qusiɣu medekü erke"即管旗之职，领科尔沁左翼前旗扎萨克。崇德四年五月，木寨与吴克善等左翼诸台吉以"贡物减额"受罚。④ 从此，不见诸史。崇德六年（1641），孔果尔卒。顺治三年（1646），次子额森袭爵，领该旗扎萨克之职。旗俗称变作冰图旗（或秉图旗）。康熙四年（1665），卒。次年长子额济音袭职，随军助剿吴三桂，二十九年（1690）与土谢图亲王沙津一同征战噶尔丹，三十五年（1696）卒。同年，长子达达布袭职。

木寨旗，即科尔沁左翼前旗或冰图旗位于嫩科尔沁部最南端，东与科尔沁左翼后旗交界，西与养息木牧场接壤，南到柳条边墙，北与科尔沁左翼中旗相接。扎萨克驻伊克岳里泊⑤，在喜峰口东北 870 里。

崇德元年，木寨旗下甲兵 392 人，1050 家，21 牛录。具体所属为，木寨甲兵 240 人，600 家，12 牛录⑥；噶尔图所属甲兵 152 人、450 家、9

---

① 此人系博第达喇子乌延岱科托果尔、托多巴图尔哈喇、拜新三人之后裔。具体不详。
② 具体为：1 阿给那尔努图克，2 王音努图克，3 喇嘛音努图克，4 茂好努图克，5 阿如努图克，6 巴嘎诺亦腾努图克，7 阿齐那尔努图克，8 朝好沁努图克，9 胡波特努图克，10 好齐特努图克；两个 jiɣaɣsan nutuɣ 为：1 瓦森努图克，2 尼鲁特努图克。
③ "冰图"，系蒙古语，原意为"贤能"。
④ 《清实录》，崇德四年五月乙亥条。此次受罚的均为科尔沁左翼台吉，表明他们对清朝某些做法不满。
⑤ 科尔沁左翼前旗最初扎萨克驻地为呼和格勒之地，即现在的内蒙古库伦旗三家子镇呼和格勒嘎查。关于科左中旗扎萨克驻地和努图克情况本人另做文章。
⑥ 章京数为 11 个。存在一章京属 2 个牛录的可能性。

牛录。

该旗旗庙为呼和格勒庙，台吉分"deger-r dürben elesü. door-a dürben baqu"（上方四处坨召之地、下方四处拨户之地）两大部分居。内又分呼和格勒、哈喇乌苏、沙喇塔拉、伊克腰里、希雅克图、海拉苏泰、喇嘛努图克等八个分支。

五　拉玛斯喜旗

即科尔沁右翼后旗。崇德元年，以图梅卫征所属为基础设置。

嫩科尔沁部始祖奎猛克塔斯哈喇次子诺姆达喇子为哲格尔德，哲格尔德子即图梅，号卫征。与瓮阿岱一同成为嫩科尔沁部两大首领，曾为明开原西北边患。天命十一年（1626），图梅随奥巴觐见努尔哈赤，获岱达尔罕号。天聪初年率部参加征明遵化、大凌河、察哈尔等役。天聪六年，因年老而归牧，寻卒。有子二。长拉玛斯喜，承袭父爵，统领部众；次布达什礼，袭父亲"卫征"号。

崇德元年，拉玛斯喜封镇国公，诏世袭罔替。从"jasaɣ ɣelelčegči tayiji"（议政贝勒）晋级为"qusiɣu medekü tayiji"（管旗贝勒），获科尔沁右翼后旗扎萨克之职。顺治四年（1647），卒。翌年，长子色棱袭职。从此该旗俗称就成为"色公旗"或"公爷旗"。顺治十八年（1661），卒。同年，长子都什格尔袭职。康熙三十六年（1697），卒。同年，次子图努玛勒袭职。

拉玛斯喜旗即科尔沁右翼后旗位于嫩科尔沁部北部偏西，西北部是兴安岭余脉构成的起伏山地，从中部到东南部是平原地带。旗地域东界扎赉特旗，南接郭尔罗斯前旗，西接科尔沁右翼前旗，北抵索伦界。扎萨克驻额木图锡哩，在喜峰口东北1450里。

崇德元年，拉玛斯喜旗所属甲兵633人，1800家，编为36牛录。具体所属为，拉玛斯喜9牛录；布达什礼卫征27牛录。分4个努图克①居住。

六　固穆旗

即郭尔罗斯前旗。崇德元年，以博第达喇三子乌巴什长子内齐博音图所属为基础设置。

---

① 1公音努图克，2桃木克努图克，3鸿都努图克，4道伦努图克。

16 世纪末，博第达喇给诸子分家时，乌巴什分得以郭尔罗斯部众为主的属民，游牧于嫩科尔沁部左翼。有子二，长子内齐博音图，次子莽果莫尔根。内齐博音图有子四，长布特塔、次固穆（号哈丹巴图尔）、次色棱（号岱青）、次桑噶尔。天聪三年，固穆成为科尔沁部 "jasaγ kelelčegči tayiǰi"（议政台吉），天聪七年，从征明朔州、义州，进征瓦尔喀。崇德元年（1636），封辅国公，诏世袭罔替。晋级为 "qusiγu medekü tayiǰi" 即管旗台吉，获该旗扎萨克之职。顺治五年（1648），固穆卒。同年，内齐博音图四子桑噶尔斋袭职爵，顺治七年，卒。固穆长子昂哈袭职爵，康熙十八年（1679），卒。长子莽塞袭职爵，二十六年，以"不缉贼"罪革扎萨克，留爵，扎萨克职由二等台吉武尔图纳素图①代领之。康熙四十七年（1710）武尔图纳素图因病罢职，其兄一等台吉毕里根鄂齐尔（康熙三十五年授一等台吉）袭职。从此，"angγarqai ǰasaγ. qar-a modu güng"（昂格莱②扎萨克，哈喇毛都③公）成为该旗基本格局。

郭尔罗斯前旗位于嫩科尔沁部东端，松花江西岸。旗地东部从嫩江和松花江合流处沿西岸到柳条边墙终点法特哈门，北与扎赉特旗及科尔沁右翼后旗相连，西南接科尔沁左翼中旗，西北连科尔沁右翼前旗东南部。扎萨克驻古尔班察罕（即昂格莱），在喜峰口东北 1480 里。

崇德元年，固穆旗所属甲兵 500 人，2500 家，编为 41 牛录。具体所属为：

固穆所属 10 牛录；桑噶尔所属 9 牛录；多恩多布④所属 8 牛录；扎木苏⑤所属 14 牛录；旗内台吉分为 4 个努图克⑥居住。

七　布木巴所属郭尔罗斯旗

即郭尔罗斯后旗，以乌巴什次子莽果莫尔根所属为基础，顺治五年设置。

莽果莫尔根有子三。长布木巴、次占巴拉、次塞尔固伦。天命九年，布木巴（号伊勒登）随奥巴遣使后金，天聪三年，布木巴成为科尔沁部

---

① 系内齐博音图三子色棱岱青之孙。《金轮千辐》载，色棱岱青有子三。长鄂垒、次扎木苏、次班齐斯吉。扎木苏生有毕力根鄂齐尔、肯岱巴图鲁、乌尔图纳苏图三子。
② 即扎萨克一等台吉所领扎萨克之驻地名。
③ 即辅国公公府驻地。
④ 系内齐博音图长子布特塔次子。《金轮千辐》记作 "dumcung"（多恩充）。
⑤ 系内齐博音图三子色棱岱青次子。
⑥ 1 哈喇毛都努图克（亦作公努图克），2 塔虎努图克，3 达布苏努图克，4 昂格赉努图克。

"jasaɣ kelelčegči tayiji"（议政台吉），遂从征明遵化、义州、锦州，进征瓦尔喀等地，建功。顺治五年，布木巴封扎萨克镇国公，诏世袭罔替。晋级为"qusiɣu medekü tayiji"即管旗台吉，获该旗扎萨克之职。从此嫩科尔沁部所属郭尔罗斯变成两个旗，固穆所属被称作"郭尔罗斯前旗"，布木巴所属则被称作"郭尔罗斯后旗"。顺治十一年（1654），布木巴卒。长子扎尔布袭职，康熙四年（1665），卒。长子安达什哩袭职，四十一年（1702），卒。

郭尔罗斯后旗位于嫩科尔沁地界北部，嫩江东岸，松花江北岸。旗地东接黑龙江，北交杜尔伯特旗，西南接科尔沁右翼前旗，西和西北交扎赉特旗。扎萨克驻嘉朱温都尔（汉译榛子岭），在喜峰口东北1570里。

崇德元年，布木巴麾下甲兵580人，1700家，编为34牛录。① 具体为：布木巴12牛录；扎木巴拉8牛录；色尔古棱（《实录》作塞尔固伦）13牛录。旗内台吉分伊和努图克、敦都努图克、巴嘎努图克三个努图克游牧。

八 达尔汉和硕齐旗

即扎赉特旗，顺治五年以奎蒙克塔斯哈拉第六子阿敏达尔汉所属为基础设置。

天命九年（1624），阿敏达尔汉第八子蒙衮随奥巴遣使后金，获达尔汉和硕齐号。天聪三年（1629），阿敏达尔汉长子额森纳琳长子色本成为嫩科尔沁部"jasaɣ kelelčegči tayiji"（议政台吉），八年，因参加"噶尔珠赛特尔事件"，贬为"qoki tayiji"。崇德八年（1643），蒙衮从征黑龙江，未几，卒。顺治五年（1648），叙功、追封固山贝子，长子色棱袭爵，诏世袭罔替，授"qusiɣumedekü erke"，领该旗扎萨克之职。最初以蒙衮所获封号记该旗为"达尔汉和硕齐旗"，后改作"扎赉特旗"。康熙三年（1664），色棱卒。长子毕里克袭。十六年（1677），卒。十七年，长子纳逊袭职，四十二年（1703），卒。

扎赉特旗位于嫩科尔沁部地界正北部，齐齐哈尔城西南。旗地东接杜尔伯特旗，西邻科尔沁右翼后旗，南与郭尔罗斯前旗西北部交界，北界索伦，东北至齐齐哈尔。扎萨克驻图卜新察罕锡里，在喜峰口东北1600里。

---

① 牛录章京数目少为33个。

崇德元年（1636），扎赉特旗甲兵 640 人，2750 家，编为 55 牛录。① 具体所属为：达尔汉和硕齐蒙衮 11 牛录；明安达哩 4 牛录；昂哈明安 4 牛录；昂哈 5 牛录；古鲁 9 牛录；三寨 5 牛录；布达席里 7 牛录，属牛录章京姓名；达尔玛希里 8 牛录；旗内台吉分左八右四 12 个努图克②居住。

九　杜尔伯特色棱旗

即杜尔伯特旗，顺治五年，以博第达喇第八子爱纳噶车臣楚库尔所属为基础设置。

16 世纪末，博第达喇给诸子分家时，爱纳噶分得杜尔伯特部众为主的属民，游牧于嫩科尔沁部右翼。有子四，长阿都齐，号达尔汉；次布鲁克图；次多尔吉，号伊勒登；次固穆绰克图。③

天命九年（1624），阿都齐达尔汉随奥巴与努尔哈赤盟誓，建立"不与察哈尔为伍"之联盟。十年，林丹汗东进科尔沁，阿都齐达尔汉弃扎赉特、锡伯、萨尔哈查等属部躲往他处，声誉受损。天聪三年（1629），阿都齐达尔汉以嫩科尔沁"qusiɣu medekü tayiji"（管旗台吉）身份与爱新国订立出征律令。寻卒。有子五，长色棱、次噶尔玛、次索诺木达尔汉、次阿奇塔哈旦巴图鲁、次琳沁台吉。崇德元年（1636），色棱封辅国公。八年（1643），因出征黑龙江，向导有功，赐号达尔汉。顺治五年（1648），晋封固山贝子，诏世袭罔替，授"qusiɣu medekü tayiji"（管旗台吉），领该旗扎萨克之职。康熙八年（1669），卒。明年，长子诺尔布袭职，十年（1672），卒。同年，孙沙津袭职，从征噶尔丹于克鲁伦。五十八年（1719），卒。

天聪五、六年间嫩科尔沁属部南进，杜尔伯特部移居至嫩科尔沁本部牧场。顺治初年，定旗界旗地，杜尔伯特旗位于哲里木盟东北部，嫩江东岸。旗地南接郭尔罗斯后旗，从西至东与齐齐哈尔城等交界。

---

① 牛录章京数为 53。
② 具体为，左翼：1 巴雅尔图努图克，2 巴岱努图克，3 好特乐努图克，4 拉音努图克，5 阿拉坦塔布庆努图克，6 武尔和喜塔本努图克，7 胡热图塔本努图克，8 阿布嘎音努图克；右翼：1 文得根努图克，2 都尔本钦努图克，3 太礼珠德努图克，4 王爷音努图克。
③ （清）答里麻著、乔吉校注《金轮千辐》，内蒙古人民出版社，2013，第 274 页。梅日更葛根《黄金史》所载爱纳噶四子为：长阿都齐、次衮布绰克图、次布鲁克图、次桑噶尔寨。

崇德元年，杜尔伯特色棱旗甲兵 974 人，3300 家，编为 64 牛录。具体所属为：色棱 9 牛录；拉玛希①7 牛录；嘎尔玛 8 牛录；桑阿尔寨②5 牛录；索诺木③8 牛录；甘地斯希布④7 牛录；阿金岱⑤7 牛录；额林沁⑥13 牛录。旗内台吉家族分左五右二共 7 个努图克⑦游牧。

十　东果尔旗

即科尔沁左翼后旗，顺治六年（1649），以嫩科尔沁部左翼大台吉明安所属部众为基础设置。"九部之战"之后，明安率先与努尔哈赤通好，1612 年嫁女努尔哈赤，开启"满蒙联姻"先河。天聪三年（1629），明安长子东果尔成为科尔沁"jasaɣ kelelčegči tayiji"（议政台吉）。但是，东果尔兄弟桀骜恃强，对待爱新国军事联盟不积极，屡次"不出兵"或"遣寡兵"。其军功与忠顺远不及其他台吉。崇德元年（1636），东果尔封镇国公，诸兄弟无人获"qusiɣu medekü erke"（管旗职权）即扎萨克之职。崇德二年东果尔随征朝鲜，建功。崇德八年（1643），卒。顺治五年，以军功追封多罗贝勒。顺治七年（1650）长子彰吉伦封多罗郡王，诏世袭罔替，晋级"qusiɣu medekü tayiji"（管旗台吉）获该旗扎萨克之职。康熙三年（1664），卒。长子布达礼袭职，二十三年（1684），卒。长子扎噶尔袭职，翌年，卒。长子岱布袭职，二十九年随东路军出征噶尔丹，康熙四十九年（1710），卒。

东果尔旗即科尔沁左翼后旗位于嫩科尔沁部正南端，法库边门北。旗地西接科尔沁左翼前旗，南到柳条边墙，北界和东界与科尔沁左翼中旗交错。扎萨克驻双和尔山，在喜峰口东北 1500 里。

崇德元年，东果尔其甲兵 706 人，2930 家，编为 58 牛录。具体所属

---

① 据《金轮千辐》载，此人系色棱子诺尔布嗣子沙津次子。
② 据梅日更葛根《黄金史》，此人系阿都齐四子。但《金轮千辐》所记此人系阿都齐三子为多尔吉伊勒登长子。
③ 系爱纳噶长子阿都齐次子。号岱青。
④ 系爱纳噶三子多尔吉伊勒登次子，号额尔克楚库尔。
⑤ 系阿都齐四子安金塔巴图鲁。
⑥ 系阿都齐五子鄂琳沁台吉。
⑦ 具体为，左翼：1 古日本（第三）努图克，2 都日本（第四）努图克，3 塔本（第五）努图克，4 道伦（第七）努图克，5 阿尔本讷根（第十一）努图克；右翼：1 阿尔本（第十）努图克，2 拉哈努图克。

为：东果尔 8 牛录；达古尔①6 牛录；多尔济②11 牛录；大桑噶尔寨③5 牛录；索诺木④9 牛录；小桑噶尔寨⑤4 牛录；翁诺⑥4 牛录；绰诺和⑦5 牛录；巴郭赖⑧5 牛录；玛克罗依⑨1 牛录（户数三十三，实为半牛录）。旗内台吉分 10 个努图克⑩游牧。

综上所述，崇德元年十一月，嫩科尔沁部总计甲兵 6539 人，22308 家，448 牛录。⑪如果每户按五口计算，入清时期的嫩科尔沁部大约有 11 万人。这些人是如今科尔沁蒙古族的基础，经过清代、民国、中华人民共和国等时代变迁，如今科尔沁地区已是内蒙古自治区蒙古族最集中、人口最多的地区。与居住在黑龙江、吉林、辽宁三省科尔沁蒙古族共同组成"科尔沁文化圈"这一地域特色很浓的地域文化圈，继续为蒙古族历史文化的传承、发展做出贡献。

第二节 嫩科尔沁部尽全力"助外甥打天下"

以嫩科尔沁部为首的外藩蒙古诸部受到清廷多重优待之后也向清廷做出丰厚回报，为清朝入主中原，建立大一统王朝立下了特殊功绩。从顺治元年始，"助外甥打天下"的嫩科尔沁部铁骑参加伐征明朝的诸多战役，成为八旗外最为精锐的劲旅，所向披靡。土谢图亲王巴达礼、卓里克图亲王吴克

---

① 系明安次子，号哈旦巴图鲁。
② 系明安三子，号伊勒登。
③ 系明安四子，号青巴图鲁。
④ 系明安五子，号岱青。
⑤ 系明安八子。《金轮千辐》记为"somum nomči""sangγarji"两种，梅日根葛根《黄金史》记作"sangjai nomči"，系明安六子。《金轮千辐》记为"onuγu büke"，梅日根葛根《黄金史》记作"ongγu büke"。
⑥ 系明安六子。《金轮千辐》记为"onuqu büke"，梅日根葛根《黄金史》记作"ongγu büke"。
⑦ 系明安七子。《金轮千辐》记为"činuqu erike"，梅日根葛根《黄金史》记作"činuqu erke"。
⑧ 即巴古喇，系明安十一子，号诺木齐。
⑨ 《金轮千辐》、梅日根葛根《黄金史》载，明安第十二子色尔古冷，无子；末子作额布根。因此，此人有可能系明安第十三子额布根。
⑩ 具体为：1 西如努图克，2 翁吉德努图克，3 马如德努图克，4 阿嘎楚德努图克，5 拜如德努图克，6 艾古尔德努图克，7 光古尔德努图，8 莫格图德努图克，9 伊和哈拉吐达努图克，10 巴嘎哈拉吐达努图克。
⑪ 《满文老档》，崇德元年十一月。

善、达尔罕巴图鲁郡王满珠什礼等"qaγan-u naγaču wang nar"（皇帝亲舅诸王）与睿亲王多尔衮、英亲王阿济格、豫亲王多铎等"qaγan-u abaγa wang nar"（皇帝亲叔诸王）并肩作战，成为顺治皇帝最倚重的左膀右臂。

一 嫩科尔沁部与"山海关之役"

崇德八年八月二十三日，福临继位成为大清第二任皇帝，年号顺治。九月八日，摄政和硕郑亲王济尔哈朗、多罗武英郡王阿济格统领满蒙大军，载红衣大炮及诸火器，西征明朝宁远城。

顺治元年四月初九日，顺治帝赐摄政和硕睿亲王多尔衮大将军印西征明国。《清实录》所列出征人员包括：摄政和硕睿亲王多尔衮，多罗豫郡王多铎，多罗武英郡王阿济格，恭顺王孔有德，怀顺王耿仲明，智顺王尚可喜，多罗贝勒罗洛宏，固山贝子尼堪、博洛，辅国公满达海、吞齐哈、博和托、和托，续顺公沈志祥，朝鲜世子等及八旗固山额真、梅勒章京，统领满洲、蒙古兵2/3及汉军恭顺等三王、续顺公兵。此时，不见以科尔沁为首的外藩诸王、贝勒随军出征的记载。

四月十五日，多尔衮大军至翁后，明朝山海关总兵吴三桂致书求助。二十二日，师至山海关，吴三桂开山海关城门，迎清朝大军入关，与农民军厮杀。李自成马步兵20万被冲散败逃，遁走燕京。此役亦不见外藩蒙古及科尔沁兵丁参战记载。

四月二十七日，大军至滦州。和硕睿亲王多尔衮从州库所存4300石米及4933石粮内，动支1000石赈济该城民人，另外"赈济外藩科尔沁蒙古兵丁米二十石"①。显示，科尔沁兵丁参加了山海关之战。但此时以科尔沁为首的外藩蒙古诸台吉是否随军征战，清朝相关史籍未作记载。

五月初一日，睿亲王多尔衮在奏报中称"破此兵时，仅有科尔沁右翼土谢图亲王，并率有兵一千，另有左翼兵一百、土默特二旗兵、固伦公主兵等，未动用外藩一兵一卒"②。引出科尔沁为首的外藩蒙古兵丁在山海关与八旗兵丁并肩作战之事实。

从山海关一路追击李自成残部的满蒙联军抵达北京，迅速将明朝都城占

---

① 中国第一历史档案馆：《清初内国史院满文档案译编》（中），光明日报出版社，1988，第9页。
② 中国第一历史档案馆：《清初内国史院满文档案译编》（中），光明日报出版社，1988，第13页。

领。此时,《清实录》等史籍似乎也有意回避外藩王公台吉的具体军功。只在摄政王多尔衮向顺治皇帝上的奏折中简单叙述了外藩蒙古的一些功绩。

五月十二日,摄政王多尔衮以"获北京捷音"遣使者,奏曰"自四月二十六日起,贼首李自成尽括金银币帛,以马、牛、驴、骡、驼载往原居长安。三十日,贼首李自成焚毁宫阙遁走,臣遂遣内外藩王、贝勒、贝子、公、固山额真、蠹章京等追击,臣亲率余兵,于五月初二日直抵燕京。原居城文武官吏、耆老、士庶等悉出城迎降。以巳刻入城"①。

五月二十三日的奏折称:"内外诸王大臣统兵进剿流贼,于保定府南庆都县②大破其众。贼不顾头尾,焚辎重仓皇败走。燕京迤北居庸关以内各城皆已来降。八旗满洲、蒙古十六旗获缎帛四万九千三百四十六、大象十四、马三百。外藩蒙古诸王、贝勒、三名汉王及归顺之平西王等获缎帛四千九百六十五、马四十三,共获缎帛五万四千三百一十一、马四百零七、驼一。"③

时至今日,我们只能从科尔沁王公、贝勒的册封文内看到外藩蒙古征战山海关、燕京等地的一些细节。

顺治九年八月,科尔沁左翼台吉绰尔吉以军功晋封镇国公。其册封文中有:

> kerem γarqui-dur nigen iügi terigülen mingγan čerig abču aγulan-dur qorγulaǰu baiγsan-i daruba. ming ulus-un türü-yi abqu yabudal-dur yisün qaγalγa oruγsan edür. iüsei-yin qorin tümen čerig-i daruquki-dur tabun qosiγun-u tayiǰi nar-i abun tusalaγsan dayisun-i daruba. liuzei-yinčerig-i nekeǰü oduγad. čeng dü siyan-dur güičeǰü daruqui dur tusalaγsan dayisun-i daruba.④

(汉译)入关之役,击山林中躲藏之一千名贼兵,破之。占领明朝之役入九门口,击破流贼二十万之众之日,领五旗诸台吉败敌援军。追击流贼至庆都县,败其援军。

---

① 中国第一历史档案馆:《清初内国史院满文档案译编》(中),光明日报出版社,1988,第16页。
② 今河北省保定市西南望都县。
③ 中国第一历史档案馆:《清初内国史院满文档案译编》(顺治朝),光明日报出版社,1988,第20~21页。
④ 齐木德道尔吉、吴元丰、萨·那日松主编《清内秘书院蒙古文档案汇编》,内蒙古人民出版社,2003,第329~334页。

等语，表明，科尔沁左翼诸台吉参加了山海关之役。

崇德元年，科尔沁台吉巴达礼受封土谢图亲王。其册封文中有：

> ming ulus-un türü-yi abuɣsan ayan-dur yisün qaɣalɣa-yi oruɣsan edür. liüsei-yin qorin tümen čerig-i daruqui-dur. ɣadaɣadu olan ayimaɣ-un mongɣul wang-uud kürčü ese iregsen-dur čiɣariy-a-du tabun qusiɣun-u čerig-eyen abču süni dülijü kürčü ireged daisun-i daruba. liusei-yin čerig-i kügejü boo ting fü-yin baraɣun jüg-dür güičejü tusalaɣsan daisun-i daruba.

（汉译）占领明朝之役，入九门口，击破流贼二十万之众之日，外藩诸部台吉未至，尔领所属五旗诸兵，连夜赶来，败敌军。追击流贼至保定府西，败其援军。

也表明嫩科尔沁部诸台吉还参加了占领北京城之战。

四月三十日，李自成西遁，多尔衮命诸王、贝勒、贝子、公等于每牛录各率六名巴牙喇，五名吴克新急追之。特别强调，"务必生擒贼首李自成"①。从山海关进击燕京的巴达礼等嫩科尔沁部台吉正是与这路人马一道尾追李自成西进，败其援军，立下诸多战功。

山海关之役和攻占北京城是清朝历史上的大事。有偶然原因，也有其必然原因。此事件中，"为外甥打天下"的嫩科尔沁部外戚表现不俗，帮助八旗兵丁把握住了历史机遇，为满洲人入主中原起到了最佳帮手之作用。努尔哈赤开启的满蒙联姻制度和皇太极"独厚科尔沁"措施得到了很好的效果。

二 嫩科尔沁部与"平定江南之役"

"平定江南之役"即指扫平南明遗部之战争。《清实录》等清朝官书忽略了嫩科尔沁部诸台吉平等江南之军功，只留下嫩科尔沁部兵丁在江南征战的一些零散记载。

顺治二年二月，镇守平阳等处将军阿山等奏报，"和硕豫亲王业已统兵攻下西安。臣所统科尔沁兵内复简选精骑送豫亲王军中。其山西一路寇贼绝

---

① 中国第一历史档案馆：《清初内国史院满文档案译编》（顺治朝），光明日报出版社，1988，第11页。

迹，民俱复业矣"①。顺治帝命固山额真阿山、马喇布、梅勒章京阿哈尼堪等，将八旗满洲、蒙古官兵与嫩科尔沁兵及汉军，俱会合，随定国大将军和硕豫亲王，"往征南京"②。与多铎会合的蒙古官兵与嫩科尔沁兵数目不详。同年十一月十五日，礼部筵宴随豫亲王出征返回之外藩二十七旗之台吉等，具体数字为"台吉三十八名，固山额真三名，梅勒章京十一名，甲喇章京十二名，牛录章京一百三十二名，共一百九十六名"③。若依天聪年间所定"若往征明国，每旗大贝勒各一员、台吉各二员，以精兵百人从征"，蒙古兵数目不超过3000名。但平定江南非比寻常，因此顺治帝依旧遵循天聪年间之规约的可能性不大。总之，蒙古兵参加人数肯定不止这些。

顺治二年三月，定国大将军和硕豫亲王多铎率兵出虎牢关口，固山额真拜尹图等出龙门关口，兵部尚书宗室韩岱、梅勒章京伊尔德、侍郎尼堪等率外藩蒙古兵由南阳路，三路兵同趋归德，"所过州县尽皆投顺"④。

四月十七日，多铎大军至扬州城北。十八日，招谕其守扬阁部史可法等。二十五日，攻克扬州城，获史可法，斩于军前。"其据城逆命者并诛之"⑤。"五月初五日，进至扬子江，十五日，至南京，获马步兵共二十三万八千三百。"至此，满蒙联军基本平定江南，清廷"宣平定江南捷音"⑥。

在科尔沁地区，清军攻克扬州城另有一种版本。

据传，由于史可法等的坚守，豫亲王多铎先遣军在扬州城外损失惨重，无法破城，不得不调遣科尔沁兵参战。卓里克图王吴克善、达尔罕郡王满珠什礼率领左翼兵赶到。此役，包括嫩科尔沁部台吉在内的18位满蒙王公阵亡⑦。达尔罕郡王满珠什礼踩着云梯第一个登上城头，头部被守城军士的刀砍伤。满珠什礼以"dabuu dayisa"（褡布腰带）缠住伤口，继续作战，取得大捷。杀红眼的满蒙联军遂"屠城十日"。

顺治皇帝为纪念此功，将满珠什礼缠住伤口、手握虎头枪的坐姿画像供奉在紫禁城，后又以"臣子不能以坐姿接受帝王祭拜"为由，改站姿画像，

---

① 《清世祖章皇帝实录》，顺治二年二月丁卯条。
② 《清世祖章皇帝实录》，顺治二年二月己巳条。
③ 《清初内国史院满文档案译编》（中），第196页。
④ 《清世祖章皇帝实录》，顺治二年三月壬子条。
⑤ 《清世祖章皇帝实录》，顺治二年五月己酉条。
⑥ 《清世祖章皇帝实录》，顺治二年五月庚戌条。
⑦ 原话如此，翻遍相关历史文献不见满蒙贵族在扬州城阵亡的记载。所谓"十八位满蒙王公"有可能是蠹章京即旗主或梅勒章京等中层军官。

并将画像送往嫩科尔沁之地建庙祭祀，起名为"达尔罕王胡日根苏莫"，即"达尔罕王影祠庙"。康熙三年，满珠什礼在北京去世，尸骨运回科左中旗，葬于"胡日根苏莫"主殿地宫。康熙三十七年，康熙帝亲自前来祭祀云云。

顺治二年五月，科尔沁国土谢图亲王巴达礼归国，摄政王多尔衮遣大学士刚林、祁充格、宁完我等谕之曰，"天下大业已定，正黎庶休养之时，然恐蒙古造衅，缓则密奏候旨，其有急不及奏者，尔即便宜行之，吾惟尔是恃"。巴达礼对曰："臣昔蒙太宗皇帝宠眷，今又沐王殊恩，敢不誓死以报。"① 二人的对话反映出当时嫩科尔沁部与清廷间的真实心态或依存关系。即清廷视嫩科尔沁部为最为倚重的外戚，嫩科尔沁部则誓死保卫大清朝。

十月，顺治帝以和硕豫亲王多铎统军西征，李自成兵 20 余万，攻克潼关、西安等处。又收服河南，进击扬州。渡江下江宁，擒福王朱由崧。前后战败水陆、马步敌兵凡 150 余阵。江南、浙江等处悉平，叙功行赏。"加封多铎为和硕德豫亲王……并随征各章京、外藩台吉、章京，恭顺、怀顺两王下章京等金银，各有差"。②

十一月，贝勒勒克德浑、镇国将军巩阿岱等率摆牙喇官兵及科尔沁部官兵 500 名，汉军官兵 200 名，往湖广、武昌府，"剿流寇余孽一只虎等"。③以军功甲喇章京以下等官及边外蒙古固山额真以下官员，各赏赉有差。此后，嫩科尔沁部等外藩蒙古兵丁又与八旗兵丁一起驻防各关口要塞，守护清廷在江南的统治。嫩科尔沁部兵丁从开疆扩土的征服者转到镇守要塞的维稳者，显示其外戚核心、国家根基之特点。

三 嫩科尔沁部与"追讨腾机思"之役

顺治三年五月，外藩蒙古苏尼特部多罗郡王腾机思带领腾机特、吴班代、多尔济思喀布、蟒悟思、额尔密克、石达等各率所部，叛奔喀尔喀。清廷认为腾机思等叛逃是与多尔衮不睦，"怀恨睿王"④ 所致。但顺治五年八月，摄政王多尔衮依然大权在握之际，腾机思从喀尔喀返回漠南，投降清廷官复原职，因而可以断定其"叛逃"与多尔衮干系不大。

---

① 《清世祖章皇帝实录》，顺治二年五月丁未条。
② 《清世祖章皇帝实录》，顺治二年十月戊申条。
③ 《清世祖章皇帝实录》，顺治二年十一月甲寅条。
④ 康熙皇帝语，《清世祖章皇帝实录》，康熙二十八年九月戊戌条。

腾机思的"叛逃"对清廷震动很大。原因是，大清朝刚迁都北京不久，南明、李自成农民军等仍有很大势力，江南等地战争仍在继续。对漠南蒙古诸部的实际控制还没达到高枕无忧之程度。腾机思又与漠北喀尔喀有亲密联系。更重要的是满蒙精锐之师正在分几路随靖远大将军豪格、定西大将军内大臣何洛会等征战四川、陕西各地，无法抽回兵力征剿苏尼特部。

顺治皇帝命从江南归来的和硕德豫亲王多铎为扬威大将军，同多罗承泽郡王硕塞等率外藩诸蒙古兵于克鲁伦河会兵，往征腾机思。为调动外藩蒙古诸台吉、王公的出征积极性，在赐给扬威大将军的敕书中特别强调"凡行军之事，必同诸将商榷，以图万全。……将士有首先陷阵破敌立功者，及临阵败走，惑乱军心，干犯重刑者，可同众定议奏闻，其各官所犯小过，及护军校、骁骑校以下犯罪应斩者，同众商榷即行发落，祇承勿怠，尔其慎之"①。表明，清廷对待外藩蒙古兵出征还是有所顾忌的。此次出征以外藩嫩科尔沁部兵丁力为主，出征的嫩科尔沁部台吉有土谢图亲王巴达礼、卓里克图亲王吴克善、巴图鲁郡王满珠什礼、扎萨克图郡王拜撒噶尔、色棱②、巴敦达尔罕卓里克图等。此外翁牛特部东达尔汉、土默特部古木等少数台吉塔布囊也领少量兵丁随征。

七月，扬威大将军和硕德豫亲王多铎等师至营噶尔察克山，闻腾机思等于衮噶鲁台地方夏营，令八旗蒙古固山额真库鲁克达尔汉、阿赖等率兵急行，绕其后扼据险隘，大军随后进击。腾机思等闻风移往欧特克山。外藩蒙古巴图鲁郡王满珠习礼同八旗蒙古梅勒章京、科尔沁人明安达礼等率两千名外藩蒙古兵乘夜进追。中国第一历史档案馆收藏顺治三年蒙古文档第三号档案显示此二人在战争中的表现为：

    tete süni dülijü manaγar inü öteg aγulan-dur kürbesü buruγulaγsan dayisun mani γabsiyan-u čerig lüge nigen uy-e qadγulduγsan-i daruγad. basa güičejü qadγuldun atal-a. toγ-yin janggin ildüči küruged. qamdu-bar qadγulduju muuqai tayiji-yi alaba. tegün-u qoin-a basa qorčin-i bayatur wang. ildüči. γabsiyan luγ-a qamtu-bar kürbesü. tanggis. tanggidai dürben jaγun čerig-eyer baiγsan-i daruqui-dur. samaγuraju aγulan siγui-dur oruγsan-u

---

① 《清世祖章皇帝实录》，顺治三年五月丁未条。
② 扎赉特部台吉，又作"扎赉特色棱"或"巴嘎色棱（小色棱）"。

qoin-a. qorčin-baγatur ǰiyuyn wang ǰasaγ-tu ǰiyuyn wang. ted tüsimel niqan meiren-u ǰanggi mingγadari tug-yin ǰanggin ildüči ǰata. γabsiyan-i eǰen asqan. Ede tanggis tanggidai-yin oduγsan ǰüg-i asaγubasu. yerü ölö meden gege-yi negüdel-un terigün abču oduba kemekü-i-dür. nekeǰü güičeged gege-yi olba.

（汉译）连夜行军，次日，及之于欧特克山。贼迎战我师前锋营，大败逃之。复追及而战，蠹章京伊尔都齐赶来，以众人之力斩杀毛害台吉。又科尔沁巴图鲁郡王、伊尔都齐、前锋营疾驰而往，败腾机思、腾机特四百之众。敌众逃入山林，科尔沁巴图鲁加强、扎萨克图郡王、副都统尼堪、梅林章京明安达礼、蠹章京伊尔都齐、扎塔、前锋营阿斯根等尾随腾机思、腾机特，寻到格格。①

此处出现的格格为追封颖亲王萨哈连第二女，崇德五年一月，下嫁蒙古苏尼特部多罗郡王腾机思，七月成婚。腾机思携妻、子等至喀尔喀后，喀尔喀诸台吉欲杀死腾机思妻，以绝后路。腾机思哭啼求情，格格得以活命。

清朝大军渡过土喇河，复遣镇国将军瓦克达等率兵追之，阵斩腾吉特子多尔济、巴图舍津，腾吉思孙噶尔马、特木德克、博音图，斩首无数，尽获其家口、辎重。在博儿哈都山，多铎又遣贝子博和托等，率嫩科尔沁部兵与瓦克达等合军追剿腾机思，未及而还。此役清朝战果为：

naiman ǰaγun qorin tabun kümün. nige mingγa dürben ǰaγun tabin temege. nigen tümen yisün mingγan γurban ǰaγun yisün mori. nige tümen ǰirγuγan mingγan yisün ǰaγun ǰiran üker. arban γurban tüme tabun mingγan γurban ǰaγun qoni. yerü alaγsan kümün u toγ-a. nigen mingγan nigen ǰaγu yisü.

（汉译）生擒八百二十五名，获骆驼一千四百五十只、马一万九千三百九匹、牛一万六千九百六十头、羊十三万五千三百只。斩杀人数为一千一百零九名。

战争捷报传到京城，清廷以击败苏尼特部落捷音，榜谕外藩蒙古。后，

---

① 中国第一历史档案馆馆藏"顺治三年第三号档案"。

顺治帝以喀尔喀所获牛羊为基础筹建了察哈尔游牧八旗，随后，扬威大将军和硕德豫亲王多铎等奏报："我师自土勒河西行，于七月十三日，于查济布喇克地方，喀尔喀部土谢图汗两子率兵二万援助腾机思等。清军横列查济布喇克上游，严阵迎战。喀尔喀兵战败，我军追逐三十余里，斩杀甚众，获骆驼二百七十余只、马（一）千一百余匹。次日，喀尔喀部车臣汗硕雷之四子本霸巴图鲁台吉等率兵三万而来，我军列阵奋击，败之，追逐二十余里，复斩杀甚众，获骆驼二百余只、马七百六十余匹。"① 七月十六日，清军以马匹疲乏为由班师还朝。这是清朝与喀尔喀初次军事对决，清朝撤出战场表明"实录"中以外藩蒙古嫩科尔沁部为主的清朝远征军大获全胜之说值得怀疑。史籍不见此次嫩科尔沁部出征兵丁之具体数字，但与喀尔喀几万之众的对垒中倾巢而动的嫩科尔沁兵丁显示了其彪悍本色，使得腾机思等随车臣汗硕雷悉数避走色棱格（即色楞格河）地方。

腾机思事件有两点与嫩科尔沁部联系密切。首先，腾机思"叛逃"事件不是个案。皇太极的暴亡影响到清朝对外藩蒙古的控制，顺治皇帝登基之初达赖喇嘛等西藏黄教势力通过喀尔喀渗透至漠南蒙古，漠南蒙古反抗满洲势力有所抬头。嫩科尔沁部全力征剿腾机思使得这种反抗势力受到警示和遏制。同时此事也显示出对于清廷来说嫩科尔沁部诸王还是外戚中最值得信赖的盟友的事实。

其次，在追剿腾机思后期，以嫩科尔沁部兵丁为主的清朝远征军与喀尔喀蒙古发生正面冲突，引发武力对抗。在战争中嫩科尔沁人拼死厮杀打出清朝远征军的威力，喀尔喀方初步探知清朝真实势力，为以后的投附埋下伏笔。

八月，摄政王多尔衮出边往迎，九月，于兀蓝诺尔之地大宴和硕德豫亲王、土谢图亲王、卓礼克图亲王、承泽郡王、英郡王、扎萨克图郡王等有功之人。赏外藩诸王衣帽、弓刀、鞍辔、金银、器皿、马驼等物有差。

十月，扬威大将军和硕德豫亲王多铎等凯旋至京师。顺治帝出安定门迎劳外藩诸王，赐宴。

顺治三年十二月，顺治帝定诸王入朝降舆及朝列座次仪注。规定"多罗英郡王与和硕亲王同，多罗郡王视亲王稍后，外藩科尔沁国土谢图亲王巴达礼、卓礼克图亲王吴克善位与和硕亲王同列，巴图鲁郡王满朱习礼位次多罗英郡王，其余藩王及平西王吴三桂、恭顺王孔有德、怀顺王耿仲明、智顺

---

① 《清世祖章皇帝实录》，顺治三年八月乙酉条。

王尚可喜座位俱次诸多罗郡王"①。显然,"助外甥打天下"的嫩科尔沁部外戚三王已享有与满洲贵戚同样的待遇,崇德皇帝所推崇的"独厚科尔沁"收到了良好的效果。

第三节 嫩科尔沁部所获赏赐等的"被规范化"

顺治皇帝福临当政后,扶持优抚蒙古贵族依旧,重点扶持、优待嫩科尔沁部之政策如故。

崇德八年冬十月,"赐固伦两公主及固伦额驸祁塔特、弼尔塔噶尔仪仗等物"②。这种赏赐将所获者身份地位提升到崇高程度,因此效果更高于钱物等实物的回馈。

顺治元年八月,清廷宴请来朝蒙古王、贝勒等于行在。"赐缎匹、银器、弓矢、甲胄、鞍辔、佩刀等物有差。"③

顺治二年正月,"赐额驸绰尔济弓一张、朝衣一袭。赐郭尔罗斯部落扎穆苏等朝衣、弓矢、缎帛等物有差"④。同年九月,"赐科尔沁国扎萨克图郡王拜思噶尔弓矢、朝衣、蟒缎"⑤。

顺治八年元月,顺治皇帝聘嫩科尔沁部和硕卓里克图亲王吴克善之女为皇后。八年六月,定大婚礼物。"赐后父母金百两、银五千两、缎五百匹、布千匹、金茶筒一、银桶一、银盆一、上等镀金玲珑鞍二副、常等玲珑鞍二副、漆鞍二副、马六匹、夏朝衣各一袭、夏衣各一袭、冬朝衣各一袭、冬衣各一袭、貂裘各一领、上等玲珑带一、刀一、撒袋一副、弓矢全、甲胄一副。"⑥

"弓矢"属于"行军之要器",天命年间就已明令禁止,是"不得私鬻与蒙古"的禁品。但是,清廷以"赏赐恩养"形式对有军功的嫩科尔沁部台吉予以特殊待遇。

顺治二年五月丁未,科尔沁国土谢图亲王巴达礼归国,摄政王多尔衮遣

---

① 《清世祖章皇帝实录》,顺治三年十二月丁酉条。
② 《清世祖章皇帝实录》,崇德八年冬十月庚午条。
③ 《清世祖章皇帝实录》,顺治元年八月辛巳条。
④ 《清世祖章皇帝实录》,顺治二年正月壬辰条。
⑤ 《清世祖章皇帝实录》,顺治二年九月壬戌条。
⑥ 《清世祖章皇帝实录》,顺治八年六月癸亥条。

大学士刚林、祁充格、宁完我谕之曰："天下大业已定，正黎庶安居之时，然恐蒙古造衅，缓则密奏候旨，其有急不及奏者，尔即便宜行之，吾惟尔是恃。"① 巴达礼回答说："臣昔蒙太宗皇帝宠眷，今又沐王殊恩，敢不誓死以报。" 努尔哈赤开启、皇太极规范的"优待蒙古诸台吉""独后科尔沁"之做法延续至顺治时，已经将漠南蒙古各部、各旗上层笼络到非常之牢固程度。在嫩科尔沁部诸台吉心中，本是同根生的喀尔喀已远不及满洲人亲近。不久巴达礼亲王率嫩科尔沁兵随扬威大将军和硕德豫亲王多铎追剿苏尼特部腾机思，与喀尔喀部土谢图汗、车臣汗发生了军事冲突。

一 嫩科尔沁部与"元旦朝贺"

顺治时期，嫩科尔沁部为首的外藩蒙古诸台吉、塔布囊以元旦朝贺形式入朝面见皇帝，既加深感情，也获得了丰厚的赏赐。

顺治四年春正月初一日，诸王、贝勒、贝子、公、文武群臣及外藩蒙古诸王"上表行庆贺礼，赐宴"②。此次参加朝贺的外藩蒙古包括嫩科尔沁、喀喇沁、乌朱穆秦、敖汉、翁牛特、苏尼特、扎鲁特、郭尔罗斯、蒿齐忒、阿霸垓等部王公台吉。

顺治四年十二月，嫩科尔沁部土谢图亲王巴达礼、卓礼克图亲王吴克善来朝，"赐宴如例"③。

顺治五年正月初一日，皇帝御太和殿，诸王、贝勒、贝子、公、文武群臣及外藩蒙古诸王"上表，行庆贺礼。赐宴"④。初五日，"赐科尔沁国土谢图亲王巴达礼等宴"⑤。十三日，"赐科尔沁国土谢图亲王巴达礼等缎匹有差"⑥。其他部落诸王、扎萨克台吉则没能享受此等待遇。

顺治十三年正月，宴朝贺元旦外藩贝勒扎萨衮杜棱等及"二十七旗官于礼部"⑦。

此外，皇帝出生日、皇后出生日、皇太后圣寿节及征讨大捷等也是蒙古王公上表朝贺的理由。外藩为皇帝进贡鳇鱼、野猪、山鹿等土特产，朝廷则

---

① 指喀尔喀蒙古。
② 《清世祖章皇帝实录》，顺治四年正月癸卯条。
③ 《清世祖章皇帝实录》，顺治四年十二月癸巳条。
④ 《清世祖章皇帝实录》，顺治五年正月丁酉条。
⑤ 《清世祖章皇帝实录》，顺治五年正月辛丑条。
⑥ 《清世祖章皇帝实录》，顺治五年正月己酉条。
⑦ 《清世祖章皇帝实录》，顺治十三年正月戊子条。

以丰厚的宴赉、赏赐作为回报。随着投附部落和外嫁蒙古公主格格的增多，清廷为宴赉、赏赐蒙古王公、台吉的财政负担逐年递增，以致达到无法承受之地步。以科尔沁左翼中旗为例：嘉庆十年，"公主子孙台吉姻亲台吉，共四百余人"；道光十九年，"共两千人"。①

此种"生齿日繁，人数众多"现象引发清朝朝觐、廪给、宴赉制度的规范化和制度化。

二 赏赐的"被规范化"及"被制度化"

随着满蒙联军入主中原，大清王朝在汉地统治的巩固，顺治后期对待嫩科尔沁部的态度发生重大改变，从重点优抚、扶持对象转变为重点打击、遏制影响的外戚藩部，善待赏赐也逐年递减。针对朝觐中出现的具体事务，清廷制定具体细节，以制度化、规范化措施管理赏赐优抚蒙古贵族之事务，效果显著。

顺治三年十二月，丁酉，定诸王入朝降舆及朝列座次仪注。规定"辅政王入午门至太和门降舆，和硕德豫亲王、肃亲王、多罗英郡王入午门至昭德门降舆，诸王俱午门外降舆"。其朝列座次为："多罗英郡王与和硕亲王同，诸多罗郡王视亲王稍后，外藩科尔沁国土谢图亲王巴达礼、卓礼克图亲王吴克善位与和硕亲王同列，巴图鲁郡王满朱习礼位次多罗英郡王，其余藩王及平西王吴三桂、恭顺王孔有德、怀顺王耿仲明、智顺王尚可喜座位俱次诸多罗郡王。"② 嫩科尔沁部三王列满洲诸王同等行列，其军功可见一斑。但是，顺治五年清廷规定："蒙古王、贝勒、贝子、公、台吉、都统等，准于年节来朝。"③ 此举意在遏制不时来朝之以科尔沁为首的蒙古贵族。

一些蒙古王公、台吉年前十月就来京，次年五六月才回归，有的则常年在京驻扎，等候朝觐，领取丰厚赏赐。针对此等现象，顺治六年题准，"蒙古朝觐之期，每年定于十二月十五日以后，二十五日以前到齐"。④ 随

---

① （清）会典馆编、赵云田点校《钦定大清会典事例》（理藩院），中国藏学出版社，2006，第299~300页。
② 《清世祖章皇帝实录》，顺治三年十二月丁酉条。
③ （清）会典馆编、赵云田点校《钦定大清会典事例》（理藩院），中国藏学出版社，2006，第296页。
④ （清）会典馆编、赵云田点校《钦定大清会典事例》（理藩院），中国藏学出版社，2006，第296页。

着投附的部落和有爵位者增多，顺治八年又题准"各蒙古分为两班，循环来朝"①。

顺治十年正月，科尔沁国和硕土谢图亲王巴达礼等以其随从人员服色为请，清廷制定"外藩蒙古亲王以下、公以上随从人服用貂皮、猞猁狲、蟒、妆缎，亲王应准十六人，郡王十二人，贝勒八人，贝子六人，公四人。疏入，得旨，不许戴护卫等翎，其服色准照在内亲王、郡王、贝勒、贝子、公随从人例"②。随从的减少意味着赏赐物品的减少和清廷财政负担的减轻。

顺治十一年正月，定外藩王、贝勒、贝子、公等元旦来朝赏例。具体为："亲王等赏一等玲珑鞍辔一、银茶筒一、重五十两、银盆一、缎五十六匹、茶五篓。郡王等赏二等玲珑鞍辔一、银茶筒一、重四十两、缎二十九匹、茶四篓。贝勒等，三等玲珑鞍辔一、银茶筒一、重四十两、缎二十二匹、茶三篓。贝子等，赏一等漆鞍一、银茶盆一、重三十两、缎十四匹、茶二篓。镇国公、辅国公等，赏三等漆鞍一、银茶盆一、重三十两、缎十匹、茶二篓。一等、二等台吉、塔布囊等，赏三等漆鞍一、缎七匹、茶一篓。三等、四等台吉、塔布囊等，赏三等漆鞍一、缎五匹、茶一篓。科尔沁国土谢图亲王、卓礼克图亲王、达尔汉亲王加赏一等甲一副、缎八匹，札萨克图郡王加赏银茶盆一、重五十两、缎六匹。"③

顺治十二年六月，定赐恤外藩蒙古例，具体为："亲王牛一头、羊八只、酒九瓶、纸一万张。郡王牛一头、羊六只、酒七瓶、纸八千张。贝勒牛一头、羊四只、酒五瓶、纸六千张。贝子羊五只、酒五瓶、纸五千张。镇国公羊四只、酒四瓶、纸四千张。辅国公羊四只、酒四瓶、纸三千张。一、二品台吉、塔布囊羊三只、酒三瓶、纸二千张。三四品台吉、塔布囊羊二只、酒二瓶、纸一千张。固山额真及本身得达尔汉名号者羊二只、酒二瓶、纸八百张。下嫁外藩固伦公主牛一头、羊八只、酒九瓶、纸一万张。和硕公主、和硕格格、亲王福金牛一头、羊六只、酒七瓶、纸八千张。郡王女、多罗格格、郡王福晋羊五只、酒五瓶、纸六千张。俱内院撰给祭文，遣官致祭。贝勒女、多罗格格、贝勒福晋羊三只、酒三瓶、纸五千张。固山格格、贝子福

---

① （清）会典馆编、赵云田点校《钦定大清会典事例》（理藩院），中国藏学出版社，2006，第296页。
② 《清世祖章皇帝实录》，顺治十年正月己卯条。
③ 《清世祖章皇帝实录》，顺治十一年正月辛酉条。

晋羊二只、酒二瓶、纸四千张。辅国公之女、公夫人羊二只、酒二瓶、纸三千张。俱遣官致祭，无祭文。"①

顺治十四年规定"固伦公主、亲王以下，县君、公以上，或以朝贡，或以嫁娶及探亲等事来京者，介报院请旨，不得私来"②。此规定被清廷严格执行。以至于乾隆三十二年发生远嫁嫩科尔沁部的一位公主十余年不得回京的事情。③

顺治十六年闰三月，更定赐祭外藩蒙古事例。具体为："下嫁固伦公主及公女格格以下、公夫人以上，亲王以下、公以上，及一等台吉、塔布囊并精奇尼哈番，有投降及军功者薨逝，仍赐祭如例。其二等、三等、四等台吉、塔布囊、固山额真、阿思哈尼哈番、达尔汉卒，停其赐祭祀。"④ 赏赐为主的各种礼仪的"被规范化"和"被制度化"虽增加了制度的神圣化、权威化，也减轻了朝廷诸多压力，但是嫩科尔沁部为主的外藩蒙古诸部在国朝中地位显著下降也成为不争的事实。

第四节　嫩科尔沁部传统势力的"被清除"

嫩科尔沁部在顺治朝受到的打压最多。一方面日渐长大的顺治帝加快亲政的步伐，需要削弱亲族贵族势力。另一方面，随着国势的扩张和稳定，清廷不需要"独厚国恩"的外戚集团了。

一　顺治皇帝的"立后"及"降后"

顺治十年（1653）八月，清朝皇室内宫发生惊变，年轻的顺治帝以"无能""不足仰承宗庙之重"为由，将皇后博尔济吉特氏额尔德尼布木巴降为静妃，引发群臣反对。最终，皇后被降为"静妃"，改居侧宫。此事与摄政王多尔衮暴亡获罪鞭尸、英亲王阿济格赐死等事件一同被人们认为是顺治皇帝的偏激行为。从此，静妃从清朝所有人的视线和官方记载、史册史书中隐没，见不到任何痕迹。实质上这是顺治皇帝对吴克善为首的嫩科尔沁外

---

① 《清世祖章皇帝实录》，顺治十二年六月乙丑条。
② （清）会典馆编、赵云田点校《钦定大清会典事例·理藩院》，中国藏学出版社，2006，第403页。
③ 转引自杜家骥《清代满蒙联姻研究》，人民出版社，2003，第320页。
④ 《清世祖章皇帝实录》，顺治十六年闰三月丙戌条。

戚集团实力过大采取的一种报复行为，也是为削弱嫩科尔沁部后宫集团的影响力而进行的预谋策略。

(一) 皇后的册立

顺治帝第一位皇后额尔德尼布木巴出身显赫，是清初外藩嫩科尔沁部卓礼克图亲王吴克善之女。吴克善亲王既是顺治帝生母昭圣皇太后布木巴岱的长兄，又是入关助战、首占京畿，"功绩与多尔衮相伯仲"① 的大清开国元勋。崇德元年（1636），吴克善封和硕卓礼克图亲王，诏世袭罔替，成为当时仅有的三个蒙古亲王之一，领科尔沁左翼中旗扎萨克。与科尔沁右翼中旗扎萨克巴达礼一起掌管嫩科尔沁部之事务，是大清朝最为倚重的嫩科尔沁部首领。吴克善亲王三子毕勒塔哈尔娶清太宗第四女固伦雍穆长公主，成为额驸。因而，吴克善家族与皇室可谓门当户对。

顺治八年（1651）春正月十七日，顺治皇帝"初聘科尔沁国卓礼克图亲王吴克善女为后"②。拉开顺治帝大婚序幕。从顺治帝所说"今后乃睿王于朕幼冲时，因亲订婚，未经选择"③ 可看出，此婚是很早就定下的娃娃亲。

当时，有大臣以"摄政王服满百日，恐违吉期"为由，提议二月举行大婚，顺治帝主张延迟④，但大婚程序逐渐展开。

同年六月十八日，行纳彩礼。八月初二日，卓礼克图亲王、王妃等抵京。八月十二日，顺治帝以大婚之礼祭告天地、太庙。十三日，册立嫩科尔沁部卓礼克图亲王吴克善女为皇后。

此次是清朝入关后的首次册后礼仪，因此《清实录》对册立皇后礼仪做了详细记载，为"是日，设皇后仪仗于卓礼克图亲王邸。设黄案一于院中，一于东侧，以受册宝盝置中黄案。皇上卤簿全设太和殿前。设黄案一于殿中，置册宝彩亭二。于太和门外阶下内院、礼部官俱朝服，依次捧册宝由中道入置殿中黄案上。上朝服出，御太和殿，视册宝毕，内院官捧册宝授册封使臣。使臣跪受，自殿中由中道捧出，礼部官前导，至太和门外置册宝各一彩亭。校尉举册亭在前，宝亭在后，由协和门出，诣皇后

---

① 选自科左中旗档案馆所藏"（民国十七年）科左中旗卓力克图王爷赫齐业勒图莫尔根写给东北保安司令的信件"。
② 《清世祖章皇帝实录》，顺治八年春正月乙丑条。
③ 《清世祖章皇帝实录》，顺治十年八月己丑条。
④ 《清世祖章皇帝实录》，顺治八年正月乙丑条。

邸。是日早，先遣两亲王奏请皇太后至位育宫。皇太后乘辇出宫，设仪仗、作乐，至协和门，皇太后仪仗停侯。皇太后辇由中道入，上出宫，步迎至太和门内。皇太后由太和殿入宫。册封使臣既至皇后邸，卓礼克图亲王等朝服出迎，置册宝彩亭于门外。皇后同母妃及格格等朝服迎于院中序立。内院、礼部官捧册宝由中道入，置东侧黄案上。读册内院官于东侧西向立。读册宝文毕，以册宝授女官。二女官跪受，献皇后，皇后跪受，授侍立女官，女官跪受，置中黄案上。皇后兴，望阙行六拜三跪三叩头礼毕，皇后升辇。女官捧册宝盝，仍置彩亭内。仪仗、鼓乐前导至协和门，仪仗停止。二女官捧册宝前行，皇后辇由中道入，至太和殿阶下，皇后降辇，由中道入宫。和硕亲王以下，有顶带官员以上，悉朝服，集朝会所。固伦公主，和硕福晋以下，一品命妇以上悉集宫内。巳刻，礼部堂官奏请上御中和殿。上出御殿，多罗郡王以上于太和殿阶上立，多罗贝勒阶下立，固山贝子以下，有顶戴官员以上俱于太和殿丹墀内排立。上率诸王入宫，于皇太后前行三跪九叩头礼毕，上复御中和殿，诸王出立殿外阶上。皇后率诸王妃朝见皇太后，行三跪九叩头礼毕，还宫。诸王妃入侍皇太后。上出御太和殿，赐诸王及察哈尔额驸阿布鼐亲王、土谢图亲王、卓礼克图亲王等并贝勒、文武群臣宴。宴毕，上回宫。皇太后乘辇还宫。上送至太和门内，乃还"。

皇后册文曰："朕惟乘乾御极，首奠坤维，弘业凝庥，必资内辅，义取作嫔于京室，礼宜正位于中宫。咨尔博尔济锦氏（额尔德尼布木巴），乃科尔沁国卓礼克图亲王吴克善之女也，毓秀懿门，钟灵王室，言容淳朴，行符图史之规，矩度幽娴，动合安贞之德。兹仰承皇太后懿命册尔为皇后，其益崇壶范，肃正母仪，奉色养于慈闱，懋本支于奕世，钦哉。"①

十五日，顺治帝御太和殿，诸王、贝勒、文武群臣上表行庆贺礼。是日，以册立皇后诏告天下。诏曰："朕惟圣化始于二南，作配协凤鸣之盛，天庥垂于万世，于归广麟趾之祥，正位中宫，勤宣风教。朕缵承鸿绪，祇荷丕基，慎择淑仪，覃延后嗣，迩者昭圣慈寿皇太后，特简内德，用式宫闱，仰遵睿慈。谨昭告天地、太庙，于顺治八年八月十三日册立科尔沁国卓礼克图亲王吴克善之女为皇后，贞顺永昭，奉尊养之，令典敬恭匪懈，应天地之

---

① 《清世祖章皇帝实录》，顺治八年八月戊午条。

同功,爰合德于阴阳,期锡类于仁孝,诏告天下,咸使闻知。"① 至此大婚亦宣告结束。照此以往,嫩科尔沁部与清朝皇室亲密关系将依旧如故,嫩科尔沁部女子执掌大清朝后宫的格局还将继续。不料,两年后新入宫的皇后即遭被降的命运,嫩科尔沁部与清朝关系出现裂痕。

(二) 降后过程

降后事件发生在顺治十年(1653)八月。

顺治十年八月二十六日,顺治帝谕礼部:"朕惟自古帝王必立皇后以资内助,然皆慎遴选,使可母仪天下。今后乃睿王于朕幼冲时,因亲订婚,未经选择,自册立之始,即与朕旨意不协,宫阃参商,已历三载,事上御下,淑善难期,不足仰承宗庙之重,谨于八月二十五日奏闻皇太后,降为静妃,改居侧宫。"② 降后敕谕首先引起礼部官员反对,其他汉族大臣也联名提奏折明确反对。史籍不见满蒙官员有强烈反对的记载,可见当时满蒙上层对降后事宜较为宽容。

二十七日,礼部尚书胡世安,侍郎吕崇烈、高珩就以不符典礼为由提出反对意见,道"夫妇乃王化之首,自古帝王必慎始敬终。今于本月二十六日忽接上谕,今后不能祗承圣意,降为静妃。臣等思,八年册立之初,恭告天地、宗庙,布告天下。今二十五日奏闻皇太后,即日降为静妃,圣谕中未言及与诸王、大臣、公议及告天地、宗庙。臣等职司典礼,所奉敕谕,若不传宣,恐中外未悉。若遵奉传宣,恐中外疑揣。伏愿皇上慎重详审,以全始终,以笃恩礼"③。顺治帝听从此议,下旨令议政诸王、贝勒及大臣、内三院、九卿、詹事、六科都给事中、各掌道御史,会议降后之事。同日,礼部仪制司员外郎孔允樾则提出"可仿旧制,选立东西二宫,共襄内治"之议案,顺治帝亦令"诸臣议"。

二十九日,御史宗敦一、潘朝选、陈棐、张椿、杜果、聂玠、张嘉、李敬、刘秉政、陈自德、祖永杰、高尔位、白尚登、祖建明等联名合疏奏言:"臣等捧读降母后为静妃之谕,又见故废无能之人之旨,不胜惊骇。伏思宫闱之化莫胜于成周,文王之妃太姒,嗣徽太任,祗颂幽娴贞静之德,而不及其才能。诚以母仪万国,表正六宫,非才能外见之难而纯德内蕴之为难。皇

---

① 《清世祖章皇帝实录》,顺治八年八月庚申条。
② 《清世祖章皇帝实录》,顺治十年八月己丑条。
③ 《清世祖章皇帝实录》,顺治十年八月庚寅条。

后未闻失德，忽而见废，非所以昭示风化也。今皇上复允礼臣之请，敕诸王大臣会议，在诸臣必以纲常为重，而臣等犹过虑者，诚恐纶音一播，不无为圣德之累，伏乞收回成命，以俟会议宗庙社稷实式临之。"顺治帝认为宗敦一等渎奏沽名，下旨"所司议处"。可见，降后事宜超出典礼之范围，成为皇命和律法之争。

九月初一日，诸王、贝勒、大臣、内院、九卿、詹事、科道等遵旨会议，推举孔允樾所提"可仿旧制，选立东西二宫，共襄内治"之议案上书皇帝。① 对此顺治帝下旨反驳，曰"汉官诸臣规谏，其意固意在爱君，然必须真闻确见，事果可行，朕自听从，若全无闻见，以必不可从之事，揣摩进奏，于朕必从，冀免溺职之咎，非所以尽职也。孔允樾奏内云，未闻显有失德，不知母过为何事等语。如果知无过之处，著指实具奏"。仍坚持降后之举。

初四日，和硕郑亲王济尔哈朗等会议降后事，奏言："所奉圣旨甚明，臣等亦以为是，毋庸更议。"显然，皇命盖过国朝典礼、律令，令诸王、大臣不得不接受降后之实事。顺治帝下旨："废后之事，朕非乐为，但容忍已久，实难终已，故有此举。诸王大臣及会议各官，既共以为是，著遵前旨行。"至此，降后事宜终成实事，额尔德尼布木巴从皇后降为"静妃"，改居侧宫。皇命与律法，嫩科尔沁与朝廷，太后与皇帝等各方势力的相互博弈、暗中较量之下嫩科尔沁部主要代言人被降，嫩科尔沁部势力遭到严重打击。

（三）降后原因

皇后被降引起诸多猜测，从而有了"多尔衮聘定""多尔衮至亲""初（本）不欲纳""皇帝执拗""后嗜奢侈""以母为丑""顾忌外戚"等众多说法。我们不妨一一分析之。

第一是"多尔衮聘定"之说。萧一山先生依据顺治帝所言认为，"后乃多尔衮摄政时循满洲例为之聘定者"，因而"福临既长，耻多尔衮之所为，且不乐其后"。② 其实，从事件的前因后果分析，此婚聘不可能是多尔衮一人所定。假定，顺治大婚是"多尔衮摄政时循满洲例为之聘定"，就可得出"睿王没有野心"之结果。有野心的多尔衮不大可能把外藩最有势力的吴克

---

① 《清世祖章皇帝实录》，顺治十年九月癸巳条。
② 萧一山：《清代通史》（上卷），商务印书馆，1927，第367页。

善家族推到顺治帝一方，使其成为皇帝"死党"，与自己对立。

第二是"初（本）不欲纳"之说。认为，顺治帝"初不欲纳，而吴克善送女至，不得已遂于顺治八年八月行大婚礼"①。封建时代皇帝大婚和皇后册封是举国大事，有严密规范制度和礼仪规程。另外，顺治所说"朕幼冲时，因亲订婚"也揭示此婚不是草率之举。

第三是"多尔衮至亲（同党）"之说，认为："迨福临稍有知识，耻多尔衮之所为，托言谋叛，削其封。又迁怒于吴克善女，谓其为多尔衮至亲也。"② 多尔衮暴亡后顺治皇帝确实对其遗留势力进行过清算。但废后之事不能视为同例。因为，皇后和皇后之父吴克善与顺治帝的亲密程度远比多尔衮亲。抛开早期满蒙联姻不计辈分之特点，从直观上说，福临与皇后是夫妻，皇后与多尔衮是叔侄媳，福临与吴克善是舅甥并翁婿，吴克善与多尔衮又是亲家。皇后断不会不顾夫妻情分或利益，成为多尔衮之同党，吴克善亦不可能不做国丈，反与"有野心"的睿王为伍。

第四是"皇帝执拗"之说，认为顺治帝"有时候很执拗，皇后不如他的意，就不管大家反对，决定要把她废了"③。这亦不大可能。因为，从摄政王获罪、裕亲王降爵、英亲王赐死等一系列事件表明亲政后的顺治帝非常成熟，不能仅以"执拗"可解。

第五是"后嗜奢侈"之说为《清史稿》所持观点。认为"上好简朴，后则嗜奢侈，又妒，积与上忤"④。此说源于顺治帝《御制孝献皇后行状》。行状中说皇后"处心弗端且嫉刻甚，见貌少妍者即憎恶，欲置之死。虽朕一举动，靡不猜防，朕故别居，不与相见。且朕素慕简朴，废后则僻嗜奢侈，凡诸服御莫不以珠玉绮绣缀饰，无益暴珍，少不知惜。尝膳时有一器非金者，辄怫然不悦。废后之行若是，朕慨含忍久之，郁潓成疾。皇太后见朕容渐瘁，良系所由，谕朕裁酌，故朕承慈命废之"⑤。"后嗜奢侈"之说以顺治帝一家之言为依据，从而失去其可信度。

第六是"以母为丑"之说认为"福临在指责因亲而定婚事与多尔衮连在一起，显然其母也在指责范围之内。福临显然接受了汉族士大夫封建思想

---

① 萧一山：《清代通史》（上卷），商务印书馆，1927，第367页。
② 《清朝兴亡史》（《清代野史丛书》外八种），北京古籍出版社，1998，第143~144页。
③ 黎东方：《细说清朝》，上海人民出版社，1997，第86页。
④ 赵尔巽等撰《清史稿》卷214列传一，中华书局，1977，第8905页。
⑤ 转引自王树卿、李鹏年：《清宫史事》，紫禁城出版社，1986，第39~40页。

的影响,以母再嫁为丑了"①。此说将野史中的"太后下嫁"当作正史中的"皇后被降"之前因来分析,实属牵强附会。"太后下嫁"是无定案之野史闲谈,"皇后被降"则是确凿的历史事件,二者间没有因果关系。

第七是"顾忌外戚"之说,这是《清朝满蒙联姻研究》中的见解。认为"选科尔沁之女为皇后,目的是为笼络、联合以科尔沁蒙古为首的漠南蒙古诸部,稳固对他们的统辖关系,在征明或统一中原的战争中,取得他们更坚定的军事支持。平定三藩之乱后,满族已彻底取得对全国的稳定统治,对漠南蒙古的统辖关系也进一步加强,前述需要不复存在"②。此说同样适合于顺治时代的降后之事。因为随着政权的稳固和摄政王的暴亡,亲政的顺治皇帝已开始顾忌近族功臣及蒙古外戚势力过分膨胀而导致其坐大、不臣,因而果断采取一系列强硬手段巩固自身统治。年轻皇后的骄矜、稚嫩给了顺治帝以口实,因而遭到了被降的厄运,而其父之权威亦受到很大的削弱,不久即遭被贬的处罚。

(四)静妃之下落

额尔德尼布木巴从皇后降为"静妃"五年后,即顺治十五年(1658)正月初一日,顺治帝谕礼部"着停中宫笺奏"时指出,"向年废后之举,因以朕不协,故不得已而为之。至今尚引为惭德。"③这是额尔德尼布木巴最后一次在清朝官方记录中被提到,此后就从史籍中消失,见不到任何记载。就连河北省遵化清孝东陵之顺治帝28名嫔妃陵寝中亦未见其踪迹,如同其被降之事,成为让人生疑的历史谜团。

笔者在进行田野调查中听到几则口述传说,感觉与静妃有某种联系,因而在此简单记述,供学界进一步考订。

辽宁省法库县四家子蒙古族乡有个叫公主陵的小村。据该村老者讲,康熙时,有位(不知其婆家)格格(一说康熙媳妇)带领11岁的儿子从沈阳来到这里探亲(一说从京城来这里居住),突然一起得瘟疫去世。康熙厚葬母子,为其建了合葬墓。世代为公主守陵的郎(钮钴禄氏)姓满族人是清朝开国功臣弘毅公额伊都之后,守陵人繁衍后在公主陵村东南又形成了郎家屯。④

---

① 姜相顺主编《大清王朝之谜》,文汇出版社,2004,第159页。
② 杜家骥:《清朝满蒙联姻研究》,人民出版社,2003,第270页。
③ 姚金丰:《清史大纲》,内蒙古大学图书馆藏。
④ 辽宁省法库县公主陵村77岁村民郎四海叙述。

科尔沁左翼后旗巴彦毛都苏木之原卓礼克图亲王陵园附近有一处唤作"阿布海音塔拉"的大甸子。蒙古语"阿布海"为"格格"或"小姐"之意,"音"为属格,"之"或"的"之意,"塔拉"指甸子或草原。"阿布海因塔拉"即"格格的大甸子"之意。其名称有两则传说。

其一为:"卓礼克图王的格格嫁给了八旗(蒙古语奈曼霍硕)的韩王(韩姓王爷),后来八旗的韩王听信南蛮子①所说:'哈屯虽有两个哈屯的名分,却没有一个哈屯的福分',就以不能生养为由休了格格。格格回到娘家生了个男孩。这时她的弟兄们已经把属地草场全部分完,几乎连'放养牛犊的地方都没有了'的格格找到她父亲诉苦,父亲就从奈曼王爷那儿要来了一片大草原,给了格格,从此被唤作'阿布海音塔拉'。清代,阿布海因塔拉不属于科左中旗西九家(即吴克善亲王十八子)的任何一支。"②

其二为:"卓礼克图亲王的格格嫁给了奈曼旗的王爷。不睦被休,回到娘家成为哈日亦亨(即没有户口的黑户姑娘)。这时她的十八个兄弟每人给了她一户属民,她带领这些人看守了父亲的陵园,她们游牧的地方就叫'阿布海音塔拉'。"③

值得一提的是,《朝鲜李氏王朝实录》记有以下一段有关静妃的有趣记载,其原文如下:宪宗六年(即康熙四年)三月壬辰日,"上引见大臣及备局诸臣。上谓礼曹判书郑致和曰,卿归自彼中,有何所闻?致和曰,闻蒙古之女,曾为顺治君之后,失宠黜还其国而生子,年今十四。清人屡请于蒙古,而终不送还,蒙古素恃强不用命,蒙女所生子亦贤,若拥立而争天下则必为大患。故清人甚以为虑云"④。郑致和与副使李尚逸、书状官禹昌绩等是参加康熙四年二月十二日⑤,大清朝康熙皇帝册封皇后大典,刚从大清国返回朝鲜。另外,大清国也曾于顺治八年九月,遣礼部尚书觉罗郎丘以立后事颁谕过朝鲜国王。⑥ 生怕对自身产生不良后果的朝鲜使臣特别留意此事,君臣当作一件大事件来特意讨论,无意中得到额尔德尼布木巴最终回到嫩科

---

① 科尔沁地区专指风水先生的俗语。
② 原科左中旗海力锦中学校长包满仓老人(已故)讲述。
③ 据科左后旗巴彦毛都苏木德日阿布哈嘎查82岁老人萨木嘎讲述。
④ 吴晗辑《朝鲜李氏王朝实录中的中国史料》(九),中华书局,1980,第3917页。
⑤ 《清圣祖仁皇帝实录》所记康熙皇帝大婚时间为:康熙四年九月八日。
⑥ 《清世祖章皇帝实录》,顺治八年九月戊午条。

尔沁部娘家生子①的珍贵资料。吴克善与顺治帝至此产生矛盾，不久即遭到扎萨克职权被撤的处罚。

二 嫩科尔沁部左翼领袖的"被更替"

嫩科尔沁部卓里克图亲王吴克善之扎萨克被撤事件发生在顺治十六年四月。

自额尔德尼布木巴降为静妃后，除吴克善亲王和满珠习礼郡王于顺治十三年九月，奉旨抵京以外，史籍内不见二者进京朝贺之记录。顺治十六年三月，顺治帝往召外藩蒙古王等所尚五公主及额驸，并嫩科尔沁部卓礼克图亲王吴克善、达尔汉巴图鲁郡王满珠习礼，俱来京。吴克善王以"ɣese be bairaku. ini čisui gungǰu nimere be takame ǰidere be tookasa sekembi"（不能遵旨，公主有病，有误来朝）②拒绝。满朱习礼王则以"geli beye edun dekdeɣebi. gege geli ɣefeli aššaɣabi. ǰuwe omolo aku oɣo seme"③（又自身冒风寒，格格动了胎气，两个孙子殂陨）④回奏，拒绝来京。表明二王对降后事件的不满情绪仍未平息。《清实录》等史籍不见同时往召的其他公主、额驸抵京或回绝往召之记载。

顺治十六年四月初二日，理藩院劾奏，"蒙皇上谊笃亲亲，特令公主额驸来朝。今亲王吴克善、郡王满朱习礼奉诏不即至，反推托事故奏陈，殊属不合。仍应催令来京，严加议处"。不久，达尔汉巴图鲁郡王满朱习礼"星夜引罪来朝"。吴克善则始终坚持不来朝。

五月，二王"奉诏不即至"之罪有了结果。初九日，顺治帝晋封满珠习礼为和硕达尔汉巴图鲁亲王。⑤初十日，议政王、贝勒等遵旨议会嫩科尔沁部卓礼克图亲王吴克善罪，提出"应夺亲王爵，降为贝勒，罚马千匹"⑥。

---

① 杨珍认为静妃所生之子系"再次适人而生"[《明清论丛》（第 7 辑），2006，第 300~301 页]。但从郑致和报告所提"清人屡请于蒙古，而终不送还"来判断，此子不像是静妃改嫁所生。
② 《清世祖章皇帝实录》的记载为"以公主病，有误来朝回奏"。
③ 中国第一历史档案馆、中国人民大学国学院西域历史语言研究所：《清前期理藩院满蒙文题本》（第 1 辑），内蒙古人民出版社，2009，第 217 页。
④ 《清世祖章皇帝实录》的记载为："格格病泄，自身冒风雨，孙病殂，诸子复感寒疾，奏请免朝。"比档案多出"诸子复感寒疾"之词。
⑤ 《清世祖章皇帝实录》，顺治十六年五月己巳条。
⑥ 《清世祖章皇帝实录》，顺治十六年五月壬申条。

满珠习礼和硕亲王册封文蒙古文为：

> tayisung gegeken uqaγ-a-tu boγda-yin učir-eče inaγsi bey-e-ber-iyen čerig-i abču γajar γajar-dur dailan dailaju nigen sedkil-iyer masi küčülan yabuju yekede ner-e čola-yi baiγulba. namayi türü bariγsan qoyin-a. qalq-a-yin čerig-dür türü-yin tulada kičiyen. čerig-un emün-e jidgüjü čing ünen-i tegüsgen yeke ner-e čola-yi bayiγulba. basa erketü quwang tayikeü-yin türügsen aq-a. yosun inü čiqula türül-dür qolbuγdajuqui. ači tusa činü tüsiy-e tulγ-a dur iledčükü. küčün öggögsen-dör qariγulqu inü ülemji-yin tulada. yosun-dur kündödgebesü jokiqu-yin tula. tegüber tusalaju örösiyen ergüjü. jasaγ-un darqan baγatur čin wang čola soyurqaba. ür-e-yin ür-e-dür kürtele tasural ügei jalγamjilaqu inü urida yosuγar boi. eyeber jasaγči-yin arban jirγuduγar on namu-un terigün sar-a-yin arban nigen-e

（汉译）自皇考太宗文皇帝时，统兵征剿，懋建洪功，又征讨喀尔喀部落著有显绩，且系圣母皇太后亲兄，故特加宠纶，故册封尔为和硕达尔汉巴图鲁亲王，诏世袭罔替。顺治十六年七月十一日。

册封文显示，满珠习礼郡王是以征讨腾机思，败喀尔喀兵和皇太后至亲晋封亲王。但问题是，吴克善亦有追讨腾机思和败喀尔喀等军功，也是皇太后至亲，又是曾经的皇后父亲。并且顺治九年，清廷以败喀尔喀之功已经赐给满珠习礼"达尔汉号"①，因此，对至亲娘舅同罪不同罚的截然相反态度令人费解。

对于吴克善亲王降为贝勒的弹劾议案，顺治帝以"吴克善理应依议削去亲王。但念系太祖、太宗时所封之爵，朕心不忍降夺。仍留亲王爵，罚马千匹"予以制止，后又"诏免所罚"。② 也就是说，吴克善亲王没受到任何处罚，嫩科尔沁部二王的一升一降最终变成一升一平。

顺治十七年正月初九日，理藩院奏，"科尔沁国达尔汉巴图鲁亲王为郡王时，所食俸暨赏赉俱视各郡王独优，今晋封亲王，亦宜加优异。查土谢图亲王、卓礼克图亲王俸赐优于诸亲王，应否照例，请旨定夺"。顺治帝命

---

① 满珠习礼是唯一两次获"达尔汉号"的蒙古贵族。
② 《清世祖章皇帝实录》，顺治十六年六月丁文条。

"照二王例"。① 此时,卓里克图亲王吴克善仍以亲王爵领亲王俸,看不出"奉召不即至"之罪的处罚影响。

康熙三年,满珠习礼亲王薨②。康熙四年,吴克善亲王薨③。康熙四年七月满珠习礼亲王长子和拖(又作和塔)袭扎萨克和硕达尔汉亲王爵④。康熙五年十一月,吴克善三子毕尔塔噶尔袭爵。科尔沁左翼中旗扎萨克移到满珠习礼一支名下,旗的俗称也从"卓里克图亲王旗"变为"达尔汉亲王旗"。此等结果显示,顺治帝还是没放过吴克善亲王"奉召不即至"之罪,将其扎萨克之职革去,统领左翼的职权一并剥夺。至于朝鲜使臣郑致和所言"闻蒙古之女,曾为顺治君之后,失宠黜还其国而生子,年今十四。清人屡请于蒙古,而终不送还"⑤,是否也成为吴克善亲王受罚的原因等已无从可考。从此满珠习礼成为科尔沁左翼中旗扎萨克,统领嫩科尔沁部左翼,和硕卓里克图亲王爵位则最终成为漠南蒙古最高级别的闲散王爵。

三 嫩科尔沁部"满皇蒙王藏教"政治格局的形成及"被摧毁"

顺治九年(1652),大清朝顺治皇帝与西藏黄教首领五世达赖喇嘛在北京会晤。达赖喇嘛在北京住了近两个月,与顺治皇帝会晤三次,与满蒙上层、僧俗广泛接触,进行受戒灌顶等多项宗教活动,其间又以教主身份决断内齐托音和萨迦法王的宗教争端,按皇帝旨意将内齐托音贬往呼和浩特地方。清廷利用这一事件狠狠打击内齐托音为首的蒙古宗教核心势力,摧毁了嫩科尔沁部"满皇蒙王藏教"体制的同时也将蒙古宗教纳入了朝廷的控制之内,并为在蒙地传教的喇嘛们划分"势力范围",使其不能形成大的权力中心打下了坚实的基础。这一事件对17世纪前半叶漠南蒙古的佛教发展产生了深远的影响。

(一) 内齐托音与萨迦法王

内齐托音本名"abida"(汉译写作阿毕达),蒙古额鲁特部土尔扈特

---

① 《清世祖章皇帝实录》,顺治十七年正月乙丑条。
② 《清圣祖仁皇帝实录》内不见满珠习礼亲王去世时间的记载,《清皇室四谱》记为乙巳四年(1665);《王公表传》记为"康熙四年";《清内秘书院蒙古文档案汇编》(第六辑第276~278页)所录入"和硕巴图鲁亲王满珠习礼致祭文"显示,满珠习礼亲王去世时间应在康熙三年七月二十六日之前。
③ 《清圣祖仁皇帝实录》,康熙四年二月丙子条。
④ 《王公表传》(卷十八)。
⑤ 吴晗辑《朝鲜李氏王朝实录中的中国史料》(九),中华书局,1980,第3917页。

首领默尔根特莫讷之子。① 他年轻时，产生信奉三宝之心，不顾父母反对，依然抛下妻儿等，来到西藏扎什伦布寺，随班禅额尔德尼潜心学佛，获阿洛夏格夏巴特称号。由于他一贯对己、对人、对属众甚至牲畜都同等相待，另获别号为"内齐托音"。后来奉班禅额尔德尼之命到东方弘法传教。

在喀尔喀地区短暂传教后，内齐托音转到漠南土默特呼和浩特地区修行传教。1632 年前后，据说在深山苦心修行 35 年的内齐托音离开呼和浩特地区，前往漠南蒙古东部地区弘扬佛法。经过察哈尔、翁牛特等地后来到盛京，面见爱新国主皇太极。内齐托音谢绝天聪汗"建庙供奉"之请，往赴嫩科尔沁腹地。嫩科尔沁部遂成为其最大传教之福地。

萨迦法王也是藏传佛教格鲁派高僧，史书对其身世的记载很少，只有在《quriyangɤui toli》② 中有简单记述：

> ɤurbaduɤar yeke mergen siregetu čuyirǰiǰamlang bandida nom-yin qaɤan angq-a arban qoyar nasun-u čaɤ-eče ekilen taiburasang-du orusiqu surɤal kiǰü tegüsgeged ranǰim-un mindeg-i kürdeged lingmed šabrang-eče tarni sodur-i yeke olan sonusuɤad setgil-du toɤtaɤaɤsan yeke mergen bolǰu. čoqom nere-ni sibǰerabǰimba mün. jamlang rabǰimba kemen aldarsiba.③

（汉译）三世墨尔根席勒图却吉扎木朗班第达诺门罕从十二岁开始在台布扎桑修炼，获然金学位，师从灵穆德沙布隆，学习众多经文咒语，成为大智者。本名萨迦古里克，以扎木朗萨迦兰金巴扬名。

在《清实录》中称萨迦法王为"席勒图绰尔济"，蒙古文文献史籍中以其法名记为"sw skiy-a om-yin qaqan"④，汉文则译成"萨迦法王"⑤。他原

---

① 金峰整理《漠南大活佛传》（蒙古文），内蒙古文化出版社，2010，第 24 页。
② 《quriyangɤui toli》，全称为《tegus čoɤtu tüb-yin nom-yin uɤ ɤarulɤa-yin namdar-i saitur nigen Jüg-tu quriyangɤuilaɤsan toli》，是 1~16 代席勒图库伦旗扎萨克喇嘛传记，编撰于清道光年间（1821~1840）。无作者记载，原著为藏文，已被毁，蒙古文翻译孤本收藏于库伦旗地方史学家齐格奇老师手中。
③ 《quriyangɤui toli》。
④ 金峰整理《漠南大活佛传》，内蒙古文化出版社，2010，第 78 页。
⑤ 成崇德、申晓亭译《清代蒙古高僧传译辑》，中国社会科学院中国边疆史地研究中心编，全国图书馆文献缩微复制中心，1990，第 142~143 页。

为强林（蒙古语作 jamlang 或 jamulang）地区藏族人，因此《五世达赖喇嘛传》称其为"强林诺门罕"。

据《quriyangγui toli》记载，萨迦法王到盛京后，受到皇太极热情接待，成为实胜寺诵经喇嘛①，后被安排在西勒图枯伦（又作席勒图库伦即库伦旗）居住。顺治三年获"席勒图"之职、领扎萨克印，成为继满珠习礼呼土克图、囊苏喇嘛之后漠南蒙古唯一一个政教合一的喇嘛旗第三任扎萨克达喇嘛。顺治八年被封为"bandida nom-un qaγan"（班迪达法王），成为东蒙古地区少数几个黄教领袖之一。

（二）嫩科尔沁部佛教与内齐托音一世

嫩科尔沁部地处漠南蒙古部最东边，因而受从西方传来的藏传佛教影响较晚。直到17世纪初，藏传佛教在嫩科尔沁地区仍处于启蒙状态，萨满和伊都干是该地区主要信仰。

刚到嫩科尔沁部，当地人只是将内齐托音当作化斋的普通喇嘛，给一些剩饭剩肉。不几年，当他对嫩科尔沁部王公、贝勒、贝子、大小官员及众人宣布：

> erten-u boyan baγurban erdeni-yin adisdid-un küčün-iyer čilüge učaral-tu sayin sitügen-i oluγsan ene γaiqamsiγ bügetele, neyite bügüde ongγud-i takiγsan-iyer ene nasun-dur tusa ügei-yin deger-e qoortu boluγad asita-yin tonilqui-dur yeke tüidger bolqu-yin tula, ongγud-i takiqui-ban tebčijü, ilangγuγ-a γurban erdeni-ji degejilen ergün takibasu ene qoyitu qoyar-tur maγad tusa bolumu②

（汉译）在先人的福佑及三宝的神佑下，机缘好，找到了信仰，令人赞叹。但是你们大家都祭祀翁古特，这对现实无益反而有害，对永世的解脱是个障碍，因此要禁止祭祀翁古特，敬奉三宝，如此去做，必有益处。

当时，所有人都将供奉祭祀的翁古特交出来，僧人和使者们将其全部烧掉。只有秉图哈敦③求喇嘛：

---

① 《清太宗文皇帝实录》，崇德三年八月辛卯条。
② 金峰整理《漠南大活佛传》（蒙古文），内蒙古文化出版社，2010，第62~63页。
③ 科尔沁左翼中旗卓里克图亲王吴克善母亲，名为薄礼，崇德四年正月封为秉图哈敦（即贤妃）。

ene qoyitu qoyar bügüde-yi blam-a čimadur daɤalɤan ergün baraɤsan-u tula, bosu kendür-ber sidüku ügei tyein bügesü - ber, minü ene nige ongɤud kemegči inü ečige ebüge-eče inaɤsi surbalǰilaǰu minü bey-e-dur kürčü ireged, minü bey-e ba keuked-tur-ču gem ügei-yin tula tung tebčin yadamu, ürüsiyebesü minü bey-e keǰiy-e aɤatala tebčil ügei ene metü aquɤulun, minü quyin-a keüked ǰuriɤ-iyen medetügei①

（汉译）今生来世都信奉您，不再信仰其他，但是我还有一个翁古特，这个翁古特是祖上传下来的。如今我们大人孩子都平安无事，要废除它，很是不忍。请喇嘛开恩，我在的时候，让它保持原样，我死之后，就随孩子们的意吧。

留住一个翁古特，表明内齐托音已将原有的萨满击垮，成为此地宗教领袖。从《漠南大活佛传》所记来看，内齐托音的宗教势力还渗透至八旗察哈尔、盛京、索伦、卦尔察、锡伯等地到东海之滨的所有蒙古地区。使得这些地方：

al kerš-e debel-tan-iyer tügemel delgeged, borqan-u šasin-i naran metü manduɤulbai②

（汉译）遍布了披红色袈裟的人。佛教就像初升的太阳一样兴盛了。

嫩科尔沁地区对喇嘛教的渴望是内齐托音传教活动取得成功的外因，内齐托音的苦行僧之形象，坚强之恒心及高超的心理慰藉术、精湛的医学、善辩的技能等是其在科尔沁立住脚的根本，为上层赐法号，为下层民众进行外散财内散法则是其成功的保障。

《漠南大活佛传》载，内齐托音东渡诺尼河（即嫩江）来到杜尔伯特部属地传教。色棱贝子之母惊奇于内齐托音苦行僧似的做法，倾心诚服，祈求赐名。内齐托音赐名"getülgegči dar-a eke"（妙尊度母）。色棱贝子之母从部落长之母一跃变成佛教度母。

---

① 金峰整理《漠南大活佛传》（蒙古文），内蒙古文化出版社，2010，第67页。
② 金峰整理《漠南大活佛传》（蒙古文），内蒙古文化出版社，2010，第86页。

qamuγ noyad, tüsimed, sayid bügüdeger ulam ulam blam-a-yin γaiqamsiγ-tu aldar-i sonusuγad bügüde quran irejü mörgökü. ergikü, čab bariqu terigüten masi olan bolbai①

（汉译）所有的诺颜、官员、赛得越发知道了喇嘛的英名，前来聚会、膜拜、敬茶、供奉者愈众。

内齐托音还为"daldaki-yi mededeg"（先知者）秉图哈屯上"getülgegči dar-a eke"（妙尊度母）尊号；为扎莱特部达尔汉贝勒妻上尊号"达喇额赫（度母）"；为吴克善亲王上"yamandeke"（阎曼德迦）号；为满珠什礼郡王上"čuyijung"（护法神）号；为土谢图亲王巴达礼所尚公主上"daginis"（仙女）号；为郭尔罗斯部扎木苏台吉夫人诺观达喇上"dalai bodisung"（女护法神）号。这样，嫩科尔沁部有影响的大人物几乎都得到内齐托音所赐佛教尊号。这些部落上层人物接受佛教教义后，就带领属民一起成为虔诚的佛教徒，还对不敬喇嘛之人采取严厉的处罚措施，使得内齐托音之传教活动产生深刻的影响。这些上层人物去世后，为祭祀他们，在嫩科尔沁地区又兴建很多佛寺或影祠家庙。如：祭祀秉图哈屯的"阿拜庙"②；祭祀诺观达喇哈屯的"妙音寺"③；祭祀吴克善的"集宁寺"④；祭祀满珠什礼的"胡日根苏莫"⑤ 等。这些行为使得佛教的影响更加长远并根深蒂固。

此外，内齐托音也注意到人数众多的普通百姓。为弘扬佛教，他采取"外散财内散法"之策略，宣告：

---

① 金峰整理《漠南大活佛传》（蒙古文），内蒙古文化出版社，2010，第59页。
② 原址在今吉林省松原市前郭尔罗斯蒙古族自治县常山镇库里屯村。1947年土改运动中遭毁坏。
③ 蒙古文名为"γaiqamsiγ öndösölegči süm-e"，原址在今吉林省松原市前郭尔罗斯蒙古族自治县查干湖畔。此庙是供奉前郭尔罗斯旗历代扎萨克王公影像之处，即影祠。1947年土改运动中遭毁坏，2000年在旧址相距1.5公里处重建。
④ 蒙古文名为"Engkejigülün quriyaγči süm-e"，俗称"莫力庙"，原址在今内蒙古自治区通辽市科尔沁区莫力庙苏木莫力庙嘎查，是供奉科左中旗历代卓里克图亲王影像之处，即影祠。1947年土改运动中遭彻底毁坏。
⑤ 原址在今内蒙古自治区通辽市科尔沁区大林镇民主嘎查南一里处。此处有两处影祠，分别为科左中旗第一代达尔汉亲王满珠习礼和第二代达尔汉亲王和塔影祠，在和塔亲王影祠内供奉历代达尔汉亲王影像。于1947年土改运动中遭毁。

> quriyangγui čegejilegsen kümün-dür mori öggöy-e, yamandeke čegejilegsen kümüm-dür üker öggöy-e①

（汉译）凡记住"集要"者，赏给马；记住"阎曼德迦"者，赏给牛。

贫困百姓听到此宣告，自觉地尽其所能力背诵佛经。很多人按宣告规定得到马和牛，引起更多人的效仿，背诵佛经者日渐增多。

内齐托音的这些举措引起皇太极的关注。因此，当内齐托音的势力在嫩科尔沁部达到一呼百应之地步，出现了"满皇蒙王藏教"的政教格局，受到清朝制裁也成为必然。

（三）内齐托音第一次受罚

内齐托音一世第一次受到清朝处罚是在崇德三年，是皇太极对其宗教影响力过大而采取的果断行为。

受佛教影响，喇嘛们没有部落或国家等概念，只为阻止征战、杀戮或传播佛教等四处游说。努尔哈赤注意到这一点，于乙卯年（1595）"始建三世诸佛及玉皇庙"②，对各部派来的喇嘛使臣和传教的喇嘛等进行礼遇扶持政策。

天聪汗时期，将优待喇嘛措施进一步执行，得到良好效果。天聪元年（1627）五月，天聪汗回书察哈尔国济农黄台吉、奈曼部洪巴图鲁、敖汉部杜棱等时提到"尔等曾遣喇嘛赍书来讲和，我已有书答之。诚欲修好，可携尔汗之使臣来"③。表明天聪汗正在利用喇嘛们在蒙古诸部中加大爱新国影响。

崇德三年（1638）八月辛卯日，"赐实胜寺诵经西布札喇嘛④、托音喇嘛、虾喇嘛、噶布褚喇嘛、讷木汉喇嘛宴"⑤。

崇德五年正月，皇太极率和硕亲王以下梅勒章京以上，"幸实胜寺礼

---

① 金峰整理《漠南大活佛传》（蒙古文），内蒙古文化出版社，2010，第57页。现在科尔沁地区还在流行此说法，曰"yamandaka čegejilebel imaγ-a. quriyangγui čegejilebel qoni"（即"记住'集要'者，赏给山羊，记住'阎曼德迦'者，赏给绵羊"）。可见其影响程度。
② 《满文老档》（上），中华书局，1990，第29页。
③ 《满文老档》（下），中华书局，1990，第843页。
④ 即后来的萨迦法王。
⑤ 《清太宗文皇帝实录》，崇德三年八月辛卯条。

佛","赏住持喇嘛僧人银两有差"。①

从这些记载看出,皇太极对身披袈裟的汤古忒喇嘛优待有加。因此,在东部蒙古活动的喇嘛们定期面见天聪汗请安,并朝圣实胜寺,已成习惯。但是,皇太极绝不是盲目优抚喇嘛,只是对其统治有所作用的喇嘛进行扶持,对其统治造成不利局面的喇嘛则限制或打击。内齐陀音苦心经营多年,除鄂尔多斯外的漠南蒙古地区皆成为其宗教势力范围,已然成为一呼百应之感召力的宗教领袖。尤其在嫩科尔沁部其影响力甚至超过爱新国主皇太极。在史书中又不见内齐托音像其他喇嘛一样经常去盛京请安的记录②,这引起皇太极注意,遂对内齐托音采取限制措施。

天聪十年三月,皇太极谓诸臣曰:"喇嘛等口作讹言,假以供佛,持戒为名,潜窃奸淫,贪图财物,悖逆造罪,又索取生人财帛、牲畜,诡称使人免罪于死后,其诞妄莫此为甚。喇嘛等不过身在世间,造作罪孽,贪取财物、牲畜耳。至于冥司,孰念彼之情面,遂免其罪孽也。今之喇嘛当称为妄人,不宜称之为喇嘛。乃蒙古诸人深信喇嘛,费用财物,忏悔罪过,欲求冥魂,超生福地,是以(致)有悬转轮,结布幡之事,甚属愚谬。嗣后俱宜禁止。"③ 表明,天聪后期,皇太极已对以内齐托音为首的喇嘛们有了不满情绪,对其宗教势力过于膨胀有了警觉。

崇德三年,皇太极以喇嘛寺乱行为由,遣察汉喇嘛、代青囊苏、理藩院参政尼堪等谕席勒图绰尔济喇嘛等:"闻尔等不遵喇嘛之道,作乱妄行,朕承天佑,为大国之王,统理国政。今尔等不遵喇嘛戒律,乱行如此,朕若不惩治,谁则治之。"规定"凡人请尔喇嘛诵经者,必率众喇嘛同行,不许一二人私往"。又以"尔喇嘛等又不出征从猎,何用收集多人"为由将"内席托音(内齐托音)喇嘛及诸无行喇嘛等私所收集汉人、朝鲜人俱遣还本主,给以妻室"④。又规定"将所有喇嘛皆交与锡埒图库伦,不可将行为忤逆之喇嘛之徒弟令居一处"。只允许内齐托音带 30 名大格隆⑤与 30 名小徒弟。这是内齐托音第一次受到清朝处罚的经过。

---

① 《清太宗文皇帝实录》,崇德五年正月戊午条。
② 崇德皇帝去世后,崇德八年九月十四日,内齐托音进香献九匹马[李保文编辑、整理《十七世纪蒙古文文书档案》(下册),第 299 页]。这是为数不多的内齐托音与清朝间往来的记载。
③ 《清太宗文皇帝实录》,天聪十年三月庚申条。
④ 《清太宗文皇帝实录》,崇德三年十二月丁巳条。
⑤ 此数目应与内齐托音首次面见皇太极时所领弟子数有关。当时内齐托音就有 30 名弟子。

清朝处罚内齐托音之举措导致其众徒弟的抵制和反对。土谢图亲王下一喇嘛和扎鲁特部落青巴图鲁下一喇嘛不遵清朝所订，不愿回本主麾下。令其娶妻，又不从，皇太极下令"阉之"。这体现爱新国针对内齐托音为首的蒙古喇嘛教的态度和决心。此事也在东部蒙古锡埒图库伦派与内齐托音派之间的宗教争端埋下伏笔。

（四）内齐托音宗教势力的被清除

对于清朝而言，内齐托音与萨迦法王之间的争端、纠纷很棘手，因为内齐托音是蒙古地区，特别是嫩科尔沁部的大喇嘛，萨迦法王是受朝廷重视的宗教领袖。因此，顺治帝以"朕乃世间帝，不明佛法"①为由，将裁定之权交给即将来北京的达赖喇嘛。争端和裁决过程在《漠南大活佛传》《五世达赖喇嘛传》《quriyangγui toli》中都有所记载。但《漠南大活佛传》和《quriyangγui toli》有偏袒一方之嫌，因此《五世达赖喇嘛传》记载显得特别重要："……强林诺门汗对别人的富裕完满心生忌妒，对内济托因的做法很不服气，互相竞争……揭发内济托因的过失……"②"他（萨迦法王）不全是为了佛教众生的事业而发议论，而是不能忍受对方的权势，一心想把那位蒙古老僧投进皇帝的监牢里去"③。可看出，达赖喇嘛很清楚萨迦法王的做法超出宗教的范围或范畴，已成为泄私愤手段的事实。但是他还是将争执止息于宗教范围，做出对内齐托音不利的判罚。着令内齐托音本人及限定喇嘛、班第等离开嫩科尔沁部，去往呼和浩特地方修行。

达赖喇嘛做出如此判决是基于以下两点。

其一，这种裁决"符合皇帝心意"④。达赖喇嘛此行目的就是与清朝建立稳固的相互依存关系，因此对顺治皇帝的心意绝不能违背。据《漠南大活佛传》记载，内齐托音为顺治皇帝治病而引起萨迦法王嫉妒，引发纠纷争端。若果真如此，顺治帝不顾自身病痛借助达赖喇嘛威望决意清除内齐托

---

① 成崇德、申晓亭译《清代蒙古高僧传译辑》，中国社会科学院中国边疆史地研究中心编，全国图书馆文献缩微复制中心，1990，第142~143页。
② （清）阿旺罗桑嘉措著《五世达赖喇嘛传》（上），陈庆英等译，中国藏学出版社，2005，第245页。
③ （清）阿旺罗桑嘉措著《五世达赖喇嘛传》（上），陈庆英等译，中国藏学出版社，2005，第245页。
④ 对此，乌云毕力格认为："内齐托音喇嘛宗教事业的荒废，是锡呼图库伦旗上层喇嘛和清廷勾结的结果。其背后的原因，不仅仅是年轻托音喇嘛与班第达诺门汗的个人恩怨，而是与当时清廷对内蒙古佛教政策有关。"详情参见乌云毕力格《关于内齐托音喇嘛的顺治朝满文题本》，原载《十七世纪蒙古史论考》，2009，第361页。

音势力,将嫩科尔沁部贵族们苦心经营的"满皇蒙王藏教"体系摧毁,可见其成见之深。

其二,此决定符合达赖喇嘛自身利益。内齐托音是班禅的弟子,只有清除班禅弟子在东蒙古的宗教势力,才会对达赖喇嘛宗教势力的东扩有利。因此他说"内齐托音确实是怀有利益众生和至尊宗喀巴大师教法的纯洁心愿,但是他寡见少闻,缺乏具备资格的高僧指导,从这方面说,诺门罕所说的基本正确"①。这说明,内齐托音与萨迦法王的争端演变为达赖喇嘛和班禅额尔德尼两大活佛系统的斗争。

内齐托音离开嫩科尔沁时,众人皆抑制不住的悲痛,以泪洗面。秉图哈敦更是:

üsü ben qoisi čočalaǰu yeke daγun-eyer uilaγsaγar salǰu qaribai.②
(汉译)将头发往后披散,大声哭着回去了。

显然内齐托音已成为嫩科尔沁人唯一的信仰,内齐托音的影响渗透到每一个嫩科尔沁人心中,以至于在嫩科尔沁为首的漠南蒙古出现了清廷最为忌讳的"满皇蒙王藏教"的政治格局。内齐托音的被贬令嫩科尔沁部诸王公、台吉受到很大的精神创伤,悲痛和眼泪等体现出他们信仰的迷茫状态。但此事是达赖喇嘛裁决的宗教范畴之事,因此只能接受事实。这也是顺治皇帝巧妙借助达赖喇嘛裁决此事的原因。

顺治十年,内齐托音圆寂。清廷将其30名弟子划给锡呼图库伦,希望以此来彻底清除内齐托音一世宗教势力的影响。内齐托音一世在嫩科尔沁部传教布道,令嫩科尔沁部跟上蒙古诸部进程快速步入喇嘛教时代,其本人亦成为嫩科尔沁王公、台吉、民众的坚定信仰,使嫩科尔沁部呈现出了"满皇蒙王藏教"的新格局。清朝对此采取严厉打击的措施,两次对内齐托音进行处罚,限制其宗教活动。其中,第二次处罚借助达赖喇嘛之手彻底将内齐托音势力从嫩科尔沁部领地范围清除出去,又扶持萨迦法王成为东蒙古新

---

① (清)阿旺罗桑嘉措:《五世达赖喇嘛传》(上),陈庆英等译,中国藏学出版社,2005,第245~246页。
② 金峰整理《漠南大活佛传》(蒙古文),内蒙古文化出版社,2010,第80页。《漠南大活佛传》记载,秉图哈敦具有"先见之明",并有护身的翁古特,此次又做出伊都干(女萨满)做法时的特殊动作,表明她似是萨满师。

的宗教领袖，将漠南蒙古宗教事务牢牢地控制在朝廷手中。因此，内齐托音的被贬不仅是嫩科尔沁部，而是整个漠南蒙古的历史大事件。

　　内齐托音宗教势力的被清除对今日嫩科尔沁地区本土文化的形成也有很大影响。因为，内齐托音的传教使得嫩科尔沁地区原有的萨满教遭受灭顶之灾，从主导地位迅速被边缘化。清朝借助达赖喇嘛之威望将内齐托音贬至他处后，嫩科尔沁部萨满势力又迅速恢复法事活动，再无人能将其彻底击垮。另外，清朝皇室始终坚持萨满信仰，因而与皇室有密切联系的嫩科尔沁部上层也保留了一定程度的萨满信仰。其结果，萨满教在嫩科尔沁地区较为完整地保留至今，成为世界"三大蒙古族萨满文化基地"之一。

第六章

嫩科尔沁部与康熙皇帝玄烨

康熙朝前半叶有过三次大的军事行动，即征剿"三藩之乱""布尔尼之变"和噶尔丹东征，三次征战中皆有嫩科尔沁部王公的积极参与及科尔沁兵丁的殊死拼杀。这些没能换回康熙皇帝对嫩科尔沁部的完全信任。在康熙朝前期，嫩科尔沁部的传统势力进一步遭到削弱，成为清朝真正意义上的顺民属部。

第一节　嫩科尔沁部再立军功

康熙朝前半叶有过三次大的军事行动，即征剿"三藩之乱""布尔尼之变"和噶尔丹东征。三次征战中皆有嫩科尔沁部王公的积极参与及科尔沁兵丁的殊死拼杀。

一　嫩科尔沁部与"三藩之乱"

康熙十二年十一月二十一日，平西王吴三桂杀云南巡抚朱国治，以所部兵反，"三藩之乱"由此开始。十二月二十九日，察哈尔部和硕亲王布尔尼、巴林部多罗郡王鄂齐尔、嫩科尔沁部多罗冰图郡王额济音、敖汉部多罗郡王扎穆苏、扎鲁特部多罗贝勒扎穆等朝正，"闻吴三桂造反，争请献所携马匹助军，还有愿率所部兵随大兵进讨者"①。这是外藩蒙古王公对吴三桂之乱的反应和态度。康熙帝以"吴三桂本为流寇所迫，势穷来归之人，朕推置心腹，委以重任，累进亲王，子为额驸，恩养至此，尚行反叛，负国已

---

① 《清圣祖仁皇帝实录》，康熙十二年十二月甲子条。

极。今已遣大兵进剿，吴三桂虽反，亦将安往。朕与尔等亦同一体，如有需用尔等之处，可俟春回草青时再听调遣"等语安抚诸王之心。

康熙十三年六月，康熙帝谕议政王大臣等，"今逆贼吴三桂于澧岳诸处抗拒我师，且用奸谋摇惑军民之心，分我兵势，宜增兵速行剿灭。令八旗每佐领拨骁骑二名，并派察哈尔护军骁骑一半。又蒙古四十九旗内与京师稍近者，如科尔沁十旗、敖汉一旗、奈曼一旗、克西克腾一旗、归化城十旗共出兵万人，以旗下兵之半及蒙古兵六千，令固山贝子准达率往荆州，散秩大臣多莫克图为署都统，参赞准达军务"①。地处京师近地的嫩科尔沁十旗首当其冲成为康熙帝首选，命所调蒙古兵俱限八月初一日前至京师，择蒙古贝勒以下领之。康熙帝又命嫩科尔沁辅国公图纳黑②、杜尔伯特旗台吉温布③、郭尔罗斯前旗毕力根额齐尔④赴荆州，巴林贝子温春、台吉格勒尔图等赴岳州驻防。八月初二日，康熙帝谕即将赴荆州的嫩科尔沁部图纳黑公，"我太祖太宗以来，尔祖父同心效力，佐定天下。尔国赋税，听其自取。若尔国穷困，朕自加抚养。今闻调来尔所属兵丁，有一二抢夺民物者，在京尚如此，况离此远去，岂不益肆抢夺。尔久历行间，务宜严禁兵丁，毋得乱行抢掠。如有乱法者，即会同贝勒商酌发落。且中夏炎热，尔众早晚饮食各宜自慎，以副朕轸恤军士之意"⑤。大清朝生死存亡时刻，康熙皇帝援引祖辈父辈交情感化图纳黑公等嫩科尔沁部王公、贝勒，意在激励这些人在前线死命抵抗三藩之乱。同月十九日，又谕公图纳黑等，"近闻蒙古兵违法抢掠，其严加禁饬。嗣后有不遵纪律者，自骁骑校以下即审明正法"⑥。

康熙十四年七月，康熙帝令理藩院尚书阿穆瑚琅奉命调"科尔沁等蒙古兵三千名，期以八月先后入京"，并授都统噶尔汉为镇安将军，率蒙古兵赴荆州。复令散秩大臣博落特率蒙古兵六百名赴兖州，交副都统额赫纳管领。其后至蒙古兵七百名，尚书科尔科代率往兖州防驻。史籍中未见战争中

---

① 《清圣祖仁皇帝实录》，康熙十三年六月丙午条。
② 《钦定外藩蒙古回部王公表传》作图讷赫，为嫩科尔沁部第一代卓里克图亲王吴克善子，康熙朝重要的蒙古将领。顺治十八年，以军功封辅国公，诏世袭罔替。《金轮千辐》记作"tügünekei emün-e γajar mordaju güng bolba（图纳黑平定南方晋级公爵）"。
③ 杜尔伯特旗色棱贝子第三子。
④ 郭尔罗斯部一等台吉，曾领郭尔罗斯前旗扎萨克。其世系为奎蒙克塔斯哈拉—博第达喇—翰巴什—博彦图内齐—色棱戴青—扎木苏—毕力根额齐尔。
⑤ 《清圣祖仁皇帝实录》，康熙十三年八月癸巳条。《康熙起居注》（第1册），中华书局，1981，第171页亦有此条。
⑥ 《清圣祖仁皇帝实录》，康熙十三年八月庚戌条。

嫩科尔沁兵丁的表现，但满蒙铁骑的联手合作令三藩势力没能越过长江。

康熙十四年十月二十八日，康熙帝遣近御侍卫关保等"选内厩马百匹，往赐出征荆州科尔沁公图纳黑、台吉鄂穆布等"①。此举表明，嫩科尔沁部王公在"三藩之乱"中的表现令康熙帝很是满意。

康熙十八年十月初一日，嫩科尔沁部辅国公图纳黑等嫩科尔沁部出征将领自荆州凯旋至都城，康熙帝"遣内大臣塔达携茶郊迎之"②。十一月，郭尔罗斯三等台吉鄂齐尔③等自荆州凯旋④，康熙帝遣内大臣寿世特等迎劳之。虽"三藩之乱"尚未平息，但嫩科尔沁部诸将领已完成镇守征战之任务率先奉命凯旋。

康熙十九年十一月，"三藩之乱"接近尾声。康熙帝听从议政王大臣等议复，对多罗顺承郡王勒尔锦、贝勒察尼贝勒尚善、公兰布、都统朱满等出征将士的"不渡江剿贼，坐延时日，迁延瞻顾，贻误战事"行为做出削爵、革职、籍没、鞭挞等罪责。时，对嫩科尔沁辅国公图纳黑的察议为："不速剿贼，耽延时日，应行察议，但贼已固守之后，伊始至军，且屡有渡江击贼之请，应免察议。"⑤ 从中大致可推断图纳黑在平定"三藩之乱"中的功绩，其他嫩科尔沁部将领的受褒奖情况则不明。

二 嫩科尔沁部与"布尔尼之变"

"布尔尼之变"是指康熙十四年，蒙古察哈尔亲王布尔尼乘南方"三藩之乱"，举兵反抗清朝统治的一次行动。整个事件持续仅一个月，即被清廷平定。清廷在八旗军队大量南征的艰难情况下，依靠外藩蒙古旗的力量很快取得军事胜利，其中嫩科尔沁部起了很重要的作用。

（一）事件起因

康熙十四年三月，从嫁清太宗次女玛克塔公主的长史辛柱，秘密派遣其弟阿济根告察哈尔亲王布尔尼"乘吴逆作乱，欲谋劫其父阿布奈，兴兵造反"之事。⑥ 康熙皇帝以觇虚实巴林王鄂齐尔兄弟、翁牛特王杜楞兄弟及

---

① 鄂穆布即温布，嫩科尔沁部杜尔伯特旗台吉。
② 《清圣祖仁皇帝实录》，康熙十八年十一月癸卯条。《康熙起居注》（第 1 册），中华书局，1981，第 438 页亦有此条。
③ 为郭尔罗斯后期扎萨克台吉布木巴侄。其世袭为斡巴什—塞尔固伦—鄂齐尔。
④ 《清圣祖仁皇帝实录》，康熙十八年十月壬戌条。
⑤ 《清圣祖仁皇帝实录》，康熙十九年十一月辛酉条。
⑥ 《清圣祖仁皇帝实录》，康熙十四年三月丁亥条。

布尔尼、罗不藏俱入京师。清廷的做法让布尔尼兄弟很是被动，遂于康熙十四年三月十七日，执侍卫色棱，约二十五日举事。可见其前期准备并不充分。

康熙皇帝任命多罗信郡王鄂札为抚远大将军，大学士都统图海为副将军率师讨伐布尔尼，令嫩科尔沁部和硕卓礼克图亲王鄂辑尔、管领右五旗和硕额驸沙津等偕行。史称"布尔尼之变"的战事由此展开。

事变中的主角布尔尼系蒙古最后大汗察哈尔林丹汗次子阿布鼐之长子。天聪八年（1634）闰八月，林丹汗以病痘，殂于青海打草滩地方。九年，林丹汗长子额哲带领属部投附爱新国，娶天聪汗次女玛克塔公主为妻，成为固伦额驸。崇德元年四月，额哲封和硕亲王。崇德六年正月，以病卒。公主改嫁额哲弟阿布鼐，生子布尔尼、罗布藏二人。顺治五年，阿布鼐承袭亲王爵。八年不来朝觐，顺治帝丧礼亦不参加。清廷将其引诱至盛京拘留。康熙八年，长子布尔尼承袭爵位。随后亲往盛京见其父亲，不得见。埋下仇恨，成为举兵的起因。

（二）事件经过

举事之初，布尔尼就向嫩科尔沁十旗、扎鲁特、阿鲁科尔沁、乌朱穆秦等部蒙古各部遣人商议共同举兵之事，但没有引起大的共鸣。从康熙皇帝所说"科尔沁等诸部王、贝勒、贝子、公、台吉等俱以布尔尼罪大恶极，起兵会剿"① 等语来看，此时的嫩科尔沁部诸王、贝勒等感念清廷优抚之恩皆不与布尔尼为伍，反以起兵会剿布尔尼为荣。此等结果表明，虽然过了几代人，但努尔哈赤所创"从血缘上将女真人蒙古化"的举措和皇太极的"互为嫁娶"联姻制度及顺治帝时代的"满皇蒙王"政体已深入蒙古诸部王公台吉之心。清廷外藩扎萨克旗制度使得嫩科尔沁部为首的蒙古诸部国朝概念胜过了族群血缘等宗主理念。另外，扎萨克郡王札木山所属奈曼旗麾下多名台吉不随扎木山郡王，自行回避等实情也显示，清廷"分而治之"策略下，蒙古各旗扎萨克王公、贝勒已失去对全旗统领权，只变成大的管佐领台吉的尴尬境地。也就是说，清朝以多重制度并举的措施成功分解了蒙古人的向心力，使其成为不能核心的分散力量。

布尔尼亲王选择南方之乱举兵曾令清廷很被动。云南、贵州、湖南、广西、福建、四川、陕西等省陷入战乱，相继告急失陷，清廷防御捉襟见肘。

---

① 《清圣祖仁皇帝实录》，康熙十四年四月丁巳条。

布尔尼反叛前，八旗二十四位都统已经派遣出征的有十七位，北京几乎没有满洲人的军队，处于宿卫尽空之地步。这也是布尔尼举兵的一大原因。

康熙皇帝组建的平叛大军是由满洲官兵三千余人组成的八旗军，外藩蒙古嫩科尔沁、阿鲁科尔沁、翁牛特、巴林、敖汉、土默特等各部蒙古军和部分八旗家奴组成。另据《平定察哈尔方略》的记载，除了满洲、蒙古军队，尚有少数"汉军鸟枪兵"和"盛京兵千人"加入。虽在"啸亭杂录"等文献中有镶公图海"选拔八旗家奴中的健勇者，得数万人"的记载，但八旗家奴在战争中起到的"装腔作势"作用非常有限。战争必须依靠正规军队才能打赢。此等记载只是为了贬低察哈尔部布尔尼亲王而有蓄意加的内容。

（三）事件结局

康熙十四年四月六日，信郡王鄂札率平叛大军自京城出发，当月二十二日，与布尔尼在达禄之地激战，布尔尼败北逃遁。战报显示，布尔尼设伏山谷间，悉众列阵以待，信郡王鄂札、图海分布满洲、蒙古官兵进击。布尔尼亲领大队摆列火器死战，无奈清军人多势众又有红衣大炮等重器，察哈尔兵丁虽奋击，但不能支，遂大败。察哈尔下都统晋津又率其族于阵前投降清军。布尔尼组织溃卒进行两次反扑，无果。清军乘胜冲杀，布尔尼兄弟仅以三十骑逃遁。二十三日，清军从瓦子府东三十里处迎回郡主[①]，布尔尼家小尽数被俘。

另一份战报则显示，康熙帝命嫩科尔沁部和硕额驸沙津率所属右翼五旗兵会剿布尔尼。但达禄之战沙津失期未预，错过战斗。在扎鲁特旗境内贵勒苏特之地，逃奔的布尔尼兄弟知沙津兵至，派遣嫩科尔沁部随嫁二人送罗不藏妻面见沙津贝勒，并告以战败欲逃之事由。罗不藏之妻为沙津妹，沙津留其妹，率兵至山后行围。罗不藏告知布尔尼遁走之事，遂投降。沙津提出招安布尔尼前来，遣三十骑同往。路上罗不藏复叛，遣其副都统布达里秘密通报布尔尼。沙津手下兵孟克者追及之，为布达里刺死。沙津怒，率兵追射，罗不藏与布达里皆死。追布尔尼，明日及之。布尔尼十二骑并力拒战，沙津尽射杀之[②]。至此，"布尔尼之变"宣告结束。

在嫩科尔沁地区流传着与"布尔尼事变"有联系的多则传说。有些与

---

① 贝勒博洛第九女，由和硕安亲王养为郡主，康熙四年四月嫁布尔尼。
② 《清圣祖仁皇帝实录》，康熙十四年五月辛酉条。

嫩科尔沁部历史有关，不妨赘述。

其一，察哈尔部与嫩科尔沁部"联合反清"之传说。

传说"布尔尼事变"是由沙津等嫩科尔沁部王公和布尔尼共同约定的推翻清朝统治之军事行动。无奈布尔尼王没做好准备，提前暴露了行踪，被清廷派兵镇压。

此传说能为布尔尼亲信阿杂里喇嘛、僧额浑津、噶尔马色冷、布达里等的子女皆在嫩科尔沁部卓礼克图亲王鄂辑尔处一事提供合理解释。《清实录》载："抚远大将军多罗信郡王鄂札等疏言……噶尔昭噶尔马、薄托和等或死或逃，尚无的耗，其子女皆在卓礼克图亲王处。阿杂里喇嘛、僧额浑津、噶尔马色冷亦为卓礼克图亲王解送军前，候旨处分。……阿杂里喇嘛诸叛逆之子及近族兄弟俱在科尔沁，其僧额浑津之弟尼塔尔当布尔尼未败，即投科尔沁卓礼克图亲王处，俟卓礼克图亲王解到日俱行正法，家产妻孥入官。得旨，尼塔尔既于未破布尔尼之先投入科尔沁，著免死，勿分其产。"①可见，战争没开始之前就有察哈尔部分家眷在卓礼克图亲王鄂辑尔②处。表明卓礼克图亲王与察哈尔部的关系非常密切。

其二，布尔尼亲王没死之传说。

传说沙津王没杀死布尔尼亲王，只是找了个人头献给朝廷，而将布尔尼亲王秘密送到五台山当了喇嘛。后来，"寻父"上五台山的康熙皇帝还遇见过布尔尼亲王。而沙津额驸得到的"感累朝厚恩，亲统所属，驰追布尔尼兄弟斩之，克继祖父忠贞，深为可嘉"，只是个虚名云云。③

上述传说系后人杜撰的可能性很大，却能为康熙朝前期嫩科尔沁部两位亲王被废事件④提供合理解释。

平定"布尔尼之变"是自三藩起兵后清军在战场上取得的第一次重大军事胜利，令清廷摆脱了受南北夹击的威胁。康熙帝借助嫩科尔沁部兵力迅速平定布尔尼之变，防止其兵势蔓延，不仅保障蒙古地区的稳定，而且还保障了南方平叛兵员的有效补充。嫩科尔沁人则全力以赴参与平定察

---

① 《清圣祖仁皇帝实录》，康熙十四年五月乙丑条。
② 系科尔沁左翼中旗第三任卓礼克图亲王，为第二任卓礼克图亲王毕尔塔噶尔长子。
③ 依据作者的田野调查。
④ 康熙二十一年八月，嫩科尔沁部和硕卓礼克图亲王鄂辑尔以"不哭太后丧之罪"革退，命其叔父杜尔巴袭爵。康熙四十一年三月，嫩科尔沁部和硕土谢图亲王沙津以"僭越之罪"，被削爵位，命其侄阿喇善袭爵。

哈尔之战,将蒙古传统反抗力量彻底摧毁,使得蒙古人再无推翻满洲人统治的实力。

三 嫩科尔沁部"阻击噶尔丹"

康熙二十七年(1688)至二十九年,蒙古厄鲁特部首领噶尔丹两次领兵进抵清朝北部边界,引发争端。康熙帝两次亲率大军征剿。两次皆有嫩科尔沁部王公率领嫩科尔沁兵丁参战,并担任最繁重的军事任务,为清除噶尔丹势力立下了头功。

(一)第一次出征

康熙二十七年七月,噶尔丹率兵掠喀尔喀厄尔德尼沼、喀喇卓尔浑之地,兵锋直至枯伦贝尔(即呼伦贝尔)地方。康熙帝谕和硕裕亲王福全等,曰:"其令科尔沁土谢图亲王沙津、达尔汉亲王班第,派所属十旗兵一万,量委才能都统、副都统、参领等管领,其盛京将军副都统等令派所部兵一千,副都统穆泰率往科尔沁地方,于所指之地备御,尚书纪尔他布、都统巴海、护军统领佟宝等,自盛京往科尔沁地方,传谕土谢图亲王沙津等,王、台吉,量留数人于家,余悉前往,又参领巴查尔、侍读学士马拉,速会同科尔沁王等,点派出征官兵。"① 清朝危难之时,康熙帝又一次委派嫩科尔沁兵以重任,嫩科尔沁部再一次担当起清廷护卫者的角色。随后,康熙帝巡幸塞外,八月初至昆都仑布拉克地方。其间,敖汉、苏尼特、喀喇沁王、贝勒、台吉、塔布囊等前来朝晋见驾。在汤泉,嫩科尔沁部冰图郡王额济音亦来朝见皇帝。这些人既给清军带来马匹、骆驼等军需品,也给康熙帝带来了信心。

八月初,噶尔丹退回疾行,过土喇河,往索土谢图汗而去。康熙帝谕尚书阿喇尼,撤嫩科尔沁十旗所调之兵,暂留在绰诺果尔河所驻之兵,防汛。②

九月初,噶尔丹分兵三路,约会于爱必汗喀喇鄂博之地,康熙帝抽调京师八旗护军每佐领七名、骁骑每佐领二名、前锋二百名、火器营兵一千、子母炮八门,限五日内起程。再令大同、宣府总兵官鲍敬、蓝理,各选精兵一千,亲率而来,俱应在归化城驻备。

---

① 《清圣祖仁皇帝实录》,康熙二十七年七月甲申条。
② 《清圣祖仁皇帝实录》,康熙二十七年八月己酉条。

此次调遣中不见嫩科尔沁部兵丁，可见康熙皇帝视嫩科尔沁部兵丁为王牌之师，只在最艰难之时才派上用场。

不久，土谢图汗、哲布尊丹巴、车臣汗乌默客等相继来归，噶尔丹又遣使议和。清廷以"今渐寒冷，马或疲瘦，且军士乘暑而往，恐冬衣未备"①，撤军。

（二）第二次出征

康熙二十九年，噶尔丹再次发难。五月初三日，噶尔丹率三万兵渡乌尔扎河，攻喀尔喀，清朝北疆再次面临战火。康熙帝急令嫩科尔沁十旗预备兵二千，及禁军每佐领护军一名，前往。寻又派遣前官乘驿前往嫩科尔沁部，于前所调遣预备兵内，选发二千兵，及台吉、都统、副都统，各二员，佐领、骁骑校，各八员，赍四月粮，速赴阿喇尼军前。下旨"科尔沁兵，令土谢图亲王沙津率之，左翼四旗，居远难待，令沙津王，尽所有兵，率之先往，其他四旗兵，随后进发，再令喀喇沁杜楞郡王扎什旗，分发兵五百，以扎什率之，两翁牛特旗，分发兵四百，以杜楞郡王毕礼滚达赖率之，两巴林旗，分发兵四百，以额驸阿拉布坦率之，俱赴阿喇尼军前，其禁军，令副都统噶尔玛、罗满色率之，每翼汉军兵一百名，带炮前去，满洲、蒙古、汉军，各佐领出骆驼一头运粮"②。嫩科尔沁部兵丁再次出征，其数量比其他蒙旗多，领兵台吉、骁骑校等亦比其他蒙旗多。依旧是清廷最为倚重的军事力量。

噶尔丹从枯伦波衣尔（呼伦贝尔）地方深入后，康熙帝急令"事关紧要，理宜预备，王沙津如未起行，令率所调科尔沁兵，往前年纪尔他布等驻防之地备之，若沙津已起行，著达尔汉亲王班第，率兵往备之"。又谕兵部，"前遣敖汉、奈曼，各旗兵，备达尔脑儿今不必前往，令速赴科尔沁达尔汉亲王军前，兵部选材能司官，四日驰至盛京，发兵二三千，令将军、副都统领之，速赴达尔汉亲王班第军前"③。康熙帝的命令不仅使嫩科尔沁部两位和硕亲王率领本部兵丁浴血奋战，又面临带领其他满蒙劲旅为清朝拼死征战的境地。六月三十日，内大臣苏尔达至嫩科尔沁部，面见达尔汉亲王班第征兵。时，兵到者仅半，喀喇沁、阿霸垓、奈曼、两土默特兵，亦未到。连年的征战给外藩蒙旗造成的负担显而易见。

---

① 《清圣祖仁皇帝实录》，崇德八年冬十月庚午条。
② 《清圣祖仁皇帝实录》，康熙二十九年五月癸丑条。
③ 《清圣祖仁皇帝实录》，顺治十年八月庚寅条。

七月一日，嫩科尔沁部土谢图亲王沙津，遣署副都统苏尔米，二等护卫根都等，往侦噶尔丹至察克墩，望见噶尔丹前哨，次第屯列，且营垒甚近，沙津即率所备兵前进。康熙皇帝命令"大兵陆续前进，朕亦亲往，姑勿与战，以待各路军至齐发，毋失机宜"①。七月末，内大臣伯费扬古、前锋统领班达尔沙奉命赴嫩科尔沁部，至布尔哈苏图地方，与嫩科尔沁兵丁回合。康熙帝谕费扬古等"不必与科尔沁兵齐来，令速赴裕亲王军前，并檄苏尔达等知之"②。再令裕亲王等，"今兵渐与敌近，斥堠宜严明，噶尔丹处，应作何羁縻，以待盛京乌喇、科尔沁之兵"③。嫩科尔沁兵的迟迟不来令康熙皇帝无法下达与噶尔丹决战之决心。

八月初一日黎明，裕亲王大军在乌兰布通与噶尔丹军开战。八月二日，噶尔丹适遣伊拉古克三胡土克兔来，复请以土谢图汗、泽卜尊丹巴④共举之。康熙帝对裕亲王不即行剿灭噶尔丹之举很是不满，下旨"此役所关甚锯，今科尔沁、乌喇、盛京之兵初四五间可至答尔脑⑤矣，若又失机会，不进逼之，王与大臣等，此行何所事耶"⑥。后到的嫩科尔沁部王公、兵丁请求与噶尔丹决战，被康熙皇帝制止。⑦ 噶尔丹退回漠北科布多地区，伺机再起。

十一月，多罗信郡王鄂札等奏言征剿噶尔丹战役中诸将领等的表现，请旨议罪。提出在当时，苏尔达欲羁縻噶尔丹，与土谢图亲王沙津、达尔汉亲王班第等共同商议，选遣公主之子阿喇善⑧下人鄂漆尔，及郭尔罗斯台吉吴尔图纳苏图旗下佐领祈他迈同往，令噶尔丹且止，将与之会语，噶尔丹不少留，仓皇宵遁。认为"如使苏尔达等邀击之，则噶尔丹可以就擒矣，伊等不战，乃大误也"⑨。但康熙帝只处罚豫亲王福全等满洲贵戚，对沙津等蒙古将领则未采取具体处罚措施。此做法源于两种考虑。一是没有确凿的证据；二是没彻底清理噶尔丹势力之前断不能对能征惯战的嫩科尔沁部采取自毁长城的举措。

---

① 《清圣祖仁皇帝实录》，康熙二十九年七月庚寅条。
② 《清圣祖仁皇帝实录》，康熙二十九年七月庚戌条。
③ 《清圣祖仁皇帝实录》，康熙二十九年七月甲寅条。
④ 即哲布尊丹巴，喀尔喀蒙古大活佛。
⑤ 即达里诺尔湖，今内蒙古克什克腾旗境内。
⑥ 《清圣祖仁皇帝实录》，康熙二十九年八月辛酉条。
⑦ 康熙语，详情参见《清圣祖仁皇帝实录》，康熙二十九年八月丙子条。
⑧ 科尔沁右翼中旗第三任和硕土谢图亲王。因"不哭太后丧罪"被削爵。
⑨ 《清圣祖仁皇帝实录》，康熙二十九年十一月己酉条。

第二节　嫩科尔沁部势力的进一步"被清理"

一　满珠什礼亲王"巴图鲁"号的"被褫夺"

康熙初年，达尔罕巴图鲁亲王满珠什礼薨逝。从清廷处理满珠什礼亲王身后事的细节上可看出康熙朝前期嫩科尔沁部与清廷之间关系暨双方依然在持续着明争暗斗的细节内涵。其结果，嫩科尔沁部传统势力进一步被削弱和被清理。

（一）满珠什礼亲王去世时间的"被忽略"

康熙初年，嫩科尔沁部和硕达尔罕巴图鲁亲王满珠什礼去世。对于满珠什礼亲王去世时间，《清实录》未作记载①，显得不可理解。而同时期去世的嫩科尔沁部卓里克图亲王吴克善②、科尔沁多罗郡王张继伦③、科尔沁固伦额驸和硕达礼克图亲王毕尔塔噶尔④等在《清实录》中都有具体去世时间并"遣官致祭""赐银两"的记录。

康熙四年七月，满珠什礼亲王长子和塔⑤继承父亲爵位，成为第二代达尔罕亲王。对此《清实录》记作"以科尔沁故和硕达尔汉巴图尔亲王满珠习礼子和拖袭爵"。《王公表传》则记为"康熙四年卒子五长和塔袭亲王"，将和塔承袭父亲爵位时间看作是满珠什礼亲王的去世时间；近期出版的《清内秘书院蒙古文档案汇编》中收录了与满珠什礼亲王爵位承袭相关的记述，曰：

> manjusiri ebedcin-eyer ünggeregsen-u qoyin-a auqan kübegün-inü qotu-dur mön-kö jasah-un darqan cin wang jalhamjilaba. ür-e-yin ür-e-dür kürdel-e jalhamjilaqu-inu uridu yosuhar bui. engke amuhulang-un dürbedüger on,

---

① 对于满珠什礼亲王的去世时间，清朝官方记录中见不到表述，而《皇朝四谱》则载"康熙四年乙巳满珠什礼薨逝"。《清内秘书院蒙古文档案汇编》留有，康熙三年四月初一日康熙皇帝派内大臣兰布祭奠已故和硕达尔罕巴图鲁亲王满珠什礼的记载。可见满珠什礼亲王去世时间应在康熙三年三月末期。
② 《清圣祖仁皇帝实录》，康熙四年二月丙子条。
③ 《清圣祖仁皇帝实录》，康熙四年二月丙子条。
④ 《清圣祖仁皇帝实录》，康熙六年八月甲申条。
⑤ 《清圣祖仁皇帝实录》记作和拖。

namur-un terigün sar-a-yin arban dürben-e.①

（汉译）满珠什礼以病去世，长子和塔承袭扎萨克达尔罕亲王爵。诏世袭罔替。康熙四年七月十四日。

可看出这也是和塔台吉承袭父亲爵位的具体时间②，而非满珠什礼亲王去世时间。这些细节显示，康熙朝似乎对这位外藩蒙古最有实力的嫩科尔沁部左翼领袖的去世很是忌讳或故意回避。

（二）满珠什礼亲王"巴图鲁"号的"被褫夺"

满珠什礼亲王去世引发的另一个疑点就是其"巴图鲁"号的停袭。上述《清内秘书院蒙古文档案汇编》中的"康熙四年七月十四日"皇帝诏曰显示满珠什礼以病去世后和塔台吉承袭并"诏世袭罔替"的是扎萨克达尔罕亲王爵位，而不是满珠什礼亲王原有的"达尔罕巴图鲁亲王"。《钦定外藩蒙古回部王公表传》对此也只有"一次袭和塔满珠习礼长子康熙四年袭扎萨克和硕达尔汉亲王停袭巴图鲁号"的简单记述。对停袭巴图鲁号之缘由未做详解，令人费解。

在清初所有蒙古贵族中满珠什礼是唯一两次获封"达尔罕"号的蒙古台吉。天聪二年九月爱新国出征攻伐察哈尔。九月二十二日，天聪汗"赐科尔沁国台吉满珠习礼号为达尔汉巴图鲁，贝勒孔果尔子台吉巴敦号为达尔汉卓礼克图"③。其原因为"时（科尔沁国主）土谢图额驸奥巴率所部兵侵掠察哈尔国边境，掠毕遽还，不以兵来会（师）"所致。满珠习礼及巴敦率兵掠察哈尔，以所俘获来会爱新国军，天聪汗嘉之，"故赐此号"。这是满珠什礼第一次得到"巴图鲁号"的缘由及过程。崇德元年四月二十三日，满珠什礼封为"多罗巴图鲁郡王"，并诏"世袭罔替"。册封文显示："奉天承运宽温仁圣皇帝诏曰，自开天辟地以来，有一代应运之主，必以藩屏之佐，故叙功定名以别封号者，乃古圣王之典也。朕爱仿古制，部分内外，视为一体。凡我诸藩，俱因功授给诰命，以昭等威。受此诰命者，必忠以辅国，恪守矩度，自始至终，不

---

① 齐木德道尔吉、吴元丰、萨·那日松等编《清内秘书院蒙古文档案汇编》（第6辑），内蒙古人民出版社，2003，第210~211页。
② 和塔承袭和硕达尔罕亲王的具体时间，《清太宗文皇帝实录》记为"秋七月，丙戌（初二）日"，与《清内秘书院蒙古文档案汇编》所记时间有所出入，也令人费解。
③ 《清太宗文皇帝实录》，天聪二年九月己卯条。

忘信义，若此则光前裕后，而奕世永昌矣。慎行勿怠。满珠什礼，尔叔祖明安达尔罕巴图鲁诺彦，先于嫩科尔沁部诸诺彦送女至太祖皇帝，缔结姻娅，往来不断。尔祖父莽古斯扎尔固齐诺彦，先于科尔沁部诸诺彦送女至朕，缔结姻娅，来往不断。又与祖母、生母商酌，送妹于朕，结成双重姻戚。察哈尔部出兵，围攻尔部之格尔珠尔根城，尔诸兄弟四散逃走，各奔东西。只有尔满珠什礼与兄驻守绰尔曼城，击杀察哈尔部兵丁，获其驼马，作为礼物送来。闻太祖宾天，及时前来吊唁。进军讨伐东揆时，嫩科尔沁部诸诺彦皆回，尔满珠什礼，穿过敌国境域，如期赴约而至。对喀喇沁部苏布第力屈之喀尔喀部百人，率二十骑奋勇攻取。征战北京，身心劳顿，征伐大同，攻取七堡。始终不渝，一心效力，朕嘉尔勋，故册封尔为巴图鲁郡王。除负朕厚恩，谋反大逆，消除王爵，及行军败逃，依律治罪外，其一应过犯，永不削夺，世袭罔替。"①满珠什礼是当时受到大清朝册封的嫩科尔沁部七位高爵位台吉中唯一一位没有"扎萨克"职权的贵族。

顺治九年正月十五日，清廷以"随大兵追袭腾机思，获其家口，又击败喀尔喀部落土谢图汗等兵之故"②，加封科尔沁国多罗巴图鲁郡王满珠习礼达尔汉号。册封文显示"当进军喀尔喀追击滕吉思时，斩杀桑古尔寨侍卫。又进兵缴获滕吉思房屋、牲畜、属眷等。败喀尔喀部土谢图汗兵之际，领所属兵丁，身先士卒阵前败敌。击硕雷汗部众之时，领左翼军大败援军。故佑嘉尔勋，加授达尔罕号，册封为达尔罕巴图鲁郡王，照旧诏世袭罔替"③。顺治十六年七月十一日，晋级"扎萨克达尔罕巴图鲁亲王"，替代"奉诏不及至"受到处罚的和硕卓里克图亲王吴克善成为嫩科尔沁部左翼新领袖。册封文显示："自太宗宽温仁圣皇帝即位以来，亲自率军冲锋陷阵，转战各地，专心致志，效力异常，屡获名号。朕即位之后，当进军喀尔喀部时，为国尽心，军前效力，虔心效命，又获名号。且尔身为朕生母皇太后亲兄，礼涉至亲重戚，恩益显于股肱，理应重赏厚懋，敬重非常，故晋升尔为扎萨克达尔罕巴图鲁亲王，诏世袭罔替。"④ 从这些册封文内容来看，虽然三朝两帝四次册封内容有所不同，但是"巴图鲁"号却是四次册封文中皆

---

① 笔者所收藏"达尔罕王爷记"（手抄本）。
② 《清世祖章皇帝实录》，顺治九年正月丁亥条。
③ 笔者所收藏"达尔罕王爷记"（手抄本）。
④ 笔者所收藏"达尔罕王爷记"（手抄本）。

有的内容并且也是得到"诏世袭罔替"的封号。崇德元年册封文中就有"除负朕厚恩,谋反大逆,消除王爵,及行军败逃,依律治罪外,其一应过犯,永不削夺,世袭罔替"等字样。满珠什礼亲王去世时间的"被忽略"和子孙没能承袭"巴图鲁"号等细节表明去世后的满珠什礼确实得到了清廷严厉的处罚,诏世袭罔替的封号已经被削夺。从清朝官方记载中找不到这方面的细节内容。但在科尔沁地区民间则将满珠什礼亲王的"巴图鲁"被褫夺与"三展皇边,倒退四十"传说联系在一起,尽量对康熙朝早期嫩科尔沁部与清廷之间的利益角逐做出了解释。①

二 沙津亲王的"侍妾僭用仪仗罪"

康熙中叶,科尔沁右翼中旗第三任扎萨克土谢图亲王沙津以"侍妾僭用仪仗罪"扎萨克亲王职爵被夺,成为当时之大案。此事是清朝打压嫩科尔沁部的又一例子,表明朝廷在与嫩科尔沁部的角逐中已完全掌握了主动权。

(一)沙津以军功晋升扎萨克亲王

沙津是嫩科尔沁部土谢图亲王巴达礼与肫哲②公主所生次子。史书记载巴达礼生有:

gūngjü-yin efu bayasqulang tusiyetu cin wang. efu beile sijin(xajin), biligtü. boyandu. ücir(ocir). bota. jirhuhula.③

(汉译)公主额驸土谢图亲王巴雅思呼朗、额驸贝勒西晋(沙津)、毕力克图、博彦图、鄂齐尔、博塔六子。

康熙十年三月,土谢图亲王巴达礼去世后,按照清朝规定,长子巴雅思呼朗承袭土谢图亲王爵,领科尔沁右翼中旗扎萨克,沙津等皆封为一等台吉。顺治十三年九月,沙津娶清太宗第五子和硕承泽亲王硕塞嫡福晋那拉氏

---

① 后边章节对此事件有专门解读。
② 努尔哈赤弟达尔罕巴图鲁舒尔哈齐第四子图仑之女。天命十一年五月嫁科尔沁国主奥巴洪台吉,成为满洲嫁到科尔沁的第一人。奥巴去世后再嫁巴达礼,生有巴雅思呼朗、沙津、毕力克图、博彦图四子。
③ (清)答里麻著、乔吉注《金轮千辐》,内蒙古人民出版社,2013,第264页。

所出第一女郡主，成为额驸①，管领嫩科尔沁右翼五旗事务②。康熙十四年，布尔尼事件中，沙津率嫩科尔沁右翼五旗兵连夜追杀布尔尼、罗布臧，献首级，封多罗贝勒。③

康熙二十六年十二月，太皇太后崩。康熙帝既皇妃、皇子，亲王以下，文武大小官员，外藩王以下、台吉等俱齐集成服，嗣是每日哭临二次，凡二十七日。其间，科尔沁和硕土谢图亲王阿拉善行动懒散，引起朝廷不满。遂理藩院题奏，科尔沁和硕土谢图亲王阿拉善"于哭临之时，不赴朝集，慵懒失职，应革爵"④。康熙帝御旨，阿拉善革去管五旗扎萨克。令阿拉善叔父多罗贝勒沙津承袭土谢图亲王之爵，即著管辖五旗。从此，沙津成为外藩蒙古最有权势的藩王。

（二）沙津亲王"有异心"之说由来

康熙二十七年七月，准格尔汗国噶尔丹博硕可图汗领三万兵东征至枯（呼）伦贝尔地方。康熙帝令嫩科尔沁部土谢图亲王沙津、达尔汉亲王班第⑤，派所属十旗兵一万出征。

康熙三十一年十一月，康熙帝以有人告发"有异心"而诏沙津入京。

康熙所掌握"有异心"的证据有两点。一是驻防克鲁伦河地方之时，内大臣苏尔达欲羁縻噶尔丹，与土谢图亲王沙津、达尔汉亲王班第等共同商议，选遣公主之子阿拉善下人鄂漆尔，及郭尔罗斯台吉吴尔图纳苏图⑥旗下佐领祈他迈二人往，与噶尔丹会语。此事被黑龙江将军萨布素发觉后密奏皇帝。既然是外藩亲王与内大臣共同制定的羁縻噶尔丹之计策，康熙皇帝以

---

① 杜家骥：《清朝满蒙联姻研究》，人民出版社，2003，第36页。但据《清实录》载，康熙十年九月，康熙皇帝东游驻跸辽河地方之时，"科尔沁和硕卓礼克图亲王鄂辑尔、和硕达尔汉亲王额驸班第、多罗郡王布达礼、多罗贝勒鄂缉不、辅国公图纳黑、多罗额驸厄尔德尼、和硕额驸沙津及台吉等来朝"。表明此时沙津已具有清朝额驸身份。也就是说，他与郡主成婚时间应该在康熙十年以前。
② 《清圣祖仁皇帝实录》，康熙十四年四月辛卯条。
③ 《清圣祖仁皇帝实录》，康熙十四年九月壬辰条。
④ 《清圣祖仁皇帝实录》，康熙二十七年二月丁未条。
⑤ 第二任达尔罕亲王和塔之长子，康熙十年三月袭达尔罕亲王爵。
⑥ 又作武尔图纳素图。据《钦定外藩蒙古回部王公表传》载，吴尔图纳苏图系郭尔罗斯部镇国公布木巴从孙，其伯父鄂林，天聪时来投，授二等台吉，卒无嗣，吴尔图纳苏图父扎木素袭。顺治三年，扎木素卒。吴尔图纳苏图长兄毕里衮鄂齐尔袭二等台吉，三十五年晋一等台吉。二等台吉爵位由吴尔图纳苏图承袭。辅国公莽塞领郭尔罗斯前旗，获罪，留辅国公爵，革扎萨克职，诏吴尔图纳苏图代扎萨克。

"全不疑之"①,也在情理之中。

其二,乌喇佐领必立克图往厄鲁特驿馆中遇噶尔丹使臣济尔哈郎格隆,语之曰"吾乃科尔沁台吉",济尔哈郎格隆问曰"尔识土谢图王否",必立克图曰"我系土谢图王亲信之人"。济尔哈郎格隆遂延请必立克图入其庐饮之酒使誓于佛前,出书一封授之,令致土谢图王。赠必立克图貂皮一张,猩猩毯一件。必立克图以其事密首。② 康熙帝留下信件,寻遣内阁学士西拉诏科尔沁土谢图亲王沙津来京。

康熙三十一年十二月末,科尔沁土谢图亲王沙津奉命来京觐见。康熙帝召入谕曰:"昔乌兰布通之役内大臣苏尔达及尔等共商遣尔属下人鄂漆尔等于噶尔丹众,皆疑尔等已附噶尔丹,将军萨布素等亦曾密奏以为尔等有异心,今又有乌喇佐领必立克图以噶尔丹遗尔之书密首,朕思尔科尔沁自太祖、太宗时归附世世职贡相为亲,历有年所尔必无此意,朕略无所疑。"沙津奏曰,"臣世受隆恩断无依附噶尔丹之理本欲引诱噶尔丹曾遣鄂漆尔是实",康熙密谕曰:"尔仍遣鄂漆尔诱噶尔丹至近地可也。"③ 显然,康熙皇帝正利用此事控制沙津并引诱噶尔丹。

康熙三十二年正月,康熙帝面见嫩科尔沁部和硕土谢图亲王额驸沙津等并"照例赏赐"④。康熙三十三年四月,理藩院题,嫩科尔沁部沙津以征布尔尼军功封多罗贝勒,今已袭封亲王爵,其所得贝勒应令其子阿必达袭封。康熙帝"从之"⑤。此时,噶尔丹之患还没解除,康熙帝虽有疑心还是采取羁縻笼络的策略稳住了嫩科尔沁部。

(三)所谓的"僭越之罪"

康熙四十一年三月,嫩科尔沁部和硕土谢图亲王额驸沙津坐侍妾僭用郡主仪仗之罪褫爵,命其侄阿喇善承袭和硕土谢图亲王爵位。⑥

顺治朝时期,清朝就对公主、郡主等远嫁外藩的皇室、宗室女的陪嫁之人做了规定。沙津亲王正妻为清太宗第五子和硕承泽亲王硕塞嫡福晋那拉氏所出第一女,级别为郡主。清朝规定郡主出嫁之时,"除乳父母外,侍女八

---

① 《清圣祖仁皇帝实录》,康熙三十一年十一月戊辰条。
② 《清圣祖仁皇帝实录》,康熙三十一年十一月戊辰条。
③ 《清圣祖仁皇帝实录》,康熙三十一年十二月甲辰条。
④ 《清圣祖仁皇帝实录》,康熙三十二年正月甲子条。
⑤ 《清圣祖仁皇帝实录》,康熙三十三年四月庚寅条。
⑥ 《清圣祖仁皇帝实录》,康熙四十一年三月丙戌条。

人。闲散五户"作为陪嫁。① 崇德初年定制，群主仪仗为："吾仗二，销金红伞一、青扇一、拂子二。"② 显然郡主去世后，郡主的八名陪嫁侍女中有人晋升为沙津亲王的媵妾，又擅自僭用郡主专属仪仗，犯下罪行，为康熙帝提供了废除沙津亲王职爵的口实。

综观此案，有几处疑点，值得深究。

其一，从罪名角度分析。

康熙十六年五月，额驸沙津所尚郡主就已去世。朝廷以郡主待遇"遣官致祭"③。表明，沙津亲王正妻去世时也是郡主身份，没能晋级到公主级别。"侍妾僭用公主仪仗罪"从何而谈？清朝前期社会等级非常严明，公主和郡主的身份有明显差别，清朝断不会给郡主赐公主的仪仗。"僭越之罪"事件涉及的人员都身份特殊，地位崇高。除非有意为之，不然出现此等混淆身份概念的罪名很难成立。

其二，从犯罪主体角度分析。

侍妾是随郡主陪嫁过来的随从人员，首要任务就是为公主服务，保障主子奢侈生活的良性循环。但从"布尔尼事件"中长什辛柱等的行为来看，这些陪嫁户随行人员不仅肩负服侍好公主郡主格格们，还承担监督蒙古王公活动的其他任务。沙津亲王的侍妾虽为京城满人或汉人"低贱家庭"之女子，但随郡主来到嫩科尔沁之地多年，并已晋升为侍妾，理应知晓不能享用郡主仪仗之利害弊端。因此，其"僭越"之举是故意还是无意值得怀疑。

其三，从量刑角度分析。

即使"侍妾僭用公主仪仗罪"成立，但与沙津亲王有多大瓜葛，是否存在量刑过重等是本案最大疑点。

清廷册封外藩诸多"世袭罔替"之爵位，明确规定"除反叛大逆不赦，行军失律，依法处置外，其一应过犯，永不削夺"。康熙十三年，奈曼旗达尔汉郡王札木山附布尔尼举兵反清，势穷自缚请罪。议政王大臣等议："札木山法无可赦，妻孥应没入宫。"康熙帝著"札木山从宽免死，革去王爵，仍留家口牲畜，令其自给"④。郡王爵位由札木山兄子、一等台吉鄂齐尔承袭。

康熙四十九年正月，康熙皇帝祀祈谷坛时"见太常寺卿噶仕图、朝帽

---

① 《钦定大清会典事例》（理藩院·仪制）。
② 《钦定大清会典事例》（理藩院·仪制）。
③ 《清圣祖仁皇帝实录》，康熙十六年五月壬辰条。
④ 《清圣祖仁皇帝实录》，康熙十四年五月己巳条。

顶上、镶嵌东珠。又见陪祀各官、用红坐褥者甚多"的现象。就谕礼部："凡官员品级、俱有定例、岂可任意僭用。尔部职司礼仪、应行查禁。寻礼部遵谕议覆、内外文武七品、八品九品官员、加级者俱不准过五品。五品、六品官员、加级者、不准过四品。三品、四品官员、加级者不准过二品。二品官员、加级者、不准过一品。惟大学士、尚书俱系头等大臣、准照一品例、朝帽顶嵌东珠一颗坐狼皮坐褥。"① 礼部只是"从之",未见对"任意僭用"者采取罢官削爵等处罚。

对比可知,在所谓的"侍妾僭用公主仪仗罪"中,清廷将"僭越"的违规行为②视为与"反叛"、灭九族之罪等同,出现量刑过重之现象。

其四,从传说角度分析。

在嫩科尔沁地区如今也流传着"本来沙津王与布尔尼亲王约定乘吴三桂之乱联合推翻清朝统治,无奈布尔尼提前暴露行踪而使起义搁浅","沙津亲王没有杀死布尔尼,献给朝廷的只是别人烧焦了的头颅。实际上布尔尼亲王被救到五台山","沙津亲王本想与葛(噶)尔丹联合推翻清朝统治,事发后被削爵革职"等传说。表明,此种认知在康熙时代较为普遍。因此,我们有理由怀疑"侍妾僭用公主仪仗罪"可能是个借口或阴谋,是康熙帝对沙津亲王种种流言传说的一种怀疑或回应。

其五,从时间上分析。

此时,与沙津亲王有瓜葛的噶尔丹已退回漠北病亡,喀尔喀蒙古亦内附,清朝西北之患暂时得到缓解。疑心重重的康熙帝找借口清除"怀有异心"的嫩科尔沁部藩王实属当然。通过此事可看出,康熙帝已将嫩科尔沁部的人事权牢牢地控制在了手中,以至于达到随便找个理由就能将外藩蒙古最有实力的和硕亲王革职削爵贬为庶民的地步。

第三节 嫩科尔沁人的陵寝守界理念

清初至康熙年间,在科尔沁地界南部,修建一条篱笆边墙,曰柳条边,以界"盛京、宁古塔和蒙古"③。柳条边的修筑是为了保护满洲发迹之根本

---

① 《清圣祖仁皇帝实录》,康熙四十九年正月辛卯条。
② 清廷对此等违规行为多采取罚俸的措施。
③ 乾隆皇帝的诗篇《柳条边》内诗句。该诗写道:"取之不尽山木多,植援因以限人过。盛京、吉林各分界,蒙古执役严谁何?"清楚地说明了柳条边的地界作用。

之所及兴京（新宾老城）、塞外三陵等"龙脉之地"，禁止内地人私挖人参、私捕鹿貂等多重内容。柳条边的修筑客观上为今日科尔沁地域文化的形成起到促进作用，是清代嫩科尔沁发展史上绕不开的事件。

一　嫩科尔沁部的定边、老边和新边

柳条边的修筑经历清前三朝几十年时间，因此不同时期修筑的边墙也有"定边""老边""新边"等不同名称。学者们对"老边""新边"有诸多细考，对柳条边起始之作"定边"却无深层研究。科尔沁左翼三旗地界原住蒙古人中流传的"三展皇边，倒退四十"之传说及清代法库边门不同地点、不同名称等可为柳条边的多种名称提供依据。

（一）定边

"定边"系清崇德朝修筑之边墙名称。天聪五、六年间，科尔沁部"南进西出"，郭尔罗斯部南进至乌拉近地，科尔沁本部牧地抵近盛京北法库山。清朝建立之后，在郭尔罗斯旗和科尔沁左翼与满洲所属地中间修筑一条边墙，以示满蒙地界。修筑年代及走向，有学者认为："老边始于崇德三年，首先修筑了自凤凰城至碱厂边门一段，大多沿明代边疆走向，插柳结绳，权作'定边'。"[1] 崇德五年三月，崇德皇帝命往迎索伦兵者"入境时，须从法库门入，不可由叶赫一路来"[2]。也清楚地说明，崇德五年，法库门已是边门。

（二）老边

老边，即顺治年间为保护"龙兴之地"修筑的柳条边名称。先从碱厂边门向东北延伸至兴京边门，再向西连接开原北面的威远堡，尔后又从威远堡向西南拓展，大体沿明代边墙走向，插柳挖壕，直抵山海关，全长1900余里，称"老边"或"盛京边墙"。其修筑时间，一般记作"顺治年间"。近期有学者考证出"顺治五年起"[3] 之说，可谓很具体。

（三）新边

"新边"是指康熙朝前期所修筑柳条边总称从威远堡修到吉林以北的法特哈边门[4]，称为"新边"。

---

[1] 于济源：《回眸柳条边》，《东北史地》2004年第2期。
[2] 《清圣祖仁皇帝实录》，崇德五年三月癸巳条。
[3] 刘长江：《从沈阳地区的保护现状看清代柳条边》，《满族研究》2008年第2期。
[4] 即今舒兰市的法特东亮子山。

三边呈"人"字形，设有多处边门。其更细的具体内容《大清一统志》记载的很清楚，曰：

> 盛京边墙，南起岫岩厅所辖凤凰城西北开原折而西至山海关接边。城周一千九百五十余里。命为老边。又自开原城威远堡而东历吉林北界，至法特哈，长六百九十余里，插柳结绳以定内外，谓之柳条边。吉林开原以西边外为蒙古科尔沁等诸部驻牧地。兴京凤凰城边外为围场。边门凡二十。由山海关外自西而东曰明水堂、白石嘴、梨树沟、新台、松岭子、九官台、清河、白土厂、彰武台、法库、威远堡折而南曰英峨堡而东兴京、碱厂、爱哈、凤凰城。又自开原、威远堡而东曰布尔德库苏巴尔罕、克尔苏、伊屯、法特哈，分设防卫官兵管辖，稽察出入。①

附三 "三展皇边，倒退四十"传说的史实依据

柳条边的反复修筑在科尔沁人的记忆中留下诸多印记。其中包括"三展皇边，倒退四十"之传说。可为第一代达尔罕巴图鲁亲王满珠什礼的"巴图鲁"号被削夺提供依据。

此前，就有学者注意"三展皇边"这一说法。认为"三展皇边"发生于康熙十四年（1675）、二十五年（1686）、三十六年（1697）。具体为"康熙十四年，废水口边门，向西外展至高台堡（绥中县），名曰高台边门；同年又废芹菜沟边门，向西北外展至二道河（未设边门）。康熙二十五年，废高台边门，向西北外展至宽邦（绥中县），名曰宽邦边门。康熙三十六年，废宽邦边门，又向西北外展至白石嘴（兴城市），名曰白石嘴边门；同年，又废黑山口边门，向西外展至梨树沟（兴城市），名曰梨树沟边门；接着，又从二道河展至新台（葫芦岛市），名曰新台边门"②。将这一传说与康熙年间三次撤销边台联系在一起。并且没有对"倒退四十"说法做出考证之举。

科尔沁地区流行的"三展皇边，倒退四十"传说与上述有所不同，为：

---

① 《大清一统志》（卷六十）。
② 李喜林：《清代的柳条边》，《兰台世界》1999 年第 4 期。

"清朝三次新皇登基均从科尔沁南部地界划去部分土地,边门也重新修建。令科尔沁王公很不高兴。于是乘康熙刚刚登基,达尔汉亲王满朱习礼就举兵南进,扬言要推翻清朝。临行前,达王在王府西边大坨上向西南方向成吉思汗陵跪拜起誓,曰'不推翻清朝,决不收兵'。行军至蒙古贞旗(清代卓素图盟土默特左旗)时,达尔汉王的好友察罕迪延齐喇嘛散丹桑布①拦住去路,劝其撤兵。达王的另一位好友扎萨克图旗阿爸葛根②也赶来劝说。达赖喇嘛使臣也从西藏赶来以'天时地利人和'等规劝达王。达王撤兵,单人独骑闯关到北京谈判。谈判结果是,清朝不再侵占科尔沁土地,先前所占之地分三份,朝廷要一份,外甥即康熙帝拿一份,科尔沁诸王留一份。这样科尔沁南部地界失去八十里宽土地,清朝与科尔沁之间再没发生土地纠纷。"③

图 6-1 依牛堡旧门原址上的公交站牌

达尔汉亲王举兵反清的传说在蒙古贞旗也有流传。传说"达尔汉亲王恼怒康熙帝对他的慢待而起兵"④。蒙古贞葛根庙⑤活佛也因说服达尔汉王撤兵而受到朝廷重视,葛根庙由此发达。

李勤璞博士的"法库"中收录此传说在法库地区的版本,为"康熙年间,由于'归附益众',户口日繁,边内旗田不够分配,曾向外展边。法库境内最初的柳边在三面船镇西起三台子、二台子到依牛堡旧门。康熙年间向北展边一百二十里,在今康平县后旧门一线。这侵占了蒙旗大片土地,旗王

---

① 据传此人治愈达尔汉王头上的刀伤而成为达王的至交。蒙古贞葛根也因衣钵该喇嘛医术医德而成为东蒙古第一大寺庙。
② 俗名为毕里根达赖,系内齐托音弟子,据传因治愈达尔汉王满珠习礼所患"瘩背"病而得"阿爸葛根"名号。为扎萨克图郡王布达齐和达尔汉郡王满珠习礼共同供奉的喇嘛,也是科尔沁右翼前旗葛根庙即梵通寺和科尔沁左翼中旗唐格尔庙即寿安寺的第一任主持喇嘛。传至第三世不再担任寿安寺葛根之职,而成为梵通寺的葛根。乾隆时期册封为"noyan qutuɤtu"即有爵位的活佛。
③ 据包满仓老人采访。这种口述传说在科尔沁地区非常流行,似乎就是人们的普遍共识,尤其是包氏台吉家族的后裔都坚信传说的真实性。
④ 阿拉坦噶日迪等编著《蒙古贞宗教》,内蒙古文化出版社,1994,第183~184页。
⑤ 清朝所赐寺名为"ɤaiqamsiɤ jokiraɤuluɤči süm-e",汉译"瑞应寺"。

爷联合反对，朝廷又将柳边南退四十里。故法库民间有'三展皇边，倒退四十'之说"①。

李勤璞先生的"法库"一文还记述了康平县境内留有"旧门"和"后旧门"两处地名之事。本人在踏查柳条边彰武台边门遗址时也发现此处隔着养息牧河有章武台门和养息牧门两处遗址。此等现象表明，作为满蒙地界的柳条边的每一个边门是不是由对应的两处边门组成，蒙旗和清朝各看管一门呢？望相关学者深入研究。

笔者追寻"三展皇边，倒退四十"传说，对清代法库边门做了相应的实地勘，发现此处有多处"边门"，名称各不相同。

"依牛堡旧门"遗迹在法库县依牛堡乡依牛堡村。原旧门遗址现为十字花南北通道。中心区域地理坐标为北纬42°13′14.1″，东经123°21′53.9″。与法库边门的直线距离约65华里。

"法库边门"遗址在今法库县城边门街中心地带上，其中心区域地理坐标为北纬42°30′34.5″，东经123°24′38.9″。

图6-2　法库边门原址中心区域地理坐标　　　图6-3　法库门旧门遗址

"旧门"遗址在康平县境内，有"前旧门"和"后旧门"两处遗址。中间相距3里地左右。后旧门与法库边门旧址直线距离大约30里。其中心区域地理坐标为北纬42°37′18.1″，东经123°18′17.6″。

---

① 李勤璞：《法库》，《蒙古史研究》（第8辑），2005，第329页。

从上文看，依牛堡旧门、法库边门、旧门三处边门的位置基本吻合法库地区流行的"三展皇边，倒退四十"之传说。与"依牛堡旧门"对应的是崇德三年的"定边"边门；康平县"旧门"附近对应的是顺治时期的"老边"边门；今法库县城边门街中心地带"法库边门"对应的是康熙前期的"新边"边门。地名的变化和"三展皇边，倒退四十"之说等也许是以满珠习礼为首的嫩科尔沁部与清朝为修筑柳条边，界定土地牧场产生诸多冲突的内涵体现。

二 嫩科尔沁部"陵寝守界"理念的实施及作用

柳条边就是一条标识禁区的界壕。修筑标准非常简单，即用土堆成宽、高各三尺的土堤，堤上每隔五尺插柳条三株，各株间再用绳子连接横向柳枝，即所谓"插柳结绳"。土堤的外侧挖掘深八尺、底宽五尺、口宽八尺的边壕，以禁行人兽畜越渡。康熙朝杨宾《柳边纪略》一书所说："今辽东皆插柳条为边，高者三、四尺，低者一、二尺，若中原之竹篱；而掘壕于其外，人呼为柳条边，又曰条子边。"即指这种篱笆边墙。

修筑柳条边的最初目的就是界定满蒙地界。但是，从修筑之日起朝廷与蒙古诸部间纷争不断，因而没能发挥出"修边示限，使畜牧游牧之民，知所止境，设门置守，以资震慑"① 的功能和作用。科尔沁王公看出了简陋的柳边和松弛的管理无法抵挡边内流民的外出，更担心清廷对蒙地有大企图，于是遵循"陵寝守界"之理念，在游牧地南端修建了很多王公陵寝，以示地界。事实证明，"陵寝守界"所起作用远在柳条边之上。

科尔沁人"陵寝守界"理念由来已久。据传，莽古斯扎尔固齐诺颜去世后留下"祖先的陵寝在，子孙就能找到牧地"等三条遗嘱，将陵墓建在属地最北端 boγda γool（即费克图河）附近 qarbing（哈日秉，即今天的哈尔滨）之地。②

莽古斯诺颜的陵寝守界理念成为科尔沁王公的共识。从而，在今辽宁省法库县、康平县境内围绕八户山③出现多处科尔沁左翼三旗的王公、台吉陵墓群。谓之"yekes-ud-un- yamu"④，意为贵族诸陵寝。派出专门的

---

① 《奉天通志》卷七十八，东北文史丛书编委会电教出版，1983。
② 详情参阅特木尔巴根"莽古斯扎尔固齐诺颜三个遗嘱"，《嫩科尔沁故事》第一辑。
③ 又作八虎山、巴虎山、拔户山等，详情见李勤璞《法库》。
④ 蒙古语"yamu"是从满语"yafan（院落）"演化而来的词汇。专指陵园或陵寝。

"yamučin"（陵丁）负责日常管理，王公台吉定期祭祀祭拜，从而形成独特的科尔沁陵寝文化。

在法库县境内有七处陵墓群。

其中，科尔沁左翼前旗第一代冰图郡王孔果尔，第二代冰图郡王额森的陵园在卧牛石乡大屯村，共两处。

科尔沁左翼中旗第一代多罗贝勒绰尔济家族的陵寝在慈恩寺乡老陵村，共五处。

科尔沁左翼中旗第三代达尔汉亲王班等四位亲王陵园在四家子蒙古乡王爷陵村，共二十一处。

科尔沁左翼后旗博多勒噶台亲王僧格林沁等四位扎萨克王的陵园在慈恩寺乡公主陵村，共五处（一为喇嘛坟）。

康平县境内有僧格林沁亲王子伯颜讷穆胡亲王等三位亲王（一为追封亲王）陵园。

此外，卓里克图亲王吴克善及其继任者们的陵寝在今科尔沁左翼后旗巴彦毛都苏木所属"yamutu-yin joo"（即雅莫召——有陵院的大坨子）之南坡。之所以选择此地，是因该处原为科左中旗、科左后旗、科左前旗及奈曼旗的四旗交界处。

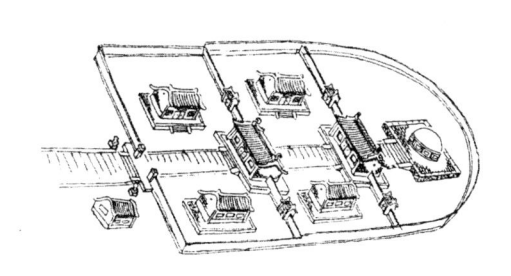

图 6-4　冰图郡王孔果尔陵园复原图

图 6-5　卓里克图亲王吴克善陵寝中心区域地理坐标

到乾隆年间（1736~1795），柳条边实际上已经荒废失修，形同虚设，这一点从乾隆帝所说"其设还与不设同"① 可看出端倪。因此，到乾隆后

---

① 《盛京通志》卷十三。

期，边内流民蜂拥卓素图盟五旗，私垦草场，盗伐林木，垦殖平原等几近疯狂，使得原著民众面临无法生存之地步。而哲里木盟十旗的全面农耕进程较卓素图盟晚了近百年。其中，科尔沁贵族陵寝守界理念发挥重要作用，真正起到了柳条边的"界"和"限"作用。

第四节　嫩科尔沁部被"献出"锡伯人

康熙三十一年（1692），从嫩科尔沁部王公、贝勒、台吉手中将锡伯人全部献出。编入八旗满洲，分驻齐齐哈尔、伯都讷和乌拉三城，归黑龙江将军和宁古塔将军管辖。此次被动"献出"事件对锡伯族、满族乃至清朝历史都产生深远影响，也对嫩科尔沁部传统主权造成很大影响。

一　嫩科尔沁部与锡伯人

1593年九月，为遏制建州女真首领努尔哈赤的兼并和扩张，叶赫、哈达、乌拉、辉发、科尔沁、锡伯、卦尔察、朱舍里、讷殷九部，合兵三万，分三路攻打努尔哈赤。史称"九部之战"。这也是"锡伯"之名首次出现于清代诸史。从天命四年，努尔哈赤灭叶赫部，"满洲国自东海至辽边，北自蒙古嫩江南，至朝鲜鸭绿江，同一音语者，俱征服"①。可知，当时的锡伯人与满洲人语言不一。

"九部之战"后，叶赫、哈达、乌拉、辉发、朱舍里、讷殷等女真部落被努尔哈赤吞并，融入满族共同体内，锡伯、卦尔察二部则被嫩科尔沁部兼并，成为嫩科尔沁联盟成员。因此，"九部之战"中努尔哈赤与嫩科尔沁部也许存在默契或暗箱操作的可能。后有零星锡伯人投附爱新国，受到礼遇。如：天命十一年，"锡伯族之巴达纳，弃其祖先世居之地，率丁三十名来投有功，曾升为备御，巴达纳死后，以其弟霍洛惠袭为备御，自锡伯地方带来之人，著免正赋，子子孙孙，奕代恩养"②。又有诺木图佐领下"胡岱、巴珠、格卜库，自锡伯偕妻子逃来有功，子子孙孙，著免正赋"③。天聪五年六月初四日，"锡伯人绰托、松塔礼前来谒汗。绰托献马一匹，貂皮二十

---

① 《清太祖武皇帝弩儿哈奇实录》卷三。
② 中国第一历史档案馆编译《锡伯族档案历史》（上册），辽宁民族出版社，1989，第4页。
③ 中国第一历史档案馆编译《锡伯族档案历史》（上册），辽宁民族出版社，1989，第4页。

张，松塔礼献马一匹，貂皮十张"。① 但是，多数锡伯人还是隶属蒙古嫩科尔沁部。

崇德元年（1636）四月，嫩科尔沁部王公接受清朝册封，嫩科尔沁部正式成为清朝蕃部属民，麾下锡伯、卦尔察、索伦、巴尔虎、达斡尔人也随之投附大清朝。至顺治年间，清廷在嫩科尔沁地区编设十旗，按十旗王公属民和兵丁分给土地，各旗出现章京、参领、佐领、昆都（骁骑校）等中层官吏。但在当时的科尔沁，"šibege kümün-i kündü-eče degegür kereglekü ügei"（锡伯人不能担当昆都以上职位）② 却是一种定制惯例。

锡伯人向嫩科尔沁王公、台吉每年所交贡赋亦不少。清制规定蒙古赋税为"有五牛以上有羊二十者，并收取一羊；有羊四十者，取二羊。虽有余畜，不得增取。有羊二者，取米六锅；有一羊者，取米一锅。其进贡会盟游牧嫁娶等事，视所属至百户以上者，于什长处取一牛一马之车；有三乳牛以上者，取乳油一腔；有五乳牛以上者，取乳酒一瓶；有百羊以上者，增取毡一条"③。锡伯全族为嫩科尔沁部最基层属民，因而其经济压力更大。

锡伯人承担朝廷差使也很繁重。如康熙三十年七月、闰七月间，齐齐哈尔地方巴尔虎部发生瘟疫，牲畜锐减，黑龙江将军萨布素奏请朝廷，提出提议："包括散入扎赉特、杜尔伯特二旗之约八百户，共一千五百余户，暂且分交科尔沁十旗。该旗之锡伯等粮谷宽裕、锡伯等所居嫩江流域，多有鱼类。相应令锡伯人等赡养，晓以食量、耕耘、捕鱼之道。亦自来年起，由部每户得给耕牛一头，农具、籽种，交蒙古、锡伯教习耕耘，俟其暗于耕耘，能另谋生计时收之。"④ 再如，康熙二十四年三月，黑龙江将军萨布素等为修复损坏的兵船事咨钦差，"应差领催一名，一同直至乌拉，将八百斤桐油、十石石灰，载之于船，以彼处之力顺溜速送，抵嫩江口之处，仍以船运，则逆水而行，将拖延时日，征用锡伯马车递相更换，星夜速解可也"⑤。

---

① 中国第一历史档案馆编译《锡伯族档案历史》（上册）辽宁民族出版社，1989，第4页。
② 现在的科尔沁还流传着"sibege kümün kümün bisi, sili-yin miq-a miq-a bisi"（锡伯人不算人，颈部肉不算肉）之说法。
③ 《钦定大清会典事例》卷九八〇，第1页。
④ 中国第一历史档案馆编译《锡伯族档案历史》（上册），辽宁民族出版社，1989，第18~19页。
⑤ 中国第一历史档案馆编译《锡伯族档案历史》（上册），辽宁民族出版社，1989，第15页。

此外，锡伯人还承担朝廷的各种差使和看守嫩科尔沁部王公、台吉府邸、陵寝等杂役。今内蒙古自治区通辽市科左中旗巴音塔拉镇亚门西伯爱勒①就是看守清太宗第三女固伦端贞长公主达哲陵寝的锡伯陵丁所居村落演变而来。后来，嫩科尔沁部王公、贵族陵寝所在地几乎都形成锡伯人居住的村落。

在清代，承担嫩科尔沁地区守陵等杂役的锡伯人被称作"baqu šibege kümün"（八户锡伯人）②，意为"住在八虎山的锡伯人"。八虎山为今辽宁省法库县、康平县界山，与清人杨宾"柳边纪略"所记"席百，一作西北，又作席北，在船厂边外西南五百里"③相吻合。杨宾第一次宁古塔之行为康熙四十五年，此时，嫩科尔沁部"献出"锡伯人已有十几年。因此，杨宾所指"锡伯人"应为居住在巴虎山近地守护嫩科尔沁部王公、台吉陵寝之锡伯人，而非锡伯全族。

二 嫩科尔沁部被"献出"锡伯人之原因

嫩科尔沁部王公、台吉被动献出锡伯人等是受清廷压力所致。其中有军事、经济、治安等多重因素，但清朝最终目的是将嫩科尔沁部传统主权剥夺殆尽。

军事原因：康熙二十八年（1689），清朝与俄罗斯签订《尼布楚条约》，以结束"雅克萨战役"。康熙二十九年八月，清军在乌兰布通与东侵之噶尔丹决战，噶尔丹退往科布多，清朝外部压力得到缓解。为躲避战祸，齐齐哈尔等地涌进大批喀尔喀人、巴尔呼人与当地索伦人、达斡尔人杂居，增加了地方治安压力。为此，黑龙江将军萨布素上书清廷，"墨尔根城地处蒙古、锡伯、索伦及达斡尔之北，其兵民与外藩人等共居杂处。墨尔根城远离乌拉吉林一千四百余里，与之隔绝，万一有调遣之事，不能践约及时来到。松花江由南北流，嫩江由北南流，两江于图西吞地方汇合，经东省诸部所居之地，流入东北海。自乌拉吉林至嫩江口约五百里，嫩江口至齐齐哈尔约五百里，齐齐哈尔至墨尔根约五百里。其中有齐齐哈尔最为紧要形势之地，蒙古、锡伯、索伦、达斡尔等所居地界总汇于此，

---

① 意为"有陵寝的锡伯人居住村落"，20 世纪土改后改作保安屯，今恢复"亚门西伯爱勒"之名称。
② 又作"巴虎人""八虎人""拔户人"等。详见李勤璞《法库》。
③ （清）杨宾：《柳边纪略》，辽沈书社，1985，第 11 页。

且距通达兴安岭北呼伦等地及尼布楚之道甚近，应于齐齐哈尔一带驻兵一队，再，松花江、嫩江汇合之处，系水陆通阜，大渡所在，亦应驻兵一支。如此则齐齐哈尔、嫩江口皆以江为屏障，得其地利，兵马可赖腴田青草而强盛膘壮，驻守则极其坚固，出征则颇为英武，虽有紧急事宜，自墨尔根至此，相续彼此调遣，不致有误，且兴安岭以北若有战事，此一隅之师，亦可会同相机而行"。清廷亦发现此等现象，筹划"（从）柳条边丁内，抽选有妻孥、能当差者补充"。但沿柳条边驻守的将军们以"今柳条边丁只剩六百五十三名，按地计算，每丁该看管三里余地。今若抽调边丁，则不仅毁边，行围之山亦难看护"① 为由，加以反对。苦于无兵可调的康熙帝遂想到科尔沁所属锡伯、卦尔察人。

经济原因：锡伯人久居嫩江之滨，农耕文化较发达，粮谷产量颇丰。以至于康熙前期，黑龙江将军多次派遣驿站官前往锡伯地方购买粮谷。以康熙二十七年（1688）为例。是年十二月，"黑龙江将军萨布素批准驿站官杜尔岱之请，拨给可载六十石之船二只，以便前往锡伯地方购买粮谷"②。此等就近贸易行为既解决驿站买不到粮谷、饲料之困，也节省运费、人力等，因而成为定制。总管内务府和盛京内务府也多次派员到锡伯之地贸易，带去毛青布、裹白粗布、细绳、粗绳、油等交换农副产品。如康熙九年，盛京内务府派员与锡伯地方贸易，所带去之物为"三牛录所织佛头青布，白、红布七千八百匹，蓝、白粗布七千二百匹，共一万五千匹"③。可见，贸易量很大，锡伯人的农业亦很发达。

康熙三十二年（1693）五月，户部为锡伯附丁种田、征粮之事咨文黑龙江将军，文中曰："将移驻伯都讷、乌拉之锡伯、卦尔察三千兵之附丁六千名，留附丁三千名，使三千名附丁种田，征收官粮。将移驻齐齐哈尔城之锡伯、卦尔察一千兵之附丁二千名，亦照伯都纳、乌拉之例，留附丁一千名，将一千名丁或于齐齐哈尔地方编十庄安置，或应照宁古塔将军佟保所题，令一千名附丁种田，计丁征粮。"④ 康熙三十四年八月规定，"自明年起征粮"。具体数量为"每丁各征粮五金斗"。锡伯官庄的粮禾一定程度上缓

---

① 中国第一历史档案馆编译《锡伯族档案历史》（上册），辽宁民族出版社，1989，第26~27页。
② 中国第一历史档案馆编译《锡伯族档案历史》（上册），辽宁民族出版社，1989，第13页。
③ 中国第一历史档案馆编译《锡伯族档案历史》（上册），辽宁民族出版社，1989，第10页。
④ 中国第一历史档案馆编译《锡伯族档案历史》（上册），辽宁民族出版社，1989，第91页。

解了宁古塔、乌拉、齐齐哈尔三地粮谷、饲料等军需压力。

治安原因：《锡伯族档案历史》收录几则康熙前期锡伯人拦路抢劫、偷盗财畜案件档案。显示，官兵商贾往返通行之索伦大道已是盗贼不时出没，孤单行人颇为愁苦之地。而且成群结队的官兵及其家眷也难免此劫。康熙三十年（1691）初，"（吉林官兵）携眷迁来墨尔根时，于二月初二日，正白旗波莫都佐领下西讷科依之青骟马，于锡伯伯都讷村地方被盗。十四日，正蓝旗佐领额尔古勒之青骟马，于五家子地方被盗。十八日，镶白旗防御珍德依之花骟马，于锡伯萨勒巴岱地方被盗。同日，正蓝旗防御达勒必山之腰刀一把、马箭六支、迅针箭五支、大披箭一支，于锡伯乌聂恩村地方被盗。二十二日，镶蓝旗星额佐领下纳凯佐领之枣骝骟马一匹，白骟马一匹，于锡伯乌聂恩村地方被盗。二十六日，正蓝旗额舒佐领下尼木奇拉，于锡伯法依法里村这边修完车赶来时，日落天黑，突来锡伯人近二十名，执拿尼木奇拉、闲散章京达勒必山之汉丁二名等三人，将车上所载佛头青布十九匹、白布二匹、翠蓝布一匹、对青棉袍一件、被一床、棉花五斤、弓一张、鞋三双、布靴一双、布袜一双、单裤三条、衬衣三件、鞍垫一件、鞿与后鞦一副、帐房一座、油单一块、箭罩一对、刀一把、纸一百五十张、棉花二斤、绒线五两、藤制凉帽二项、白布十五匹、铧头三件、犁耳一件，一并抢去。同日、法依法里村这边，来锡伯人二十人把小豆一斗、凿子一个、铃六个、闪缎裙一件、镜子五面、大披箭二十七支、箭桶一只、柜一个抢去。内装零碎什物，未计其数。二十五日，正蓝旗佐领额舒之红骟牛一头、黄骟牛一头，于锡伯法依法里村地方被盗。二十六日，镶蓝旗额色佐领下波迪之黑骟马一匹，骟骡马一匹，于古鲁村地方被盗。二十七日夜，镶蓝旗佐领星额里之黄骟马一匹、青骟马四匹、栗骟马一匹，于古鲁村地方被盗等因"①。盗贼的猖狂及治安的脏乱可见一斑。

康熙三十年十月二十日，黑龙江将军麾下茂兴驿站唐宏印、六三等驿丁于松花江、嫩江汇合处图西吞村树林地方遭两名锡伯人、两名蒙古人抢劫；十一月初四日，驰递公文之骁骑校稳都里等驿丁遭劫，驿马被盗。此外，"往返经行此路之人等马牛行李被劫盗者甚众，其未交踪迹，无证者，注入

---

① 中国第一历史档案馆编译《锡伯族档案历史》（上册），辽宁民族出版社，1989，第23~24页。

地方档册而未报院之案件颇多"①。但是，做事的锡伯皆系蒙古嫩科尔沁部所属之人，黑龙江将军等处无权擅自察议，故只能请理藩院派官员察议归还。等理藩院接到来文再派遣官员查办，已过几个月之久，难查原委，最后不了了之。因此，康熙帝巧妙利用宗教势力令嫩科尔沁部王公主动"献出"锡伯人，将其编入八旗体制，分属上三旗，派驻齐齐哈尔、伯都讷、乌拉等地，置于其直接控制之下。

三 嫩科尔沁部被"献出"锡伯人之过程

嫩科尔沁部王公献出全体锡伯人之过程颇具故事。刚开始康熙帝向嫩科尔沁部王公提出此请时，遭到嫩科尔沁部王公集体拒绝。康熙帝利用内济陀音（亦作内齐托音）二世宗教影响力妥善解决了此事。

辛未年，即康熙三十年（1691）仲夏之际，康熙帝遣使召内济陀音二世至宫中，提出"科尔沁十旗乃是你的檀越，也是朕的舅家，那里有我们满洲人的锡伯、呼勒沁部落。你去把锡伯、呼勒沁人请来，朕欲赐赍其诺颜，把他们招收过来"②。内济陀音率领明噶达尔③、阿里哈达等近10名都统大人，取道山海关前往嫩科尔沁。

在嫩科尔沁部卓里克图亲王府，内济陀音二世向嫩科尔沁部王公转达皇帝圣谕，讲明自己担任使者奉命前来的目的。十旗王公、贝勒、贝子、台吉、官员等1000多人一致表示"我们都是圣主的臣民，我们的属民锡伯、呼勒沁（卦尔察）也同样是圣主的百姓，尽管我们似乎没有理由把他们交给圣主，但是，从我们的祖父直到今天，为活佛效忠，生而尽力，死而结草。如今活佛喇嘛奉使前来向我们恳求，我们一定照办。一来满足圣主的心愿，二来是喇嘛和我们的荣誉，况且还有益于禅教与圣灵的利益，有益于我们的名声"④。可见，一世内齐托音的影响依然左右着嫩科尔沁部王公。结果，大约100个苏木（实为80个佐领）的锡伯、呼勒沁、达斡尔人被"全数进献"，划归至八旗满洲上三旗麾下，分驻齐齐哈尔、乌拉、伯都讷三城。三城具体分驻人数为"一千名令其披甲，并附丁二千名，一同镇守齐齐哈尔地方，白都讷地方修造木城一座，将席北、卦尔察、打虎儿内拣选强

---

① 中国第一历史档案馆编译《锡伯族档案历史》（上册），辽宁民族出版社，1989，第25页。
② 达摩三谟陀罗著、乌力吉图译《内济陀音二世传》，第80页。
③ 疑似顺治朝重臣科尔沁人明安达礼，但明安达礼于康熙八年二月已卒。
④ 达摩三谟陀罗著、乌力吉图译《内济陀音二世传》，第80页。

壮者二千名，拣选三千名移住乌喇地方令一千名披甲，二千名为附丁"①。其主要职责是为朝廷开垦田土，皮甲驻防。

嫩科尔沁部王公"进献"锡伯人等是有代价的行为。理藩院提议"科尔沁进献锡伯、卦尔察、打虎儿人丁先经议政王大臣等议，每丁赏银八十两，如不愿领八十两者，每丁一年给银三两……其老病未及年岁者，按户各赏银八十两"②。结果，可以披甲的11858名丁内5719名丁情愿每年领银三两，余下6139名丁情愿领银89两。所赏银两的具体归属下面再看一则档案。

康熙三十一年十一月，理藩院为漏查嫩科尔沁部锡伯丁之事咨文黑龙江将军萨布素，曰："科尔沁扎萨克图郡王鄂齐尔旗一等侍卫苏珠克图家锡伯丁鄂退，二等台吉鄂齐尔所属费延图家锡伯丁阿布萨哈、阿尔彬，扎赉特固山贝子纳逊旗四等台吉乌鲁卓波齐家丁奇塔特等，因病漏查，未行进献，今请献之。据此，拟收此所献之丁四名，赏银伊等之主各八十两银。"③郭尔罗斯扎萨克旗阿哈泰佐领下三名锡伯丁也因病漏查，今请献之。其主人亦各得80两银之赏。从上述档案中可看出三点：一是朝廷赏赐银两归其主人；二是嫩科尔沁部王公献锡伯人较为彻底；三是嫩科尔沁部台吉、领主总共得到大约120万两"赏银"。

清廷兵部为安置锡伯、卦尔察兵丁，咨文黑龙江将军。文中将所献锡伯、卦尔察兵丁准确数字记为"一万四千四百五十八名，其中除年老之丁，年幼之童及家奴丁外，可以披甲之丁共一万一千八百一十二名"④。这数字与《清实录》所载"可以披甲当差者，一万一千八百五十余名，分于上三旗安置"有所出入。这些人分兵4000名，附丁8200名等，编为80牛录，八旗满洲正黄、镶黄二旗各得27牛录，正白旗得26牛录。

四 嫩科尔沁部被"献出"锡伯人之影响

嫩科尔沁部王公献锡伯人编入八旗对嫩科尔沁人、锡伯人，乃至整个清朝的历史文化都产生了很大影响。这一事件稳固了满洲人发祥地，加强了黑

---

① 《清圣祖仁皇帝实录》，康熙三十一年四月乙巳条。
② 《清圣祖仁皇帝实录》，康熙三十一年六月乙未条。
③ 中国第一历史档案馆编译《锡伯族档案历史》（上册），辽宁民族出版社，1989，第39页。
④ 中国第一历史档案馆编译《锡伯族档案历史》（上册），辽宁民族出版社，1989，第31页。

龙江、吉林地区的防务，增强了朝廷对锡伯人的直接控制。此外有学者认为，这一历史事件"促进了锡伯族向农业民族的过度的同时拉开了锡伯族东迁、西移的序幕，造成四分五裂的分布状况及促使锡伯族普遍使用满语、满文，而且西迁新疆的锡伯人在社会实践中发展和丰富了满语满文，至今仍作为自己的语言文字在使用的历史结局"①。

嫩科尔沁王公"献出"锡伯人后《清实录》等文献中再没出现"科尔沁国"的记述。因而从嫩科尔沁部角度审视科尔沁王公"献出"锡伯人事件会得出另一种结论，也就是在整个事件中包含着清廷更深层的主观意图，即进一步剥夺嫩科尔沁部传统主权，击碎嫩科尔沁部落联盟②的传统势力。因为在与努尔哈赤争霸期间，嫩科尔沁部吞并锡伯、卦尔察、巴尔虎、达斡尔、索伦等部，形成强大的嫩科尔沁部落联盟，在东北地区形成不可小觑的政治军事力量。后与爱新国为首的女真人组成满蒙联盟，共同抗击察哈尔林丹汗和明朝。嫩科尔沁人帮助满洲人入关，定都北京入主中原，并成功铲除了"三藩"割据势力。随着清朝中原地区统治的稳固，明朝汉人统治已不复存在。漠南、漠北蒙古人的投附，噶尔丹势力的衰败等，也预示着林丹汗为首的蒙古反抗势力彻底瓦解。因此，作为清朝"外藩首席盟友"和"外戚核心"的嫩科尔沁部落联盟已失去存在的价值。清廷巧立名目将嫩科尔沁联盟中的从属部落剥离出去，理所当然要击碎嫩科尔沁联盟等潜在威胁。

据《满文老档》载，崇德元年十月，编审嫩科尔沁部牛录时，总户数为22380户，总甲数为6639甲。此次"献出"的锡伯人"可以披甲之丁共一万一千八百一十二名"。对比可知，献出锡伯人后，嫩科尔沁部失去一多半人口，嫩科尔沁联盟遭到摧毁，已不复存在。嫩科尔沁部在朝中的话语权尽数被夺，传统势力丧失殆尽。

嫩科尔沁部经济、生活方面也受到很大影响。③ 劳力的减少使得刚有起色的嫩科尔沁地区农业受到重创，粮谷、饲料等只得依赖南部柳条边近地之

---

① 吴元丰、赵志强：《锡伯族历史探究》，辽宁民族出版社，2008，第44~46页。
② 献锡伯人对于嫩科尔沁部传统势力的削弱，《锡伯族历史探究》未进行论述。班珏硕士学位论文《清初四朝与科尔沁蒙古的关系》认为"因为科尔沁这两个附属部落有着过人之处，所以清统治者岂能容其为别人服务，势必要夺取来，一方面解决了驻防的人手和军粮的问题，另一方面削弱了科尔沁的力量"。
③ 献锡伯人对锡伯族造成的影响等，《锡伯族历史探究》一书展开了精辟论述，但此事件对科尔沁历史进程造成的后果影响，该书未进行讨论。

少数"八户人"的耕作。但"八户人"农耕能力毕竟有限,无法为嫩科尔沁部提供充足的农副产品。为解决难题,嫩科尔沁部王公趁清廷"移民戍边""借地养民"等政策的出台,私自招关内汉民开垦领地内近水之地,这也为以后边内汉民闯关东、大面积开垦蒙地埋下伏笔。

结　语

16世纪30年代，科尔沁一支南越兴安岭游牧至嫩江边，号嫩科尔沁部，与建州女真部努尔哈赤争霸对抗，"九部之战"随之发生。

努尔哈赤标榜自己为"蒙古遗种"，在女真部落中广泛推行蒙古制度、习用蒙古文字、尊崇喇嘛教等博得嫩科尔沁人的认同认可。努尔哈赤的突破口是与嫩科尔沁部左翼联姻，进而与嫩科尔沁部右翼联盟，诱使奥巴贸然称汗，成功将嫩科尔沁部从林丹汗阵营中剥离出来。

天聪初期，嫩科尔沁部与爱新国有过短暂的盟主之争。嫩科尔沁部内部不睦导致奥巴败下盟主竞争，爱新国主导联盟。天聪六年，天聪汗面南独坐，统治力得到巩固，对蒙政策也发生大的变化。爱新国制定出征律令，重新划定牧场，编立"八旗蒙古"等剥夺蒙古主权。嫩科尔沁部随出征律令四处征战，因"实力"而躲过被编入八旗遭到截肢之厄运，"南迁西移"成为嫩科尔沁部疆域基础。嫩科尔沁部大妃与天聪汗开启满蒙联姻"互为嫁娶"模式，满蒙联姻步入新的发展历程。爱新国借助联姻扶持嫩科尔沁部左翼，以爱新国法律体系替代嫩科尔沁部传统法律，嫩科尔沁部统一力量进一步分化，投附变为必然。

崇德元年，嫩科尔沁部贵族接受清朝册封，嫩科尔沁部正式投附清朝，成为新秩序的拥护者和维护者。清朝在内以嫩科尔沁部女子为主组建后宫集团，在外又以"独厚科尔沁"措施建立外戚集团核心，以此来削弱八旗贵胄权势。嫩科尔沁部六个扎萨克旗的出现是清朝以八旗理念管理蒙古事务的产物，其目的是削弱嫩科尔沁部统一力量。众多公主格格的下嫁提高了嫩科尔沁部在国朝中的地位，也改变了嫩科尔沁部贵族血统和权力格局。

顺治皇帝的继位是努尔哈赤优待蒙古及皇太极"独厚科尔沁"政策

的产物。福临当政后"为外甥打天下"的嫩科尔沁人为清朝入主中原，平定江南拼死征战，立下赫赫战功。顺治初期遵循崇德朝衣钵，以"满皇蒙王"理念继续"独厚科尔沁"，但又在嫩科尔沁部增设新的扎萨克旗，并规范礼仪制度等措施进一步瓦解嫩科尔沁部统一力量。尤其随着顺治皇帝亲政后其地位的巩固，出现降后、处罚吴克善、处罚内齐托音等一系列事件，表明顺治帝有意削弱嫩科尔沁部外戚集团核心地位及后宫中的嫩科尔沁部势力。

康熙朝时期"三藩之乱"和"噶尔丹东征"，尤其是"布尔尼之变"是蒙古人脱离满族统治的绝好时期。但嫩科尔沁部为首的漠南蒙古诸部义无反顾地支持清朝，尽全力击败蒙古人和汉人的反抗力量，稳固清朝统治。清朝修筑柳条边以示满蒙地界，嫩科尔沁人修筑陵寝守护领地。清廷利用宗教影响迫使嫩科尔沁部王公献出锡伯人，将嫩科尔沁部主权进一步剥夺。

综观嫩科尔沁部与清初五朝四帝关系史，即从1593年"九部之战"到1692年"献出锡伯人"之间的百年历史，可看出从天命汗努尔哈赤到康熙帝，清廷对待嫩科尔沁部一脉相承和延绵不断的基本政策之脉络，既联合又打压的总体特点。从中尤以1636年建立清朝为界限，呈现出明显的差异。天命、天聪时期尽量联合嫩科尔沁部，将双方族群差别抹平，以此来笼络优抚嫩科尔沁部并博得其军事力量的协助，打败林丹汗为首的蒙古传统势力。崇德建元，嫩科尔沁部接受清朝统治，清朝开始以打压的手段拉大二者间民族差异，以满洲制度替代嫩科尔沁部原有的制度，又从血缘上彻底改变嫩科尔沁部上层，使其成为血缘和文化上最接近满洲人的特殊群体。顺治、康熙朝亦如此，满洲和嫩科尔沁部的宗藩关系愈发明显。

嫩科尔沁部与清初五朝四帝关系史是16~17世纪蒙古诸部与清朝交往交锋历史的缩影，反映出当时蒙古人历史发展的基本脉络。蒙古汗廷的衰弱导致蒙古各部四分五裂，各部内部的不睦导致统一力量的尽失，依靠他部（他族）解决内讧，从而被满洲人一个个征服吞并，直至完全丧失了主权，被满族长期统治。因此，研究嫩科尔沁部与清初五朝四帝关系史对于研究清代蒙古族历史以及整个蒙古民族历史有着很高的学术意义和现实意义。

经过100年四代人的交锋，嫩科尔沁部从蒙古阵营走到满洲阵营，曾经从文化到血缘都无限接近满族人，成为清朝"荷国恩独厚"的藩部之首。但是随着清朝的建立并巩固，嫩科尔沁部传统主权逐步被削弱，直至完全丧失殆尽，变成与其他蒙古部落完全一样的属部顺民。清朝实行"分而治之"策略将嫩科尔沁部分割成十个互不统属的扎萨克旗，但十旗台吉一个祖先的特殊历史使得嫩科尔沁部在清朝多重高压政策的强迫之下还是孕育出独特的地域文化并保留到清末保留到今日。这也是清代嫩科尔沁部历史发展中唯一可以庆幸的一点。

参考文献

一 档案类

台北故宫博物院:《旧满洲档》(满文),台北故宫博物院影印本,1969。

台北故宫博物院印行《旧满洲档译注》(清太宗朝),1977。

中国第一历史档案馆、中国社会科学院历史研究所译注《满文老档》,中华书局,1990。

中国第一历史档案馆:《清初内国史院满文档案译编》(上),光明日报出版社,1986。

中国第一历史档案馆、内蒙古自治区档案馆编《清内秘书院蒙古文档案汇编》(第1~7辑),2003、2005。

中国第一历史档案馆、内蒙古大学蒙古学学院编《清内阁蒙古堂档》,(第1~22卷),内蒙古人民出版社,2006。

中国第一历史档案馆:《天命天聪年间蒙古文档案译编》,载《历史档案》2001年第3、4期,2002年第1期。

中国第一历史档案馆编《逃人档》,载《清代档案史料丛编》第14辑,中华书局,1990。

中国第一历史档案馆、中国人民大学国学院整理《清代前期理藩院满蒙文题本》,内蒙古人民出版社,2010。

李保文整理《十七世纪蒙古文文书档案》(蒙古文),内蒙古少年儿童出版社,1997。

关嘉录、佟永功、关照宏整理《天聪九年档》,天津古籍出版社,1987。

二　史料类

〔波斯〕拉施特主编《史集》，余大钧、周建奇译，商务印书馆，1983。

《元史》，中华书局点校本，1983。

吴晗辑《朝鲜李朝实录中的中国史料》，中华书局，1980。

《明实录》，台湾"中研院"校勘本，1961。

茅元仪：《武备志》，天启刻本。

郭造卿：《卢龙塞略》，台湾广文书局影印万历三十八年刻本，1975。

魏焕：《皇明九边考》，北平图书馆善本丛书第一集。

郑晓：《皇明北虏考》，吾学编本。

王鸣鹤：《登坛必究》，清刻本。

瞿九思：《万历武功录》，中华书局影印本，1962。

张鼐：《辽夷略》，玄览堂丛书本。

冯瑗：《开原图说》，玄览堂丛书本。

（清）昭梿撰、何英芳点校《啸亭杂录》，中华书局，1980。

薄音湖、王雄编辑点校《明代蒙古汉籍史料汇编》第一辑（1993）、第二辑（2000），内蒙古大学出版社。

《清太祖武皇帝弩儿哈奇实录》，北平故宫博物院印行，民国21年。

《daicing gurun-i taizu horonggo enduringge hūwangdi yargiyan kooli》（大清太祖武皇帝实录）中国第一历史档案馆藏。

《清实录》（太祖、太宗世祖、圣祖朝），中华书局影印本。1985。

《清史稿》，中华书局，1976。

国史馆校注《清史稿校注》，台湾商务印书馆，1999。

吴晗辑《朝鲜李氏王朝中的中国史料》，《朝鲜宣祖实录》卷二十二，中华书局，1980。

《皇清开国方略》，文渊阁四库全书本。

《钦定外藩蒙古回部王公表传》，四库全书本。

《康熙起居注》，中华书局，1984。

包文汉整理《蒙古回部王公表传》（第1辑），内蒙古大学出版社，1998。

祁韵士著、包文汉整理《清朝藩部要略稿本》，黑龙江教育出版社，1997。

张穆：《蒙古游牧记》，清同治祁氏刊本。

《清理藩部则例》，蒙藏委员会印行，1942。

《清会典》，中华书局影印本，1991。

《钦定大清会典事例·理藩院》，中国藏学出版社，2006。

《八旗通志初集》点校本，东北师范大学出版社，1985。

佚名《黄金史纲》（Altan Tobči），宝力高校注，内蒙古教育出版社，1989。

朱风、贾敬颜：《汉译蒙古黄金史纲》（附蒙古原文），内蒙古人民出版社，1985。

罗桑丹津：《黄金史纲》（Altan Tobči），乌兰巴托影印本，1990。

乌力吉图校注、巴·巴根校订《大黄册》（šira Tuuγi），民族出版社，1983。

萨冈彻辰：《蒙古源流》（Erdeni-yin Tobči），内蒙古人民出版社，1980。

（清）答里麻、乔吉校注《金轮千辐》（Altan Kürdün mingγan Kegesütü），内蒙古人民出版社，2000。

拉喜彭斯克：《水晶珠》（Bolur Erike），胡和温都尔校译，内蒙古人民出版社，1985。

衮布扎布：《恒河之流》（Γangγa-yin urusγal），乔吉校注，内蒙古人民出版社，1980。

金巴道尔吉：《水晶鉴》，留金锁校注，民族出版社，1984。

梅日更葛根：《黄金史》，内蒙古文化出版社，1998。

《Küimöngke tasqara noyan-u ger-ün üy-e-yin bičimel》（《奎蒙克塔斯哈喇家谱》），内蒙古社会科学院藏。

三 著作类

〔苏联〕符拉基米尔佐夫：《蒙古社会制度史》，刘荣焌译，中国社会科学出版社，1980。

〔日〕和田清：《东亚史研究·蒙古篇》东洋文库，1959；藩世宪汉译本名为《明代蒙古史论集》（上、下册），商务印书馆，1984。

萧一山：《清代通史》（卷上），台湾商务印书馆，1963。

阎崇年主编《清朝通史》（太祖朝分卷），紫禁城出版社，2003。

曹永年：《蒙古民族通史》（第三卷），内蒙古大学出版社，1991。

达力扎布：《明代漠南蒙古历史研究》，内蒙古文化出版社，1997。

达力扎布:《明清蒙古史论稿》,民族出版社,2003。

达力扎布:《蒙古史纲要》,中央民族大学出版社,2006。

乌云毕力格、白拉都格其主编《蒙古史纲要》,内蒙古人民出版社,2006。

杜家骥:《清代满蒙联姻研究》,人民出版社,2003。

杨学琛、周远廉:《清代八旗王公贵族兴衰史》,辽宁人民出版社,1986。

朱诚如主编《清朝通史》(太祖朝、太宗朝),紫禁城出版社,2003。

清史编委会编《清代人物传稿》(上编),中华书局,1984。

白新良:《清史考辨》,人民出版社,2006。

雷炳炎:《清代八旗世爵世职研究》,中南大学出版社,2006。

孙文良、李治亭:《清太宗全传》,江苏教育出版社,2005。

周远廉:《清太祖传》,人民出版社,2004。

张佳生:《八旗十论》,辽宁民族出版社,2008。

郭松义、李新达、李尚英:《清朝典章制度》,吉林大学出版社,2001。

张晋藩、郭成康:《清入关前国家法律制度史》,辽宁人民出版社,1988。

刘广安:《清代民族立法研究》,中国政法大学出版社,1992。

〔日〕岗洋澍:《清代蒙古盟旗制度研究》(日文),东方书店,2007。

〔日〕田山茂:《清代蒙古社会制度》,文京书院,1954,藩世宪汉译本《清代蒙古社会制度》,商务印书馆,1987。

乌云毕力格等编《蒙古民族通史》(第四卷),内蒙古大学出版社,1993。

乌云毕力格:《喀喇沁万户研究》,内蒙古人民出版社,2005。

吴元丰、赵志强:《锡伯族历史探究》,辽宁民族出版社,2008,第44~46页。

胡日查、长命:《科尔沁蒙古史略》(蒙古文),民族出版社,2001。

杜家骥:《清朝满蒙联姻研究》,人民出版社,2003。

四 研究论文

宝日吉根:《清初科尔沁部与满洲的关系》,《民族研究》1981年第4期。

胡日查：《哈萨尔及其家族》，《内蒙古社会科学》（蒙古文）1994年第2期。

胡日查：《论与阿巴嘎部历史有关的若干问题》，《内蒙古社会科学》（蒙古文）2001年第1期。

胡日查：《关于"阿鲁蒙古"的几个部落》，《内蒙古师范大学学报》（蒙古文）1994年第4期。

胡日查：《试谈科尔沁和硕特部起源》，《新疆师范大学学报》1998年第2期。

胡日查：《关于科尔沁部的来源和它在北元历史上的地位》，《内蒙古社会科学》1989年第4期。

胡日查：《科尔沁所属鄂托克及部族考》，《内蒙古师范大学学报》1989年第2期。

金峰、胡日查、孟和德力格尔：《哈撒儿及其后裔所属部落变迁考》，《内蒙古师范大学学报》1989年第4期。

胡日查：《科尔沁牧地考》，《新疆师范大学学报》1990年第2期。

胡日查：《16世纪末17世纪初嫩科尔沁部牧地变迁考》，《中国边疆史研究》2001年第4期。

胡日查：《蒙文文献所载成吉思汗诸弟所属鄂托克兀鲁思名称来历》（蒙古文），《内蒙古社会科学》2002年第4期。

胡日查：《论蒙古〈内四藩国〉的历史地位》（蒙古文），《内蒙古社会科学》2000年第1期。

胡日查：《关于科尔沁部封建主统治锡伯部的某些历史问题》（蒙古文），《内蒙古社会科学》1996年第3期。

胡日查：《论噶拉珠色特尔反抗爱新国兵役的斗争》，《内蒙古师范大学学报》（蒙古文）2003年第4期。

留金锁：《科尔沁部及其东迁小议》，《黑龙江民族丛刊》1988年第2期。

郭成康：《皇太极对漠南蒙古的统治》，《中央民族学院学报》1987年第5期。

达力扎布：《清代内扎萨克六盟和蒙古衙门设立时间蠡测》，《黑龙江民族丛刊》1996年第2期。

达力扎布：《蒙古文档案研究——有关科尔沁部档案译释》，《明清蒙古史论稿》，民族出版社，2003。

达力扎布：《清初内扎萨克旗的建立问题》，《历史研究》1998 年第 1 期。

郑玉英：《试论清初八旗蒙古问题》，《辽宁大学学报》1983 年第 1 期。

傅克东：《后金设立蒙古二旗及漠南牧区旗新探》，《民族研究》1988 年第 2 期。

姜相顺：《清太宗的崇德五宫后妃及其它》，满学研究会编《清代帝王后妃传》（上册），1989。

李保文、南快：《写于 17 世纪初叶的 43 份蒙文书信》，《内蒙古社会科学》（蒙文版）1996 年第 1 期、第 2 期。

〔日〕楠木贤道：《清初，入关前的汗、皇帝和科尔沁部上层之间的婚姻关系》，译文载《明清档案与蒙古史研究》（第 1 辑），内蒙古人民出版社，2000。

〔日〕楠木贤道：《清太宗皇太极的册封蒙古王公》，《满学研究》（第 7 辑）。

〔日〕楠木贤道：《天聪年间爱新国对蒙古诸部的法律支配进程》，《蒙古史研究》（第 7 辑），内蒙古大学出版社。

巴根那：《天命十年八月至天聪三年二月科尔沁部与爱新国联盟》，《明清档案与蒙古史研究》（第 1 辑），内蒙古人民出版社，2000。

哈斯达赖：《清代内扎萨克十三旗首封扎萨克》，《内蒙古大学学报》1994 年第 4 期。

〔日〕井上治、永井匠、柳泽明：《书评——〈十七世纪蒙古文文书档案〉》，《满族史研究通信》第八号，译文见《蒙古学信息》2002 年第 3 期。

靳煜：《入关前满洲和蒙古科尔沁的关系与联姻》，《赤峰学院学报》2009 年第 1 期。

宋立恒：《科尔沁蒙古在清初的军事贡献》，《内蒙古民族大学学报》2003 年第 12 期。

王祖书：《论后金绥服漠南蒙古的法律措施》，《辽宁师范大学学报》2008 年第 3 期。

乌力吉陶格套：《清朝对蒙古的立法概述》，《蒙古史研究》，2003。

柳岳武：《清代中前期清廷的蒙古政策》，《西南大学学报》2007 年第

2 期。

佐海峰：《论八旗民族联军的特点》，《辽宁教育学院学报》1998 年第 6 期。

陈京：《试论清朝满蒙联姻政策的特点及其积极影响》，《白城师范学院学报》2008 年第 1 期。

吴克尧：《嫩江流域锡伯古城调查》，《黑龙江民族丛刊》1992 年第 1 期。

周喜峰：《论科尔沁蒙古对满族形成的影响》，《求实学刊》2006 年第 5 期。

周喜峰：《论清入关前对科尔沁蒙古的统一与管理》，《哈尔滨工业大学学报》2010 年第 5 期。

徐晶晶：《浅析清入关前与科尔沁等部的关系》，《辽宁师专学报》2009 年第 5 期。

聂晓灵：《林丹汗东征科尔沁部与后金的政治关系》，《内蒙古社会科学》2012 年第 2 期。

奇文瑛：《满蒙文化渊源关系浅析》，《清史研究》1992 年第 4 期。

白初一：《明代满蒙市场需求及文化、社会组织的相同特点》，《中央民族大学学报》2007 年第 1 期。

晓月：《漠南蒙古归附后金经济原因管窥》，《内蒙古社会科学》1989 年第 3 期。

何秋凤：《漠南蒙古归附后金之文化原因》，《内蒙古社会科学》1992 年第 6 期。

汤代佳：《努尔哈赤时期科尔沁部与满洲的关系》，《西北史地》1996 年第 4 期。

达力扎布：《清初内扎萨克旗的建立问题》，《历史研究》1998 年第 1 期。

姜相顺：《清太宗的崇德五宫后妃及其他》，《故宫博物院院刊》1987 年第 4 期。

李金涛：《试论满族共同体形成的主要条件》，《满族研究》2009 年第 1 期。

赵云田：《试论清太祖太宗时期对漠南蒙古的关系和政策》，《北京师院学报》1980 年第 2 期。

佟佳江：《八旗蒙古在清朝的历史地位》，《黑龙江民族丛刊》1999 年第 3 期。

波·少布：《杜尔伯特考》，《北方文物》1997 年第 3 期。

张玉兴：《多尔衮拥立福临考实》，《故宫博物院院刊》1984 年第 1 期。

陈生玺：《皇太极对喇嘛教的利用与限制》，《历史教学》1986 年第 11 期。

关树东：《皇太极对漠南蒙古的政策和措施》，《满族研究》1994 年第 4 期。

单彤：《皇太极与宸妃——皇太极死因之推测》，《满族研究》1994 年第 2 期。

刘潞：《论后金与清初四帝婚姻的政治特点》，《故宫博物院院刊》1991 年第 4 期。

宋国强：《顺治继统探微》，《锦州师范学院学报》（社科版）1997 年第 3 期。

徐凯：《清代八旗制度的变革与皇权集中》，《北京大学学报》1989 年第 5 期。

魏鉴勋：《清入关前军功集团与智囊集团比较研究》，《社会科学辑刊》1995 年第 5 期。

哈斯巴根：《清早期扎尔固齐官号探究——从满蒙关系谈起》，《满语研究》2011 年第 1 期。

王婉迪：《孝端文皇后和她的两个侄女》，《文史知识》2009 年第 9 期。

朝克满都拉：《试论清代哲里木盟十旗努图克》，《黑龙江民族丛刊》2005 年第 6 期。

张建：《顺治八年损毁多尔衮院寝事新证》，《历史档案》2016 年第 4 期。

穆崟臣：《试论清朝治理东蒙古的政策和措施》，内蒙古社会科学（汉文版）2005 年第 5 期。

李硕：《顺治帝与汉官集团之间的关系》，《满族研究》2016 年第 3 期。

杨珍：《"皇父摄政王"新探》，《清史研究》2017 年第 1 期。

王彬:《八旗的基层组织——牛录》,《中央民族学院学报》1991年第3期。

王眺眺、孙福春:《关于清帝北巡的两点思考》,《河北旅游职业学院学报》2019年第1期。

胡哲:《康熙朝恪靖公主汤沐邑的经营管理》,《历史档案》2019年第1期。

吴仁安:《论〈明亡清兴〉历史格局最为关键的六位历史人物》,《江南大学学报》2016年第1期。

鲁渝生:《论八旗中满洲、蒙古、汉军的关系》,《满族研究》1998年第2期。

杜家骥:《清代官员选任制度述论》,《清史研究》1995年第2期。

王天驰:《顺治朝旗人的法与刑罚》,《国学学刊》2018年第3期。

谢冀、雷炳炎:《图海生年研究》,《衡阳师范学院学报》2016年第2期。

马伟华:《康熙历狱的审判过程再辨析》,《自然辩证法通讯》2017年第5期。

敖拉:《从〈旧满洲档〉到〈满文老档〉——1626之前满蒙关系史料比较研究》,博士学位论文,内蒙古大学,2005。

白初一:《清太祖时期满蒙关系若干问题研究》,博士学位论文,内蒙古大学,2005。

玉芝:《蒙元东道诸王及其后裔所属部众历史研究》,博士学位论文,内蒙古大学,2006。

班珏:《清初四朝与科尔沁蒙古关系》,硕士学位论文,内蒙古大学,2009。

王宝平:《明初至后金兴起前蒙古与女真关系研究》,硕士学位论文,内蒙古大学,2008。

巴根那:《科尔沁部与爱新国联盟的原始记载及其在〈清实录〉中的流传》,硕士学位论文,内蒙古大学,2000。

孟根娜布其:《有关奥巴台吉的十份蒙古文文书》,硕士学位论文,内蒙古大学,2003。

张晔:《康熙起居注研究》,硕士学位论文,华东师范大学,2007。

孙浩洵:《满语官职称谓研究》,硕士学位论文,黑龙江大学,2012。

宋继刚：《清朝堂子祭祀礼仪考释》，硕士学位论文，东北师范大学，2010。

贾文华：《清代封禁东北政策研究综述》，硕士学位论文，东北师范大学，2007。

图书在版编目(CIP)数据

嫩科尔沁部与清初五朝四帝关系史研究／特木尔巴根著.--北京：社会科学文献出版社，2020.11
（内蒙古民族大学民族学人类学研究丛书）
ISBN 978-7-5201-6200-5

Ⅰ.①嫩… Ⅱ.①特… Ⅲ.①蒙古族-民族历史-研究-中国-清代②中央与地方的关系-研究-中国-清代
Ⅳ.①K281.2②D691

中国版本图书馆 CIP 数据核字（2020）第 028752 号

·内蒙古民族大学民族学人类学研究丛书·
嫩科尔沁部与清初五朝四帝关系史研究

著　者／特木尔巴根

出 版 人／谢寿光
组稿编辑／宋月华
责任编辑／周志静　孙以年

出　　版／社会科学文献出版社·人文分社（010）59367215
　　　　　地址：北京市北三环中路甲 29 号院华龙大厦　邮编：100029
　　　　　网址：www.ssap.com.cn
发　　行／市场营销中心（010）59367081　59367083
印　　装／三河市尚艺印装有限公司

规　　格／开　本：787mm×1092mm　1/16
　　　　　印　张：19.25　字　数：335 千字
版　　次／2020 年 11 月第 1 版　2020 年 11 月第 1 次印刷
书　　号／ISBN 978-7-5201-6200-5
定　　价／148.00 元

本书如有印装质量问题，请与读者服务中心（010-59367028）联系

▲ 版权所有 翻印必究